Lisbonne et ses environs 2022/23

Cofondateurs : Philippe GLOAGUEN et Michel DUVAL

Directeur de collection et auteur
Philippe GLOAGUEN

Secrétaire général
Gavin's CLEMENTE-RUIZ

Rédacteurs en chef
Amanda KERAVEL (France)
Benoît LUCCHINI (Étranger)

Directrice administrative
Bénédicte GLOAGUEN

Conseiller à la rédaction
Pierre JOSSE

Responsable voyages
Carole BORDES

Direction éditoriale
Élise ERNEST

Rédaction
Isabelle AL SUBAIHI
Emmanuelle BAUQUIS
Mathilde de BOISGROLLIER
Marie BURIN des ROZIERS
Camille CAMPET
Diane CAPRON
Véronique de CHARDON
Laura CHARLIER
Florence CHARMETANT
Fiona DEBRABANDER
Géraldine LEMAUF-BEAUVOIS
Alain PALLIER
Anne POINSOT
Alexia POULAIN

hachette

TABLE DES MATIÈRES

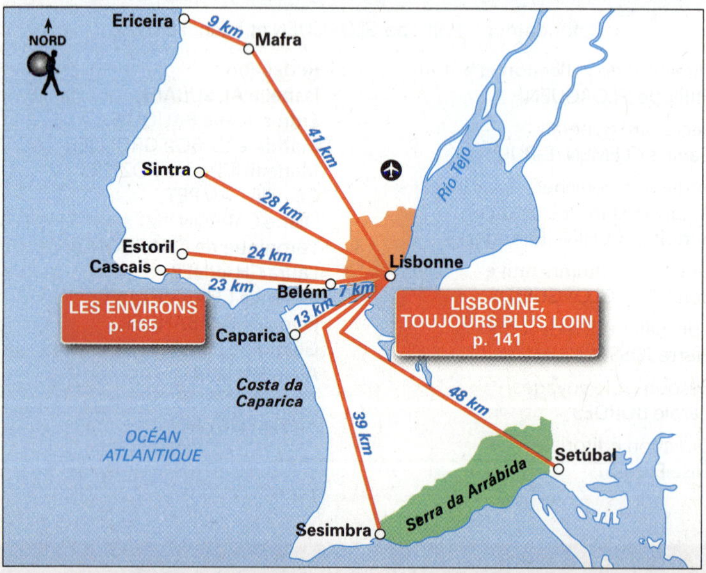

PRÉAMBULE

COMMENT Y ALLER 36

LISBONNE UTILE 43

INFOS PRATIQUES SUR PLACE 60

LISBONNE QUARTIER PAR QUARTIER 72

Important : dernière minute

Entre deux parutions du *Routard,* des événements fortuits (conditions sanitaines, catastrophes naturelles mais aussi formalités, taux de change, conditions d'accès aux sites, fermetures inopinées, etc.) peuvent modifier vos projets de voyage. Pour éviter les déconvenues, nous vous recommandons de consulter la rubrique « Guide » par pays de notre site • **routard.com** • et plus particulièrement les dernières ***Actus voyageurs.***

UNE PANDÉMIE INOUÏE !

Depuis toujours, ***Le Routard* se plaît à dénicher hôteliers et restaurateurs** qui accueillent nos lecteurs avec sourire et professionnalisme. Malgré toute notre vigilance, certains d'entre eux auront malheureusement fermé quand ce livre sortira. De même, les horaires et modalités d'accueil de certains sites et musées auront été momentanément modifiés. Cette terrible **pandémie de Coronavirus** a, on le sait, des conséquences importantes pour tous les professionnels du tourisme. **Nous sommes de tout cœur avec eux !**

☎ **112 :** c'est le numéro d'urgence commun à la France et à tous les pays de l'UE, à composer en cas d'accident, agression ou détresse. Il permet de se faire localiser et aider en français, tout en améliorant les délais d'intervention des services de secours.

Tuk-tuk et tram lisboètes

NORD
Jardim Zoológico
Gare routière Sete Ríos
Sete Ríos
Rua P. Lima Basto
Av. dos Combatentes
PRAÇA DE ESPANHA
Praça de Espanha
Av. de
Museu Calouste Gulbenkian
Rua das Furnasa
Palácio Fronteira
Rua S. Domingos de Benfica
R. S. Domingos
Av. J. Malhoa
R. R. Ortigão
Av. A. Augusto
S. Sebastião
LE NORD, AUTOUR DU MUSÉE GULBENKIAN
Avenida Calouste Gulbenkian
Estufa Fria
Parque Eduardo VII
R. Marquês da Fronteira
Rua Castilho
Parque florestal de Monsanto
Cal. da Quintinha
A 5
R. J. António de Aguiar
Av. E. Duarte Pacheco
Mãe d'Água e aqueduto das Águas Livres et Fundação Arpad Szénes
RATO
R. Dom João V
Rato
R. A.
LARGO DE RATO
CAMPO DE OURIQUE
Pra
Ceuta
Maria
R. F. Borges
R. de São Bento
R. Saraiva de Carvalho
Jardim da Estrela
PR. DA ESTRELA
Avenida da Ponte
Avenida de Ceuta
Dona
Cemitério dos Prazeres
Santo
Infante
Avenida
Rua
LAPA
L. DE ALCÂNTARA
Museu nacional de Arte antiga
Av. 24 de Julho
PONTE 25 DE ABRIL
Estação Alcântara Mar
Museu do Oriente
LES DOCKS
SETÚBAL
Belém

AREEIRO
PR. FR. SÁ CARNEIRA
Areeiro
Av. Afonso da Costa
Olaias
Campo Pequeno
Av. João XXI
Berna
Av. 5 de Outubro
Av. da República
Av. Defensores de Chaves
Av. Guerra Junqueiro
Alameda D. Afonso Henriques
Alameda
Av. A. J. Almeida
Av. M. Bombarda
Av. João Crisóstomo
Av. Duque d'Avila
Av. R. Pais
Saldanha
Av. Praia da Vitoria
Av. Luís Bivar
R. F. Folque
Rua Tomás Ribeiro
Av. C. Ribeiro
R. P. de Melo
Arroios
Rua Morais Soares
R. Reis
ALTO PINA
PR. P. COUCEIRO
Parque
Picoas
Av. de Aguiar
Av. F. Pereira de Melo
Rua Corvo
Av. Duque Loulé
Avenida Almirante Reis
Anjos
Intendente
Avenida General Roçadas
LISBONNE QUARTIER PAR QUARTIER p. 72
PR. MARQUÊS DE POMBAL
Marquês de Pombal
Herculano
Av. da Liberdade
Museu nacional do Azulejo et convento de Madre da Deus
Casa-museu da Fundação Medeiros e Almeida
Avenida
Miradouro da N. S. do Monte
GRAÇA
Jardim Botánico
Square de la place do Príncipe Real
Martim Moniz
LARGO DA GRAÇA
Igreja da Graça
Mosteiro e claustro de São Vicente de Fora
Restauradores
Hospital das Bonecas
MOURARIA
Estação do Rossio
Rossio
PR. DAS FLORES
PR. DOM PEDRO IV
Castelo São Jorge
D. Henrique
Museu et igreja São Roque
PR. DA FIGUEIRA
CASTELO
Santa Apolónia
Convento-museu do Carmo
Elevador de Santa Justa
ALFAMA
Infante
BAIRRO ALTO
Baixa Chiado
R. Aurea
R. da Prada
Miradouro de Santa Luzia
Museu do Fado
Ascensor da Bica
BAIXA
R. de São Paulo
Avenido
Arco
Lisboa Story Center
Cais do Sodré
Viniportugal
Terreiro do Paço
de Julho
Promenade piétonne
Estação fluvial
PR. DO COMÉRCIO
Tejo
Museu Nacional de Arte Contemporânea do Chiado
500 m
site inscrit au Patrimoine mondial de l'Unesco

LA RÉDACTION DU ROUTARD

(sans oublier nos 50 enquêteurs, aussi sur le terrain)

Jean-Sébastien, Olivier, Mathilde, Thierry, Alain, Gavin's, Éléonore, Anne-Caroline, André, Laura, Florence, Véronique, Isabelle, Géraldine, Fiona, Amanda, Benoît, Emmanuelle, Bénédicte, Philippe, Carole, Diane, Anne, Marie.

La saga du *Routard* : en 1971, deux étudiants, Philippe et Michel, avaient une furieuse envie de découvrir le monde. De retour du Népal germe l'idée d'un guide différent qui regrouperait tuyaux malins et itinéraires sympa, destiné aux jeunes fauchés en quête de liberté. 1973. Après 19 refus d'éditeurs et la faillite de leur première maison d'édition, l'aventure commence vraiment avec Hachette. Aujourd'hui, le *Routard*, c'est plus d'une cinquantaine d'enquêteurs impliqués et sincères. Ils parcourent le monde toute l'année dans l'anonymat et s'acharnent à restituer leurs coups de cœur avec passion.

Merci à tous les Routards qui sont solidaires de nos convictions : liberté et indépendance d'esprit ; découverte et partage ; sincérité, tolérance et respect des autres.

NOS SPÉCIALISTES LISBONNE

Gavin's Clemente-Ruiz : né en 1978, belgo-hispano-normand, il vadrouille pour le *Routard* depuis 1999. Logique avec un tel pedigree ! Son plaisir : l'adresse introuvable dénichée en fin de journée. Et garder le contact avec les personnes croisées. Son défaut : ne quitte jamais son téléphone portable (« Bon, c'est pour le Facebook et l'Instagram du *Routard* » !).

Claude Hervé-Bazin : passionné d'îles perdues et de nature très sauvage, il décline le voyage et l'écrit depuis l'âge de 17 ans. Un métier ? Non, une pulsion qui pousse à additionner les heures de vol, les *road trips* et les formules de politesse (dans toutes les langues) pour vérifier si l'herbe est plus verte ailleurs, si les couettes sont plus douillettes et les hommes plus heureux.

UN GRAND MERCI À NOS AMI(E)S SUR PLACE ET EN FRANCE

Pour cette nouvelle édition, nous remercions particulièrement :

- **Anne Typhagne,** pour sa « veille », et le non moins talentueux **Nuno** !
- **Jean-Pierre Pinheiro** et **Rui Manuel Amaro,** de l'office de tourisme du Portugal à Paris.

Pictogrammes du Routard

Établissements

- Hôtel, auberge, chambre d'hôtes
- Camping
- Restaurant
- Terrasse
- Pizzeria
- Boulangerie, sandwicherie
- Pâtisserie
- Glacier
- Café, salon de thé
- Café, bar
- Bar musical
- Club, boîte de nuit
- Salle de spectacle
- Boutique, magasin, marché

Infos pratiques

- Office de tourisme
- Poste
- Accès Internet
- Hôpital, urgences
- Adapté aux personnes handicapées

Sites

- Présente un intérêt touristique
- Point de vue
- Plage
- Spot de surf
- Site de plongée
- Recommandé pour les enfants
- Inscrit au Patrimoine mondial de l'Unesco
- Pas de côté

Transports

- Aéroport
- Gare ferroviaire
- Gare routière, arrêt de bus
- Station de métro
- Station de tramway
- Parking
- Taxi
- Taxi collectif
- Bateau
- Bateau fluvial
- Piste cyclable, parcours à vélo

« OSONS LE PAS DE CÔTÉ »

Le surtourisme ? Tous concernés. Et pourtant, à l'écart des grands flux touristiques, il existe plein de pépites méconnues, souvent oubliées des circuits trop encombrés. Ici un site ignoré ; là un quartier secret ; plus loin un village caché au charme discret, avec un troquet d'une autre époque. Il existe une infinité de lieux peinards que l'on a envie de mettre en avant avec ce pictogramme. Un vagabondage enfin calme favorisé aussi par les **visites aux heures creuses.** Vive le *slow trip* !

#osonslepasdecote

Le *Routard* est imprimé sur un papier issu de forêts gérées.

I.S.B.N. 978-2-01-717200-0

Monastère et cloître de São Vicente de Fora, Alfama

© José Antonio Moreno/Age fotostock

« Je suis au ciel car nous approchons de la fameuse Lisbonne. »

Cervantès

Campée sur la rive droite de l'estuaire du Tage, Lisbonne est avant tout un site d'une **incomparable beauté,** beauté parfois déroutante, certes, mais qui a su remarquablement traverser le temps. S'il y a une capitale qui s'acharne à bluffer ses visiteurs, c'est bien cette cité incroyable, que d'éternels travaux continuent de mettre à mal avant de lui faire le plus grand bien, pour parodier dom Francisco Manuel de Melo : « Un mal dont on jouit, un bien dont on souffre. » Au XVIIe s, l'écrivain portugais qualifiait ainsi la saudade, sentiment de nostalgie supposé envahir tout Lisboète à la vue du **Tage,** cette **« mer de Paille »** aux reflets dorés, porteuse des rêves de voyage de tout un peuple.

Une nostalgie qui n'est plus ce qu'elle était, rassurez-vous ! **Lisbonne n'est pas triste** (sauf en hiver, peut-être, car le froid chargé d'humidité, ici, est pénétrant), elle ne vit pas chaque instant qui passe dans le souvenir de ses heures glorieuses. Bien au contraire ! Ne vous fiez pas pour autant à ces images montrant **la nuit lisboète** comme une fête perpétuelle se déroulant sous les étoiles, au bord du Tage, sur les anciens docks ou dans le Bairro Alto : le mal de vivre n'a pas simplement engendré une fureur de vivre ; ici, les 2 coexistent, simplement.

Les artisans des vieux quartiers côtoient sereinement des **boutiques à la mode** ou de **design,** les restaurants où l'on décline la **morue** de dizaines de façons différentes (on dit qu'il existe 365 recettes possibles) s'alignent à côté des bars tendance. Sans compter les *pastelerias* (hmmm ! les ***pastéis*** !) ou encore, les nombreux musées, aux collections d'une richesse insoupçonnée. Le **MAAT** à Belém, dernier en date, dans une ancienne usine électrique agrandie d'une impressionnante extension à l'architecture futuriste, saura vous ravir. Et n'hésitez pas à entamer la conversation, en français, en anglais, avec les gestes ou même avec votre *Guide de conversation du Routard en portugais* !

Esplanade du monument des Découvertes

NOS COUPS DE CŒUR

© Gonzalo Azumendi/Age fotostock

1 Grimper dans le mythique tram n° 28 depuis le jardim da Estrela pour aller dans l'Alfama, et remonter à la fois le temps et les ruelles en pente.

Cette ligne de tram offre le plus beau parcours qui soit à Lisbonne. Une véritable machine à remonter le temps à travers les quartiers de la ville. Lorsque le wattman actionne la cloche, commence un voyage mémorable. Bringuebalant le long des rues pentues, il vous fera traverser le Lisbonne d'hier et d'aujourd'hui, comme dans un rêve… Une balade inoubliable, avec des plongées éperdues qui livrent le soir des points de vue flamboyants sur la ville. *p. 66*

© Timo Christ/Alamy/hemis.fr

2 **Faire une pause-déjeuner au Time Out Market pour goûter, à moindres frais, la cuisine de chefs talentueux.**

L'un des meilleurs endroits pour se régaler à petits prix dans la capitale. Cette somptueuse halle de verre et d'acier abrite de nombreux stands, où tous les chefs prestigieux de Lisbonne se sont réunis. À vous de faire votre choix entre un plat d'Henrique Sá Pessoa, ou un d'Alexandre Silva, Marlène Vieira ou Kiko Martins… Plus besoin de courir ! Ils sont tous ici représentés, proposant des plats entre 7 et 15 €. Également plein d'autres stands proposant burger, grillades, fruits de mer, charcuterie, fromages, pâtisseries, tout y passe. Après, on s'installe sur les grandes tablées, et on déguste dans un joyeux brouhaha. L'un de nos endroits préférés à Lisbonne ! *p. 89*

3 Se retrouver à l'heure de l'apéro devant une *ginjinha*, à 2 pas du Rossio, et savourer chaque gorgée, avant d'aller jeter discrètement les noyaux de cerise dans le caniveau.

S'il y a une boisson proprement lisboète, c'est bien la *ginja,* à base de griottes. Au moment de l'apéritif, elle coule à flots dans les typiques *ginjinhas* de la ville. Ou plutôt devant : il suffit de compter les noyaux sur le trottoir ! Pour avaler prestement ce petit remontant indispensable à la vie des Lisboètes, rendez-vous selon votre humeur largo São Domingos, rua das Portas de Santo Antão, ou même rua Barros Queirós et rua da Mouraria. On y boit debout dans les buvettes ou sur le trottoir. À la façon d'une station-service, on y recharge les batteries, et en route pour de folles enjambées en direction de la *ginjinha* suivante… *p. 77*

4 **Dans le Bairro Alto, faire une pause dans le jardim São Pedro de Alcântara pour admirer le panorama qu'offrent les toits de la Baixa et le castelo de São Jorge sur la colline d'en face.** *p. 99*

5 **Prendre l'*elevador* de Santa Justa, pour profiter de la vue sublime du haut du 2e étage.**

Ne manquez pas cette construction insolite ! L'ascenseur de Santa Justa fut érigé en 1900 pour faciliter l'accès à l'église du Carmo depuis la ville basse. Sa silhouette est une remarquable ciselure de fer forgé. Du haut de l'édifice, outre la machinerie, on découvre la colline du château Saint-Georges et les alignements de la Baixa. *p. 98*

6 En fin d'après-midi, contempler le changement de couleurs des toits de l'Alfama et du Tage depuis le *miradouro* de Santa Luzia.

Lisbonne ne se révèle qu'à ceux qui font un effort pour l'approcher. Prenez de bonnes chaussures et filez vers les *miradouros*, ces spectaculaires belvédères où l'on peut humer l'air du large. Celui de Santa Luzia, dédié à l'ordre de Malte, est un lieu cher à tous les amoureux de la ville. Au pied de l'église, dans un charmant petit jardin à arcades, les familles en promenade se retrouvent et les touristes s'en mettent plein les yeux. De la terrasse s'appuyant sur d'anciennes murailles arabes, on bénéficie en effet d'un très beau point de vue sur les toits de l'Alfama et sur le Tage. *p. 133*

© Raccanello Sandra/Sime/Photononstop

© Jon Arnold Images/hemis.fr

7 **Manger un poisson grillé dans une *tasca*, au fin fond de l'Alfama, en attendant l'heure du fado dans un lieu caché dont certains guides ont le secret.**

Ce quartier, c'est l'âme de Lisbonne. Longtemps habité par les pêcheurs et les marins, il est resté populaire, avec ses personnages bien typés : truculentes matrones, artisans, gamins frondeurs, vieillards malicieux prenant le frais… L'Alfama est le quartier le plus ancien et le plus connu de la capitale, emblème du Lisbonne ancien. Il consiste en un réseau inextricable de ruelles tortueuses, volées de marches *(calçadas)*, culs-de-sac, passages voûtés, cours intérieures, patios minuscules fleuris et venelles ne menant nulle part (les *becos*) bordées de maisons enchevêtrées, agglutinées, présentant autant de styles différents. Au fil de la promenade, de temps en temps apparaît le Tage, cette mer de Paille qui surgit tel un miroir bleu et étincelant (quand le soleil brille) au débouché d'une ruelle, entre 2 vieux immeubles presque collés, ou entre 2 échafaudages. *p. 123*

8 **Flâner dans l'Estufa Fria, les serres du parque Eduardo VII, une véritable oasis de fraîcheur dans la ville en plein été quand le soleil est à son zénith.**

Dépaysement total et balade très agréable dans 3 grandes serres parsemées de petits bassins, au milieu d'exubérantes plantes exotiques et essences rares. Les Lisboètes disent que celui qui n'a pas vu l'Estufa Fria aux 4 saisons ne connaît pas Lisbonne. *p. 147*

9 **Découvrir la riche collection du musée Calouste-Gulbenkian et le merveilleux parc qui l'entoure.**

Construit au début des années 1960 selon les principes architecturaux de Frank Lloyd Wright, intégrant l'harmonie du bâti avec la nature, ce musée fait partie d'un des plus prestigieux centres culturels d'Europe. Peu d'objets sont exposés, mais chacun d'eux est digne d'intérêt. Réputé pour ses collections d'arts oriental et décoratifs, le musée l'est aussi pour sa section consacrée à René Lalique. Après la visite, faites un tour dans le magnifique jardin botanique de la Fondation. *p. 147*

Fondation Calouste-Gulbenkian © Musée Calouste-Gulbenkian, Lisbonne © Holger Leue/Look/Photononstop

10 Survoler, par beau temps, le parc des Nations à bord de la télécabine, pour découvrir le Lisbonne futuriste créé pour l'Exposition universelle de 1998.

Prouesse architecturale, ce nouveau quartier, créé sur une zone qui n'était qu'un ramassis d'entrepôts à l'abandon et d'usines désaffectées, est le symbole d'une réflexion sur les enjeux futurs de l'urbanisation à Lisbonne. Espace vaste et ventilé, ouverture sur le fleuve retrouvée, priorité accordée aux piétons et aux transports « propres », importance réservée aux espaces verts, omniprésence de l'art dans le paysage, gestion parcimonieuse des ressources… un bel exemple à suivre en matière de ville nouvelle. *p. 141*

© Rieger Bertrand/hemis.fr

11 **Passer un dimanche matin à Belém, courir, rêver, visiter à son rythme l'un des rares quartiers qui ne connaissent pas le spleen dominical.**

Rien de tel qu'une balade dominicale dans Belém pour découvrir le quartier qui fut au départ de tous les rêves portugais. L'effervescence des découvertes y a laissé une concentration impressionnante de monuments, dont le plus beau de Lisbonne : le monastère des Hiéronymites, chef-d'œuvre de l'art manuélin. Un dimanche à Belém, c'est tout un programme, avec quelques incontournables : assister à la messe à la cathédrale, succomber à un bonheur gourmand à l'*Antiga Confeitaria de Belém*, se régaler d'une visite au musée de la Marine, avant de filer jusqu'au musée des Carrosses, ou encore découvrir le fabuleux MAAT, le musée d'Art, d'Architecture et de Technique, dans une ancienne usine électrique et son impressionnante extension futuriste. *p. 154*

12 **S'offrir 2 *pastéis de nata* encore tièdes et saupoudrés de cannelle à la célèbre pâtisserie de Belém.**

L'un des grands bonheurs gourmands de Lisbonne, c'est l'arrêt obligatoire à l'*Antiga Confeitaria de Belém*, réputée depuis 1837 pour sa spécialité : les *pastéis de nata*, petits flans ronds lovés dans une délicieuse pâte feuilletée, saupoudrés de cannelle ou de sucre glace. Plus de 15 000 de ces délicieuses gâteries s'écoulent les jours d'affluence ! On peut assister à leur fabrication derrière une vitre (sans que soit dévoilée la recette secrète !). On admirera au passage, courant sur tous les murs des différentes salles, les *azulejos* du XVIIe s, superbes de naïveté. *p. 157*

© Natalia Mylova/shutterstock.com

13 **Savourer Lisbonne côté plage et pousser jusqu'à Estoril ou Cascais, à pied, en train ou à vélo.**

L'Atlantique n'est pas loin et les plages sont facilement accessibles depuis Lisbonne. Dès les 1ers beaux jours, nous vous conseillons d'aller prendre, au moins pendant quelques heures, un avant-goût de la vie estivale lisboète, car la balade à la plage fait aussi partie du charme que dégage cette ville. Les petites stations balnéaires, assez chic, de Cascais et d'Estoril, à 20 km, ont leur plage, dans une ambiance de vacances. *p. 168, 170*

14 **Randonner dans le parc naturel de la Serra da Arrábida,** **qui livre de fabuleux points de vue sur la côte échancrée qui la borde.** *p. 210*

15 **Prendre un petit déjeuner au comptoir de l'un des nombreux cafés où se pressent les Lisboètes de bon matin (un café, un jus d'orange frais et un petit gâteau), puis se délecter de la vie autour de soi.**

© Jon Arnold Images/hemis.fr

16 **Se laisser envahir par l'émotion du fado dans une petite *tasca* typique, ou au hasard d'une balade dans les ruelles du quartier populaire.**

Le fado, c'est LA musique du Portugal bien sûr ! Ce chant mélancolique – la saudade – raconte l'amour, la tristesse, la nostalgie, l'exil, le destin... À savourer dans une atmosphère feutrée, en silence, pour découvrir l'âme de Lisboa et vivre un grand moment d'émotion ! *p. 241*

© AGE/Photononstop

ITINÉRAIRES CONSEILLÉS

Lisbonne en 3 jours

On prend le pouls de la ville sur la **praça Dom Pedro IV (1),** puis de la hauteur avec l'**elevador de Santa Justa (2),** avant de redescendre jusqu'à la **praça do Comércio (3).** C'est comme ça, Lisbonne : tout en montagnes russes ! Et c'est reparti. On grimpe en tram (nº 12 ou 28), ou par l'elevador do Castelo jusqu'au **castelo de São Jorge (4)** pour jouir de la vue sur la ville. Puis on explore l'**Alfama (5),** ses escaliers qui n'en finissent pas, ses *becos* (impasses romantiques à souhait). L'après-midi, on file à **Belém,** en passant sous le ponte 25 de Abril, pour découvrir la tour et surtout le **mosteiro dos Jerónimos (6),** le musée Berardo et le MAAT. Sans oublier de goûter aux *pastéis* de l'**Antiga Confeitaria de Belém (7)** un régal, qui fait même oublier la queue ! Retour au centre pour commencer la soirée, un verre à la main, dans le quartier du **Bairro Alto (8),** rejoint en funiculaire. Une soirée fado s'impose, à moins que vous ne préfériez tout simplement tester un resto populaire.

Le lendemain, visite de l'un des plus beaux musées du Portugal, le **musée Calouste-Gulbenkian (9)** (collection d'art prodigieuse). L'après-midi, direction le **parc des Nations (10)** pour visiter l'**Océanorium (11)** (plus de 15 000 poissons), saluer ses loutres, ses pingouins, ses requins et autres raies dont la vision vous fera peut-être frémir… Histoire de finir en beauté, survoler le Tage en **télécabine (12)** reste une expérience inoubliable avec vue sublime sur le ponte Vasco da Gama, effilé à souhait.

Le 3e jour, pourquoi ne pas passer la journée à **Sintra (13)** ? Visiter son palais et ses quintas-musées semées dans des parcs étagés aux mille poésies, puis acheter des *queijadas*, ces spécialités de petits gâteaux au fromage à rapporter à la famille ou aux amis. Comment ça, c'est déjà fini ?

L'Océanorium

MOURARIA
Castelo São Jorge
4
LARGO RODRIGUES DE FREITAS
NORD
PRAÇA DOM PEDRO IV (ROSSIO)
PRAÇA DA FIGUEIRA
1
Betesga
Rua da
Costa do Castelo
R. de Sta Cruz do Castelo
BAIRRO DO CASTELO SÃO JORGE
Rua do Salvador
L. DAS PORTAS DO SOL
Elevador Santa Justa
2
Rua do Carmo
BAIXA
Ascenceurs par l'Alfama
R. do Milagre de S. António
R. Bar. de Gusmão
ALFAMA
5
L. A. AMARO DA COSTA
Rua de São Mamede
Rua da Saudade
R. de São Pedro
Baixa-Chiado
8
BAIRRO ALTO
Rua Áurea
Rua da Vitória
Rua dos Correeiros
Rua da Madalena
R. Aug. Rosa
Rua de Santo Ant. da Sé
Rua de São João da Praça
Rua Nova do Almada
Rua de São Nicolau
Rua dos Fanqueiros
Rua da Conceição
Rua de São Julião
Rua do Comércio
Rua dos Bacalhoeiros
Rua do Cais de Santarém
Rua Augusta
(Rua do Ouro)
Rua da Prata
Rua da Alfândega
Avenida Infante Dom Henrique
Calç. de São Francisco
PRAÇA DO MUNICÍPIO
Rua do Arsenal
3
PRAÇA DO COMÉRCIO
Terreiro do Paço
Tejo (Tage)
0 100 200 m
6 7 BELÉM
1 Lisbonne en 3 jours

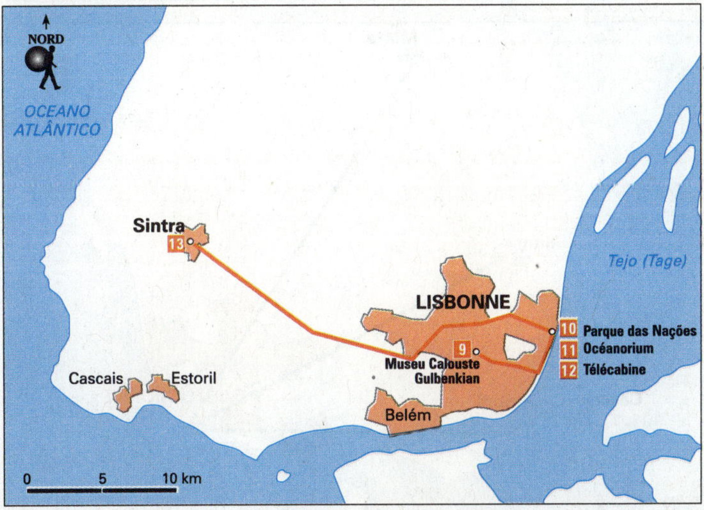
NORD
OCEANO ATLÂNTICO
Sintra
13
Tejo (Tage)
LISBONNE
10 Parque das Nações
11 Océanorium
12 Télécabine
9
Museu Calouste Gulbenkian
Cascais
Estoril
Belém
0 5 10 km

NORD
Lisbonne en 5 jours
BAIRRO ALTO
16
BAIXA
18
Elevator Santa Justa
CHIADO
17
BICA
14
CAIS DO SODRÉ
15
CAIS DO SODRÉ
Calçada do Combro
Trav. dos Fiéis de Deus
Trav. das Mercês
Rua da Atalaia
Rua do Norte
Rua da Misericórdia
R. da Oliveira
Poço da Cidade
LARGO DO CARMO
LARGO BORDALO PINHEIRO
Cç. do Sacramento
Rua do Carmo
R. Garrett
Rua Augusta
Rua dos Sapateiros
Rua Áurea
Baixa-Chiado
PRAÇA L. DE CAMÕES
LARGO DO CHIADO
Baixa-Chiado
L. DE SÃO CARLOS
R. Capelo
Rua Ivens
R. Nova do Almada
Rua do Crucifixo
Calç. de São Francisco
PRAÇA DO MUNICIPIO
Rua do Arsenal
Rua Serpa Pinto
Rua António Maria Cardoso
Rua do Alecrim
Rua Vitor Cordon
Rua das Chagas
Trav. G. Coussul
R. da Bica Duarte Belo
R. M. Saldanha
Trav. do Alcaide
L. S. JOÃO NEPOMUCENO
Rua da Boavista
L. S. ANTONINHO
Rua de São Paulo
R. da Moeda
R. Boqueirão de Ferreiros
Rua Dom Luís I
R. da Ribeira Nova
Rua dos Remolares
PRAÇA DOM LUÍS I
Avenida Vinte e Quatro de Julho
PR. DUQUE DE TERCEIRA
Avenida da Ribeira das Naus
Cais do Sodré
CAIS DO SODRÉ
Tejo (Tage)
0 100 200 m

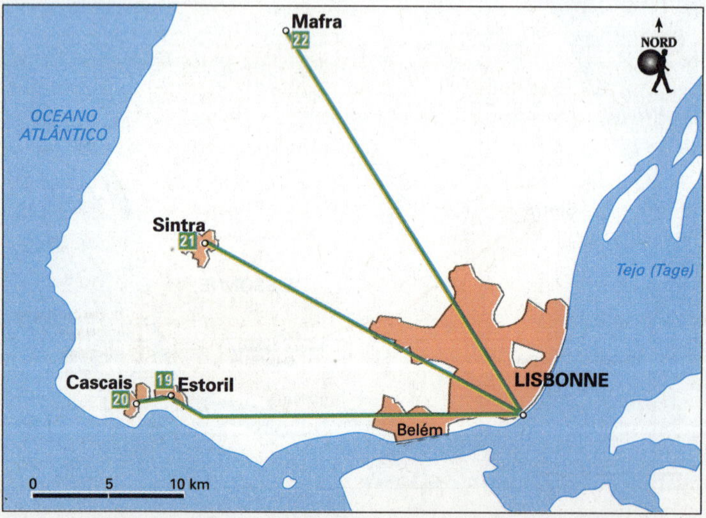
Mafra
22
NORD
OCEANO ATLÂNTICO
Sintra
21
Tejo (Tage)
LISBONNE
Cascais
20
19
Estoril
Belém
0 5 10 km

Lisbonne en 5 jours

Approfondissement de l'itinéraire précédent, un itinéraire de 5 jours s'avère idéal pour découvrir la ville sans courir, du petit café du matin pris au bar d'une cafétéria à l'ancienne au dernier verre dans le **quartier de Bica (14)** ou dans celui de **Cais do Sodré (15).** Vous n'aurez pas le sentiment d'avoir vraiment connu Lisbonne si vous ne vous offrez pas au moins l'une de ces errances nocturnes qui font le charme de la ville. Pour le reste, il y a 7 collines à Lisbonne et autant de grands quartiers à parcourir. Prenez donc le temps de flâner dans le **Bairro Alto (16)** et le **Chiado (17),** avant de redescendre côté **Tage** ou côté **Baixa (18),** pour partager avec les Lisboètes le traditionnel verre de l'amitié, devant la façade d'une vieille *ginjinha.*

Et pensez à étendre votre séjour aux villes limitrophes : **Estoril (19), Cascais (20), Sintra (21), Mafra (22)...** Pas besoin de louer une voiture, les moyens de transport sont multiples, pratiques, peu chers et permettent de rentrer jusque tard !

Sintra

Le monument des Découvertes

Interview #expérienceroutard

Par la rédaction du *Routard*

Pourquoi aimes-tu particulièrement cette destination ?

Pour la différence d'ambiance entre les quartiers et la richesse des architectures. Rien à voir entre l'Alfama et le Bairro Alto, Belém ou le parc des Nations.

Un moment à partager ?

Une soirée dans un bar à fado (plutôt ceux recommandés par le *Routard* !). Essayer d'échapper aux attrape-touristes et se faufiler dans un bar le soir, avec les chanteurs, et se laisser aller à écouter ces voix tristes et belles à la fois.

Une activité à faire absolument ?

Grimper au sommet de l'arc de triomphe, prendre le tram, se perdre à Belém dans le monastère des Hiéronymites, se promener en fin d'après-midi dans les *becos* de l'Alfama, boire un verre avec soleil se couchant sur le Tage depuis un *rooftop* (*Park* par exemple), manger des fruits de mer et se lécher les doigts (chez *Ramiro*), faire un tour de la ville en *tuk-tuk* électrique, manger une glace de chez *Nanarella,* et croquer dans un *pastel de nata* (voir la spécialité locale ci-dessous).

Ton meilleur souvenir de voyage ?

Prendre le bateau, aller à Cacilhas, sur la rive en face, prendre un verre au *Ponte Final* et apprécier la vue d'ensemble sur la ville de Lisbonne. Magique ! Elle prend des airs de San Francisco avec le pont du 25-Avril, et de Rio avec le Christ Roi à côté de soi. Une vue unique.

La spécialité locale à goûter absolument ?

Les *pasteis de nata,* assurément. Nos préférés viennent de chez *Manteigaria.*

Une musique à écouter ?

Le fado, encore, toujours. Il faut visiter le musée consacré à cette musique. Instructif !

Un souvenir à rapporter chez soi ?

Des carreaux de céramique, les fameux *azulejos* (prononcer « azoulège »), des savons et parfums de la maison portugaise *Claus Porto,* des conserves au style rétro et joliment décorées de la *Conservaria de Lisboa,* du porto de chez *Portologia,* des objets vintage d'*A Vida Portuguesa...* le choix est vaste !

LES QUESTIONS QU'ON SE POSE AVANT LE DÉPART

➢ Quels sont les papiers nécessaires pour aller au Portugal ?

Pour les ressortissants de l'Union européenne et de la Suisse, carte nationale d'identité ou passeport en cours de validité. Pour les ressortissants canadiens, un passeport valide est nécessaire. Pour les mineurs non accompagnés, une carte nationale d'identité est suffisante.

➢ Quelle est la meilleure période pour aller à Lisbonne ?

Le climat de Lisbonne est agréable en toute saison (sauf peut-être en plein hiver). Les meilleures périodes restent le printemps et le début de l'automne.

➢ Le coût de la vie est-il élevé ?

Pour l'hébergement, la nourriture et les transports, il reste sensiblement inférieur à celui de la France.

➢ Y a-t-il un décalage horaire ?

Oui, il y a 1h de décalage entre le Portugal et la France : quand il est 12h à Paris, il est 11h à Lisbonne.

➢ Quel est le temps de vol ?

Depuis Paris, compter 2h20.

➢ Côté santé, quelles précautions ?

Rien de plus que chez nous ! Si nécessaire, on trouve des médecins parlant le français (voir « Informations pratiques et adresses utiles » dans le chapitre « Infos pratiques sur place ».)

➢ Partir un week-end, n'est-ce pas trop court ?

Non, au contraire, Lisbonne se prête totalement à un court séjour (voir le chapitre « Itinéraires conseillés »).

➢ Est-il facile de se déplacer en ville ?

Bus, trams, métro, ascenseurs, funiculaires, taxis, télécabine, *tuk-tuk* et même train pour gagner la côte à l'ouest, tous les moyens sont déployés pour simplifier vos déplacements. En revanche, oubliez définitivement la voiture !

➢ Y a-t-il des problèmes de sécurité ?

Attention aux pickpockets dans les tramways. On vous proposera souvent sur les grandes places des drogues diverses. Avec un « non » ferme et cordial, les vendeurs s'esquivent sans souci.

➢ Peut-on y aller avec des enfants ?

Bien sûr, et ils seront fort bien accueillis. Repérez les meilleurs sites grâce au symbole . Ne manquez pas l'Océanorium du parc des Nations, le chemin de ronde du château de São Jorge (en les tenant bien !), le musée des Carrosses à Belém, les funiculaires, les trams. Le 3e dimanche du mois, ne ratez pas le relève de la garde, spectaculaire ! Sinon, les très belles plages en dehors de la ville raviront autant les petits que les grands ! En revanche, dans une partie de la ville (Bairro Alto, Alfama), ça monte et ça descend avec plein d'escaliers !

➢ Les cartes de paiement sont-elles bien acceptées ?

Le paiement par carte est assez bien développé, sauf dans les lieux d'hébergement modestes et les petits restos. Pas de problème, en revanche, pour retirer de l'argent dans les multiples distributeurs.

➢ Peut-on facilement se faire comprendre ?

Beaucoup de Portugais parlent le français et les plus jeunes parlent presque tous au moins un peu l'anglais.

➢ En quoi mon passeport européen peut-il m'être utile ?

En cas de non-représentation de son pays à l'étranger, un ressortissant européen peut se rendre dans une ambassade ou un consulat européen pour demander de l'aide à l'ambassade ou au consulat (pas à un consulat honoraire) de n'importe quel État membre de l'UE en cas d'extrême urgence (mort, accident, détention) ou de vol de papiers (ils peuvent produire des documents provisoires).

➢ Que ne faut-il absolument pas manquer à Lisbonne ?

Une balade dans l'Alfama avec le tram nº 28, un verre dans le Bairro Alto, la découverte du monastère dos Jerónimos et de la torre de Belém, le musée des Azulejos, la visite de l'Océanorium du parc des Nations, l'incontournable musée Calouste-Gulbenkian et... tous les belvédères collectionnant les plus beaux panoramas, à commencer par celui de Graça.

➢ Que rapporter de Lisbonne ?

Des *azulejos* (un peu lourds, certes !), de la *ginja* (alcool de griotte), mais aussi des *pastéis de nata*, entre autres douceurs.

➢ Le fado fait-il toujours pleurer ?

La nostalgie est toujours payante, même si les tours de chant ont été fortement commercialisés au fil du temps. Dans l'Alfama et le Chiado, on a néanmoins trouvé quelques maisons de fado plus traditionnelles à vous conseiller !

➢ Quels types d'hébergement trouve-t-on ?

Avec des AJ, des *hostels* privés de qualité et bon marché, des pensions de famille typiques, des hôtels toutes catégories et quelques adresses de charme, tous les goûts seront satisfaits !

➢ Les prises de courant sont-elles les mêmes qu'en France ?

Oui, les prises sont de type continental. Le courant est en 220 V. Pour nos amis canadiens, un adaptateur sera nécessaire.

➢ Doit-on laisser un pourboire ?

Pas nécessairement, mais il est le bienvenu !

COMMENT Y ALLER ?

EN AVION

Les compagnies régulières

▲ **AIR FRANCE**
Rens et résa au ☎ 09-69-39-36-54 (appel non surtaxé – tlj 8h/20h), sur • airfrance.fr • et en agences de voyages.
➢ Au départ de Paris-Roissy-Charles-de-Gaulle, Air France propose jusqu'à 4-5 vols directs/j. pour ***Lisbonne*** et jusqu'à 2 vols directs/j. sur ***Porto.***
Air France propose à tous des tarifs attractifs toute l'année. Pour consulter les meilleures offres du moment sur Internet, allez directement sur la page « Nos meilleures offres » sur *• airfrance.fr • Flying Blue,* le programme de fidélité gratuit d'Air France-KLM, permet de gagner des *miles* en voyageant sur les vols Air France, KLM, Transavia et avec de nombreux partenaires aériens et non aériens. Les *miles* peuvent ensuite être échangés contre des billets d'avion ou des services (surclassement, bagage supplémentaire...) ainsi qu'auprès des partenaires. Pour en savoir plus, rendez-vous sur *• flyingblue.com •*

▲ **IBERIA**
– Paris : Orly-Ouest, hall 1. ☎ 0825-800-965 (0,15 €/mn, tlj 9h-20h). • iberia.com •
➢ Vols quotidiens depuis les principales villes françaises : Bordeaux, Lyon, Marseille, Nantes, Nice, Paris, Rennes, Toulouse et Strasbourg (env 2 vols/sem) vers ***Lisbonne*** et ***Porto*** avec changement à Madrid ou à Barcelone.

▲ **BRUSSELS AIRLINES**
Rens et résa : ☎ 01-73-23-10-71 depuis la France et ☎ 0902-51-600 (0,75 €/mn) depuis la Belgique. • brusselsairlines.com •
➢ Vols réguliers au départ de Bruxelles, Lyon, Marseille, Nice, Strasbourg et Toulouse pour ***Faro, Lisbonne*** et ***Porto.***

▲ **SWISS**
• swiss.com •
– Genève : à l'aéroport, ☎ 0892-232-501 (0,34 €/mn, 24h/24). Tlj 5h-20h.
– Zurich : Bahnhofstrasse 25. ☎ 041-848-700-700. Lun-ven 10h-17h.
➢ SWISS assure des liaisons saisonnières entre Zurich, ***Lisbonne*** et ***Porto*** avec correspondances à Paris, Nice ou Lyon.

▲ **EASYJET**
Service clientèle : ☎ 0806-141-141 (tlj 8h-20h). • easyjet.com •
➢ Vols quotidiens depuis Bordeaux, Bâle-Mulhouse, Lyon, Nice, Paris, Toulouse et Genève pour ***Lisbonne, Faro*** et ***Porto.***

▲ ***TRANSAVIA***
☎ 0892-05-88-88 (0,50 €/min) • transavia.com •
Plusieurs vols par jour vers Lisbonne, Porto et Faro.

▲ **VUELING**
Résas : ☎ 0899-232-400 (1,34 € l'appel puis 0,34 €/mn) ou service clients : ☎ 01-84-88-69-48 (prix d'un appel local, tlj 9h-22h). • vueling.com •
➢ Vols depuis Paris pour ***Lisbonne*** et ***Porto,*** directs ou avec correspondance à Barcelone.

LES ORGANISMES DE VOYAGES

– Ne pas croire que les vols à tarif réduit sont tous au même prix pour une même destination à une même époque : loin de là. On a déjà vu, dans un même avion partagé par 2 organismes, des passagers qui avaient payé 40 % plus cher que les autres... De plus, une agence bon marché ne l'est

pas forcément toute l'année (elle peut n'être compétitive qu'à certaines dates bien précises). Donc, contactez tous les organismes et jugez vous-même.

– Les organismes cités sont classés par ordre alphabétique, pour éviter les jalousies et les grincements de dents.

En France

▲ CERCLE DES VOYAGES

– Paris : 31, avenue de l'Opéra, 75001. ☎ 01-40-15-15-01. • cercledes voyages.com • Ⓜ Pyramides ou Opéra. Lun-ven 9h-20h, sam 10h-18h30.

Destination proche, charmante, et dépaysante, le Portugal est une destination séduisante. Parcouru de rivières, et bordé par l'Océan Atlantique et la Méditerranée, l'eau y est omniprésente. Du Nord au Sud, les ambiances et les paysages varient pour votre plus grand plaisir de découverte ! Découvrez Porto, Lisbonne, l'Algarve, mais aussi Madère et les Açores. Contactez nos conseillers pour élaborer ensemble un voyage sur-mesure au Portugal qui vous ressemble.

▲ COMPTOIR DES VOYAGES

• comptoirdesvoyages.fr • Lun-sam 9h30-18h30.

– Paris : 2-18, rue Saint-Victor, 75005. ☎ 01-53-10-30-15.

– Bordeaux : 26, cours du Chapeau-Rouge, 33000. ☎ 05-35-54-31-40.

– Lille : 76, rue Nationale, 59800. ☎ 03-28-04-68-20.

– Lyon : 10, quai Tilsitt, 69002. ☎ 04-72-44-13-40.

– Marseille : 12, rue Breteuil, 13001. ☎ 04-84-25-21-80.

– Toulouse : 43, rue Peyrolières, 31000. ☎ 05-62-30-15-00.

– Nice : 62, rue Gioffredo, 06000. ☎ 04-97-03-64-80.

En plus de 30 ans, Comptoir des Voyages s'est imposé comme la référence incontournable du voyage sur mesure en immersion, avec plus de 90 destinations couvrant les 5 continents. Nos conseillers-spécialistes construisent des voyages uniques en s'adaptant à votre budget, vos goûts et vos envies. Pour favoriser les rencontres et l'immersion dans la vie locale, ils privilégient des hébergements typiques et des expériences authentiques. Sur place, nos *Welcome Hosts* francophones partagent avec vous conseils et bonnes adresses le temps d'un café. Sur votre smartphone, notre application mobile Luciole vous informe sur le déroulé de votre voyage, vous suggère des lieux de visite et vous guide grâce à un GPS hors connexion.

Comptoir des Voyages est membre d'Agir pour un tourisme responsable depuis 2009. Notre labellisation ATR a été renouvelée par Ecocert Environnement cette année.

▲ NOMADE AVENTURE

• nomade-aventure.com •

– Paris : 40, rue de la Montagne-Sainte-Geneviève, 75005. ☎ 01-46-33-71-71. Ⓜ Maubert-Mutualité. Lun-sam 9h30-18h30.

– Lyon : 10, quai Tilsitt, 69002. ☎ 04-72-44-13-50. Lun-sam 9h30-18h30 (parfois 17h). Résa conseillée.

– Marseille : 12, rue Breteuil, 13001. ☎ 04-84-25-21-86. Lun-sam 9h30-18h30.

– Nice : 62, rue Giofreddo, 06000. Ouverture prochaine.

– Toulouse : 43, rue Peyrolières, 31000. ☎ 05-62-30-10-77. Lun-sam 9h30-18h30.

Nomade Aventure propose des circuits inédits partout dans le monde, à réaliser en famille, entre amis, avec ou sans guide. Également la possibilité d'organiser, hors de groupes constitués, un séjour libre en toute autonomie et sur mesure. Spécialiste de l'aventure avec plus de 600 itinéraires (de niveau tranquille, dynamique, sportif ou sportif +) faits d'échanges et de rencontres avec les habitants, Nomade Aventure donne la priorité aux expériences authentiques à pied, à VTT, à cheval, à dos de chameau, en bateau ou en 4x4.

▲ LA ROUTE DES VOYAGES

• laroutedesvoyages.com • ☎ 078-400-83-94. Rdv par tél.

– Paris : 10, rue Choron, 75009. ☎ 01-55-31-98-80. Ⓜ Notre-Dame-de-Lorette.

– Angers : 6, rue Corneille, 49000. ☎ 02-41-43-26-65.

– Annecy : 4 bis, av. d'Aléry, 74000. ☎ 04-50-45-60-20.

– Bordeaux : 19, rue des Frères-Bonie, 33000. ☎ 05-56-90-11-20.
– Lorient : 42, av. de la Perrière, 56100. ☎ 06-15-48-82-69. Sur rdv lun-mer.
– Lyon : 59, rue Franklin, 69002. ☎ 04-78-42-53-58.
– Toulouse : 27, rue Perchepinte, 31000. ☎ 05-62-27-00-68.
25 ans d'expérience de voyage sur mesure sur les 5 continents ! 15 pays en Europe complètent à présent leur offre. Cette équipe de voyageurs passionnés a développé un vrai savoir-faire du voyage personnalisé : écoute, conseils, voyages de repérage réguliers et des correspondants sur place soigneusement sélectionnés avec qui ils travaillent en direct. Son engagement à promouvoir un tourisme responsable se traduit par des possibilités de séjours solidaires à insérer dans les itinéraires de découverte individuelle. Elle a aussi créé un programme de compensation solidaire qui permet de financer des projets de développement locaux.

▲ VOYAGEURS EN ESPAGNE ET AU PORTUGAL

• voyageursdumonde.fr • ☎ 01-42-86-17-20.
– Paris : La Cité des Voyageurs, 55, rue Sainte-Anne, 75002. ☎ 01-42-86-16-00. Ⓜ Opéra ou Pyramides. Lun-sam 9h30-19h. Avec une librairie spécialisée sur les voyages.
Également des agences à Bordeaux, Grenoble, Lille, Lyon, Marseille, Montpellier, Nantes, Nice, Rennes, Rouen, Strasbourg et Toulouse. Ainsi que Bruxelles, Montréal, Québec et Genève.
Parce que chaque voyageur est différent, que chacun a ses rêves et ses idées pour les réaliser, Voyageurs du Monde conçoit, depuis plus de 30 ans, des projets sur mesure. Les séjours proposés sur 120 destinations sont élaborés par leurs 180 conseillers voyageurs. Spécialistes par pays et même par région, ils vous aideront à personnaliser les voyages présentés à travers une trentaine de brochures d'un nouveau type et sur le site internet où vous pourrez également découvrir les hébergements exclusifs et consulter votre espace personnalisé. Au cours de votre séjour, vous bénéficiez des services personnalisés Voyageurs du Monde, dont la possibilité de modifier à tout moment votre voyage, l'assistance d'un concierge local, la mise en place de rencontres et de visites privées et l'accès à votre carnet de voyage via une application iPhone et Androïd. Voyageurs du Monde est membre de l'association ATR (Agir pour un Tourisme Responsable) et bénéficie de la certification Tourisme Responsable AFAQ AFNOR.

Voir aussi au sein de chaque ville les agences locales que nous avons sélectionnées.

Comment aller à Roissy et à Orly ?
Toutes les infos sur notre site *• routard.com •*

En Belgique

▲ CONTINENTS INSOLITES

• continents-insolites.com •
– Bruxelles : rue César-Franck, 44 A, 1050. ☎ 02-880-55-41. Lun-ven 10h-18h ; sam 10h-16h sur rdv.
Continents Insolites, organisateur de voyages lointains sans intermédiaire, propose une gamme étendue de formules de voyages détaillées sur leur site internet.
– *Voyages découverte sur mesure :* à partir de 2 personnes. Un grand choix d'hébergements soigneusement sélectionnés : du petit hôtel simple à l'établissement luxueux et de charme.
– *Circuits découverte en mini-groupes :* de la grande expédition au circuit accessible à tous. Des circuits à dates fixes dans plus de 60 pays en petits groupes francophones de 7 à 12 personnes. Avant chaque départ, une réunion est organisée. Voyages encadrés par des guides francophones, spécialistes des régions visitées.

▲ SENS INVERSE ÉCOTOURISME PORTUGAL

– Ottignies-Louvain-La-Neuve : cours de Valduc, 18, 1348. ☎ 476-830-570.
• sensinverse.be •
Agence de voyages écotouristique qui propose des voyages accompagnés de guides locaux passionnés,

et axés sur la découverte de l'environnement naturel, culturel, rural et humain de différentes régions de France comme à l'étranger, notamment au Portugal. L'équipe est très engagée dans la protection de la nature et la sauvegarde du patrimoine et des cultures. Tous leurs voyages ont comme point commun la marche à pied à un rythme modéré et en petit groupe.

▲ **VOYAGEURS DU MONDE**
– Bruxelles : chaussée de Charleroi, 23, 1060. ☎ 02-543-95-50. • voyageursdumonde.com •
Le spécialiste du voyage en individuel sur mesure.
Voir texte dans la partie « En France ».

En Suisse

▲ **LA ROUTE DES VOYAGES**
• laroutedesvoyages.com • ☎ 078-400-83-94. Rdv par tél.
Voir le texte dans la partie « En France ».

▲ **VOYAGEURS DU MONDE**
– Genève : rue de la Rôtisserie, 19, 1204. ☎ 022-519-12-10. • voyageursdumonde.com • Lun-ven 9h30-19h, sam 9h30-18h30 ; fermé dim.
Le spécialiste du voyage en individuel sur mesure.
Voir le texte dans la partie « En France ».

Au Québec

▲ **TOURS CHANTECLERC**
• tourschanteclerc.com •
Tours Chanteclerc est un tour-opérateur qui publie différentes brochures de voyages : Europe, Amérique du Nord, Amérique du Sud, Asie et Pacifique sud, Afrique et Bassin méditerranéen en circuits ou en séjours. Il s'adresse aux voyageurs indépendants qui réservent un billet d'avion, un hébergement (dans toute l'Europe), des excursions ou une location de voiture. Également spécialiste de Paris, le tour-opérateur offre une vaste sélection d'hôtels et d'appartements dans la capitale française.

EN TRAIN

➢ ***Au départ de Paris, gare Montparnasse :*** un TGV part chaque jour vers 12h30 pour Irún (Espagne) ; de là, correspondance autour de 18h45 avec un train de nuit pour Lisbonne ; arrivée le lendemain vers 7h30.

Pour voyager au meilleur prix

Avec les ***Pass InterRail,*** les résidents européens peuvent voyager dans 30 pays d'Europe, dont le Portugal. Plusieurs formules et autant de tarifs, en fonction de la destination et de l'âge.
À noter que le *Pass InterRail* n'est pas valable dans votre pays de résidence (cependant l'*InterRail Global Pass* offre une réduction de 50 % de votre point de départ jusqu'au point frontière en France). *• interrail.eu •*
– Pour les grands voyageurs, l'***InterRail Global Pass*** est valable dans l'ensemble des 30 pays européens concernés, intéressant si vous comptez parcourir plusieurs pays au cours du même périple. Il se présente sous 7 formes au choix.
5 formules flexibles : utilisable 3, 5 ou 7 j. sur une période de validité d'un mois (218-335 € selon âge et formule) ou bien 5, 7, 10, ou 15 j. sur une période de validité de 2 mois (401-493 € selon âge et formule).
5 formules « continues » : pass 15 j., 22 j. ou 1, 2 et 3 mois (443-902 € selon âge et formule).
Ces formules existent aussi en version 1re classe (mais ce n'est pas le même prix, bien sûr !).
Les voyageurs de plus de 60 ans bénéficient d'une réduction sur le tarif de l'*InterRail Global Pass* en 1re et 2de classes (tarif senior). Également des tarifs enfants 4-11 ans et jeunes 12-27 ans.
– Si vous ne parcourez que le Portugal, le ***One Country Pass*** vous suffira. D'une période de validité de 1 mois et utilisable, selon les formules, 3, 4, 5, 6 ou 8 j. en discontinu : tarif selon pays et formule. Là encore, ces formules se

déclinent en version 1re classe. Pour voyager dans 2 pays, vous pouvez combiner 2 *One Country Pass*. Au-delà, il est préférable de prendre l'*Inter Global Pass*.
InterRail offre également la possibilité d'obtenir des réductions ou avantages à travers toute l'Europe avec ses partenaires bonus (musées, chemins de fer privés, hôtels, etc.).
Tous ces prix ne sont qu'indicatifs.
Pour plus de renseignements, adressez-vous à la gare ou boutique SNCF la plus proche de chez vous.

EN VOITURE

Avant de partir, on vous conseille de lire la rubrique « Transports intérieurs » dans le chapitre « Portugal utile », afin de connaître le système des autoroutes à péage électronique.
Grosso modo, on compte un peu moins de 1 800 km entre Paris et Lisbonne. Les habitués vous diront qu'il leur faut moins de 20h pour effectuer ce trajet. Surtout si, prudents, on roule à plusieurs en se relayant au volant. De Paris à la frontière espagnole, l'itinéraire le plus commode est l'autoroute jusqu'en Espagne ; puis les autoroutes du Pays basque jusqu'à Béhobie (810 km ; 780 km par la route nationale classique N10) ; de là, un peu moins de 600 km vous séparent encore du Portugal (Vilar Formoso, par Burgos et Salamanque).
Les aires de repos sont bien équipées au Portugal (toilettes, supérettes, cafèt').
● *tolltickets.com* ● est un site où les automobilistes peuvent acheter en ligne les vignettes autoroutières, les *passes*, etc., pour un certain nombre de pays européens. Renseignements également sur les tunnels, les ferries et autres portions payantes du réseau routier.
Et pour la France, carte avec le coût de tous les tronçons autoroutiers de l'Hexagone sur ● *autoroutes.fr* ●

D'Irún à Lisbonne par Burgos, Salamanque et Vilar Formoso (940 km environ)

C'est l'itinéraire généralement choisi par les habitués : on vous le recommande donc.
Après Saint-Sébastien, que l'on contourne par l'autoroute, la N1 escalade les monts de Guipúzcoa pour atteindre la plaine d'Álava : une déviation contourne Vitoria, l'une des villes importantes du nord de la péninsule Ibérique. De Saint-Sébastien, il est aussi possible de gagner cette région en empruntant l'autoroute par Bilbao (assez chère).
Ensuite, on s'engage dans le défilé de Pancorbo, au-delà duquel se profile Burgos. Puis on file droit à travers la Meseta jusqu'à Valladolid (369 km) avec l'E80, Tordesillas, Salamanque, puis Ciudad Rodrigo, avant de gagner le lendemain Vilar Formoso. Ensuite, IP5 et A23, et enfin IP1.
Pour rejoindre directement Lisbonne, de Salamanque, on peut aussi continuer vers Cáceres, Badajoz et Elvas (Portugal). La route Elvas-Estremoz-Lisbonne est excellente.

Du col du Perthus (Pyrénées-Orientales) à Lisbonne par Madrid et Saragosse (itinéraire conseillé, 1 400 km)

Du col du Perthus à Lisbonne par Saragosse, Madrid, Cáceres et Badajoz : cet itinéraire concerne surtout nos lecteurs venant par le sud-est de la France.

EN BUS

Qu'à cela ne tienne, il n'y a pas que l'avion ou le train pour voyager. À condition d'y mettre le temps, on peut aussi se déplacer en bus. Bien sûr, les trajets sont longs (24h pour le Portugal...) et les horaires élastiques.

À bord, on peut faire sa toilette, et les bus affrétés par les compagnies sont assez confortables : AC, dossier inclinable (demander des précisions avant le départ). Et, en principe, des arrêts toutes les 3 ou 4h permettent de ne pas arriver en piteux état.
Cela dit, de nombreux lecteurs se sont plaints de conditions de voyage parfois assez pénibles (confort limite, mauvaise gestion des arrêts, retards...).
N'oubliez pas, pour positiver un peu, qu'avec un long trajet en avion on se déplace ; en bus, on voyage.

Organismes de bus

▲ **CLUB ALLIANCE**
– Paris : 33, rue de Fleurus, 75006. ☎ 01-45-48-89-53. • cluballiancevoyages.com • Ⓜ Notre-Dame-des-Champs. Lun-sam 11h (14h sam)-19h.
Ce voyagiste propose plusieurs formules à destination du Portugal.

▲ **EUROLINES**
☎ 0892-89-90-91 (0,35 €/mn + prix appel), 8h-21h, dim 10h-18h. • eurolines.fr • N° d'urgence : 01-49-72-51-57. Agences à Paris et dans tte la France.
Vous trouverez également les services d'Eurolines sur *• routard.com •* Eurolines propose 10 % de réduction pour les jeunes (12-25 ans) et les seniors. 2 bagages gratuits par personne en Europe.
Première *low cost* par bus en Europe, Eurolines permet de voyager vers plus de 600 destinations en Europe et au Maroc avec des départs quotidiens depuis 90 villes françaises. Eurolines propose également des hébergements à petits prix sur les destinations desservies.
Pass Europe : pour un prix fixe valable 15 ou 30 jours, vous voyagez autant que vous le désirez sur le réseau entre 51 villes européennes. Également un *minipass* pour visiter 2 capitales européennes (7 combinés possibles).

LISBONNE UTILE

ABC de Lisbonne

- ***Population :*** estimée à 578 000 hab. en 2020, dont 15 % environ vit en dessous du seuil de pauvreté. Population en baisse depuis 30 ans au profit de la périphérie. La région métropolitaine compte en tout près de 2,9 millions d'habitants (46,7 % d'hommes et 53,3 % de femmes).
- ***Superficie :*** 83,8 km^2.
- ***Lisbonne est le siège du district*** (l'équivalent de nos régions) de l'Area Metropolitana de Lisboa (composé de 18 conseils) et comporte 53 freguesias (arrondissements).
- ***Langue :*** le portugais. Le français est très fréquemment utilisé par des personnes ayant plus ou moins vécu en France ; c'était la 1re langue obligatoire à l'école jusqu'en 1974 ! L'anglais l'a depuis supplanté.
- ***Régime :*** démocratie parlementaire.
- ***Maire de la ville :*** Carlos Moedas depuis 2021.
- ***Devise de la ville :*** Lisboa, ***cidade da tolerância*** (« Lisbonne, ville de la tolérance »). Elle a été adoptée en 2008 par le maire, António Costa, lors de l'inauguration du monument commémoratif du massacre des juifs à Lisbonne en 1506.

AVANT LE DÉPART

Adresses utiles

En France

Office national de tourisme portugais : • *info@visitportugal.com* • Documents et brochures à télécharger sur le site : • *visitportugal.com* • Pour toute question, aller sur le chat du site internet, réponse sous 24h ; désormais plus de standard téléphonique. L'idéal aussi pour toutes les questions liées aux déplacements entre la France et le Portugal, et les dernières décisions gouvernementales sur le Covid.

Consulat : *6-8, rue Georges-Berger, 75017 Paris. Permanence téléphonique : ☎ 01-56-33-81-00 (lun-ven 8h30-17h).* • *consuladoportugalparis.org* • Ⓜ *Monceau.* Pour toute information, téléphoner ou consulter le site.

Ambassade du Portugal : *1, rue de Noisiel, 75116 Paris. ☎ 01-47-27-35-29 (lun-ven 9h30-13h, 14h-17h30).* • *paris.embaixadaportugal.mne.pt* • Ⓜ *Porte-Dauphine.*

Fondation Calouste-Gulbenkian : *54, bd Raspail, 75006 Paris. ☎ 01-40-48-63-68.* • *gulbenkian.pt/paris.org* • Ⓜ *La Tour-Maubourg, Varenne ou Invalides. Pour la bibliothèque : lun-ven 10h-17h à la Maison du Portugal, 7P, bd Jourdan 75014.* La fondation d'un homme riche et célèbre tombé amoureux du Portugal, de sa langue et de sa culture (voir le somptueux musée homonyme de Lisbonne). Manifestations culturelles, concerts, conférences, expos et bibliothèque.

■ ***Centro Cultural Camões :*** *6, passage Dombasle, 75015 Paris. ☎ 01-53-92-01-00. • ccp-paris@camoes.mne.pt • instituto-es.pt • Ⓜ Convention. Lun-ven 10h-13h, 14h-17h.* Dispense des cours de portugais le soir, du lundi au samedi.

■ ***Librairie portugaise et brésilienne :*** *19-21, rue des Fossés-Saint-Jacques/pl. de l'Estrapade, 75005 Paris. ☎ 01-43-36-34-37. • librairie-portugaise.com • Ⓜ Place-Monge, Luxembourg ou Cardinal-Lemoine. Tlj sauf dim 11h-13h, 14h-19h.* Une librairie unique en France, fondée par Michel Chandeigne, un passionné du Portugal et du Brésil, également éditeur courageux et exigeant. Tous les classiques de la littérature portugaise et les ouvrages les plus récents (romans, essais, histoire), en français et en portugais.

En Belgique

ℹ ***Office de tourisme :*** *rens par tél seulement, au ☎ 078-79-18-18. • info@visitportugal.com •*

■ ***Ambassade du Portugal :*** *av. de Cortenberg, 12, Bruxelles 1040. ☎ 02-286-43-70. • ambassade@ambassade-portugal.be • Lun-ven 8h30-12h30, 13h30-15h.*

En Suisse

ℹ ***Consultat du Portugal :*** *Zeltweg, 13, 8032 Zurich. ☎ 44-200-30-40 (commande de brochures). • consulado.zurique@mne.pt • Lun-ven 8h30-15h30.*

■ ***Ambassade du Portugal :*** *Weltpoststrasse, 20, 3015 Berne. ☎ 41-31-352-86-68 ou 74 (section consulaire). • sconsular.berna@mne.pt • Pour les visas, lun-ven 8h30-15h30.*

Au Canada

■ ***Ambassade du Portugal :*** *645 Island Park Dr, Ottawa (Ontario) K1Y 0B8. • ottawa@mne • Lun-ven 9h-13h.*

Formalités

Pour les ressortissants de l'Union européenne et de la Suisse, carte nationale d'identité ou passeport en cours de validité. Pour les ressortissants canadiens, un passeport valide est nécessaire. Pour les mineurs non accompagnés, une carte nationale d'identité est suffisante. Permis de conduire rose ou permis international. Carte verte d'assurance. Pour tout véhicule prêté, carte grise, bien sûr, et autorisation écrite du propriétaire.

> Avant de partir, pensez à scanner passeport, visa, carte de paiement, billet d'avion et *vouchers* d'hôtel. Ensuite, adressez-les-vous par e-mail, en pièces jointes. En cas de perte ou de vol, rien de plus facile pour les récupérer dans un cybercafé. Les démarches administratives seront bien plus rapides. Merci tonton Routard !

Les ***mineurs*** doivent être munis de leur propre pièce d'identité (carte d'identité ou passeport). Pour l'autorisation de sortie de territoire lorsque les enfants ne sont pas accompagnés par un de leurs parents, chaque pays a mis en place sa propre régulation. Ainsi, pour les ***mineurs français,*** une loi entrée en vigueur en janvier 2017 a ***rétabli l'autorisation de sortie du territoire.*** Pour voyager à l'étranger, ils doivent être munis d'une pièce d'identité (carte d'identité ou passeport), d'un formulaire signé par l'un des parents titulaires de l'autorité parentale et de la photocopie de la pièce d'identité du parent signataire. Renseignements auprès des services de votre commune et sur *• service-public.fr •*

Avoir un passeport européen, ça peut être utile !

L'Union européenne a organisé une assistance consulaire mutuelle

pour les ressortissants de l'UE en cas de problème en voyage.
Vous pouvez y faire appel lorsque la France (c'est rare) ou la Belgique (c'est plus fréquent) ne disposent pas d'une représentation dans le pays où vous vous trouvez. Concrètement, cette assistance vous permet de demander de l'aide à l'ambassade ou au consulat (pas à un consulat honoraire) de n'importe quel État membre de l'UE. Leurs services vous indiqueront s'ils peuvent directement vous aider ou vous préciseront ce qu'il faut faire.

Leur assistance est, bien entendu, limitée aux situations d'urgence : décès, accident ayant entraîné des blessures ou des lésions, maladie grave, rapatriement pour raison médicale, arrestation ou détention. En cas de ***perte*** ou de ***vol de votre passeport,*** ils pourront également vous procurer un ***document provisoire de voyage.***
Cette entraide consulaire entre les États membres de l'UE ne peut vous garantir un accueil dans votre langue. En général, une langue européenne courante sera pratiquée.

Assurances voyage

■ ***Routard Assurance par AVI International :*** *Le Colisée Gardens, 10, av. de l'Arche, CS 70126, 92419 Courbevoie Cedex. ☎ 01-44-63-51-00. • routard@avi-international.com • avi-international.com •* Ⓜ *La Défense.* Enrichie au fil des années par les retours des lecteurs, *Routard Assurance* est devenue une assurance voyage référence incontournable. Tout est inclus : frais médicaux, assistance rapatriement, bagages, responsabilité civile... Vous avez besoin d'un médecin, d'un conseil médical ou d'une prise en charge dans un hôpital ? Appelez simplement le plateau *AVI Assistance* disponible 24h/24, leur réseau est l'un des plus complets actuellement. Vous avez eu des frais de santé en voyage ? Envoyez les factures à votre retour, *AVI* vous rembourse sous une semaine. Avant votre départ, n'hésitez pas à les appeler pour des conseils personnalisés. Et téléchargez l'appli mobile pour garder un contact avec l'assistance 24h/24 et disposer de l'un des meilleurs réseaux médicaux à travers le monde.

■ ***AVA Assurance Voyage et Assistance :*** *25, rue de Maubeuge, 75009 Paris. ☎ 01-53-20-44-20. • ava.fr •* Ⓜ *Cadet.* Un autre courtier fiable pour ceux qui souhaitent s'assurer en cas de décès-invalidité-accident lors d'un voyage à l'étranger, mais surtout pour bénéficier d'une assistance rapatriement, perte de bagages et annulation. Attention franchises pour leurs contrats d'assurance voyage.

■ ***Pixel Assur :*** *18, rue des Plantes, BP 35, 78601 Maisons-Laffitte. ☎ 01-39-62-28-63. • pixel-assur.com • RER A : Maisons-Laffitte.* Assurance de matériel photo et vidéo tous risques (casse, vol, immersion) dans le monde entier. Devis en ligne basé sur le prix d'achat de votre matériel. Avantage : garantie à l'année.

Carte d'adhésion internationale aux auberges de jeunesse (carte FUAJ)

Cette carte vous ouvre les portes des 4 000 auberges de jeunesse du réseau *HI-Hostelling International* en France et dans le monde. Vous pouvez ainsi loger dans plus de 80 pays à des prix avantageux et bénéficier de tarifs préférentiels avec les partenaires des auberges de jeunesse *HI*. Enfin, vous intégrez une communauté mondiale de voyageurs partageant les mêmes valeurs : plaisir de la rencontre, respect des différences et échange dans un esprit convivial. Il n'y a pas de limite d'âge pour séjourner en auberge de jeunesse, il faut simplement être adhérent.

Renseignements et inscriptions

- ***En France :*** *• hifrance.org •*
- ***En Belgique :*** *• lesaubergesdejeunesse.be •*
- ***En Suisse :*** *• youthhostel.ch •*
- ***Au Canada :*** *• hihostels.ca •*

Si vous prévoyez un séjour itinérant, vous pouvez réserver plusieurs auberges en une seule fois en France et dans le monde : *• hihostels.com •*

Carte internationale d'étudiant (carte ISIC)

Elle prouve le statut d'étudiant dans le monde entier et permet de bénéficier d'avantages, services et réductions dans les domaines du transport, de l'hébergement, de la culture, des loisirs, du shopping...

La carte ISIC permet aussi d'accéder à des avantages exclusifs (billets d'avion spécial étudiants, hôtels et auberges de jeunesse, assurances, cartes SIM internationales, location de voitures...).

Renseignements et inscriptions

- ***En France :*** *• isic.fr •*
- ***En Belgique :*** *• isic.be •*
- ***En Suisse :*** *• isic.ch •*
- ***Au Canada :*** *• isiccanada.com •*

ARGENT, BANQUES, CHANGE

La monnaie du Portugal est l'***euro.*** Taux de change : 1 € = 1,08 CHF = 1,48 $Ca.

Les banques

Principalement situées dans la Baixa, elles sont ouvertes du lundi au vendredi de 8h30 à 15h (certaines jusqu'à 18h).

Les cartes de paiement

Avertissement

Si vous comptez effectuer des retraits d'argent aux distributeurs, il est **très vivement conseillé** d'avertir votre banque avant votre départ (pays visités et dates). En effet, **votre carte peut être bloquée dès le 1er retrait** pour suspicion de fraude. C'est de plus en plus fréquent. Bonjour les tracasseries administratives pour faire rentrer les choses dans l'ordre, et on se retrouve vite dans l'embarras !

Pas de difficultés pour retirer de l'argent, nombreux distributeurs un peu partout. Se laisser guider par les infos en français. Vérifiez auprès de votre banque avant le départ le montant maximal hebdomadaire auquel vous avez droit.

Un conseil : ***ayez toujours de l'argent liquide avec vous***. De nombreux petits établissements n'acceptent pas encore les cartes de paiement. Parfois, ils n'acceptent que les cartes portugaises « MB » (pour *Multibanco*). Faites attention avant d'entrer dans un resto, notamment. Quand vous partez à l'étranger, pensez à relever le plafond de retrait aux distributeurs et pour les paiements par carte, quitte à le rebaisser à votre retour.

Avant de partir, notez bien le numéro d'opposition propre à votre banque (il figure souvent au dos des tickets de retrait, sur votre contrat ou à côté des distributeurs de billets), ainsi que le numéro à 16 chiffres de votre carte. Bien entendu, conservez ces informations en lieu sûr et séparément de votre carte.
Par ailleurs, l'assistance médicale se limite aux 90 premiers jours du voyage et l'assistance véhicule aux cartes haut de gamme (renseignez-vous auprès de votre banque). Et surtout, n'oubliez pas aussi de ***VÉRIFIER LA DATE D'EXPIRATION DE VOTRE CARTE DE PAIEMENT*** avant votre départ !
En zone euro, pas de frais bancaires sur les paiements par carte. Les retraits sont soumis aux mêmes conditions tarifaires que ceux effectués en France (gratuits pour la plupart des cartes).
Une carte perdue ou volée peut être rapidement remplacée. En appelant sa banque, un système d'opposition, d'avance d'argent et de remplacement de carte pourra être mis en place afin de poursuivre son séjour en toute quiétude.
En cas de perte, de vol ou de fraude, quelle que soit la carte que vous possédez, chaque banque gère elle-même le processus d'opposition et le numéro de téléphone correspondant.

– ***Carte Visa :*** *n° d'urgence (Europ Assistance), ☎ (00-33) 1-41-85-85-85 (24h/24).* • *visa.fr* •
– ***Carte MasterCard :*** *n° d'urgence : ☎ 800-8-11-272.* • *mastercardfrance.com* •
– ***Carte American Express :*** *n° d'urgence : ☎ (00-33) 1-47-77-72-00 (24h/24).* • *americanexpress.fr* •
Il existe un serveur interbancaire d'opposition qui, en cas de perte ou de vol, vous met en contact avec le centre d'opposition de votre banque : *en France, ☎ 0892-705-705 (prix d'un appel + 0,35/mn) ; depuis l'étranger, ☎ (00-33) 442-605-303.*

> Petite mesure de précaution : si vous retirez de l'argent dans un distributeur, utilisez de préférence les distributeurs attenants à une agence bancaire. En cas de pépin avec votre carte (carte avalée, erreurs de code secret...), vous aurez un interlocuteur dans l'agence pendant les heures ouvrables.

Besoin urgent d'argent liquide

Vous pouvez être dépanné en quelques minutes grâce au système ***Western Union Money Transfer*** présent dans les supérettes *7-Eleven* et les bureaux de change *Forex*. L'argent vous est transféré en moins de 1 heure. La commission, assez élevée, est payée par l'expéditeur. Possibilité d'effectuer un transfert auprès d'un des bureaux *Western Union* ou, plus rapide, en ligne, 24h/24 par carte de paiement (*Visa* ou *MasterCard*).
Même principe avec d'autres organismes de transfert d'argent liquide comme ***MoneyGram, PayTop*** ou ***Azimo.*** Transfert en ligne sécurisé, en moins de 1h.
Dans tous les cas, se munir d'une pièce d'identité. Toutefois, en cas de perte/vol de papiers, certains organismes permettent de convenir d'une question/réponse-type pour pouvoir récupérer votre argent. Chacun de ces organismes possède aussi des applications disponibles sur téléphone portable. Consulter les sites internet pour connaître les pays concernés, les conditions tarifaires (frais, commission) et trouver le correspondant local le plus proche :
• *westernunion.com* • *moneygram.fr* • *paytop.com* • *azimo.com/fr* •
– Autre solution, envoyer de l'argent par ***la Poste :*** le bénéficiaire, muni de sa pièce d'identité, peut retirer les fonds dans n'importe quel bureau du réseau local. Le transfert s'effectue avec un mandat ordinaire international (jusqu'à 3 500 €) et la transaction prend 4-5 jours en Europe (8-10 jours vers l'international). *Infos :* • *labanquepostale.fr* •

ACHATS

Les magasins ouvrent en général du lundi au vendredi de 9h à 13h et de 15h à 19h ou 20h, et le samedi de 9h à 13h. Dans le Bairro Alto, les mœurs sont davantage aux 14h-21h. Les supermarchés et grandes surfaces sont ouverts aussi le samedi après-midi et le dimanche jusqu'à 21h-23h.

Pour qui aurait la nostalgie des farfouilles sympa, la ***feira da Ladra*** (« foire de la Voleuse ») a lieu chaque mardi et samedi juste à l'est de l'Alfama (voir à ce chapitre). Pas d'objets volés (enfin, pas trop...) mais des puces en bonne et due forme ! Le dimanche matin, rendez-vous à la ***feira do Relógio,*** tout près de l'aéroport (à 800 m du métro Chelas, sur la ligne rouge). C'est le plus grand marché aux puces de la capitale. Sinon, le ***marché de Carcavelos*** bat son plein chaque jeudi, à 20 km à l'ouest de Lisbonne (25 mn de train depuis la gare de Cais do Sodré). Pour les boutiques, voir nos suggestions dans chaque quartier.

LES MAINS DANS LES POCHES

En mai 2021, la chaîne Continente Labs *a inauguré à Lisbonne la première supérette d'Europe sans caisses. Comment ça fonctionne ? On charge l'appli, on s'identifie à l'entrée à l'aide d'un QR Code et le montant des courses est débité directement sur votre compte ! Pratique... ou effrayant, c'est à voir. Le système s'appuie sur une technologie semblable à celle des voitures autonomes, avec des étagères sensibles au poids et un réseau de 230 caméras en renfort. Attention, ne reposez pas la boîte de petits pois au mauvais endroit si vous changez d'avis !*

À boire et à manger

De nombreux cavistes et magasins spécialisés proposent de vous faire découvrir les vins portugais, portos, *moscatels* et autre *amêndoa amarga* (liqueur à l'amande). Pour les portos, notamment, certains vendent des bouteilles introuvables en France, de 20 ans d'âge ou davantage (excellentes marques comme *Kopke,* par exemple). Il est souvent tentant de s'offrir une dégustation avant d'acheter. Pour une quasi-exhaustivité en la matière, on aime bien l'équipe de ***Vinhos de Portugal*** (lire la rubrique « À voir. À faire » dans le quartier « Baixa et Rossio »), qui propose des dégustations différentes chaque mois. Et si vous aimez, n'oubliez pas de rapporter une bouteille de *ginja* ou *ginjinha,* l'incontournable spécialité locale (à la cerise).

Pour les gourmands, chaque coin de rue ou presque cache des surprises. La ***rua do Arsenal*** *(plan centre détachable, I-J9-10)* est l'une des plus connues pour offrir des parfums de nostalgie qui n'ont rien à voir avec la madeleine de Proust : ici, vous trouverez du poisson salé, et notamment toutes les catégories de *bacalhau* (morue ; moins chère qu'en France et bien meilleure). Sinon, coup de cœur pour les conserves à l'ancienne de la *Conserveira de Lisboa* (voir la rubrique « Achats » dans le quartier de l'Alfama) avec, au choix, thon, maquereaux, sardines et autres produits de la mer, dans une conserverie antique comme il faut. Pour les amateurs de douceurs sucrées, un tour dans les nombreuses pâtisseries de la ville ne devrait pas être une trop dure punition. Quant aux amateurs de charcuterie, qu'ils se régalent en rapportant jambons et salaisons au goût authentique et à des prix qui les rendent encore plus sympathiques. Voir à ce propos nos adresses dans la rubrique « Achats » de chaque quartier.

Vous trouverez des ***marchés de petits producteurs*** locaux le samedi matin *Jardim do Príncipe Real*, et le dimanche à LX Factory (*Lx Rural*, davantage tourné bio).

De la tête aux pieds

Beaucoup d'enseignes d'habillement se regroupent dans la Baixa et dans le Chiado, avec pas mal de boutiques de fringues vintage aussi dans le secteur (tout comme dans le Bairro Alto). Autre option, plus excentrée, avenida de Roma et avenida Guerra Junqueiro, entre l'avenida Óscar Monteiro Torres et l'alameda D. Afonso Henriques *(plan d'ensemble détachable, K-L2 ; Ⓜ Alameda).* Mais Lisbonne est peut-être d'abord un lieu où se chausser. Est-ce l'agressivité du pavé ? Ici, vous n'aurez aucun mal à trouver chaussure à votre pied, le nombre de marchands de toutes sortes et de minuscules ateliers de cordonniers restant impressionnant (malgré la crise du petit commerce). Vous pourrez par ailleurs, si le soleil est de la partie, et tout aussi plaisamment, vous hasarder dans l'une des chapelleries ou un gantier de la Baixa ou du Chiado pour y goûter le charme désuet de l'essayage de couvre-chefs. Voir aussi nos adresses spécialisées dans la rubrique « Achats » de chaque quartier.

Antiquités, livres anciens, artisanat, art...

Pour les amateurs d'antiquités, qui espèrent toujours découvrir quelques trésors oubliés, rendez-vous dans les magasins des rues qui encadrent le Bairro Alto et filent vers la place du Rato : ruas da Misericórdia, Dom Pedro V et Escola Politécnica *(plan centre détachable, G-H-I7-8-9),* ainsi que rua de São Bento. Cela dit, vous trouverez aussi votre bonheur dans d'autres quartiers... Et puis n'oubliez pas la *feira da Ladra* (voir plus haut).
Un marché du livre, la *feira dos Alfarrabistas,* se tient chaque samedi au cœur du Chiado, rue Anchieta.
Pour le reste, nous vous indiquons quelques boutiques présentant le meilleur de l'artisanat actuel et des produits portugais, comme ***A Vida Portuguesa*** *(plan centre détachable, J9, **340** ; rua Anchieta et plan centre détachable, K6, **353**).*

Azulejos

Qui ne connaît pas ces carreaux de faïence emblématiques du Portugal, le plus souvent bleu et blanc ? Ils sont vendus à l'unité ou en panneaux entiers, certains peints de scènes entières. Outre certains magasins d'antiquités qui vendent des pièces plus ou moins anciennes, il existe à Lisbonne plusieurs fabriques d'*azulejos,* qui ont chacune leur style propre. Il faut savoir que ce produit d'artisanat reste relativement cher, mais vous avez l'assurance d'y trouver des pièces de qualité entièrement réalisées à la main. Pour les travaux sur commande, comptez au minimum une dizaine de jours. Certains ateliers expédient à l'étranger.

BUDGET

Depuis la crise du Covid, nombre d'hôteliers lisboètes ont sabré leurs tarifs, quitte à travailler pour presque rien. C'est le moment ou jamais d'en profiter. Vous aiderez le tourisme à repartir et bénéficierez de la ville sans les queues habituelles !

Hébergement (prix pour 2 personnes)

Attention : en saison (à Pâques et de juin à octobre), les prix grimpent de 30 à 50 %. Certains lieux d'hébergement proposent des rabais pour les paiements en espèces...
- ***Très bon marché*** (camping et lit en dortoir dans les AJ, la plupart privées) *:* de 15 à 30 €.
- ***Bon marché :*** de 30 à 50 €.
- ***Prix moyens*** (incluant les chambres privées des AJ) *:* de 50 à 80 €.
- ***Plus chic :*** de 80 à 100 €.
- ***Beaucoup plus chic :*** de 100 à 160 €.
- ***Très chic :*** de 160 à 400 €, voire plus.

Repas (prix par personne)

- ***Très bon marché :*** de 5 à 10 €.
- ***Bon marché :*** de 10 à 15 €.
- ***Prix moyens :*** de 15 à 25 €.
- ***Plus chic :*** de 25 à 45 €.
- ***Beaucoup plus chic :*** de 45 à 65 €.
- ***Très, très chic :*** plus de 65 €.

Remarque : si les cartes de paiement sont devenues « monnaie courante » dans le pays, dans les établissements très modestes il faut toutefois payer en espèces.

Quelques prix de produits courants

- Un litre d'essence sans plomb : environ 1,70 €.
- Un litre de gasoil : environ 1,50 €.
- Un café dans un bar : 0,60-0,80 €.
- Un litre d'eau minérale : environ 0,20-0,50 €.
- Un timbre (carte postale vers l'Europe) : 0,88 €.

Voir aussi la rubrique « Musées » plus loin.

CLIMAT

La présence de l'Atlantique apporte à la fois douceur et humidité quasiment toute l'année, tempérant le climat méditerranéen. La température de l'eau est en moyenne de 15 °C sur la côte ouest (quasiment impossible de se baigner entre Porto et Lisbonne). Attention, en été (notamment en juillet), les températures de l'air peuvent grimper jusqu'à 35 °C, voire plus.

DANGERS ET ENQUIQUINEMENTS

Police touristique

Policia de Segurança Pública *(plan centre détachable, I8, **2**) : palácio Foz, praça dos Restauradores. ☎ 213-421-623 ou ☎ 112. Même bâtiment que l'office de tourisme Ask me Lisboa Palácio Foz. 24h/24.* Pour les déclarations de perte ou de vol et en cas d'agression, d'escroquerie ou d'arnaque, c'est ici qu'il faut s'adresser. On y parle français. Excellent accueil. ***Attention, durant l'épidémie de Covid, le bureau est transféré à Santa Apolónia*** *(plan d'ensemble détachable, M8 ; ☎ 218-804-030 ; tlj 10h-18h).*

■ **Pour les objets trouvés** *(central de achados ; hors plan) : praça Cidade Salazar, Lt 180. ☎ 218-535-403 (en portugais seulement). Tlj sauf w-e et j. fériés 9h-12h30, 14h-16h.*

- ***Urgences :*** *☎ 112.*

- ***En cas de vol ou de perte de vos papiers,*** il faut aller directement au bureau de police faire votre déclaration. On vous y établira le document officiel qui servira pour l'assurance.
- ***La conduite en voiture :*** pas mal de lecteurs nous demandent d'insister sur la conduite dangereuse au Portugal : non-respect des panneaux routiers, dépassement intempestif sans visibilité, non-respect des vitesses autorisées ! Bon, pas de panique quand même, avec les radars et les contrôles qui se multiplient, c'est comme partout. L'important, c'est d'éviter de conduire dans Lisbonne même, et de réserver la voiture aux escapades vers l'ouest et le sud, en prenant les voies rapides. Attention aussi aux passages piétons, devant lesquels les automobilistes portugais s'arrêtent bien plus civiquement que chez nous. Du coup, les piétons sont assez imprudents et traversent souvent de manière assurée ou sans regarder...

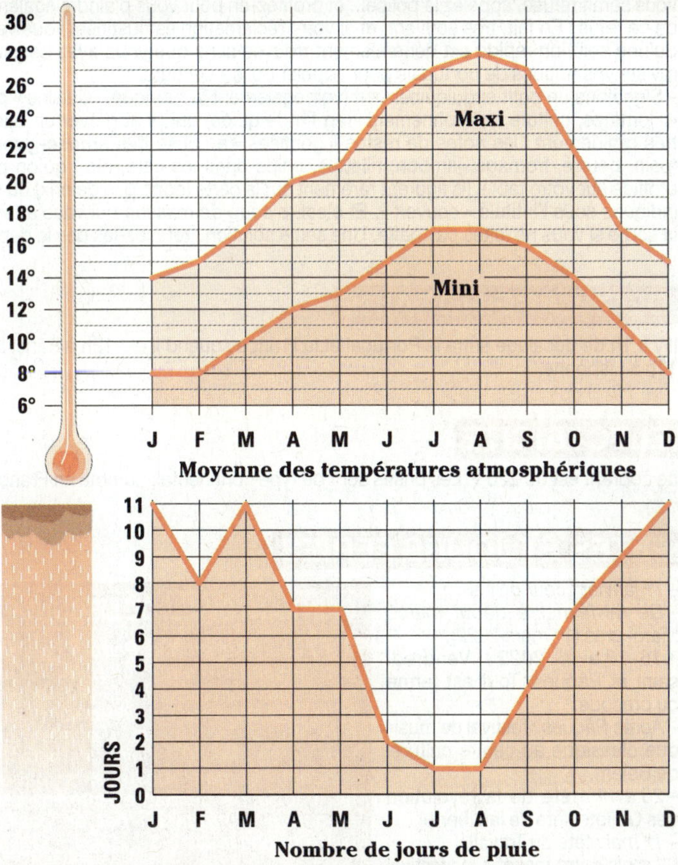

LISBONNE

– Dans les villes, on observe souvent la présence de ***gardiens de voitures.*** Il s'agit la plupart du temps de marginaux ou de SDF qui essaient de glaner quelques euros sous le prétexte que votre voiture peut être abîmée sans surveillance.
– ***Ne laissez rien dans votre voiture,*** en particulier aux abords des plages en été.
– L'addition ne reflète absolument pas le repas ? La chambre de l'hôtel diffère de celle convenue lors de la réservation ? Le personnel n'est pas disposé à vous satisfaire ? Une seule solution : « *Quero fazer uma reclamação.* » Depuis 2006, le ***livre de réclamations*** est obligatoire dans tous les établissements fournissant biens ou services au public ; en plus des cafés et restaurants, on peut y avoir accès dans tout commerce, établissement touristique, lieu de spectacle ou parking gardé. En cas de problème lors de la prestation d'un service ou de l'achat d'un bien, n'hésitez pas à rédiger une réclamation en triple exemplaire comportant vos nom, adresse et numéro de pièce d'identité, ainsi que le motif de la plainte. Un des exemplaires vous sera remis. Et au cas où l'accès au *livro de reclamações*

vous serait refusé, appelez la police... et profitez-en pour vous plaindre également de ce refus ! En fait, très souvent, et si votre réclamation est justifiée, vous verrez qu'une solution rapide est généralement trouvée sans que vous ayez besoin de réviser vos notions de portugais pour appeler police-secours...
– Signalons un petit enquiquinement (voir également la rubrique « Cuisine » dans « Hommes, culture, environnement » en fin de guide) qui peut grever un budget très rapidement : les notes de restos « gonflées » à cause des ***amuse-gueules*** (pain, beurre, fromage, jambon, rillettes, chips dans les cars, etc.) qu'on pose d'office sur votre table. Ils figurent rarement sur la carte (donc pas de prix) ou sont indiqués sous l'intitulé « couvert ». Et c'est le coup de massue qui vous attend à la sortie si vous ne faites pas gaffe. Une seule solution : refusez-les dès le départ !

DÉCALAGE HORAIRE

Il y a 1h de décalage entre le Portugal et la France : quand il est 12h à Paris, il est 11h à Lisbonne.

ÉLECTRICITÉ

Le courant est du 220 V. Les prises sont de type continental, comme en France.

FÊTES ET JOURS FÉRIÉS

– *1er janvier :* Jour de l'an.
– *De mi-février à début mars :* Mardi gras (1er mars 2022).
– *16-18 avril 2022 :* Vendredi saint et Pâques. Tout est fermé ou presque.
– *Après Pâques :* festival de musique classique au centre culturel de Belém.
– *25 avril :* fête de la révolution des Œillets (fête de la Liberté).
– *1er mai :* fête du Travail.
– *1 mois entre mai et juin :* festival de musique de Sintra, depuis 1957. Autour du *palácio national,* nombreux concerts classiques. ● *festivaldesintra.pt* ●
– *Juin (date variable) :* Fête-Dieu (16 juin 2022).
– *10 juin :* fête nationale.
– *12-28 juin :* tout Lisbonne honore *saint Antoine de Padoue* (le 13 est férié à Lisbonne) et *saint Jean* (le 24). Le rituel est bien réglé : défilé en fanfares (les *marchas populares*) sur l'avenida da Liberdade et bals musette à volonté dans les quartiers populaires. La municipalité a cru bon d'y ajouter les *festas de Lisboa,* une avalanche d'expositions, de théâtre de rue, de concerts... du meilleur cru international. Programme à l'office de tourisme.
– *3 j. mi-juillet :* Super Bock Super Rock Festival. Une célèbre bière portugaise fête le rock à Meco Beach (Sesimbra). ● *superbocksuperrock.pt* ●
– *En juillet habituellement (6-9 juil 2022) :* NOS Alive Festival, à Algés, au sud-ouest de Lisbonne, juste après Belém. LE festival de musique populaire et tendance ! Toujours une belle programmation. ● *nosalive.com* ●
– *10 j. fin juillet : festas do Mar* à Cascais, manifestations de jeunes pêcheurs, procession des femmes en l'honneur de Notre-Dame des Navigateurs, feux d'artifice et nombreux concerts.

SAINT ANTOINE... DE LISBONNE !

Il a beau être mort à Padoue, qui lui a collé son nom pour l'éternité, il n'en reste pas moins le saint le plus populaire de Lisbonne, sa ville natale (surtout en cas de perte d'objets). Le jour de sa fête (le 13 juin), les enfants vendent, comme des petits pains, les pãozinhos de Santo António. *Les amoureux s'offrent un pot de basilic porte-bonheur.*

– *En août : Jazz em Agosto* à la Fondation Gulbenkian.
– *15 août :* Assomption.
– *5 octobre :* fête de la République.
– *25 octobre :* Lisbonne célèbre la prise définitive de la ville aux Maures (1147).
– *1er novembre :* fête de la Toussaint.
– *1er décembre :* fête de la Restauration de l'indépendance.
– *8 décembre :* fête de la Vierge.
– *25 décembre :* Noël (vous l'auriez deviné !).

HÉBERGEMENT

Malgré son statut de grande capitale européenne, Lisbonne est une ville où l'on peut encore se loger à bon compte.

Les auberges de jeunesse publiques *(pousadas de juventude)*

Pour dormir dans les AJ officielles, la carte d'adhérent est souvent obligatoire, mais il n'y a pas de limite d'âge (lire en début de chapitre la rubrique « Avant le départ »). Les prix restent très raisonnables pour une offre de qualité. Chambres impeccables, établissements plutôt bien équipés, fonctionnels à défaut d'être chaleureux.
On compte 2 AJ officielles à Lisbonne : une aux abords du parc des Nations et une autres dans le quartier nord, pas trop loin du musée Gulbenkian (récemment fermée). Dans un cas comme dans l'autre, les hostels sont beaucoup plus centraux ! • *reservas@pousadasjuventude.pt* • *pousadasjuventude.pt* • *Résas en ligne ou par tél (☎ 707-233-233). Possibilité de réserver aussi depuis la France (mais plus cher).*

Les *hostels* (AJ privées)

On trouve à Lisbonne un grand choix d'AJ privées dont la qualité nous a soufflés ! Dans de beaux appartements du centre-ville, des maisons, des nids personnalisés, chaleureux, confortables, où règne une véritable atmosphère routarde. C'est propre, souvent « designé » par de jeunes artistes et plein d'imagination. Aucune carte n'est demandée. Les prix sont un peu plus élevés que ceux des AJ officielles, mais ça reste souvent très, très correct. Ces auberges proposent 2 types d'hébergement : d'un côté, des dortoirs avec toilettes et salle de bains à partager, casier, lumière personnelle pour chaque lit et, souvent, une prise individuelle pour recharger ses appareils (bien pratique), le tout plus adapté aux jeunes routards ; de l'autre, des chambres doubles, voire des familiales, qui s'adaptent à toutes les clientèles. Certains *hostels* sont plus festifs (axés 18-25 ans), et il n'est pas toujours facile d'y dormir tôt, mais d'autres sont raisonnablement calmes !

Les chambres chez l'habitant et les *guesthouses*

On trouve des chambres chez l'habitant quasiment partout, notamment en plein centre-ville. Soit on vous sollicite dans la rue, soit des panneaux vous annoncent « *alugam-se quartos* », soit l'office de tourisme vous les indiquera. En général, plutôt bon marché. Les *guesthouses* et *Bed & Breakfast* ont aussi champignonné à Lisbonne cette dernière décennie, avec de fort belles adresses, plutôt dans les quartiers périphériques au centre. Là, on tape plutôt dans la rubrique « Plus chic ».
Consultez aussi les sites de *Roots Travel* (• *rootstravel.net* • ; Lisbonne seulement) et *BedyCasa*.

■ ***BedyCasa :*** • *bedycasa.com* • *BedyCasa* offre une manière différente de voyager, notamment à Lisbonne, plus authentique et plus économique. La chambre chez l'habitant permet aux voyageurs de découvrir une ville, une culture et des traditions à travers les yeux des locaux. En quelques clics sur le site, il est possible de réserver un hébergement grâce au moteur de recherche, ainsi que de lire des témoignages d'autres voyageurs pour guider son choix. *BedyCasa,* c'est aussi un label communautaire, une assurance et un service client (gratuit) tous les jours.

Les pensions et hôtels

De la simple pension familiale au 5-étoiles pimpant occupant un ancien palais, le choix est vaste ! Dans les établissements les moins chers, on a souvent le choix entre chambres avec salle de bains privée (mais parfois sur le palier quand même) ou partagée. Attention, l'insonorisation y est rarement bonne ! D'ailleurs, beaucoup d'hôtels lisboètes sont bruyants, même parmi les plus étoilés. La plupart des établissements lisboètes disposent désormais de la clim', mais pas tous, vérifiez bien ! Si vous devez ouvrir les fenêtres au-dessus d'une place bondée en plein été, pour avoir un peu d'air frais, vous ne dormirez pas très bien... Le petit déj peut être compris ou non en fonction des tarifs, il n'y a pas de règle. Souvent assez basique dans les petits hôtels, il est au contraire généralement excellent dans les meilleurs.

Les *quintas*

La *quinta,* belle propriété de maître, est une sorte de manoir rural entouré de ses dépendances. Mais le terme s'est répandu un peu partout, et l'on trouve l'appellation *quinta* utilisée à tort et à travers – le mot étant sans doute plus vendeur sur le plan touristique – dès qu'une grosse maison se transforme en chambres chez l'habitant à la campagne... Évitez les contrefaçons !

Les *pousadas*

La *pousada,* c'est l'équivalent portugais du *parador* espagnol : un établissement chic (géré par l'État), installé soit dans un monument historique (ancien monastère, château, etc.), soit dans une construction récente mais valorisée par son site exceptionnel. Le site • *pousadas.pt* • recense l'ensemble des *pousadas* du pays. Les prix varient sensiblement selon la catégorie de l'établissement et la saison. Réserver bien à l'avance.
À noter que, avec la crise, certaines *pousadas* ont dernièrement fermé leurs portes ou pris quelques rides...

Location d'appartements

Pour ceux qui préfèrent passer par une agence de location d'appartements :

■ ***Traveling to Lisbon :*** *avenida 24 Julho, 3, 1° Esq.* ☎ *218-886-072.* • *ttl@travelingtolisbon.com* • *travelingtolisbon.com* •

■ ***Fado Flats :*** *trav. João de Deus, 9.* ☎ *213-432-364.* • *fadoflats@fadoflats.pt* • *fadoflats.pt* • De nombreux routards sont satisfaits par cette enseigne.

LANGUE

Pour vous aider à communiquer, n'oubliez pas notre ***Guide de conversation du Routard en portugais.*** Pour info, « ão » se prononce « a-on », « o » se prononce « ou » et « ou » se prononce « o ». Ça peut aider !

Quelques mots et formules qui vous seront utiles

Politesse

oui, non	*sim, não*
s'il vous plaît	*por favor / faz favor*
merci (par un homme)	*obrigado*
merci (par une femme)	*obrigada*
bonjour (le matin)	*bom dia*
bonjour (l'après-midi)	*boa tarde*
bonsoir, bonne nuit	*boa noite*
pardon !	*desculpe !*

Expressions courantes

je m'appelle	*meu nome é / chamo me*
je ne comprends pas	*não entendo / não comprendo*

Vie pratique

où se trouve... ?	*onde está... ?*
ouvert / fermé	*aberto / fechado*
entrée / sortie	*entrada / saída*
quand ?	*quando ?*
appelez un médecin	*chame um médico*
je suis malade	*estou doente*

Transports / orientation

gare	*estação*
train	*comboio*
wagon	*carruagem*
car	*camioneta*
autobus	*autocarro*
tramway	*eléctrico*
à gauche	*a esquerda*
à droite	*a direita*
tout droit	*em frente*

Argent

combien coûte... ?	*quanto custa... ?*
puis-je payer avec la carte *Visa* ?	*posso pagar com cartão Visa ?*
quel est le prix... ?	*qual é o preço... ? / quanto ó ?*

À l'hôtel et au restaurant

nous voudrions une chambre	*queriamos um quarto*
puis-je voir la chambre ?	*posso ver o quarto ?*
j'ai réservé...	*tenho reservado...*
toilettes, salle de bains	*casa de banho*
une douche	*um duche*
lavabo	*lavatório*
petit-déjeuner	*pequeno almoço*
le déjeuner	*o almoço*
le dîner, le plat du jour	*o jantar, o prato do dia*
menu	*carta, ementa*
l'addition	*a conta*
chaud / froid	*quente / frio*
eau / vin	*agua / vinho*

Jours de la semaine

lundi	*segunda-feira*
mardi	*terça-feira*
mercredi	*quarta-feira*
jeudi	*quinta-feira*
vendredi	*sexta-feira*
samedi	*sábado*
dimanche	*domingo*

Nombres

1	*um*
2	*dois*
3	*três*
4	*quatro*
5	*cinco*
6	*seis*
7	*sete*
8	*oito*
9	*nove*
10	*dez*

LIVRES DE ROUTE

Romans, fictions

– ***Mystères de Lisbonne,*** de Camilo Castelo Branco (Michel Lafon Poche, 2018). Un grand roman épique, centré sur le jeune João, orphelin, mis sur la piste de ses origines par l'étrange père Dinis, un ancien aristocrate libertin. Aventures, épopées des 2 côtés de l'Atlantique et une vision du Lisbonne du XIXe s très romanesque. Mis à l'écran par Raul Ruiz.
– ***Les Maia*** (1888), d'Eça de Queiróz, (Chandeigne 2018). LE chef-d'œuvre du roman portugais. Une sulfureuse histoire d'amour, la vision d'une société bourgeoise décadente, l'ironie constante de l'auteur sont les principaux ingrédients de cette saga familiale qui a immortalisé Lisbonne dans la littérature. Du même auteur : ***Le Cousin Bazilio*** (Chandeigne, 2018).
– ***Lisbonne revisitée,*** de Fernando Pessoa, (Chandeigne 2017). Une anthologie bilingue des plus beaux textes du poète portugais sur sa ville natale. Du même auteur, ***Le Livre de l'Intranquillité*** (Bourgois, 2011), sorte de journal fragmentaire en prose considéré, à juste titre, comme son chef-d'œuvre.
– Les romans d'***António Lobo Antunes,*** publiés chez Bourgois, Métailié et en collection « Points-Seuil », donnent un éclairage sans complaisance sur la ville de Lisbonne et le passé colonial du Portugal.
– ***Requiem,*** d'Antonio Tabucchi (Folio, 2006), où l'auteur déambule dans la ville en rencontrant des vivants et des morts, dont Pessoa lui-même. Une des plus fascinantes évocations de Lisbonne ! Du même auteur, ***Pereira prétend*** (Folio, 2010), dont l'action se déroule à Lisbonne en 1938. Une magnifique description de la prise de conscience d'un homme confronté à la dictature.
– ***Mort sur le Tage,*** de Pedro Garcia Rosado (Poche, 2018), un excellent polar qui nous plonge dans une Lisbonne contemporaine, avec sa jet-set des beaux quartiers, ses nouveaux riches, ses émigrés russes et les fantômes de la guerre coloniale.
– ***À Lisbonne j'ai pensé à toi,*** de Luiz Ruffato (Chandeigne, 2015), une narration drolatique des mésaventures d'un Brésilien tentant de s'insérer dans la ville qu'il croyait être sa terre promise.

– ***Lisbonne, livre de bord. Voix, regards, ressouvenances,*** de José Cardoso Pires (Gallimard, 1998). Ce grand connaisseur de Lisbonne fait revivre, au cours de pérégrinations personnelles, ses souvenirs d'enfance, ses lectures et auteurs favoris dont on peut presque entendre les voix et les pas. Magique !
– ***Les Passants de Lisbonne,*** de Philippe Besson (10/18, 2017), déambulations mélancoliques, confidences, histoires d'amour, hasards, nostalgie...
– Citons aussi les ouvrages du Prix Nobel de littérature 1998, José Saramago. Les férus de romans historiques et de récits amoureux opteront pour l'***Histoire du siège de Lisbonne*** (Points, 1999), ***Relevé de Terre*** (Seuil, 2012) ou pour ***Le Dieu manchot*** (Points, 2008) ; ceux qui recherchent les romans « à réflexion » commenceront par ***L'Aveuglement*** (Points, 2008), qui a été adapté au cinéma par Fernando Meirelles sous le titre *Blindness*.

Histoire, récits de voyage, documents

– ***Lisbonne. Histoire, promenades, anthologie et dictionnaire,*** de Luisa Braz de Oliveira (Robert Laffont, « Bouquins », 2013). Une somme foisonnante de textes des grands auteurs portugais et étrangers, des regards multiples et parfois pleins d'humour pour parcourir le labyrinthe lisboète.
– ***Les Lusiades*** (*Os Lusíadas* ; XVIe s), de Luís de Camões (Robert Laffont, bilingue, 2013). Un long poème épique narrant les grandes heures de l'histoire du Portugal sur toutes les mers du monde. L'Espagne a *Don Quichotte,* l'Italie a *La Divine Comédie,* le Portugal a *Les Lusiades* !
– ***Histoire de Lisbonne,*** de Dejanirah Couto (Fayard 2000). Les métamorphoses de la ville, de ses origines à nos jours.
– ***L'Expansion portugaise dans le monde XIVe-XVIIIe siècles***, de Luís Filipe Thomaz (Chandeigne, 2018). Une magistrale synthèse.
– ***Les Idées reçues sur les Grandes Découvertes***, de Jean-Paul Duviols et Xavier de Castro (Chandeigne, 2019). Un étonnant inventaire des omniprésentes *fake news* sur un sujet qui semblait pourtant bien balisé !
– ***Lisbonne, dans la ville noire,*** de Jean-Yves Loude (Actes Sud/Aventure, 2003), une belle déambulation à la rencontre des habitants des anciennes colonies africaines qui ont marqué de leur empreinte de nombreux quartiers. Dans un registre proche, ***Lisbonne, dans la ville musulmane,*** de Marc Terrisse (Chandeigne, 2019) explore les vestiges de la ville maure d'autrefois et la présence de l'islam aujourd'hui.
– ***Lisbonne, ville ouverte,*** de Patrick Straumann (Chandeigne, 2019), une puissante description de Lisbonne en 1940 avec ses émigrés, parfois prestigieux, qui s'y embarquaient pour fuir l'Europe. Le roman de Frédéric Prokosch, ***Les Conspirateurs*** (Gallimard, 2011), traite le même sujet.
– ***Lisbonne, balades dessinées*** de Valérie Linder (Chandeigne, 2019). Un joli et poétique carnet de croquis.

MUSÉES

– En général, les ***musées nationaux*** (IMC) sont ***FERMÉS LE LUNDI*** et certains jours fériés (1er janvier, dimanche de Pâques, 1er mai et 25 décembre notamment). Ils sont gratuits pour les enfants de moins de 12 ans (ou jusqu'à 12 ans inclus, ça dépend).
– La carte *Jeune* (● cartaojovem.pt ●) et la carte internationale d'étudiant ISIC offrent le demi-tarif dans presque tous les musées (notamment nationaux), à condition de le demander.
– Les personnes de plus de 65 ans et les personnes handicapées paient eux aussi demi-tarif dans les musées nationaux, parfois rien dans d'autres privés ou publics.

– La *Lisboa Card* (● *lisboacard.org/fr* ●), que l'on a connu plus intéressante, offre la gratuité dans certains musées et monuments, ou une réduction variant entre 10 % et 50 %. On vous l'a précisé quand elle est supérieure à 40 %.
Sur ● *museusportugal.org* ● toutes les informations pratiques : tarifs de l'année, réductions, horaires, etc.

POSTE

« Poste » se dit *correios*. Il existe 2 types de boîtes aux lettres : les rouges (ordinaires) et les bleues (express). Tout arrivera si vous postez vos cartes postales dans les boîtes aux lettres rouges (environ 5 jours). Pour un courrier vers l'Europe, comptez 0,88 € en courrier ordinaire. « Timbre » se dit *selo*, et, hormis à la poste, on peut en acheter dans des distributeurs rouges souvent situés près de certains arrêts de bus ou de tram. La plupart des bureaux de poste sont ouverts du lundi au vendredi de 9h à 18h, certains avec une pause à l'heure du déjeuner (12h30-14h). Quelques-uns, plus importants, ouvrent un peu plus tôt et jusqu'à 19h ou même 21h (praça dos Restauradores, 58, par exemple), voire le samedi matin, ou même tout le week-end. C'est notamment le cas du bureau de la rua Ferreira Borges (n°82A), au nord-ouest du jardim de Estrela *(tlj 8h – 9h dim et j. fériés – 19h30).*

SANTÉ

– Pensez à vous procurer la ***Carte européenne d'assurance maladie.*** Elle permet de bénéficier de la prise en charge des soins médicaux par les services publics dans les pays de l'UE. Pour l'obtenir, contactez votre centre de Sécurité sociale, qui vous enverra sous 15 jours votre carte plastifiée bleue, valable 2 ans, gratuite et personnelle (chaque membre de la famille doit avoir la sienne). Elle fonctionne aussi en Islande, au Liechtenstein, en Norvège et en Suisse. Attention, au Portugal, les spécialistes ne sont pas affiliés à la Sécurité sociale locale *(la Caixa).*
– Une consultation coûte entre 25 et 35 €. Pour être remboursé, il faut se faire soigner à l'hôpital... généralement bondé, et parfois attendre son tour une journée entière (voire plus !) pour avoir une chance d'être reçu, perdant ainsi un temps fou. En cas d'urgence, dirigez-vous vers les centres SAP/CATUS, qui sont des « Services d'assistance permanents ». Toutes les municipalités en possèdent au moins un, et dans les grandes villes, il y en a même plusieurs. Ils sont signalés par une croix rouge.
– Les produits et matériels utiles aux voyageurs, assez difficiles à trouver dans le commerce, peuvent être achetés par correspondance sur le site ● *astrium.com* ● Infos complètes toutes destinations, boutique web, paiement sécurisé, expéditions So Colissimo ou Chronopost. ☎ *01-45-86-41-91 (lun-ven 14h-19h).*

TÉLÉPHONE – TÉLÉCOMS

– ***France → Portugal :*** 00 + 351 + numéro du correspondant à 9 chiffres.
– ***Portugal → France :*** 00 + 33 (indicatif de la France) + numéro du correspondant sans le 0. Pour la Suisse, 00 + 41, et pour la Belgique, 00 + 32, et tout pareil ensuite !
Les appels vers les numéros débutant par 707 ou 808 sont au tarif local. Les numéros en 800 sont gratuits.

Portables

Les principaux opérateurs de téléphonie mobile sont *Meo*, *NOS* et *Vodafone*. Comme les numéros fixe, un numéro de téléphone portable compte 9 chiffres (il commence par 9).

Urgence : en cas de perte ou de vol de votre téléphone portable

Suspendre aussitôt sa ligne permet d'éviter de douloureuses surprises au retour du voyage ! Voici les numéros des 4 opérateurs français, accessibles depuis la France et l'étranger.

- ***Free :*** *depuis la France : ☎ 3244 ; depuis l'étranger : ☎ + 33-1-78-56-95-60.*
- ***Orange :*** *depuis la France : ☎ 0800-100-740 ; depuis l'étranger : ☎ + 33-969-39-39-00.*
- ***SFR :*** *depuis la France : ☎ 1023 ; depuis l'étranger : 📱 + 33-6-1000-1023.*
- ***Bouygues Télécom :*** *depuis la France comme depuis l'étranger : ☎ + 33-800-29-1000 (service et appel gratuits).*

Vous pouvez aussi demander la suspension de votre ligne depuis le site internet de votre opérateur.

Avant de partir, notez (ailleurs que dans votre téléphone portable !) votre numéro IMEI, utile pour bloquer à distance l'accès à votre téléphone en cas de perte ou de vol. Comment avoir ce numéro ? Il suffit de taper sur votre clavier *#06#.

Le téléphone portable en voyage

Le voyageur européen titulaire d'un forfait dans son pays d'origine peut utiliser son téléphone mobile ***au tarif national*** dans les 27 pays de l'Union Européenne, sans craindre de voir flamber sa facture. Des plafonds sont néanmoins fixés par les opérateurs pour éviter les excès... Cet accord avantageux signé entre l'UE et ses opérateurs télécoms concerne aussi la consommation de ***données internet 3G ou 4G,*** dont le volume utilisable sans surcoût dépend du prix du forfait national (se renseigner). Par ailleurs, si le voyageur réside plusieurs mois en dehors de son pays, des frais peuvent lui être prélevés...
Dans ces pays donc, plus besoin d'acheter une carte SIM locale pour diminuer ses frais.

La connexion Internet en voyage

Au Portugal, presque tous les hôtels et beaucoup de restos, de bars et même certains espaces publics disposent du ***wifi gratuit.*** Mieux que la connexion 3G et 4G qui peut entraîner des frais en usage intensif, le wifi permet aussi de profiter d'un débit parfois supérieur et, pour ceux qui ont des connaissances ou de la famille en dehors de l'Europe, d'accéder à toutes les applications de la ***téléphonie par Internet*** *(WhatsApp, Messenger, FaceTime, Viber* et *Skype)* pour appeler, envoyer des messages, des photos et des vidéos aux 4 coins de la planète, sans aucun frais. Il suffit de télécharger – gratuitement – l'une de ces applis sur votre smartphone, celle-ci se synchronise avec votre liste de contacts et détecte ceux qui utilisent la même appli.

INFOS PRATIQUES SUR PLACE

• Pour se repérer, voir le plan détachable en fin de guide.

Arrivée à Lisbonne

En avion

✈ **Aéroport Humberto Delgado de Lisbonne** *(hors plan d'ensemble détachable par E1)* **:** *alameda das Comunidades Portuguesas. ☎ 218-413-500. • aeroportolisboa.pt • À 8 km au nord du centre historique.* Ⓜ *Aeroporto.* Change, distributeurs, loueurs de voitures... ***Important :*** les vols *low-cost* sont opérés depuis le terminal 2, accessible en navette gratuite depuis le terminal 1 (ttes les 3 mn).

ℹ *Office de tourisme Ask Me Lisboa :* *hall des arrivées. ☎ 218-450-660. Tlj 7h-22h (minuit haute saison).* Vente de la *Lisboa Card* (voir « Informations pratiques et adresses utiles »).

Comment rejoindre le centre-ville depuis l'aéroport ?

Il est très simple de rejoindre le centre-ville en transports en commun.

➢ ***En métro :*** la **ligne rouge** (juste à la sortie du terminal 1) relie l'aéroport à la station ***São Sebastião,*** avec correspondances vers les lignes verte (à Alameda), jaune (à Saldanha) et bleue (à São Sebastião). C'est le moins cher et le plus pratique. *Tlj 6h30-1h. Billet : 1,50 € ; carte 24h : 6,40 €. • metrolisboa.pt •*

➢ ***Avec l'Aero-Bus nº 1 :*** *à la sortie du hall des arrivées. • aerobus.pt • ☎ 218-503-225. Tlj 8h-21h dans les 2 sens, ttes les 20 mn. Aller simple : 4 € ; A/R : 6 € ; Pass 48h : 8 € ; vendu à bord.* Même compagnie que les bus touristiques *Yellowbus.* ***Une autre bonne option pour rejoindre le centre-ville,*** via l'avenida da Liberdade, Restauradores, Rossio et Baxia. Compter 40 mn de trajet pour rejoindre le terminus à Cais do Sodré. ATTENTION, rotations réduites/suspendues durant l'épidémie de Covid.

➢ ***Avec l'Aero-Bus nº 2 :*** *même lieu de départ. Tlj 8h-19h depuis l'aéroport, 8h30-19h30 depuis la gare routière de Sete Rios, ttes les heures (trajet : 25 mn). Prix identiques à l'Aero-Bus nº 1.* Dessert le nord-ouest de Lisbonne sans passer par le centre historique. Utile uniquement si vous résidez dans le coin.

➢ ***En bus (classiques) :*** *• carris.pt/en •* En sortant de l'aéroport, les abribus se trouvent juste à droite de l'arrêt des Aero-Bus. Moins cher (2 €), le ***nº 744*** suit un itinéraire proche de celui de l'Aero-Bus, avec terminus à Restauradores. Le ***n° 705*** dessert la gare d'Oriente, le ***n° 722*** Portela et Areeiro via Encarnação (peu utile), le ***nº 783*** rejoint Amoreiras (juste au nord-ouest de Rato) par Marquês de Pombal et le ***bus de nuit nº 208*** relie Cais do Sodré à la gare do Oriente via l'aéroport. Attention, certains chauffeurs n'acceptent pas les voyageurs avec de gros sacs. Le règlement n'autorise théoriquement qu'un bagage à main.

➢ ***En taxi :*** plutôt bon marché à Lisbonne. ***La course se fait au compteur*** (compter 15-20 € pour rejoindre le centre-ville), avec un supplément de 2 € pour les bagages. On peut aussi faire appel à ***Uber,*** moins cher et plus fiable que les taxis classiques depuis l'aéroport. Il suffit de télécharger l'application sur son smartphone. Pour rejoindre le centre-ville, compter alors 10-13 €.

En train

• Carte Réseau train (environs de Lisbonne) *p. 61*

🚂 ***Estação do Oriente*** *(hors plan d'ensemble détachable par N7 et*

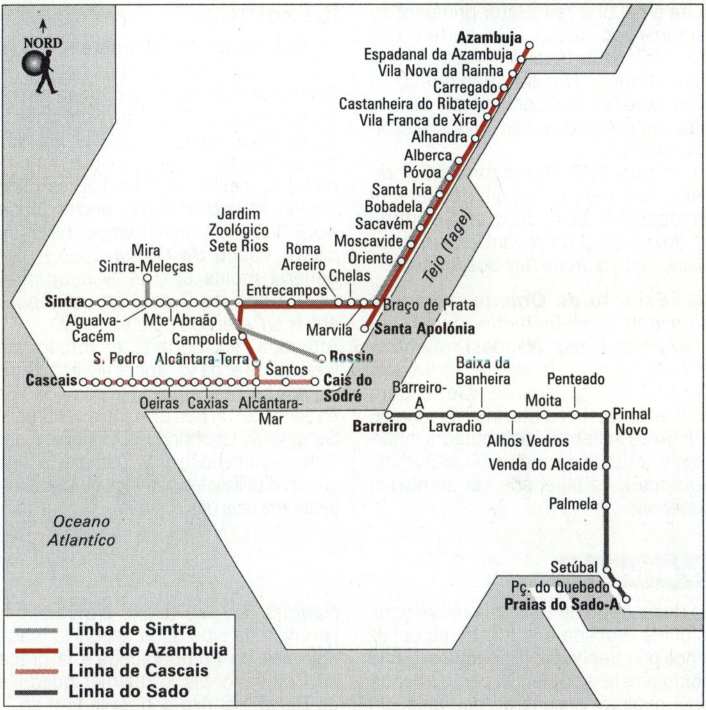

RÉSEAU TRAIN (environs de Lisbonne)

plan Parque das Nações) : *av. Dom João II.* Ⓜ *Oriente.* Bien desservie par le métro et les bus, elle reçoit les trains venant du nord du Tage. Consigne automatique au sous-sol *(ouv 8h-minuit)* ; c'est la porte à droite du poste de police (difficile à trouver : aucune indication).

Estação Santa Apolónia *(plan d'ensemble détachable, M8)* : *av. Infante Dom Henrique.* Ⓜ *Santa Apolónia.* Bien desservie par le métro et les bus, elle accueille des trains en provenance de Coimbra, Faro et l'Algarve, Vigo, Valence et Madrid. Sur place : consignes, distributeurs, agence *Europcar*, comptoir de l'***office de tourisme Ask Me Lisboa*** dans le hall *(☎ 218-821-606 ; tlj 7h30-9h ; vente de la Lisboa Card).*

En bus

Pour info, les bus *Eurolines* passent par les 2 gares routières.

Terminal Rodoviário de Sete Rios *(gare routière ; plan d'ensemble détachable, D-E1)* : *praça Marechal Humberto Delgado. ☎ 217-524-524. • rede-expressos.pt • (appli smartphone aussi disponible). Contre la gare de banlieue de Sete Rios.* Ⓜ *Jardim Zoológico (ligne bleue). Aussi notamment avec les bus n*^os^ ***716*** *(Alameda),* ***746*** *(Marquês de Pombal),* ***758*** *(Cais do Sodré et Rato) et* ***768*** *(Cidade Universitária), plus le bus de nuit n° **202** (Cais do Sodré et Rato). Guichets 5h30-22h30 (1h lun, jeu, ven, dim). Informations lun-sam 9h-13h, 14h-18h ; dim 10-14h, 15h-19h.* En entrant dans la gare ferroviaire, prendre tout de suite à gauche l'escalator grimpant au *terminal rodoviário*. D'ici partent des bus nationaux (Aveiro, Braga, Evora, Faro, Lagos, Nazaré, Peniche...) et internationaux. Consigne au niveau des *encomiendas (lun-ven 7h-19h),* distributeurs.

– Les bus ***TST*** *(Transportes Sul do Tejo ; ● tsuldotejo.pt ●)* desservant Setúbal (n°s 561, 563) et Sesimbra (n° 207) partent de devant la gare ferroviaire, juste à droite des bus urbains.

Estação do Oriente *(hors plan d'ensemble détachable par N7 et plan Parque das Nações)* **:** *av. Dom João II, au pied de la gare ferroviaire do Oriente.* Ⓜ *Oriente.* Cette gare accueille aussi des bus internationaux. Sur place : change, distributeurs, pharmacie, loueurs de voiture (*Avis/Budget, Europcar*). La billetterie est au niveau supérieur.

En voiture

➢ ***Par le nord :*** autoroute A1, puis voie rapide *2ª Circular.* Les heures de pointe sont très étendues sur cet axe.

➢ ***Par l'ouest :*** l'*IC19* qui vient de Sintra est l'une des voies rapides les plus encombrées du pays ; évitez donc le début de matinée et la fin d'après-midi.

➢ ***Par le sud et l'est : ponte 25 de Abril*** *(1,85 €),* souvent embouteillé, ou ***ponte Vasco da Gama*** *(2,85 €),* en général moins chargé *(● lusoponte.pt ●).* Dans les 2 cas, on paye pour entrer en ville, pas pour en sortir.

Attention aux départs et retours de week-ends et de vacances ! Évitez d'arriver aux heures de pointe (à partir de 17h en semaine, un peu plus tôt le vendredi). Se garer à Lisbonne est difficile. Pour éviter les amendes et la fourrière, le plus sûr est d'utiliser les parkings gardés (bien indiqués mais pas donnés).

S'orienter

Le découpage de Lisbonne utilisé dans le guide procède à la fois d'une cohérence géographique, historique et d'une homogénéité sociale. On part du centre pour explorer ensuite un peu plus loin vers l'ouest et le nord, puis terminer par l'est où se trouvent les quartiers les plus anciens... Cela dit, comme tout découpage, il est arbitraire et certains lieux à visiter auraient pu tout aussi bien être rattachés à un autre quartier limitrophe...

Comment lire une adresse ?

Dans l'ordre, une adresse comporte le nom de la rue suivi du numéro. Le cas échéant, un 2[d] numéro pour préciser l'étage avec « ° » en exposant. Puis une ou plusieurs lettres pour positionner la porte d'entrée par rapport à l'escalier. Par exemple, *1° Dto* ou *1° D* signifie : 1er étage à droite. On indique *Esq* ou *E* pour *esquerdo* (à gauche), *Fte* ou *F* pour *frente* (face à l'escalier).

Orientation et mode d'emploi de la ville

Lisbonne s'ouvre sur le Tage et s'étend de ***Belém*** (à l'ouest) au ***parc des Nations*** (à l'est). L'axe s'étirant par l'avenida da Liberdade depuis la praça Marquês de Pombal jusqu'à la praça do Comércio, via le quartier quadrillé de ***Baixa,*** semble couper la ville en 2. À l'est, s'étendent les vieux quartiers populaires : ***Castelo de Saõ Jorge, Alfama*** et ***Graça.*** À l'ouest : ***Chiado, Bairro Alto*** et ***Madragoa*** déroulent leurs bars et leurs restos dans des rues où la nuit est parfois plus animée que le jour (Bairro Alto). Toujours à l'ouest, on se rapprochant du Tage, on atteint le quartier des ***Docas*** (docks). Au nord de l'avenida da Liberdade, l'urbanisme est plus récent, noyant quelques *quintas* et anciens couvents au milieu des immeubles de bureaux et centres commerciaux des quartiers de ***Saldanha, Campo Grande*** ou ***Sete Rios.***

Les quartiers incontournables... et les autres

– ***Les incontournables :*** Belém, Alfama et *bairro do castelo,* Chiado, Bairro Alto, Baixa, Rossio.

– ***Les secteurs à voir dans un second temps :*** Graça, Madragoa,

LX Factory, parque das Nações (parc des Nations) et le quartier autour du musée Calouste-Gulbenkian.
– ***Un lieu peu connu que les routards découvrent avec ravissement :*** les anciens faubourgs, des hauteurs de Graça à la gare de Santa Apolónia.
– ***Les secteurs qu'on peut zapper si on n'a pas le temps :*** Lavra, Rato, Campo de Ourique,

Informations pratiques et adresses utiles

Lisboa Card

● *lisboacard.org/fr* ●
Cette carte propose la ***libre circulation dans les transports urbains*** (métro, bus, trams, funiculaires et trains des lignes de Sintra et Cascais), la ***gratuité pour une vingtaine de musées et monuments de Lisbonne (plus d'autres dans la région) et des réductions sur le prix d'entrée de 10 à 50 % pour certains autres.*** Nous précisons ces infos dans les rubriques « À voir. À faire » de chaque quartier. Réductions sur des spectacles, circuits touristiques et magasins d'artisanat aussi. Cela dit, seules quelques attractions majeures offrent la gratuité et les avantages tendent à se réduire au fur et à mesure des années... L'intérêt de la carte n'est donc plus trop évident, à moins de vous lancer dans un véritable marathon ! Avant son achat, vérifiez que les sites que vous désirez visiter sont concernés et... ouverts. Le décompte commence à la 1re utilisation. *Tarifs : pour 24h, 20 € ; 48h, 34 € ; 72h, 42 € ; réduc 4-15 ans. Achat dans ts les offices de tourisme* (Ask me Lisboa) *et sur le site internet.*

Offices de tourisme

On trouve de nombreux bureaux d'information dans le centre de Lisbonne. Tous offrent les mêmes prestations : informations touristiques, plan des transports, réservation d'hébergements, agenda culturel, vente de la *Lisboa Card*... Généralement, accueil francophone de qualité. Attention, en raison de l'épidémie de Covid, de nombreux bureaux étaient encore fermés à l'été 2021 : seuls fonctionnaient alors ceux de l'aéroport, de *Lisboa Story* et du terminal fluvial de Terreiro do Paço ● *visitlisboa.com* ●

ℹ ***Ligne générale Infolisboa :*** *☎ 800-500-503 ou, depuis l'étranger : ☎ (351) 210-079-357 (lun-ven 7h-22h).*

ℹ ***Ask me Lisboa Story Centre*** *(plan centre détachable, K10,* ***364****) : praça do Comércio, 78-81. 📱 211-941-099. Ⓜ Terreiro do Paço. Tlj 10h-19h.*

ℹ ***Ask me Lisboa Centro Tejo*** *(plan centre détachable, K10,* ***5****) : dans le terminal fluvial de Terreiro do Paço. ☎ 211-163-426. Ⓜ Terreiro do Paço. Tlj 10h-19h.* Mini-expo gratuite consacrée à l'estuaire du Tage avec plan 3D, infos sur l'écosystème et les municipalités riveraines.

ℹ ***Ask me Lisboa Terreiro do Paço*** *(plan centre détachable, J10,* ***1****) : praça do Comércio. ☎ 210-312-810. Ⓜ Baixa-Chiado ou Terreiro do Paço. Sous les arches, côté ouest de la place. Tlj 9h-20h.*

ℹ ***Ask me Lisboa Palácio da Foz*** *(plan centre détachable, I8,* ***2****) : praça dos Restauradores. ☎ 213-463-314. Ⓜ Restauradores. Tlj 9h-20h.*

ℹ ***Ask me Lisboa Rossio*** *(plan centre détachable, J8,* ***4****) : kiosque côté sud de la praça Dom Pedro IV. Ⓜ Rossio. 📱 910-517-914. Tlj 10h-13h, 14h-18h.*

ℹ ***Ask me Lisboa Regedor-Lisbon Shop 2*** *(plan centre détachable, J8,* ***3****) : rua do Jardim do Regedor, 50. ☎ 213-472-134. Ⓜ Rossio. Tlj 10h-20h (19h oct-avr).*

ℹ ***Ask me Lisboa Belém*** *(plan centre détachable Belém) : praça do Império, kiosque face au mosteiro dos Jerónimos. 📱 213-658-435. Tlj 10h-18h.*

Argent, banque, change

– ***Retrait d'argent :*** nombreux distributeurs un peu partout. Se laisser guider par les infos en français ou en anglais. Vérifiez auprès de votre banque avant le départ le montant maximum hebdomadaire auquel vous avez droit et l'éventuel coût d'un retrait.

■ ***Change :*** *à l'aéroport ou à la gare do Oriente.*

■ ***Banques :*** *les principales se trouvent à Baixa. Lun-ven 8h30-15h ; certaines ouvrent sam pour le change.*
■ ***American Express :*** *au Portugal, ☎ 707-50-40-50 (tlj 24h/24).*

Police touristique

■ ***Policia de Segurança Pública*** *(plan centre détachable, I8,* ***2****) : palácio Foz, praça dos Restauradores. ☎ 213-421-623 ou ☎ 112. Même bâtiment que l'office de tourisme* Ask me Lisboa Palácio Foz *(voir plus haut). 24h/24.* Pour les déclarations de perte, de vol, d'agression, d'escroquerie ou d'arnaque, c'est ici qu'il faut s'adresser. On y parle le français. Excellent accueil. ***Attention, durant l'épidémie de Covid, le bureau est transféré à Santa Apolónia*** *(plan d'ensemble détachable, M8 ; ☎ 218-804-030 ; tlj 10h-18h).*
■ ***Pour les objets trouvés*** *(central de achados) : pr. Cidade Salazar, Lt 180. ☎ 218-535-403 (en portugais seulement). Tlj sauf w-e et j. fériés 9h-12h30 et 14h-16h.* Tous les objets perdus dans les transports en commun sont centralisés au poste de police d'Olivais (à l'ouest du Parc des Nations).

Représentations diplomatiques

■ ***Consulat et ambassade de France*** *(plan centre détachable, F10,* ***16****) : rua Santos-o-Velho, 5. ☎ 213-939-100 ou 📱 966-160-701 en cas d'urgence grave. ● pt.ambafrance.org ● Gare : Santos. Bus nos 713, 714, 727 ou 774. Ⓣ nº 25E. Sur rdv uniquement.*
■ ***Ambassade de Belgique*** *(plan centre détachable, G5-6,* ***17****) : rua Castilho, 75 ; 4° Dto. ☎ 213-170-510. 📱 919-810-031 (portable d'urgence 24h/24). ● lisbon@diplobel.fed.be ● portugal.diplomatie.belgium.be ● Consulat lun-ven 9h-13h ; sur rdv l'ap-m et durant tte la crise du Covid.*
■ ***Ambassade de Suisse*** *(plan d'ensemble détachable, E8) : travessa do Jardim, 17. ☎ 213-944-090. ● eda.admin.ch/lisbon ● À côté du jardim da Estrela. Consulat lun-ven 9h-12h.*
■ ***Ambassade et consulat du Canada*** *(plan centre détachable, I6,* ***18****) : edificio Victória, av. da Liberdade, 196-200 ; 3º. ☎ 213-164-600. ● lsbon@international.gc.ca ● canadainternational.gc.ca/portugal/ ● Lun-ven 9h-12h.*

Médecins parlant le français

■ ***Dr Louis Arthur Da Silva :*** *rua Castilho, 13D ; 6º E. 📱 936-805-874. ● drluisdasilva@sapo.pt ●*
■ ***Dr Louis Teulières :*** *Clinica Médica Internacional de Lisboa (CMIL) ; av. Sidónio Pais, 14. ☎ 213-513-310. 📱 925-700-826.*
■ ***Dr Gabrielle Celin ou Dr Dominique Langin :*** *Centre médical Alegria, pr. Da Alegria 66, 3°. ☎ 211-452-289. ● info@alegriamed.com ●*

Compagnies aériennes

Toutes sont présentes à l'aéroport.

■ ***Air France :*** *☎ 213-164-027 (lun-ven 8h-20h). ● airfrance.pt ●*
■ ***Iberia :*** *☎ 707-200-000 (tlj 8h-19h). ● iberia.com/pt ●*
■ ***Swiss :*** *☎ 808-200-487 (lun-ven 9h-17h). ● swiss.com/portugal ●*
■ ***Tap Air Portugal :*** *☎ 211-234-400 (tlj 8h-minuit). ● flytap.com ●*
■ ***Vueling :*** *☎ 210-020-080 (tlj 9h-22h). ● vueling.pt ●*
■ ***Easyjet :*** *☎ 211-222-210 (lun-ven 9h-17h). ● easyjet.com/pt ●*

Culture, francophonie

■ ***Alliance française*** *(plan d'ensemble détachable, H3) : av. Concelheiro Fernando de Sousa, 21A. ☎ 212-400-086. ● alliancefr.pt/lisboa/fr/ ● Ⓜ Parque ou Marquês de Pombal. Lun-ven 9h-13h, 14h-19h.*
■ ***Institut français du Portugal*** *(plan centre détachable, F10,* ***16****) : rua Santos-o-Velho, 11. ☎ 213-939-270. ● ifp-lisboa.com ● Médiathèque ouv mar, mer et ven 14h-19h, sam 10h-13h.* Spectacles, expos, conférences, fêtes du cinéma et de la francophonie...
■ ***Tabacaria Monaco*** *(plan centre détachable, J8,* ***10****) : praça Dom Pedro IV, 21. Lun-ven 9h30-19h, sam 9h-13h.* Superbe Maison de la presse 1900, vestige du vieux Lisbonne. La petite

INFOS PRATIQUES SUR PLACE

échoppe, tout en longueur, aligne étagères en bois foncé et ciel semé d'oiseaux ! Presse internationale (dont française).

Librairies

■ **Livraria Ferin** *(plan centre détachable, J9,* ***19****) : rua Nova do Almada, 72. ☎ 213-424-422. • ferin.pt • Tlj sauf dim 10h-20h (19h sam).* Dans le Chiado, l'une des plus vieilles librairies de Lisbonne. Accueil anglophone, mais bon choix de livres en français.

■ **Fnac** *(plan centre détachable, J9,* ***9****) : rua do Carmo, 2. ☎ 707-313-435. • fnac.pt • Tlj 9h-21h. Dans le centre commercial Armazém do Chiado.* Bon choix de musique portugaise et brésilienne.

Magazines

– ***Follow me Lisboa :*** mensuel culturel gratuit édité par la municipalité, en français. Spectacles, expos, musées, boutiques, excursions... Disponible dans les offices de tourisme *(Ask me Lisboa)* et dans certains musées et hôtels. Téléchargeable en ligne sur *• visitlisboa.com •*

– ***Lisboa ConVida :*** petits guides disponibles dans les bars et les boutiques. Infos sommaires sur les visites et carnets d'adresses (très commerciales) dans les différents quartiers de la ville. À retrouver aussi sur : *• lisboa.convida.pt •*

Comment se déplacer ?

Lisbonne dispose d'un bon réseau de transports en commun, cumulant ***métros, bus, trams, funiculaires et ascenseurs.***

Sans carte de transport

Ticket aller simple à bord : ***métro*** 1,50 €, ***tramway*** 3 €, ***bus*** 2 €, ***funiculaire*** 3,80 € A/R, ***elevador de Santa Justa*** 5,15 € A/R. Moins cher avec une carte.

Les cartes de transport

– ***Cartão Viva Viagem (7Colinas) :*** cette carte de transport magnétique, essentielle à tout déplacement, est vendue aux guichets ou dans les automates du métro, dans les points de vente de la Carris (les transports en commun lisboètes) ou aux guichets de la CP (*Comboios de Portugal,* l'équivalent de la SNCF, pour les trains). *Tarif : 0,50 €.* ***Attention,*** chacun doit avoir sa propre carte, enfants inclus, et chaque carte n'est valide que 24h – à moins, petite astuce, de demander à la recharger aux guichets (en machine, il faut en racheter une nouvelle chaque jour) ! Autre spécificité : on ne peut la (re) charger qu'avec un seul type de tarif/forfait ou d'opérateur, ce qui revient à dire qu'il faut une carte pour le métro/bus/trams et une autre pour le train, même pour aller seulement jusqu'à Belém. Celles pour le métro ou le train se ressemblent comme deux gouttes d'eau, mais ne sont pas interchangeables ; d'ailleurs, si vous regardez bien, le numéro de série de la carte achetée pour circuler en train commence par un C *(Comboios)* et celle pour le métro commence par un M.

Sur cette carte, on peut charger :

➢ un voyage à l'unité CARRIS/METRO *(1,50 €)* valable sur tous les moyens de transport de la *Carris* pendant 1h maximum (métro, bus, tramways, elevador de Santa Justa et funiculaires) ; les ferries *Transtejo (1,25-2,80 €)* ; ou les trains de la compagnie *CP (Comboios de Portugal)* sur 1-4 zones *(1,35-2,25 €).* Compte tenu du prix élevé des trams et funiculaires si on prend le billet à bord, il est essentiel d'avoir une carte CARRIS/METRO chargée au préalable, vous ferez ainsi de substantielles économies.

➢ un forfait 1 jour (Day ticket) CARRIS/METRO, valide 24h à partir de la 1re validation. *Tarif : 6,40 € ; réduc ; gratuit moins de 4 ans.* Pour prendre en plus les ferries sur le Tage, il faut acheter le forfait spécial CARRIS/Metro/Transtejo à 9,55 €, et pour le train, le CARRIS/Metro/CP à 10,60 €. Nombre de voyages illimité ;

➢ L'option « Zapping » permet d'utiliser tous les moyens de transports de la Carris. *On charge la carte avec des sommes d'argent (3 €, 5 €, 10 €,*

15 €, 20 €, 25 €, 30 €, 35 € ou 40 €), et à chaque passage elle est débitée. Le prix à l'unité du ticket revient alors moins cher : 1,34 € au lieu de 1,50 €. On gagne aussi quelques centimes sur les ferries et trains.

– Le plus simple est de payer par carte (sans contact). Sinon, les distributeurs acceptent théoriquement les billets de 10, 20 et 50 €.

– ***Lisboa Card :*** cette carte offre la libre circulation sur les transports urbains (métro, trams, *elevadores*, funiculaires, bus), ainsi que sur les trains de la compagnie *CP* pour Cascais et Sintra et *Fertagus* vers Setúbal. Pour plus d'infos, voir plus haut « Informations pratiques et adresses utiles ».

– Enfin, on rappelle que le billet de l'***Aero-Bus*** est valable 24h (voir plus haut « Arrivée à Lisbonne »).

– « Aller-retour » se dit « *ida e volta* ».

Le métro

• Pour le plan du métro, se reporter au plan détachable en fin de guide.

– ***Infos :*** ☎ *217-980-600.* • *metrolisboa.pt* •

Le métro circule de 6h30 à 1h (dernier départ de chaque terminus). Inauguré en 1959, il compte juste 4 lignes – bleue, jaune, verte et rouge –, mais elles mènent à l'essentiel rapidement. Petit bonus, les ***stations ont été conçues comme des lieux d'expression de l'art portugais*** – et plus spécifiquement des *azulejos*.

Les bus (*autocarros ou bus*)

Les très nombreux bus et les trams, gérés par *Carris*, desservent pratiquement toute la ville.

■ ***Carris :*** ☎ *213-613-000.* • *carris.pt* •

■ ***Points de vente et d'information Carris en ville :*** *av. Duque de Ávila, 12 (plan d'ensemble détachable, I3, **7** ; lun-ven 8h-19h), près du métro Saldanha ; ou rua 1° de Maio, 103, à LX Factory (plan d'ensemble détachable, B11, **7** ; lun-ven 8h-19h). Également un kiosque à Cais do Sodré (plan centre détachable, I10, **7** ; lun-ven 8h-18h).*

Les bus circulent de 5h30 à 1h-3h selon les lignes, sans oublier les services de nuit de la *rede de madrugada* (dont les numéros commencent par 200), desservant quelques axes essentiels. Les horaires sont indiqués à chaque arrêt *(paragem)* et, à bord, le prochain arrêt est aussi indiqué sur un écran défilant... mais parfois avec quelques dizaines de secondes de retard, alors soyez aux aguets pour ne pas rater le vôtre ! Attention encore, le circuit n'est pas affiché à l'intérieur du bus.

Le tram (*eléctrico*)

• Pour le tracé des tramways, se reporter au plan détachable en fin de guide.

Tramways traditionnels

En 1901, les Lisboètes inaugurèrent le 1er *eléctrico* reliant Cais do Sodré à Algés. Appartenant à la mémoire de la ville, il en reste quelques-uns, vieux trams jaunes en tôle et en bois clair, à l'aspect de boîtes de conserve un rien cabossées, aux frontons desquels s'affichent un chiffre et une destination. Pour avoir une chance d'être assis, mieux vaut éviter les heures de pointe ! Et ne faites pas comme ces touristes, toujours pressés de monter et doublant tout le monde, sous le regard noir des Lisboètes...

– ***Un tramway mythique :*** le ***n° 28*** traverse les quartiers historiques les plus intéressants (Bairro Alto, Alfama, Graça), de Campo de Ourique (à l'ouest) au largo de Martim Moniz (à l'est). La balade, inoubliable, offre des plongées éperdues offrant des points de vue flamboyants sur la ville. Ne vous fiez pas aux horaires indiqués aux arrêts, ils ne sont qu'indicatifs et rarement respectés. ***Souvent pris d'assaut, même hors saison !***

– Le ***n° 12*** fait le tour des collines du *castelo* et de l'Alfama, sans s'écarter beaucoup du trajet du n° 28 sur la fin (départ praça da Figueira ou largo do Martim Moniz). Le ***n° 25*** circule entre la praça Figueira et Campo de Ourique mais, contrairement au nº 28, traverse Lapa et Madragoa, via la gare de Santos. Le ***nº 24*** part de la praça Luis Camões (Chiado), passe par le mirador de São Pedro de Alcântara, la praça do Principe Real et file vers Rato. Pour aller à Belém (depuis la praça Figueira ou Cais do Sodré), montez à bord du tram moderne ***nº 15*** et, pour rejoindre le palácio da Ajuda, sautez dans le ***nº 18*** à Cais do Sodré.

ATTENTION, prenez garde aux voleurs et aux pickpockets, qui profitent de votre distraction, surtout dans le nº 28 et dans le nº 15, lorsque le tram est bondé, ou qui, en petits groupes, jouent aux touristes dans les files d'attente... La police veille et arrive souvent à l'improviste, mais ces bandes sont bien organisées ! Il arrive même que l'un d'eux crie « au voleur » pour permettre à ses complices de voir où les mains des voyageurs se portent illico – vieux réflexe – pour vérifier si papiers et argent sont bien en place. Si vous n'y faites pas gaffe, c'est vous-même qui ferez votre malheur !

Tramways et bus touristiques

Pour échapper aux trams historiques bondés, certains routards privilégient le ***tram touristique,*** avec une chance de s'asseoir... et de voir quelque chose, sans trop attendre. Il existe 1 circuit en tram début XXᵉ s entre Alfama, Graça et Mouraria, et 2 en bus à étage, l'un dessinant une grande boucle vers l'est jusqu'au Parque das Nações, l'autre vers l'ouest jusqu'à Belém et au-delà. ● *yellowbustours.com* ● Compter 17-20 € (2 € 4-10 ans) ; possibilité de forfaits cumulés.

Les funiculaires *(ascensores)* et les ascenseurs *(elevadores)*

Miniaturisés, désuets, ils ressemblent à des jouets pour enfant sage du début du XXᵉ s ! Ils sont utiles aux Lisboètes et aux touristes pour rejoindre leur pension perchée sur les hauteurs. On aime ! Compter 3,80 € l'A/R (obligatoire) si vous n'avez pas chargé votre carte *Viva Viagem* au préalable.

– ***Ascensor do Lavra*** *(plan centre détachable, I-J7)* **:** *tlj 7h50 (9h w-e)-19h55 ; ttes les 15 mn.* Le plus ancien (1884) et pourtant le moins connu, il relie les abords de l'avenida da Liberdade aux vieux quartiers à l'est de Restauradores. Il permet surtout d'accéder au jardim do Torrel. Pente à 23 % !

– ***Ascensor da Glória*** *(plan centre détachable, I8)* **:** *lun-ven 7h15-23h55 (0h25 ven), sam 8h45-0h25, dim et j. fériés 9h15-23h55.* Frère jumeau du funiculaire do Lavra (1885), il conduit de Restauradores au Bairro Alto, près du miradouro São Pedro de Alcântara. ***Méfiez-vous des pickpockets*** et des voleurs à la tire à la sortie de ce funiculaire très fréquenté.

– ***Ascensor da Bica Duarte Belo*** *(plan centre détachable, H-I9)* **:** *tlj 7h (9h dim et j. fériés)-21h.* Le plus beau (classé Monument national), ouvert en 1892 et électrifié en 1914. À la différence des 2 autres, il trace son sillon dans une rue animée et pleine de restos, entre la rua de São Paulo et le Bairro Alto. Côté São Paulo, il part dans un passage couvert, au nº 234.

– ***Elevadores par l'Alfama*** *(plan centre détachable, K8-9)* **:** *tlj 8h-21h.* Derniers-nés de la ville, ces 2 ascenseurs ***gratuits*** permettent de grimper plus vite vers le château ! Le premier mène du nº 174-176 de la rua dos Franqueiros (Baixa) – une belle bâtisse recouverte d'*azulejos* bleus et jaunes – vers le nº 149 de la rua da Madalena. L'autre ascenseur, dans le prolongement ou presque, sa cache derrière le largo A. Amaro da Costa. En sortant du 1ᵉʳ, prenez à gauche, puis à droite sur le largo do Chão do Loureiro ; il se trouve au fond, à l'intérieur du supermarché *Pingo Doce*. Et vous voilà (presque) à 2 pas du château !

– ***Elevador de Santa Justa*** *(plan centre détachable, J8-9,* ***367****)* **:** *tlj 7h30-23h (21h nov-avr). Billet : 5,15 € A/R ; réduc ; gratuit avec le forfait « 1 jour » CARRIS/METRO de la carte* Viva Viagem *et avec la* Lisboa Card. *Supplément 1,50 € pour le point de vue. FONCTIONNEMENT SUSPENDU EN 2021 (cause Covid).* Ne manquez pas ce monument insolite, haut de 45 m ! Inauguré en 1902 pour faciliter l'accès à l'église du Carmo, dans le Chiado, depuis la ville basse, l'elevador de Santa Justa est un chef-d'œuvre d'architecture néogothique en fer forgé, typique de l'époque Eiffel – dont la silhouette se découpe dans l'axe de la rua de Santa Justa. Il est surmonté d'un belvédère offrant un point de vue magnifique, surtout la nuit. Voir aussi la rubrique « À voir. À faire » dans les quartiers du Carmo et du Chiado.

– Sinon, ***pour rejoindre le quartier du Chiado depuis Baixa,*** descendez dans la station de métro Baixa et remontez par les 5 escalators qui vous feront déboucher directement sur le largo do Chiado (gratuit). Voilà une belle grimpette évitée !

En trottinette électrique

Si on ne vous conseille pas la *trotinete elétrica* dans le centre compte tenu des dénivelés et de l'état des chaussées (pavés, rails des trams...), elle peut s'avérer bien pratique pour visiter les quartiers périphériques – notamment Belém ou le Parque das Nações. Pas moins de 4 compagnies se font concurrence : ***Lime*** *(● li.me ●),* ***Bolt, Link*** et ***Bird.*** Les 2 premières sont mieux implantées mais un peu plus chères (15-20 c/mn).

Le taxi

La plupart des taxis sont peints en vert et noir, d'autres en beige clair ; ils disposent tous d'un compteur. Prévoir 5 à 8 € pour une petite course dans le centre-ville. Supplément bagages : 2 € minimum, quel que soit le nombre de valises. Plusieurs compagnies dont : ***Cooptáxis*** *(☎ 217-932-756),* ***Rádio Táxis de Lisboa*** *(☎ 218-119-000)* et ***Teletáxis*** *(☎ 218-111-100).* Contrairement aux taxis venant de l'aéroport, qui s'arrangent presque toujours pour gonfler la note, les problèmes sont rares en ville. Beaucoup de Lisboètes utilisent les ***Uber,*** plus nombreux et moins chers, mais qui s'égarent plus souvent en chemin... Téléchargez l'application sur votre smartphone.

Les trains de banlieue

Gérés pour la plupart par la *CP (Comboios de Portugal)*, ils permettent de se déplacer facilement (liaisons fréquentes) et à très bon prix dans les environs de Lisbonne. Pour Estoril et Cascais, on part de la gare de Cais de Sodré, avec arrêt à Belém ; pour Queluz et Sintra (5 € A/R !), départ de la gare du Rossio. Les tarifs varient en fonction d'un découpage en 4 zones tarifaires. Pour les *CP*, il faut une carte *Viva Viagem* similaire mais différente de celle que vous utiliserez dans les transports urbains ! Comme pour l'autre, vous pourrez la réutiliser en allant aux guichets, mais ne le pourrez pas si vous la rechargez dans un automate. Voyage gratuit avec la *Lisboa Card. Infos : ● cp.pt ● pour les trains et ● scotturb.com ● pour les bus Sintra-Cascais (nº 403).*

🚆 ***Estação central do Rossio*** *(plan d'ensemble détachable et plan centre détachable, I-J8)* **:** *Ⓜ Restauradores ou Rossio.* C'est le terminal des trains pour Queluz et Sintra. Départ ttes les 15-20 mn (30 mn w-e) ; trajet 17-40 mn. Billetterie en haut de l'escalator. Sur place : consignes, distributeurs.

🚆 ***Estação do Cais do Sodré*** *(plan d'ensemble détachable et plan centre détachable, I10)* **:** *à 800 m à l'ouest de la pr. do Comércio. Ⓜ Cais do Sodré.* Train ttes les 20-30 mn, tlj 5h30-1h30, pour la station balnéaire de Cascais (40 mn, 4,50 € A/R), par Estoril. Idéal pour une journée à la plage et pratique aussi pour rejoindre les hauts lieux de la nuit lisboète (Alcântara, Docas) et Belém (7 mn, 1,35 €).

🚆 Les trains de la compagnie *Fertagus* desservant ***Setúbal*** et les villes au sud du Tage partent de l'***Estação de Roma-Areeiro*** *(Ⓜ Areeiro ou Roma, assez éloignés),* avec arrêts ensuite dans les gares d'***Entrecampos*** *(Ⓜ Entre Campos ou Campo Pequeno),* de ***Sete Rios*** *(Ⓜ Jardim Zoológico)* et de ***Campolide*** *(Ⓜ Praça de Espanha).* Privilégiez celles d'Entrecampos ou de Sete Rios, les plus pratiques.

Les gares fluviales

Plusieurs embarcadères desservent la rive sud du Tage *(Outra Banda ou Outro*

Lado), où la plupart des Lisboètes ont leurs pénates (loyers moins chers). Sympa pour une croisière à prix (très) modique ! *Infos : ☎ 808-203-050.* • *ttsl.pt* •

Estação fluvial do Cais do Sodré *(plan centre détachable, I10) : caché derrière la gare ferroviaire.*

➢ ***Cacilhas :*** départ ttes les 7-40 mn, 5h35-1h40.

➢ ***Seixal :*** départ ttes les 20 mn-1h30, 6h35-23h15 (ttes les 1h-2h le w-e, 7h30-22h sam, 8h30-21h30 dim).

➢ ***Montijo :*** départ ttes les 30 mn-1h, 6h30-23h15 (ttes les 2h-3h le w-e, 7h-22h sam, 8h40-21h30 dim). Trajet : 25 mn.

Estação fluvial do Terreiro do Paço *(plan centre détachable, K10) : à côté de la praça do Comércio.*

➢ ***Barreiro*** (joli hall décoré d'*azulejos*) : départ ttes les 10 mn-1h, 5h30 (5h45 w-e et j. fériés)-2h.

Estação fluvial de Belém *(plan détachable Belém).*

➢ ***Trafaria et Porto Brandão :*** env 1 départ/h, 6h30-22h lun-ven, 7h-21h30 sam, 8h-21h30 dim.

Les bateaux touristiques

■ ***Cruzeiros Tejo :*** *☎ 213-468-303.* • *cruzeirostejo.com* • *Prix et lieux de départ très variables selon circuit, type d'embarcation et nombre de passagers ; réduc.* D'avril à octobre, des bateaux touristiques (à voile ou à moteur) parcourent le fleuve en offrant des vues inédites sur Lisbonne et ses collines. Service hop-on hop-off vers Belém, liaisons vers Sesimbra et Cascais...

■ ***Nosso Tejo :*** *📱 910-501-012. Départ de Cais do Sodré. Excursions 45 mn-2h, 15-35 € ; réduc.* Croisières sur de superbes bateaux à voile traditionnels, pouvant accueillir jusqu'à 50 passagers. La croisière la plus chère, au coucher du soleil, réserve de bien belles lumières sur la ville !

Le vélo

La topographie de la ville aux 7 collines ne se prête guère au cyclisme, sans compter que les pavés d'un grand nombre de rues rendent la circulation inconfortable, notamment s'il a plu. Des pistes cyclables ont été aménagées le long du Tage à partir de Cais do Sodré et dans le parque das Nações. Pour les locations de vélos, se renseigner auprès des offices de tourisme.

La voiture

Évitez de rouler en voiture en ville ! Sont fous ces Lisboètes, mais ils savent où stationner sans avoir de PV. Gare, sinon, vous êtes bon pour le *reboque* (fourrière), ou au moins pour le sabot ! Pour les irréductibles, sachez que les horodateurs peuvent être approvisionnés pour 2h ou 3h max, et que les parkings en centre-ville peuvent coûter jusqu'à 40 € pour 24h ! Pour ne pas vous ruiner, privilégiez les parkings proches du Parque das Nações et celui situé tout en haut du Parque Eduardo VII (3 €/j.) ; c'est excentré, oui, mais le métro n'est pas loin !

La voiture s'avère en revanche pratique pour sillonner les alentours, mais pas obligatoire.

Les principaux loueurs de voitures sont présents à l'intérieur de l'aéroport, à droite du hall d'arrivée.

■ ***BSP Auto :*** *☎ 01-43-46-20-74 (tlj 9h-21h30 – 20h we).* • *bsp-auto.com* • Les prix proposés sont attractifs et comprennent le kilométrage illimité et les assurances. BSP Auto propose exclusivement les grandes compagnies de location sur place, assurant un très bon niveau de service. Les plus : vous ne payez votre location que 5 jours avant le départ. Remise spéciale de 5 % aux lecteurs de ce guide avec le code « ROUTARD22».

Découvrir Lisbonne autrement

■ ***Lisbonne à pied :*** *📱 961-164-296.* • *info@lisbonneapied.com* • *lisbonneapied.com* • *Compter 115-125 € par famille (2 adultes + 3 enfants). Réduc de 10 € sur présentation de ce guide.* Cette association de guides français amoureux de Lisbonne propose des visites guidées individualisées dans les quartiers les plus intéressants de la ville : les ruelles pittoresques de l'Alfama, le quartier animé du Chiado et celui de Baixa. Ces balades hors des sentiers battus permettent de vous imprégner de l'ambiance lisboète. Visite de 3h30 environ, émaillée d'anecdotes surprenantes pour mieux connaître Lisbonne et les Portugais.

■ ***Monlisbonne :*** *912-126-548 ou 966-199-793 (Whatsapp). • info@monlisbonne.com • monlisbonne.com • Compter 125 € pour 4h (jusqu'à 3 pers).* Elliot et ses acolytes francophones ont voulu déconstruire le principe des visites guidées classiques, en adaptant les trajets aux goûts et centres d'intérêt de chacun (architecture, street art, artisanat, histoire, gastronomie, parcours pour les enfants...). Du sur mesure, à pied. Le dynamisme de cette jeune et sympathique équipe promet une découverte de la ville aussi passionnante que pétillante !

■ ***Lisbonne Âme Secrets :*** *résa nécessaire au 963-967-967. • resa@lisbonne-ame-secrets.com • lisbonne-ame-secrets.com •* Promenades guidées (en français) d'environ 3h30-4h *(25 €/pers ; réduc moins de 26 ans)* dans les quartiers de l'Alfama et de Mouraria, de Graça, d'Intendente et de Sant'Anna, ainsi que de Belém. Groupes de 8 personnes maximum. Visite des vieux quartiers très bien faite, pour apprécier et comprendre la vie locale. Visites privées sur demande.

■ ***Lisbon Walker*** *(zoom Alfama,* ***12****) :* *rua do Jardim do Tabaco, 126. 963-575-635. ☎ 218-861-840. • info@lisbonwalker.com • lisbonwalker.com • Tarif : 20 € ; réduc.* Cette association lisboète organise des visites guidées à pied. Pour les francophones, nécessité de constituer un groupe de 2 personnes minimum et de réserver à l'avance. Thèmes très variés et promenades faciles (2h-3h). Départ de l'angle nord-ouest de la praça do Comércio, sous les arcades.

■ ***En tuk-tuk :*** *rua dos Douradores, 16. 910-802-000. ☎ 211-450-252. • reservations@boostportugal.com • ecotuktours.com • Compter env 55 €/h ou 75-290 € pour des excursions de 2h-5h (3-6 pers).* Très nombreux à Lisbonne depuis quelques années, les *tuk-tuk* proposent des visites guidées dans ces triporteurs à la mode asiatique, pouvant accueillir jusqu'à 6 passagers (trajets simples interdits). D'autres compagnies ne manqueront pas de vous solliciter, mais on aime bien celle-ci pour ses véhicules équipés d'un moteur électrique. Mieux vaut s'assurer en tout cas d'avoir de bons amortisseurs !

LISBONNE QUARTIER PAR QUARTIER

C'est au cœur de la Ville blanche que commence la balade, par les quartiers les plus réputés : d'abord Baixa et Rossio, en bas, puis Chiado et le très festif Bairro Alto, en haut, pour de premiers panoramas imprenables. Il sera temps, ensuite, de remonter l'avenida da Liberdade, puis de grimper les rues de Mouraria et de l'Alfama jusqu'au pied du *castelo* pour voir Lisbonne d'en haut dans ses plus beaux atours.

BAIXA ET ROSSIO

La Baixa, c'est un peu la vallée de Lisbonne, rare parenthèse plate au creux des collines du Chiado (à l'ouest), de Sant'Ana et du *castelo* (à l'est). Pièce centrale sur la carte de la ville, la Baixa est limitée au nord par le quartier du Rossio (gare) et au sud par le Tage, fleuve mythique se jetant dans l'océan Atlantique. Inhabituellement, la Baixa forme un grand rectangle urbain au plan quadrillé, fruit de la reconstruction de la ville par le marquis de Pombal après le terrible tremblement de terre de 1755. Sur le flanc de grandes places aérées et le long des rues bien parallèles et perpendiculaires, se mêlent immeubles résidentiels, bureaux et petits commerces historiques. Pour le voyageur, c'est un quartier de choix pour poser son sac dans l'un des nombreux *hostels*, pensions bon marché et hôtels de qualité.

Où dormir ?

De très bon marché à prix moyens

Certaines des adresses suivantes offrent 2 types d'hébergement : des lits en dortoir dans la catégorie « Très bon marché » à « Bon marché » et des chambres doubles de « Bon marché » à « Prix moyens ».

AUBERGES DE JEUNESSE ET HOSTELS

Yes Lisbon Hostel *(plan centre détachable, J9,* ***31****) : rua de São Julião, 148. ☎ 213-427-171. • infolisbon@yeshostels.com • yeshostels.com • Ⓜ Baixa-Chiado. Dortoirs (4-8 lits) 12-30 €/pers ; 1 double 45-120 €.* Proche du musée du Design et du Tage, cette excellente AJ est arrangée de façon fonctionnelle et design, avec un grand bar en U à la réception. À la centaine de lits répartis dans des dortoirs avec sanitaires privés, ou communs sur le palier, s'ajoute une unique chambre double pour plus d'intimité. Repas possible sur place, cuisine à dispo, sorties organisées à Lisbonne ou dans les environs. Toujours beaucoup de monde, pensez donc à réserver. Accueil dynamique.

Living Lounge Hostel *(plan centre détachable, J9,* ***32****) : rua do Crucifixo, 116 ; 2°. ☎ 213-461-078. • info@livingloungehostel.com • livingloungehostel.com • Ⓜ Baixa-Chiado. Dortoirs (4-8 lits) 16-30 €/pers ; doubles 50-75 € ; petit déj généralement inclus.* Un de nos coups de cœur ! Chambres et dortoirs, climatisés, se partagent tous les salles de bains, mais on apprécie la déco particulière à chacun, façon traces d'une scène de crime, caravelle ailée ou hommage à la chanteuse de fado Amélia Rodrigues ! Salon commun agréable avec son mobilier de récup bien choisi et sa table pour le petit déj. Belle cuisine à dispo ou repas fait maison (payant) tous les soirs – idéal pour faire connaissance. Excellent accueil, jovial.

Lisbon Lounge Hostel *(plan centre détachable, J9, **33**) : rua de São Nicolau, 41 ; 1°. ☎ 213-462-061. • info@lisbonloungehostel.com • lisbonloungehostel.com • Ⓜ Baixa-Chiado. Dortoirs (3-8 lits) 12-30 €/pers ; doubles 44-84 €. Petit déj inclus.* Mêmes propriétaires que le *Living Lounge Hostel.* Ambiance jeune et agréable. Grand salon pour surfer ou écouter de la musique lounge (ah, c'est ça le nom !). Sur plusieurs étages, une soixantaine de lits répartis dans des chambres et dortoirs – avec ou sans salle de bains – gentiment décorés, propres et fonctionnels. Cuisine à dispo. Repas *(12 €)* mijoté le soir par le cuisinier de la maison. On va vous chouchouter !

Lisbon Destination Hostel *(plan centre détachable, I-J8, **57**) : largo do Duque do Cadaval, 17 ; estação do Rossio ; 2°. ☎ 213-466-457. • lisbon@destinationhostels.com • destinationhostels.com • Ⓜ Restauradores. Face aux quais de la gare ! Dortoirs (4-10 lits) 23-35 €/pers ; doubles 50-180 €.* Les chambres et les dortoirs (avec ou sans salle de bains) sont répartis autour d'un grand patio, sous une verrière baignée de soleil à midi – lieu de convivialité et d'échanges où l'on trouve quelques hamacs et poufs pour se prélasser, un billard et une table de ping-pong. Le mot d'ordre : *chill*. Déco plaisante dans les chambres (avec salle de bains) et les dortoirs, dans un style frais et moderne. Cuisine à l'allure new-yorkaise (dîner certains soirs). Sorties et visites de la ville (payantes). Accueil aimable.

Travellers House *(plan centre détachable, J9, **34**) : rua Augusta, 89 ; 1°. ☎ 210-115-922. • info@travellershouse.com • travellershouse.com • Ⓜ Baixa-Chiado. Dortoirs (4-6 lits) 20-32 €/pers ; doubles 30-50 €.* Une AJ privée centrale, pimpante à souhait avec ses parquets lustrés, musique cool et salon avec poufs pour se reposer. Les dortoirs sont impeccables, tous climatisés et équipés de coffres individuels. Quant aux 4 doubles, avec clim et salle de bains privée, elles ont toutes une déco différente et soignée. Petite terrasse sur le toit et jolie cuisine à dispo. Une adresse jeune qui ne manque pas de charme, dont on espère qu'elle rouvrira après l'épidémie de Covid !

Home Lisbon Hostel *(plan centre détachable, K9, **37**) : rua de São Nicolau, 13 ; 2°. ☎ 218-885-312. • info@homelisbonhostel.com • homelisbonhostel.com • Ⓜ Baixa-Chiado. Dortoirs (4-8 lits) 18-26 €/pers ; doubles 90-110 €.* Ambiance définitivement routarde pour cette adresse qui cumule amabilité et décontraction. Plus d'une centaine de lits répartis dans des dortoirs avec sanitaires communs, plus des chambres avec salle de bains privée. Nickel ! Cuisine à dispo avec petite terrasse en prime, repas chaque soir, jolie réception-bar, salle TV avec grande collection de DVD, machines à laver... Accueil jovial. Bref, une autre belle adresse à vivre.

Rodamón Lisboa Hostel *(plan centre détachable, J8, **38**) : rua dos Fanqueiros, 300. ☎ 218-873-552. • lisboa@rodamonhostels.com • rodamonhostels.com • Ⓜ Rossio. Dortoirs (4-8 lits) 14-20 €/pers ; doubles 51-65 €. Petit déj buffet 5,50 €.* Cette petite chaîne d'AJ barcelonaise s'est implantée à Lisbonne, à 2 pas de la praça da Figueira, en pleine crise du Covid ! Le confort est au rendez-vous : bel espace salon-bar contemporain autour de l'accueil, chambres à l'avenant, assez minimalistes, insonorisées, avec parquet et/ou *azulejos*, dortoirs (notamment pour filles) équipés de bons matelas, lumières et prises individuelles, tous avec salle de bains, etc. Pas un *party hostel*, c'est sûr. Attention, ni cuisine ni laverie.

We Love F. Tourists *(plan centre détachable, J8, **30**) : rua dos Fanqueiros, 267 ; 4°. ☎ 218-871-327. • info@weloveftourists.com • weloveftourists.com • Ⓜ Rossio ou Baixa-Chiado. Dortoirs (4-6 lits) 20-60 €/pers ; doubles 70-95 €. Petit déj en supplément.* Des murs blancs et du parquet en sapin, une déco et des aménagements simples mais plaisants. Cette petite AJ privée conviviale dispose d'une cinquantaine de lits distribués entre chambres (avec machine Nespresso !) et dortoirs – tous avec salle de bains sur le palier. Salon bien cool sous les combles et cuisinette dans les communs. Accueil jeune et diligent. Repas, excursions, sorties...

HÔTELS ET PENSIONS

Lisbon Story Guesthouse *(plan centre détachable, J8,* ***35****) : largo de São Domingos, 18 S/L ; 1°. ☎ 218-879-392. • info@lisbonstoryguesthouse.com • lisbonstoryguesthouse.com • Ⓜ Rossio. Doubles 70-110 €, petit déj inclus.* Une dizaine de chambres toutes différentes, certaines plus petites que d'autres, sans clim mais avec salle de bains. Les moins chères, sous les toits, sont accessibles par un escalier raide. Déco plaisante et chaleureuse, objets chinés et peintures murales soignées et originales. Salon commun assez cosy et élégant. Aussi 2 appartements (2-6 personnes) du même tonneau, avec cuisine. Une adresse avec un bon esprit.

Pensão Praça da Figueira *(plan centre détachable, J8,* ***39****) : travessa nova de São Domingos, 9 ; 2°. ☎ 213-426-757. • reservas@pensaopracadafigueira.com • pensaopracadafigueira.com • Ⓜ Rossio. Doubles 55-100 € ; familiales. Petit déj inclus.* Cette pension n'a pas grand charme, mais ses 32 chambres sont propres et fonctionnelles, avec clim, vue sur la praça da Figueira ou sur la rue piétonne à l'arrière (moins lumineuses mais plus calmes). Celles avec salle de bains privée ont en plus bouilloire et petit frigo ; elles sont un peu inégales, parfois avec juste une douche cabine posée là, parfois avec une vraie belle salle de bains. Petite cuisine simple et salon à chacun des 4 étages (sauf un). Accueil charmant.

Pensão Estação Central *(plan centre détachable, J8,* ***56****) : calçada do Carmo, 17 ; 1-3°. ☎ 213-423-308. • pensaoestacaocentral@clix.pt • Ⓜ Restauradores. Doubles 40-95 € ; pas de petit déj.* À côté de la gare du Rossio, ce fut l'une des 1res pensions de la ville (1927). Les chambres, fonctionnelles mais pour certaines vraiment riquiqui, sont peu à peu rénovées (un gros tiers, déjà) ; demandez celles-là, plutôt agréables, avec parquet flottant et douche vitrée. Certaine ont l'AC ; pour le chauffage, l'hiver, c'est radiateur sur roulettes ! Propre et calme malgré sa situation on ne peut plus centrale.

De plus chic à très chic

Certaines des adresses de cette catégorie peuvent offrir des prix doux en basse saison ou lors de promos sur Internet.

Tesouro da Baixa by Shiadu *(plan centre détachable, J8,* ***41****) : rua Dom Duarte, 3. 📱 914-176-969. • info@shiadu.com • shiadu.com • Ⓜ Rossio. Doubles 60-200 € ; familiales. Réception au 3e étage.* On a un gros faible pour cette *guesthouse* de charme, installée dans une bâtisse du XIXe s de style pombalin, avec balcons en fer forgé. Une grosse trentaine de belles chambres tout confort (lits de 160 ou 180 cm de large), de tailles différentes, décorées avec des meubles et des objets chinés, ou dans un style plus « scandinave ». Certaines ont un balcon avec belle vue sur la ville. Immense salle commune pour le petit déj, avec canapés Chesterfield et le parquet qui craque juste ce qu'il faut. Ambiance cosy. Accueil francophone, attentif et cordial. C'est sûr, on reviendra !

My Story Hotel Tejo *(plan centre détachable, J8,* ***45****) : rua dos Condes de Monsanto, 2. ☎ 218-866-182. • guestservice@mystoryhotels.com • mystoryhotels.com • ♿ Ⓜ Rossio. Doubles 70-180 €.* Emplacement idéal pour cet hôtel installé dans une ancienne bâtisse avec des voûtes en pierre. Rénové avec soin dans un style contemporain, mais en conservant certains éléments anciens, il dispose de chambres spacieuses et confortables, avec vue sur le château d'un côté, le Carmo de l'autre, ou la rue (peu bruyante). Un bon rapport qualité-prix-accueil (adorable et disponible).

Lisboa Prata Boutique Hotel *(plan centre détachable, J9,* ***42****) : rua da Prata, 116. ☎ 218-805-020. • reservations@lpboutiquehotel.com •*

lpboutiquehotel.com • Ⓜ *Baixa-Chiado. Doubles 95-230 €.* Stratégiquement situé dans une belle bâtisse du XVIIIe s, voici des chambres à l'allure sobre et raffinée, les plus chères avec balcon. Les moins onéreuses (« *classic rooms* ») sont petites, mais toutes offrent un bon niveau confort – si l'on excepte l'insonorisation un peu légère. Petit salon cosy, avec sol vitré sur les fortifications romaines. Personnel avenant. Petit déj sur commande la veille.

Esqina Cosmopolitan Lodge *(plan centre détachable, K8,* ***44****) : rua da Madalena, 195. ☎ 210-522-735.* • *info.cosmopolitanlodge@esqina.com* • *esqinacosmopolitanlodge.com* • Ⓜ *Rossio ou Baixa-Chiado. Doubles env 75-150 €.* Situé à la limite de la Baixa, de la Mouraria et de l'Alfama, ce petit hôtel inauguré en 2019 aligne 35 chambres jolies et confortables (AC, thé/café), plus ou moins chères en fonction de leur taille (certaines sont étroites) et de la vue qu'elles offrent. Beaux parquets modernes, douche vitrée, balcons pour certaines et, pour la *Tiles Room* (très demandée !), des *azulejos* d'origine et l'alcôve de la vieille cheminée !

158 Lisbon Art Stay *(plan centre détachable, J9,* ***43****) : rua dos Sapateiros, 158. ☎ 211-931-646.* • *info@lisbonartstay.com* • *lisbonartstay.com* • Ⓜ *Baixa-Chiado. Studios (2 pers) env 120-155 € ; apparts (5-7 pers) 165-220 €. Petits déj 10-13 €.* Derrière la façade ornée de plantes vertes de cet immeuble très central se cachent des studios et appartements indépendants, tous décorés différemment : béton ciré pour certains, couleurs pétaradantes ou douces, peintures d'artistes... Kitchenette simple mais suffisante. Terrasse sur le toit avec vue sur l'*elevador,* le château et le Tage. Une belle adresse dans une rue calme.

My Story Hotel Rossio *(plan centre détachable, J8,* ***36****) : praça Dom Pedro IV, 59. ☎ 213-400-380.* • *rossio@mystoryhotels.com* • *mystoryhotels.com* • Ⓜ *Rossio. Doubles 110-210 €.* On entre dans un tout petit *lobby,* mais les chambres s'avèrent hyper confortables, bien insonorisées, dotées d'une déco actuelle et chaleureuse. Une adresse plaisante, d'autant que l'accueil y est excellent.

Internacional Design Hotel *(plan centre détachable, J8,* ***46****) : rua da Betesga, 3. ☎ 213-240-990.* • *book@idesignhotel.com* • *idesignhotel.com* • ♿ Ⓜ *Rossio. Doubles env 70-270 €.* Plusieurs ambiances pour cet hôtel design et confortable : *urban,* zen, tribal, pop, avec déco, sons et odeurs adaptés à chaque étage ! Attention, certaines chambres sont assez étroites. Belle vue sur la place du Figuier pour certaines (avec double vitrage).

Où manger ?

De très bon marché à bon marché

Floresta das Escadinhas *(plan centre détachable, J-K8,* ***120****) : rua de Santa Justa, 3. ☎ 218-872-052. Tlj sauf dim 12h-16h. Plats 7-11 €.* Un petit resto portugais servant une bonne cuisine traditionnelle à prix canon, dans un cadre agréable, à quelques marches de la praça da Figueira ? Le défi est relevé. La carte est courte (sardines, poulpe, morue, côte de veau, *ribs*...), mais les assiettes sont copieuses et bien présentées. En bonus : quelques tables dans l'escalier. Il y a aussi des planches de viandes et poissons, un peu plus chères.

Nicolau *(plan centre détachable, K9,* ***37****) : rua de São Nicolau, 17. ☎ 218-860-312.* • *info@ilovenicolau.com* • *Lun-ven 8h30-19h, w-e 9h30-20h. Plats 5-11 € ; brunch 15 €.* Ce café couleur vert d'eau propose un brunch toute la journée, des petits déj bons et bien costauds (toasts épais, pancakes, jus *healthy*), mais aussi salades, toasts, burgers, *bowls,* omelettes et œufs. Agréable petite terrasse vite prise d'assaut. Ne désemplit pas (l'attente peut être très voire trop longue) ! Deux autres adresses à Lisbonne : ***Basílio Lisboa,*** *rua dos Bacalhoeiros, 11 (tlj 9h-19h)* et ***Amélia Lisboa,*** *rua Ferreira Borges, 101, à Campo de Ourique ; tlj 9h (8h30 w-e)-22h (22h30 ven-dim).*

Frutaria *(plan centre détachable, J8,* ***125****) : rua dos Fanqueiros, 269. ☎ 218-870-414. • info@frutaria.net • Tlj 9h-18h. Plats 4-8,50 €. Brunch 15-16 €.* La chemise jaune à motifs avocats du serveur donne le ton ! Ici, on mange frais et sain, sur fond de pop cool. Assiette de fruits et pancakes pour bien se réveiller, œufs, salades, sandwichs, burgers ou *bowls* copieux le midi servis dans une belle vaisselle en céramique, smoothies et superbes cocktails de jus rehaussés de gingembre (ou non) à toute heure, on recommande. Le brunch existe même en version végane. Seul bémol : mieux vaut ne pas être trop pressé.

A Merendinha do Arco *(plan centre détachable, J8,* ***127****) : rua dos Sapateiros, 230-232. ☎ 213-425-135. • merendinha.arco@gmail.com • Lun-ven 8h-20h, sam 10h-15h. Fermé dim. Plats 9-14 €.* Sa devise ? *Hygiène, honnêteté, rapidité.* À quelques pas de la praça da Figueira et juste au pied de l'arc, voici un bon resto traditionnel dans son jus, sans chichis, où l'on mange à touche-touche avec les habitués. Poissons en vedette, mais aussi des viandes grillées, omelettes et soupes ; tout y est ! Une adresse authentique.

O Conde *(plan centre détachable, J9,* ***128****) : rua do Crucifixo, 70-72. ☎ 213-430-162. Lun-ven 7h-18h. Fermé w-e. Plats 7,50-12 €.* Peu de touristes ici, mais des habitués venus s'envoyer un café au comptoir avec un *pastel de nata,* une *tosta* ou une *bifana* (sandwich de porc mariné) en passant, ou s'attablant devant un petit plat du jour le midi. Sardines, cochon de lait, veau grillé, fricassée de morue, c'est du 100 % portugais, servi rapidement et avec gentillesse. Venez tôt !

Buffet do Leão *(plan centre détachable, J8,* ***123****) : rua 1º de Dezembro, 97. ☎ 213-428-195. • leao_douro@sapo.pt • Tlj 12h-23h. Buffet 8-9 €.* « Mangez autant que vous voulez », tel est le slogan de ce resto-buffet à volonté ; annexe *low cost* de la célèbre brasserie chic attenante (voir plus bas). Rien de bien raffiné ici, mais efficace pour caler son touriste affamé !

De bon marché à prix moyens

O Cocas *(plan centre détachable, J8,* ***129****) : rua dos Correeiros, 177. ☎ 213-460-550. 📱 926-856-879. Tlj 12h-15h30, 18h30-22h30. Petiscos 4-12,50 €, plats jusqu'à 16 €.* La terrasse sur la rue piétonne est bien agréable et la panoplie de petits plats à partager et plats du jour tient la route. Du classique, un poil cher mais bien fait et bien présenté, façon steak de thon frais, moules marinées ou morue grillée.

O Arco *(plan centre détachable, J9,* ***124****) : rua do Sapateiros, 161-163. ☎ 213-463-280. Tlj 12h-15h, 19h-23h. Plats 12-35 €. CB refusées.* Pas d'*azulejos* ici, mais du bois punaisé de billets de banque et des lustres colorés un peu kitsch ! Dans l'assiette, spécialités de marmites – souvent pour 2 personnes – mijotant avec goût fruits de mer ou viandes, pour le plus grand plaisir de nos papilles. On se régale dans un gentil brouhaha touristique. Accueil qui se déride vite.

Leão d'Ouro *(plan centre détachable, J8,* ***132****) : rua 1º de Dezembro, 105. ☎ 213-426-195. • leao_douro@sapo.pt • Tlj 12h-23h. Plats 12-25 €.* Ouverte en 1842, cette grande brasserie – bien connue des Lisboètes – mitonne de bonnes spécialités de poisson et de fruits de mer, à choisir sur la glace ou dans le vivier à l'entrée. Valent-elles leur prix ? Telle est la question. Excellentes charcuteries pour les aficionados. Grande salle haute de plafond avec tables en bois et *azulejos* sur les murs.

Petits déj, pâtisseries, glaces, cafés et salons de thé

Confeitaria Nacional *(plan centre détachable, J8,* ***250****) : praça da Figueira, 18 B. ☎ 213-424-470. • info@confeitarianacional.com • Tlj 8h (9h dim)-20h (21h w-e).* Fondée en 1829, cette institution lisboète s'affiche comme une jolie bonbonnière « à l'ancienne » avec laque crème, formes arrondies, miroirs courbes et serveuses en tenue classique. On y engloutit dès le petit déj toutes sortes de pâtisseries (très sucrées dans l'ensemble) et, à 16h, les *torradas,* ces grosses tranches de pain de mie servies grillées et tartinées au beurre salé, qu'on accompagne d'un chocolat chaud ou d'un thé. Également des repas à midi. Accueil irrégulier.

Penta Café *(plan centre détachable, J9,* ***252****) : rua Áurea, 115-117. 912-593-776. • cafepenta@gmail.com • Tlj sauf dim 7h30 (10h30 sam)-20h.* Jus très frais, gâteaux, *tostas* et sandwichs au mètre (!), soupes au litre (!), l'escale est tout indiquée quand la pause s'impose. On choisit soi-même les ingrédients de son sandwich. Prix serrés et accueil sympa.

Manteigaria *(plan centre détachable, J9,* ***253****) : rua Augusta, 195-197. ☎ 213-471-492. • info@manteigaria.com • Tlj 8h-20h.* Notre fabrique de *pastéis de nata* préférée du Chiado (voir plus loin) a ouvert une nouvelle antenne dans la Baixa. Une jolie boutique, avec une devanture rétro en bois sculpté !

Casa Chinesa *(plan centre détachable, J8,* ***251****) : rua Áurea, 274-278. ☎ 213-423-680. Tlj sauf dim 7h-19h.* Depuis 1866, cette pâtisserie torréfie les meilleurs cafés d'Afrique et du Brésil, qu'on vient déguster debout, accoudé au zinc rutilant, ou acheter par kilos entiers ! À agrémenter éventuellement d'un *bolo de mel da Madeira* (très sucré et assez étouffe-bougre) ou d'une autre pâtisserie. Spécialité de *folar,* fourré à la viande, aussi. On ne s'extasiera pas sur l'accueil.

Forno da Nataria Nacional *(plan centre détachable, J8,* ***255****) : rua Áurea, 255. ☎ 210-187-125. Tlj 8h-22h.* Vous y trouverez les excellentes glaces Nannarella sans avoir besoin de vous déplacer jusque dans le quartier de Madragoa. Mais aussi : pastéis de nata, bolas de Berlim et... pain au chouriço !

Gelato Therapy *(plan centre détachable, K9,* ***258****) : rua da Madalena, 83. ☎ 218-860-831. Tlj 12h-minuit (19h en hiver).* Essayez la star de la maison : la glace citron-miel-romarin. Et s'il y en a, la figue-noix et vieux porto. Miam.

Où boire un verre ?

Ginjinhas, buvettes

Pour avaler prestement une liqueur aux cerises macérées ou une infusion de plantes, petits remontants indispensables à la vie des Lisboètes, rendez-vous selon votre humeur ***largo São Domingos*** *(plan centre détachable, J8),* ***rua das Portas de Santo Antão*** *(plan centre détachable, I7-J8),* ***rua Barros Queirós*** *(plan centre détachable, J8)* et ***rua da Mouraria*** *(plan centre détachable, K8).* On y boit debout dans les buvettes ou sur le trottoir, façon station-service, pour recharger les batteries !

A Ginjinha *(plan centre détachable, J8,* ***270****) : largo São Domingos, 8. Tlj 9h-22h.* Admirez les peintures sur les contrevents de la buvette, dans le style savoureux de la Belle Époque : hommes à panama, femmes à la tête couverte, bouteille en main. Pas la peine de parler portugais, le geste suffit pour se faire remplir un peu plus qu'un dé à coudre de liqueur, avec 1 ou 2 petites cerises. À boire sur le trottoir (qui colle !) avec les habitués.

Ginginha do Carmo *(plan centre détachable, J8,* ***121****) : calçada do Carmo, 37 A. 211-911-898. • adorel@ginginha.carmo.pt • Au pied des marches de l'escalier menant du largo do Carmo vers le Rossio. Tlj 12h-minuit (2h ven-sam).* De quoi se donner du cœur avant ou après l'escalier ! À siroter debout au comptoir de ce microlocal.

Cafés historiques

Martinho da Arcada *(plan centre détachable, K9,* ***273****) : praça do Comércio, 3. ☎ 218-879-259. • martinhodaarcada@sapo.pt • Tlj sauf dim 7h-23h.* L'écrivain Fernando Pessoa avait ses habitudes dans ce monument historique datant de 1782,

LISBONNE QUARTIER PAR QUARTIER

partagé entre un bar-cantine et une grande salle aux boiseries anciennes, tables de marbre, nappes blanches et photos d'écrivains (dont Pessoa, bien sûr). Le Prix Nobel José Saramago et le Brésilien Jorge Amado y sont aussi venus pour des causeries littéraires. Cela dit, le temps a passé (n'y mangez pas forcément)... Terrasse sous les arcades.

Café Nicola *(plan centre détachable, J8,* ***274****) : praça Dom Pedro IV, 24-25.* ☎ *213-460-579.* • *restaurante.cafenicola@gmail.com* • *Tlj 8h-minuit.* Ouvert au XVIIIe s, ce grand café fut l'un des tout 1ers de Lisbonne, connu alors sous le nom de *Botequim do Nicola* (un Italien). Fréquenté par artistes, écrivains et politiques, il a été refait en 1929 avec façade Art nouveau et intérieurs Art déco. Dans la salle du fond trône la statue de Barbosa du Bocage, un poète portugais d'origine française, habitué des lieux. N'y mangez pas : la qualité n'est pas du tout à la hauteur des tarifs pratiqués.

Bars design et dansants

Rooftop Bar de l'Hotel Mundial *(plan centre détachable, J8,* ***291****) : praça Martim Moniz, 2.* ☎ *218-842-000.* • *info@hotel-mundial.pt* • *En été, tlj 10h30-22h30.* Sur le toit de l'*Hotel Mundial*, on boit un verre devant un panorama d'exception ! Bons cocktails (pas donnés) sur fond de musique lounge. Petite carte – tapas et burgers – histoire de mettre un peu de solide dans le liquide.

Ministerium *(plan centre détachable, K9,* ***272****) : praça do Comércio, 72.* ☎ *218-888-454.* • *comercial@ministerium.pt* • *ministerium.pt* • Pourquoi *Ministerium* ? Parce qu'il y avait et qu'il y a encore des bureaux de ministères dans les bâtiments au-dessus des arcades de cette belle praça do Comércio. La salle de ce bar-club super réputé est définitivement design, la terrasse agréable et les jus de fruits sont naturels. Pour le reste : bouffe médiocre, service lent et videurs patibulaires (tarifs à la gueule du client)...

Achats

À boire et à manger

Portologia *(la maison des Porto ; plan centre détachable, K9,* ***338****) : rua São Julião, 34-36.* ☎ *210-179-313.* • *lisboa@portologia.com* • *Tlj 11h-23h.* Cette belle boutique voûtée, tenue par une petite équipe francophone (la maison mère est à Paris), se double d'un bar de dégustations commentées des vins de Porto. Le choix est énorme – près de 200 étiquettes, dont certaines bio – toutes issues de petits producteurs indépendants. Petite carte de tapas (charcuterie et fromages essentiellement) pour accompagner les verres. Bref, une adresse unique fonctionnant sur un excellent concept ! Soirées fado.

Napoleão *(plan centre détachable, K9,* ***330****) : rua dos Fanqueiros, 70.* ☎ *218-872-042.* • *wine@napoleao.eu* • *Tlj sauf dim 10h-14h, 15h-19h.* Non, ce n'est pas un musée à la gloire de Napoléon mais bien 2 belles boutiques-œnothèques spécialisées dans les élixirs portugais, qui se font face de part et d'autre de la rue Conceição. Très grande variété de crus et beau choix de portos. Les prix sont bien affichés. Demandez conseil ou participez à une dégustation (vin et huile d'olive) !

Manuel Tavares *(plan centre détachable, J8,* ***331****) : rua da Betesga, 1 A-B.* ☎ *213-424-209.* • *info@manueltavares.com* • *Tlj sauf dim 9h30-19h30 (13h30 sam).* Une charcuterie de la Baixa qui a fêté ses 150 ans en 2010 ! Sorte de caverne d'Ali Baba où vous trouverez aussi bien du chorizo de l'Alentejo que du jambon, des fromages de pays, sans oublier les vins, les portos, la fameuse gelée de coings et même des dragées maison...

Mundo Fantástico da Sardinha Portuguesa *(plan centre détachable, J8,* ***322****) : praça Dom Pedro IV, 39-41.* ☎ *211-349-044.* • *store@comur.com* • *Tlj 10h (9h30 w-e)-21h.* Des sardines en boîte par milliers dans un cadre de fête foraine avec grande roue miniature, théâtre et manège ! Le must : repartir avec la boîte de son année de naissance...

De la tête aux pieds

A Outra Face da Lua *(plan centre détachable, J8,* ***329****) : rua da Assunção, 22. ☎ 218-863-430. • baixa@aoutrafacedalua.com • Tlj sauf dim 10h-18h.* Un magasin de vêtements et accessoires *vintage* plutôt haut de gamme, bien classés par genres et... par couleurs ! Large choix.

Typographia *(plan centre détachable, J9,* ***332****) : rua Augusta, 93. Tlj 10h-14h, 15h-19h.* La crème des designers portugais s'est amusée à créer de beaux tee-shirts (également en vente dans les boutiques de certains musées). Un souvenir coloré à porter illico !

Chapelaria Azevedo Rua *(plan centre détachable, J8,* ***333****) : praça Dom Pedro IV, 69, 72-73. ☎ 213-427-511. • azevedorua@sapo.pt • Tlj sauf dim 9h30 (10h sam)-19h.* Depuis 1886, toutes les têtes bien nées ou bien faites de Lisbonne sont passées par là ! Du borsalino au panama en passant par la voilette ou le chapeau à plumes, il y en a pour tous les goûts.

À voir. À faire

Le quartier du Rossio

Praça Dom Pedro IV *(plan centre détachable, J8) :* plus communément appelée le ***Rossio,*** elle marquait déjà le cœur de la ville au Moyen Âge, site des fêtes et des autodafés. Bordée de grands cafés à terrasses et du Théâtre national, elle reste aujourd'hui le cœur battant de la vie lisboète et le point de ralliement des manifestations politiques. C'est sur cette place qu'un fleuriste aurait offert un bouquet d'œillets à un soldat, le 25 avril 1974. Ce geste s'est vite répété dans la foule en liesse, donnant son nom à la révolution des Œillets.

> **ATTENTION, UN ROI PEUT EN CACHER UN AUTRE !**
>
> *Avez-vous vu la statue de Dom Pedro IV qui est au cœur du Rossio ? En fait, l'artiste français chargé de sculpter le roi en bronze s'est contenté d'envoyer à sa place une statue de Maximilien, l'empereur du Mexique, qui devait traîner dans son atelier. Il faut dire que le règne de Maximilien fut court : il a été fusillé au bout d'à peine 3 ans.*

– ***Teatro nacional Dona Maria II*** *(théâtre national Dona Maria II ; plan centre détachable, J8) : sur la place. ☎ 800-213-250 (billetterie). • tndm.pt •* Il a été inauguré en 1846 en lieu et place d'un ancien palais royal, dans le but « d'élever et d'améliorer la moralité de la nation » !

– Au nº 24, le *Café Nicola,* l'un des cafés historiques de Lisbonne, précédé d'une vaste terrasse (voir « Où boire un verre ? »).

– Au nº 73, vieux magasin de chapeaux, la *Chapelaria Azevedo Rua* (voir plus haut « Achats »).

Juste à l'ouest du théâtre, l'importante ***gare du Rossio,*** aux allures de palais, offre une curieuse façade, avec 2 portes en forme de fer à cheval, pastiche du style manuélin.

Igreja do convento de São Domingos *(église Saint-Dominique ; plan centre détachable, J8) : rua João de Freitas Branco, 12. • igrejasaodomingos.com • Tlj 8h-19h.* Son histoire agitée est plus intéressante que son architecture. Fondée en 1242 par dom Sancho II, siège des dominicains, elle vit aussi œuvrer l'Inquisition, qui y a tenu plusieurs de ses sinistres autodafés. Reconstruite après le grand tremblement de terre de 1755, puis après un grand incendie en 1959, elle

LISBONNE QUARTIER PAR QUARTIER

s'appuie sur des piliers grignotés par les stigmates de l'Histoire... Interdits de réunions publiques par les autorités, les Africains de Lisbonne s'y réunissaient au sein d'une confrérie réservée aux Noirs, dite de Notre-Dame-du-Rosaire-des-Hommes-Noirs *(Nossa Senhora do Rosario dos Homens Pretos)*. Un prêtre africain officia au temps jadis dans l'église. Depuis, la place voisine est devenue le lieu de rendez-vous de nombreux Africains des anciennes colonies.

Praça da Figueira *(place du Figuier ; plan centre détachable, J8)* **:** moins élégante que sa voisine, on y trouve une statue de dom João I et la vieille *Confeitaria Nacional* (voir plus haut la rubrique « Pâtisseries, cafés et salons de thé »).

Hospital de Bonecas *(hôpital des Poupées ; plan centre détachable, J8, **360**)* **:** *praça da Figueira, 7. ☎ 213-428-574. • hosptitaldebonecas.com •* Au rez-de-chaussée, la boutique *(tlj sauf dim 10h-19h – 18h sam)* et à l'étage, l'hôpital-musée *(tlj sauf dim 10h30-12h30, 15h30-17h ; entrée 2,50 €)*. Un endroit surréaliste, tout petit, où l'on vient déposer ses joujoux abîmés. Numéro de lit, chirurgie esthétique, salle des traumatisés... comme dans un « vrai » hôpital !

Le quartier de la Baixa
(plan centre détachable, J-K8-9)

Au sud du Rossio, la Baixa, dévastée par le séisme de 1755, a hérité d'un plan quadrillé millimétré, avec rues se coupant à angle droit. Le marquis de Pombal, en avance sur son temps, adopta des normes antisismiques : la Baixa repose ainsi sur une structure de bois debout !

DA BAIXA CODE

Dans le plan de la Baixa, le chiffre 3, symbole de la Raison chez les francs-maçons, se retrouve un peu partout : 3 grandes rues relient la praça do Comércio au Rossio. D'est en ouest, 9 rues parallèles coupent le quartier... Chacune porte le nom de métaux précieux ou de corporations d'artisans : Áurea (ou d'Ouro, « de l'Or »), da Prata (« de l'Argent »), dos Correeiros (« des Selliers »), dos Sapateiros (« des Cordonniers »), etc.

Le grand magasin Pollux *(plan centre détachable, J8, **361**)* **:** *rua dos Fanqueiros, 276. • pollux.pt • Tlj sauf dim 12h-22h30.* Envie d'une jolie vue sur Lisbonne ? Vous l'aurez en grimpant au 8e étage de ce petit *BHV* local qui abrite un bar-resto avec terrasse et vue sur les toits de la ville basse. Dans l'axe, l'*elevador* de Santa Justa.

Núcleo arqueológico da rua dos Correeiros *(base archéologique de la rua dos Correeiros ; plan centre détachable, J9, **362**)* **:** *rua dos Correeiros, 21. ☎ 211-131-004. Fermé pour travaux à l'été 2021. Sinon, tlj sauf dim et j. fériés 10h-12h, 14h-17h. Visite guidée gratuite sur résa (par tél ou sur place) ; durée env 1h. GRATUIT.* Dans le sous-sol d'une agence bancaire, on peut observer des vestiges (pans de mur) de la période romaine, du temps où Lisbonne s'appelait *Olisippo Felicitas Julia*. Rien de grandiose, mais le site est soigneusement mis en valeur.

MUDE – museu do Design e da Moda *(plan centre détachable, J9, **363**)* **:** *rua Augusta, 24. ☎ 218-171-892. • mude.pt • En travaux pour rénovation, réouverture prévue fin 2021.* Installé dans une ancienne banque, ce musée est consacré au design et à la mode. Les collections riches et précieuses – des années 1914 à nos jours – méritent certainement une visite...

Arco da rua Augusta *(plan centre détachable, J9)* **:** *rua Augusta, 2. Tlj 10h-19h (dernière entrée 15 mn avt). Entrée : 3 € ; billet combiné avec le* Lisboa Story Centre *8 € ; gratuit jusqu'à 5 ans et avec la* Lisboa Card. Prenez de l'altitude pour admirer la Baixa et la belle praça do Comércio depuis le sommet de cet arc de triomphe construit pour commémorer le tremblement de terre de 1755. Vue panoramique spectaculaire à plus de 30 m du sol (par ascenseur, ouf !). Au passage, on apprécie le fonctionnement de l'horloge fabriquée en 1941 au Portugal.

Praça do Comércio *(place du Commerce ; Terreiro do Paço ; plan centre détachable, J-K9-10)* **:** voici l'une des plus belles (et des plus vastes !) places d'Europe. Les Lisboètes l'appellent aussi Terreiro do Paço. Bordée d'harmonieux édifices avec galeries à arcades, dans l'axe de l'arc de triomphe de la rua Augusta et du Tage, elle demeure le siège des principaux ministères. Rendue aux promeneurs après avoir fait office de parking, elle abrite aussi le principal office de tourisme de la ville, situé près de l'endroit où le roi Carlos et son fils aîné furent assassinés en 1908... Nombre de trams et de bus se croisent ici, filant vers tous les coins de la capitale.

Lisboa Story Centre (plan centre détachable, K10, **364**) **:** *praça do Comércio, 78-81. ☎ 211-941-027. • lisboastorycentre.pt • Tlj 10h-19h (dernière entrée à 18h). Billet : 6,50 € ; billet combiné avec l'Arco da rua Augusta 8 €, avec le Centre d'interprétation de la morue 9 € ; les 3 : 11,50 € ; réduc ; gratuit jusqu'à 5 ans et avec la* Lisboa Card.

S'il ne présente aucune pièce ancienne, ce musée situé sous les arcades du Terreiro do Paço (aile est) évoque avec dynamisme l'histoire de Lisbonne – et, par extension, du Portugal. On chemine à travers le temps, d'une scène évocatrice à une autre, l'audioguide se déclenchant automatiquement au fur et à mesure de l'avancée. L'audiovisuel, les techniques digitales (3D), la musique et le cinéma sont utilisés avec adresse et pédagogie, réactivant l'histoire de la ville pour la rendre attrayante. À l'étape 8, par exemple, une sorte d'oiseau géant suspendu au plafond emporte le père jésuite Bartolomeo Gusmão dans les airs... évocation de la 1re tentative de vol (supposée !) en 1709 au Terreiro do Paço. Les néophytes y trouveront leur compte, mais les historiens resteront sans doute un peu sur leur faim. Le parcours est entrecoupé d'un film tendance hollywoodienne retraçant en 7 mn le terrible tremblement de terre de 1755. Suivi d'un tsunami, il détruisit le centre de Lisbonne, faisant 6 000 à 8 000 morts et d'innombrables blessés. On termine avec la reconstruction, qui a permis de moderniser toute une partie de la capitale portugaise. À l'étage : expos temporaires et écrans tactiles pour découvrir gravures, peintures et photos anciennes.

Centro Interpretativo da História do Bacalhau *(Centre d'interprétation de l'histoire de la morue ; plan centre détachable, K10,* ***385****)* **:** *praça do Comércio, 85-86. Tlj 10h-19h, dernière entrée 30 mn avant. Billet : 4 € ; réduc. Billet combiné avec le Lisboa Story Centre : 9 € ; avec l'Arco da rua Augusta : 11,50 €.*

L'un des trésors de la gastronomie portugaise a désormais son musée à Lisbonne – réalisé dans le même esprit que le *Lisboa Story Centre* voisin. Saviez-vous que les Portugais consomment à eux seuls environ 20 % de la morue mondiale, aujourd'hui essentiellement pêchée en Norvège et en Islande ? Le rez-de-chaussée retrace l'épopée de cette pêche qui a commencé dès le XVIe s au large de Terre-Neuve, à grand renfort d'écrans et de témoignages d'anciens marins. On découvre les techniques de pêche, le froid, la solitude, les tempêtes...

LA MORUE AU SERVICE DE L'HISTOIRE

En 1500, l'explorateur portugais Gaspar Corte-Real, parti des Açores, découvre le Groenland, puis le Labrador et Terre-Neuve (à l'est du Canada actuel). Il s'intéresse à la pêche à la morue et constate que ce poisson, une fois séché et salé, se conserve très bien. Il suffit de la réhydrater pour pouvoir le manger. La morue devient ainsi l'aliment de base des marins portugais sur les caravelles à l'époque des grandes découvertes (XVIe s).

L'étage présente le rôle majeur de la morue dans la cuisine portugaise, ainsi que les nombreuses façons de la préparer. Vous pouvez même proposer vos propres recettes ! Sur place, restaurant *Terra Nova.*

Museu da Cerveja *(musée de la Bière ; plan centre détachable, K9,* ***365****) : praça do Comércio, 62-65. ☎ 210-987-656. • museudacerveja.pt • Tlj 12h-21h. Entrée : 5 € (visite guidée avec dégustation) ; réduc ; gratuit pour ceux qui mangent sur place.* Couplé à un restaurant, ce musée très commercial, financé par des fabricants de bière, se penche sur l'histoire du divin breuvage, des origines à nos jours, avec un angle portugais. On passe de la brasserie monastique « reconstituée » aux grosses cuves en cuivre des brasseurs industriels. Malgré le progrès, la méthode reste la même depuis des siècles : il faut de l'orge (et de la bonne !), de l'eau (et de la pure !) et du houblon.

Vinhos de Portugal *(plan centre détachable, J10,* ***366****) : praça do Comércio. ☎ 213-420-690. • viniportugal.pt • Tlj 12h-20h, mais actuellement FERMÉ POUR TRAVAUX.* Les curieux, gourmands, œnologues en herbe ou confirmés peuvent venir découvrir ici un millier de vins du Portugal ! Quelques vins sont disponibles à l'achat. Accueil extra.

Promenade piétonne le long du Tage *(plan centre détachable, I-J10)* **:** passé la praça do Comércio, une promenade se déroule le long du Tage jusqu'aux abords de la gare de Cais do Sodré. On parlait jadis de la Ribeira das Naus : c'est là qu'accostaient les caravelles cinglant vers l'inconnu. Idéal pour une pause en contemplant la mer de Paille étincelante, en regardant défiler les nombreux joggeurs, cyclistes et piétons...

Croisières sur le Tage *(cruzeiros Tejo ; plan centre détachable, K10)* **:** *terminal fluvial do Terreiro do Paço, juste au sud-est de la praça do Comércio.* Voir « Infos pratiques sur place. Comment se déplacer ? Les gares fluviales ».

BAIRRO ALTO, CHIADO ET CAIS DO SODRÉ

Au cœur de la vieille ville, le quartier populaire du Bairro Alto, aux façades usées et parfois taguées, est un vrai caméléon qui change de peau et d'humeur selon les heures de la journée. Assoupi en matinée, il s'éveille doucement dans l'après-midi. Il y règne alors comme une ambiance de village paisible, et le flâneur s'égare dans les ruelles, découvrant avec un peu de chance, si les portes sont déjà ouvertes, nombre de petites boutiques originales et de galeries – notamment du côté de la rua do Norte. Des cigales qui ne durent parfois que le temps d'un été... Mais attention, quand le soleil décline, les façades lézardées, couvertes ici et là de tags, s'ouvrent et dévoilent une multitude de restos tendance, de cafés et de bars, dont on ne soupçonnait même pas l'existence quelques heures auparavant ! Les couche-tôt devront revoir leurs habitudes. Ici, on papillonne d'un lieu à un autre, entre « boîtes à fado » touristiques et bars à cocktails – largement concentrés dans la rua da Atalaia et ses voisines proches, dans lesquelles il devient difficile de circuler à partir de 23h. Du haut du Bairro Alto, on pourrait oublier que Lisbonne est un port, avec sa mythologie de marins soiffards et bagarreurs. D'eux, la nuit lisboète a hérité les ruas de São Paulo et Nova do Carvalho (la Pink Street, au revêtement rose !), honteusement glissées sous le pont de la rua do Alecrim, à l'approche de la froide ordonnance de la gare ferroviaire et maritime de Cais do Sodré. Mais on ne peut décidément lutter contre la mode qui veut que les anciens lieux « chauds » ne soient plus aujourd'hui que des lieux « shows », aux bars désormais plus *lounge* que louches... Un espace de liberté unique au Portugal, où toutes les tendances, toutes les nationalités et tous les appétits osent s'afficher sans complexe, et se mélanger aussi bien sur les sonorités des années 1970 que sur du heavy metal...

À mi-hauteur, entre Bairro Alto et Baixa, le Chiado, nommé en mémoire du moine-poète António Ribeiro (dont c'était le surnom), est un quartier de théâtres, autrement plus sage, autrement bien mis, historiquement réputé pour le shopping, tant vestimentaire que littéraire. Fernando Pessoa y avait ses habitudes au superbe café *A Brasileira,* qui a conservé ses atours 1900. Les romantiques ne peuvent ignorer, ici, les ruines à ciel ouvert de l'église des Carmes.

Où dormir ?

Dans le Bairro Alto et à Princípe Real

De très bon marché à prix moyens

■ ***The Independente Hostel & Suites*** *(plan centre détachable, I8,* ***49****) : rua de São Pedro de Alcântara, 81. ☎ 912-495-998. • reservations@thecollective.pt • theindependente.pt • Ⓜ Restauradores ou Baixa-Chiado. Dortoirs (6-12 lits) 12-40 €/pers ; doubles 60-180 €.* Cette AJ occupe l'ancienne résidence de l'ambassadeur de Suisse, avec grand escalier d'apparat (!). Elle regroupe des dortoirs bien équipés avec sanitaires partagés et 4 chambres spacieuses avec balcon et salle de bains privée, dont l'allure laisse deviner les fastes du passé. À cela s'ajoutent 18 petites chambres privées dans l'édifice voisin (les moins chères). Déco de caractère avec objets et mobilier vintage. Attention, les dortoirs ont des lits superposés à 3 étages : fêtards de retour tardif, attention à la chute ! D'ailleurs, c'est un peu bruyant... Bon resto au rez-de-chaussée et bar sur le toit (*The Insolito* ; voir « Où boire un verre ? Où sortir ? Bars branchés »), en attente de réouverture depuis la crise du Covid. Superbe lounge au plafond à moulures, *beergarten,* cuisine, machine à laver. Accueil courtois et pro.

■ ***Lookout Lisbon Hostel*** *(plan centre détachable, I8,* ***55****) : rua São Pedro de Alcântara, 63 ; 1° Esq. ☎ 211-340-775. • lookoutlisbon@gmail.com • lookoutlisbonhostel.com • Ⓜ Restauradores. Dortoirs (6-12 lits) 14-24 €/pers.* Centrale et bien située, dans une maison ancienne aux hauts plafonds, une AJ où tout est fait pour passer un bon séjour. Le dynamisme et la gentillesse de l'équipe d'abord, un espace commun pas immense mais convivial, puis toutes sortes d'activités pour faire des rencontres (visites organisées, soirées, dîners, tournée des bars, etc.). Dortoirs impeccables, avec lits superposés sur 3 étages disposant chacun d'un rideau, casier, prise et lampe individuelles. Sanitaires bien équipés à partager, cuisine, vélos à louer. Une adresse économique où règne la bonne humeur !

■ ***Hub New Lisbon Hostel*** *(plan centre détachable, H8,* ***62****) : rue de O Século, 150. ☎ 213-471-506 • newlisbon@hostelshub.com • hostelshub.com • Ⓜ Restauradores. Dortoirs (4-12 pers) sans ou avec sdb à partir de 12-20 €/nuit. Doubles sans ou avec sdb 40-85 €.* Dans un ancien bâtiment du XVIIIe s refait à neuf avec *azulejos* d'origine aux murs, meubles vintage et parquets. Ambiance chaleureuse et conviviale. Chambres doubles ou dortoirs mixtes ou réservés aux filles, assez grands, très colorés, très propres aussi (draps, serviettes dans les doubles). Visite de la ville et activités. Cuisine, bar, salle commune, baby-foot, PS4 à dispo et même... une piscine à balles ! Bravo au jeune patron français !

De prix moyens à plus chic

■ ***Hotel Anjo Azul*** *(plan centre détachable, I8,* ***60****) : rua Luz Soriano, 75. ☎ 213-478-069. • lxhotel@gmail.com • anjoazul.com • Ⓜ Restauradores. Doubles 55-90 €.* Derrière sa façade pimpante nappée d'*azulejos,* en plein cœur du quartier gay, l'« Ange Bleu » abrite une vingtaine de chambres très propres et pimpantes, vraiment exiguës pour les moins chères, mais globalement d'un bon confort (AC, minifrigo, bouilloire), certaines dotées d'une petite terrasse ou d'une kitchenette. Un p'tit clin d'œil qui nous a évidemment beaucoup plu : dans les chambres 102 et 104, les plaques émaillées du *Routard* s'affichent en guise de déco, depuis 1995 ! Autre gros plus, devenu rare : les prix identiques toute l'année. Accueil cordial et honnête. Clientèle gay mais pas exclusivement.

Inn Bairro Alto Bed & Breakfast *(plan centre détachable, H9, **47**) : travessa das Mercês, 52. 925-164-334. • reservas@innbairroalto.com • innbairroalto.com • Ⓜ Baixa-Chiado (assez loin). Doubles 50-130 €, sans ou avec sdb privée.* En fait de *B & B,* il s'agit plutôt d'un petit hôtel familial, situé à portée immédiate de l'animation du Bairro Alto, mais suffisamment en retrait pour garder (à peu près) son calme... Le petit déj n'est d'ailleurs pas forcément inclus (ça dépend du tarif). Parquets, papiers peints, déco soignée, les chambres sont globalement agréables, mais sans clim (colonne d'aération fournie) et certaines sont assez peu lumineuses – notamment dans les étages bas. Les 3 moins chères ont des sanitaires communs.

De plus chic à beaucoup plus chic

Casa do Jasmim Boutique Guesthouse by Shiadu *(plan centre détachable, H8, **103**) : rua do Jasmim, 19. 918-517-146. • casadojasmim@shiadu.pt • shiadu.com • Ⓜ Rato, Restauradores (les 2 assez loin). Doubles env 64-150 €.* Une de nos adresses fétiches, dans une rue calme en surplomb de la ville, un peu à l'écart. Déco simple et vintage d'un kitsch assumé par endroits, pour une vingtaine de chambres confortables. Nos préférées se trouvent au dernier étage, avec petit balcon et vue sur le Tage ou la végétation ; on aime moins celles du rez-de-chaussée. Également une dizaine de studios du même tonneau dans une maison mitoyenne, avec kitchenette. Excellent petit déj maison et accueil au top.

A Casa das Janelas com Vista *(plan centre détachable, H8, **63**) : rua Nova do Loureiro, 35. ☎ 213-429-110. 969-630-351. • info@janelascomvista.com • casadasjanelascomvista.com • Ⓜ Restauradores. Doubles 70-140 €.* Dans une ruelle calme et pourtant au cœur de la ville, on débarque dans un *lobby* étonnant aux allures de boutique de déco tendance, industrielle et vintage. Une douzaine de chambres douillettes (plusieurs petites), au mobilier sobre et de bon goût, certaines offrant une jolie vue. Petite terrasse aux beaux jours pour le petit déj. Cuisine à dispo. Accueil charmant.

Coup de folie

Casa Balthazar *(plan centre détachable, I-J8, **66**) : rua do Duque, 26. 917-085-568. • reservas@casabalthazarlisbon.com • casabalthazarlisbon.com • Pas d'enfants de moins de 16 ans. Doubles 120-380 €, petit déj inclus.* Pourquoi séjourner ailleurs quand on en a les moyens ? Cachée derrière de hauts murs, dans une ruelle où prolifèrent les restos populaires, cette maison d'hôtes (datant de 1829), propriété du fondateur de la célèbre *Confeiteria Nacional,* offre un contraste saisissant avec son jardin au gazon impeccable où s'alanguit une piscine dominant la ville basse et toisant le château sur sa colline jumelle. Les 20 chambres, douillettes, ont conservé leurs beaux parquets d'origine et se sont refait une beauté sur des notes Art déco affirmées. Quelques-unes sont un poil biscornues et moins lumineuses, mais les plus belles, exceptionnelles, s'avancent face au panorama, avec jacuzzi sur terrasse privée et lit dans l'alignement ! Le matin, le petit déj arrive directement de la *Confeiteria Nacional.* En bonus, encore : un spa (compris) et 4 places de parking (sur résa). Accueil très pro. Les amoureux ont trouvé leur nid.

Hotel Memmo Príncipe Real *(plan centre détachable, H8, **65**) : rua Dom Pedro V, 56 J. ☎ 219-016-800. • preal@memmohotels.com • memmohotels.com • En contrebas d'un* *passage couvert, juste après le* Lost'In. *Doubles 185-340 €.* Membre des *Design Hotels,* ce bel écrin contemporain de verre, de pierre et de bois, affichant 5 étoiles au compteur, se perche face à la ville basse, avec le château dans un (re)coin de l'œil. Superbe hall d'accueil avec tapis, canapés et luminaires spectaculaires. Certaines des 41 chambres tout confort, élégantes et sobres, bénéficient de vues splendides. Nos préférées ont même une terrasse privée. D'autres, en revanche, donnent sur les côtés. Plein de petites attentions – dont un transfert en Tesla inclus depuis l'aéroport ! Resto-bar à cocktails et piscinette.

Du côté de Cais do Sodré

De très bon marché à prix moyens

Lost Inn Hostel *(plan centre détachable, I9,* **52***) : beco dos Apóstolos, 8. ☎ 213-470-755. • info@lostinnlisbon.com • lostinnlisbon.com • Ⓜ Cais do Sodré. Dortoirs (4-10 lits) 14-28 €/pers ; doubles 50-80 €.* Située dans une paisible impasse à 2 pas de l'animation du quartier, cette charmante maison ancienne – avec voûtes en pierre et *azulejos* – abrite une petite centaine de lits distribués dans des dortoirs et quelques chambres doubles, le tout climatisé, impeccable, avec salles de bains à partager. Cuisine à dispo (dîners payants) et joli salon en mezzanine, sous les voûtes, juste au-dessus de la réception.

Sunset Destination Hostel *(plan centre détachable, I10,* **40***) : praça do Duque de Terceira, à l'intérieur de la gare de Cais do Sodré ; 1°. ☎ 218-883-127. • sunset@destinationhostels.com • destinationhostels.com • Ⓜ Cais do Sodré. Accès par la porte à gauche de l'entrée principale de la gare. Dortoirs (4-10 pers) 17-40 €/pers ; doubles 40-120 €.* L'ensemble pourrait être un peu mieux tenu, mais cet *hostel* a 2 arguments de poids : sa très grande terrasse avec vue sur le Tage (avec bar et, yes, petite piscine) et sa situation au pied même des trains menant aux plages. Atmosphère festive ! Pour le reste : chambres et dortoirs (mixtes ou pour filles) assez confortables mais décorés de bric et de broc, BBQ et cuisine (dîner possible), machine à laver. On peut utiliser les parties communes jusqu'au soir, après le *check-out*. Un bémol : le bracelet en papier qu'il faut porter au poignet...

Lisb'on Hostel *(plan centre détachable, I9,* **48***) : rua do Ataíde, 7 A. ☎ 213-467-413. • info@lisb-onhostel.com • lisb-onhostel.com • ♿ Ⓜ Cais do Sodré. Dortoirs (4-10 lits) 16-30 €/pers ; doubles sans ou avec sdb 60-75 €. Petit déj inclus.* Installé dans un palais du XIXe s, cet *hostel* d'une centaine de lits propose des chambres (roses !) et des dortoirs fonctionnels et confortables (clim), accessibles par ascenseur. Vue formidable sur le Tage pour certains et depuis l'immense terrasse – prolongée par un jardin. Spacieuses et belles pièces communes occupant les anciens salons de réception hauts de plafonds (moulurés), avec TV, billard, baby-foot... Cuisine au top. Accueil attentionné. Une excellente adresse à 2 pas de l'animation, qui plaira notamment aux plus jeunes. Ça va être dur de décoller !

De plus chic à beaucoup plus chic

Lost Lisbon Cais House *(plan centre détachable, I10,* **59***) : travessa do Corpo Santo, 10 ; 2° D. 📱 936-954-426. • info@lostlisbon.com • lostlisbon.com • Ⓜ Cais do Sodré. Doubles 70-100 €.* Même concept et tout autant de charme que sa grande sœur *Chiado House* (voir ci-après), en version un peu plus jeune et plus contemporaine côté déco, mais avec salles de bains à partager pour toutes les chambres – d'où des prix plus doux. Évitez autant que possible les chambres côté avenue, très passante. Bon accueil, attentif et chaleureux.

Monte Belvedere Boutique Hotel by Shiadu *(plan centre détachable, H9,* **61***) : rua de Santa Catarina, 17. 📱 913-308-794. • info@shiadu.com • shiadu.com • Doubles env 80-220 €.* Dans les Années folles, il y avait ici une fabrique de parfums français ! Perché sur l'alto de Santa Catarina, à côté du belvédère, avec vue dominante sur le Tage, le bâtiment a conservé au mieux certains éléments d'époque – et ses particularités qui donnent à certaines chambres un plan un peu biscornu. Mais les plafonds sont hauts, les lits confortables et le savoir-accueillir *Shiadu* au rendez-vous. On vous conseille aussi *Madame Petisca,* le bar panoramique en *rooftop* (voir « Où boire un verre ? Où sortir ? ») – où le petit déj est servi chaque matin.

Dans le Chiado

De plus chic à très chic

Dream Chiado *(plan centre détachable, J9,* ***50****) : rua Nova do Almada, 64 ; 2°E. 935-667-399. • dreamchiado@gmail.com • dreamchiadoapartments.com • Ⓜ Baixa-Chiado. Studios et apparts 50-150 €.* Difficile de trouver un meilleur rapport qualité-prix ! Les 15 appartements de Nathalie, une Portugaise née en Afrique du Sud (anglais parfait !), sont cosy et super *confy,* relativement spacieux, bien équipés (kitchenette, AC, thé et café à dispo) et avec de beaux parquets en bois récents. Il y en a un plus grand pour 4 personnes. On aime beaucoup les intérieurs, un peu moins lumineux mais parfaitement calmes. Ascenseur, portes à code, tout est moderne ! Accueil pro et ménage quotidien.

Lost Lisbon Chiado House *(plan centre détachable, J9,* ***58****) : rua Ivens, 51 ; 1°. 936-954-426. • info@lostlisbon.com • lostlisbon.com • Ⓜ Baixa-Chiado. Doubles env 140-180 €.* Une adresse truffée de charme, où on a plutôt l'impression de partager une belle maison bourgeoise avec les autres hôtes. Dans les vastes espaces communs, la déco mélange allègrement les styles, les *azulejos* d'origine copinent avec les graffs, le mobilier vintage avec le contemporain... Les chambres (sans TV) sont assez différentes, les moins chères avec salle de bains privée mais sur le palier, d'autres plus cossues, avec jolis meubles et tableaux anciens. Concept rigolo pour le petit déj : tout est copieux et à disposition mais chacun se débrouille pour se faire son omelette, par exemple. Cuisine en libre accès. Belle adresse et bon esprit.

Où manger ?

Dans le Bairro Alto et à Principe Real

De très bon marché à bon marché

Alto Minho *(plan centre détachable, H-I9,* ***140****) : rua da Bica Duarte Belo, 61. Dans la rue du funiculaire da Bica. Lun-ven 9h-22h, sam 9h-15h, fermé dim. Congés : juil. Plats 6-9 €.* Les habitués de la Bica le connaissent sous le nom de son propriétaire : *Chez João.* Depuis longtemps, ledit João réussit le tour de force de concocter de bons petits plats traditionnels copieux – étalés sur l'ardoise – à des prix populaires. Toute la faune de ce quartier bigarré s'y donne rendez-vous à midi. Le soir, il redevient plus paisible avec des célibataires hypnotisés par l'inévitable télé. Accueil avenant.

A Primavera do Jerónimo *(plan centre détachable, I9,* ***139****) : travessa da Espera, 34. 966-476-529. • primaverabairroalto@gmail.com • Tlj 12h-minuit. Plats 9-14 €.* Cette petite taverne de quartier toute simple, avec *azulejos* et nappes bien mises sert grillades (côtelettes, poissons), calamars farcis *(lulas recheadas)* et *bacalhau à Brás,* soigneusement mijotés et copieusement servis. Simple mais efficace.

Artis Wine Bar *(plan centre détachable, I8,* ***150****) : rua do Diário de Notícias, 95. ☎ 213-424-795. • artiswinebar@gmail.com • Tlj sauf lun 16h30-2h (3h ven-sam). Résa conseillée. Repas 10-15 €. CB refusées.* Dans une petite salle décorée d'objets glanés de-ci de-là, on vient s'éduquer aux vins portugais en épongeant avec quelques *petiscos*. Boudin de Seia, *pata negra*, saucisse *linguiça* épicée de Valpaços, *chouriço* flambé à l'eau-de-vie, mais aussi fromages portugais et açoriens, il y a du choix et les portions sont plutôt consistantes.

Tascardoso *(plan centre détachable, H8, **134**) : rua de O Século, 242. ☎ 213-427-578. Tlj sauf dim 12h-15h30, 19h-23h30. Plats 8-16 €.* Ce petit resto, fidèle à sa déco rustique, à sa petite vitrine réfrigérée et à ses serveurs en chemise blanche bien repassée, n'a que faire des effets de mode. Les propositions pour carnivores ne manquent pas, mais on vient surtout pour le poisson, d'une fraîcheur irréprochable et cuisiné dans les règles de la tradition portugaise. Pour patienter, goûtez au *queijo amanteigado,* ce fromage de brebis fondant à souhait, un délice. Service attentionné qui vous aidera à traduire la carte.

De bon marché à prix moyens

A Nossa Casa *(plan centre détachable, I8-9, **130**) : rua da Atalaia, 31. ☎ 213-420-484. • anossacasa.ba@gmail.com • Tlj 13h-17h30, 18h30-22h30 (pré-Covid : tlj sauf lun 18h30-1h). Petiscos 8-12,50 €.* Sous des abords modestes (une jolie petite salle lumineuse à la déco vintage), le chef, naviguant entre Portugal et Brésil, signe une cuisine inventive à prix modique, qui étonnerait même dans un étoilé. Le *cozido deconstruído* ? Un « pot-au-feu » réinventé en galette de légumes, tranches fines de carottes marinées pour l'acidité et boulette de viandes au sommet... Tout est à l'avenant, très joliment présenté et dûment expliqué. La carte change souvent, selon l'inspiration. C'est bon, c'est beau et on en redemande (comptez 2 petits plats par personne). Musique trendy et cocktails.

Rosa da Rua *(plan centre détachable, I8, **135**) : rua da Rosa, 265. ☎ 213-432-195. • rosadarua@gmail.com • Tlj sauf dim 12h-23h. Plats 10-17 €. Buffet le midi 12-15 €.* Ils ne sont pas si nombreux, les restos (recommandables) ouverts le midi dans la Bairro Alto. Celui-ci propose un petit buffet de qualité, comprenant au moins une viande et un poisson, plus différentes entrées. À la carte, le portugais côtoie les influences d'ailleurs, du *bacalhau à Brás* au curry de légumes de Goa. Cadre simple mais plaisant, musique douce (façon bossa nova) et accueil très gentil.

Casa da Índia *(plan centre détachable, I9, **136**) : rua do Loreto, 49-51. ☎ 213-423-661. Tlj sauf dim 12h-2h. Plats 8-17 €.* Malgré son nom, ce resto n'a rien d'indien : il est même typiquement portugais ! On s'installe au bar ou sur l'une des tables de la salle en longueur bordée d'*azulejos*. Cuisine simple d'un bon rapport qualité-prix, spécialisée dans les viandes et poissons, cuits au gril et servis copieusement (½ portion possible). Parfait pour se rassasier, moins pour un dîner en amoureux !

Versículo d'O Faia *(plan centre détachable, I9, **138**) : rua da Barroca, 60A. 963-999-678. • info@versiculo.pt • Tlj sauf dim, le soir. Plats 14,50-20 €. CB refusées.* Dans un coin un poil plus calme du Bairro Alto, ce joli petit resto aux 2 salles étroites, prolongé d'une terrasse sur rue, se veut inhabituellement chic pour le secteur. La carte, assez courte, ne quitte pas les classiques portugais, bien faits et bien présentés, et le service est assurément attentionné. Le poulpe est spectaculaire ! Une douzaine de vins au verre.

Alfaia Garrafeira *(plan centre détachable, I8, **143**) : rua Diário de Notícias, 125. ☎ 213-433-079. • garrafeiraalfaia@hotmail.com • Tlj 15h (16h w-e)-1h. Tapas et plats 3-20 €.* C'est un bar à vins installé dans une vieille maison du XIXe s, avec belle façade tout en *azulejos*. On peut y acheter toutes sortes de vins portugais et de portos, mais aussi s'asseoir à l'intérieur ou en terrasse dans la ruelle pour une dégustation accompagnée de charcuteries, fromages ou autres *pastéis de bacalhau*. Fait aussi resto en face.

Fidalgo *(plan centre détachable, I9, **152**) : rua da Barroca, 27. ☎ 213-422-900. Tlj sauf dim 12h-15h, 19h-23h. Plats 10-20 €.* Il y a la salle avec ses 2 murs de bouteilles et le bout de terrasse tranquille dans la ruelle, avec ses tables un peu de guingois. On y savoure une cuisine portugaise qui tient la route, façon cantina améliorée, servie copieusement. On aimerait un sourire plus marqué, mais le patron parle un peu le français et la carte des vins ne manque pas d'attraits (15 choix au verre).

Atalho Real *(plan centre détachable, H7,* ***148****) : calçada da Patriarcal, 40. ☎ 213-460-311. • reservas@grupoatalho.pt • Tlj 12h-minuit (2h ven-sam). Plats 8-16,50 €. Parking gratuit.* À l'arrière du centre commercial *Embaixada,* occupant un ancien palais d'inspiration mauresque aux multiples salles, ce resto ouvert par la meilleure boucherie de la ville (au mercado de Campo Ourique) est dans tous les carnets d'adresse des carnivores lisboètes ! La viande de bœuf y est reine. On choisit son morceau (à la carte ou à la cuisine !), accompagné de délicieuses frites et servi au choix à l'assiette ou... en sandwich. Autre option à prix très démocratiques : les burgers (avec même une version végétarienne). Immenses et agréables terrasses à l'orée du Jardin botanique.

Mercearia do Século *(plan centre détachable, H8,* ***198****) : rua de O Século, 145. ☎ 216-062-070. • merceariadoseculo@gmail.com • Lun-ven midi et soir ; fermé le w-e. Résa conseillée. Petiscos 3,50-13 € ; plats 12-25 €.* Ce mignon petit resto élabore une délicieuse cuisine de marché, inspirée des anciennes recettes portugaises. La carte est assez courte : poissons, viandes, plats végétariens, mitonnés avec délicatesse et créativité. Également d'alléchants desserts, tous sans gluten ! Accueil chaleureux et francophone.

De prix moyens à plus chic

Boubou's *(plan centre détachable, H7,* ***137****) : rua do Monte Olivete, 32. ☎ 213-470-804. • hello@boubous.com • Lun-ven 18h30-22h30, fermé w-e. Résa conseillée. Plats 12-25 €. Menu dégustation (9 plats) 65 €.* Derrière une mignonne façade, recouverte d'un mur végétal, se cache l'une de nos adresses préférées dans le quartier. Direction le patio, charmant avec ses fauteuils en rotin, ses tables en marbre, plantes vertes et même des bananiers ! Cela dit, on peut aussi s'installer au bar pour suivre l'effervescence en cuisine, rondement menée par une jeune chef franco-portugaise très talentueuse et fort bien inspirée. Cuisine fraîche, inventive, aux notes de fusion, tout est délicieux, parfois surprenant mais jamais hasardeux.

A Cevicheria *(plan centre détachable, H8,* ***160****) : rua Dom Pedro V, 129. ☎ 218-038-815. • acevicheria@comeromundo.pt • Tlj 12h-23h. Menu dégustation (6 plats) 48 € ; plats 12-21 €.* Derrière le bar en U surmonté d'un lustre-poulpe géant, l'équipe du talentueux Kiko Martins s'affaire autour de *ceviches* passablement réinterprétés. Oubliez le Pérou, les recettes maison sont originales – parfois très bonnes, parfois plus aventureuses... Pas de réservation, il faut donc arriver tôt pour pouvoir s'asseoir aux quelques tables, ou se contenter de la miniterrasse sur rue (passante). À accompagner d'un bon verre de vin blanc ou d'un *pisco sour...* si vous avez des euros en trop.

Tapisco *(plan centre détachable, H8,* ***279****) : rua Dom Pedro V, 81. ☎ 213-420-681. • tapisco@tapisco.pt • Tlj 12h-22h30. Résa conseillée. Tapiscos (petiscos) 12-18 €, plats 19-37 €.* Née de l'imagination du chef star Henrique Sá Pessoa, voici une brasserie moderne dans une salle lumineuse, flanquée d'un bar en marbre. Parfait pour s'y accouder ! On vient ici déguster une *bacalhau à Brás* au jaune d'œuf confit, un poisson grillé et son aïoli, un magret de canard avec sa purée céleri-bacon, ou piocher dans la catégorie *tachinhos (pots & pans)*, d'où émerge par exemple un porc alentejano à basse température...

De plus chic à très chic

100 Maneiras *(plan centre détachable, I8,* ***161****) : rua do Teixeira, 39. 📱 910-918-181. • info@100maneiras.com • Tlj 19h-2h. Résa conseillée. Menus dégustation 95-125 €.* Une belle découverte. Le talentueux et opiniâtre chef bosniaque, récemment étoilé, s'approprie les produits portugais au gré du marché et les réinvente à l'aune de sa terre natale et de son expérience. Pas de carte, mais uniquement un menu dégustation, qui voit défiler jusqu'à 17 petits plats ! Rien que l'intitulé – annoncé par une escouade de serveurs – fait sourire. C'est original et délicieux ; et le tout s'accorde merveilleusement bien, grâce aux vins sélectionnés par le sommelier maison.

Du côté de Cais do Sodré

De bon marché à prix moyens

|●| *Time Out Market* *(Mercado da Ribeira, plan centre détachable, H10)* **:** *av. 24 de Julho. ☎ 213-951-274. • infolisboa@timeoutmarket.com • Dans l'enceinte du Mercado da Ribeira. Tlj 10h-22h30.* Voici un lieu qui tombe à pic : sous la grande halle, inspirée des *foodcourts* à l'américaine, sont réunis des dizaines de stands de nourriture, dont plusieurs représentants de la fine fleur de la gastronomie portugaise – Henrique Sá Pessoa, Alexandre Silva, Marlene Vieira, Miguel Castro e Silva... Plus besoin de courir ! Ils proposent ici des plats abordables, entre 10 et 18 €. Un vrai challenge ! Également plein d'autres comptoirs où commander *petiscos,* viandes, fruits de mer, burgers, charcuterie, pâtisseries... Tout y passe. Il y a même une antenne de la fabrique de *pastéis de nata Manteigaria*. Avec son petit plateau, on tente de trouver une place sur les grandes tablées, dans un joyeux brouhaha musical. Possibilité aussi de rapporter victuailles (voir la rubrique « Achats ») et livres.

|●| *AO26 Vegan Food Project* *(plan centre détachable, I9,* ***142****)* **:** *rua Vitor Cordon, 26. 📱 967-989-184. • ao26veganfoodproject@gmail.com • Tlj 12h30 (10h w-e)-18h, 19h-22h. Salades et sandwichs 5-9 €, plats 12-16 €.* Pas végétarien ? Pas grave. Ici, la cuisine n'est pas qu'une affaire de choix, c'est aussi une question de gastronomie. « Poulpe », « sardines », « morue », « bœuf », tout est concocté à partir d'orge, de légumes, de tofu, de champignons... et c'est bon, très bon même ! Pour ne rien gâcher, le cadre est canon, avec une salle voutée chaleureuse, des lampadaires design, des couleurs pétulantes et la cuisine ouverte. Service gentil.

|●| ⛱ *Lisboa é linda* *(plan centre détachable, I10,* ***146****)* **:** *travessa de São Paulo, 9. ☎ 210-534-554. • reservas.lisboalinda@gmail.com • Tlj sauf dim 12h-15h, 19h-22h30. Petiscos 3-12 €, plats 14-19 €.* Les produits arrivent en droite ligne du mercado da Ribeira, situé à quelques pas. On choisit parmi la liste des petiscos à partager, ou parmi les poissons et viandes explorant le meilleur des traditions portugaises. Et si on mangeait un risotto de calamars à l'encre, ou un cabri rôti au tamarin, pour changer ? Bon choix de vins au verre et service très pro.

De prix moyens à plus chic

|●| 🍷 ⛱ *Mesón Andaluz* *(plan centre détachable, I9,* ***155****)* **:** *travessa do Alecrim, 4. ☎ 214-600-659. • geral@mesonandaluzlisboa.com • Tlj 12h-23h (cuisines 22h), sauf dim midi. Résa conseillée. Tapas et plats 5-22 €. Menus 25-52 €.* On s'installe entre 2 séries de marches, sur une petite terrasse aux tonneaux transformés en tables, ou dans la belle salle voûtée en brique aux accents baroques un peu clinquants. Mais l'essentiel est dans l'assiette : une cuisine espagnole réalisée avec des produits de qualité. Impec' aussi pour boire un verre accompagné de quelques tapas.

Dans le Chiado

De très bon marché à bon marché

|●| ⛱ *Organi Chiado* *(plan centre détachable, J9,* ***133****)* **:** *calçada Nova de São Francisco, 2. ☎ 216-065-121. • info@organi.pt • Tlj sauf dim 12h-15h30, 19h-22h (minuit ven-sam). Plats 9-12 €.* Une terrasse posée dans une ruelle tout en marches ou une salle toute mignonne, dédiées aux végan qui feront ici le plein de vitamines autour d'assiettes colorées, goûteuses et bien remplies. Simple, bio, bien frais et bien fait, notamment les burgers et les desserts (sans sucre ajouté).

Super Mário *(plan centre détachable, J8, **147**) : rua do Duque, 9. ☎ 213-479-437. • geral@sacolinha.pt • Tlj sauf dim 12h-15h, 19h15-22h15. Plats 8-12 €.* Il n'est pas plombier italien, mais restaurateur portugais, ce Mário-là ! Amical, voire jovial, il distribue à la ronde les poissons grillés, tout en trinquant avec les habitués ou dispensant un cours de portugais... Pas de chichis ici, pas de cuisine élaborée, mais de l'authentique et des portions qui tiennent au corps (une *dose* suffit pour 2). Dans le même genre *cantina* portugaise à prix canon, il y a ***O Fernandinho,*** à 15 m *(rua do Duque, 15 ; plan centre détachable, J8, **147**)* et ***O Caçador da Oliveira,*** dans la rue parallèle *(rua da Oliveira ão Carmo, 73 ; plan centre détachable, I8, **151**)*, avec quelques tables dans la ruelle et un large choix de poissons.

El Rei D'Frango *(plan centre détachable, J8, **121**) : calçada do Duque, 5. ☎ 215-817-942. • elreidomfrango@gmail.com • Mar-sam 12h-15h, 19h-23h ; dim 18h-23h ; fermé lun. Plats 8-14 €. Apéro, café ou digestif offert sur présentation de ce guide.* Grande comme un mouchoir de poche, avec cuisine ouverte, cette adresse ne désemplit pas et on comprend pourquoi ! Prix contenus pour des plats sans chichis, du genre poulet-frites, sardines grillées, burgers, etc. ; histoire de vite se repaître, au coude à coude avec son voisin de tablée.

Faca & Garfo *(plan centre détachable, J8, **149**) : rua da Condessa, 2-4. ☎ 213-468-068. Tlj sauf dim 10h-23h. Fermé : 2de quinzaine de janv. Plats 7,50-12,50 €.* D'un côté la petite salle aux murs ocre tapissés d'*azulejos*, de l'autre une minuscule terrasse triangulaire avec 3 tables. Pas de la grande gastronomie, mais des plats traditionnels simples, copieux et bon marché, genre steak de thon, poulpe ou *bife a casa*.

Jardim das Cerejas *(plan centre détachable, J9, **144**) : calçada do Sacramento, 36. ☎ 213-469-308. • jardimcerejas@gmail.com • Tlj sauf dim 12h-15h. Buffet : 8,50 €, hors boissons.* Buffet végan à prix doux, dans une salle voûtée sans charme mais proprette. Accueil aimable.

Prix moyens

Oficina do Duque *(plan centre détachable, I8, **131**) : calçada do Duque, 43 A. ☎ 210-996-354. • info@oficinadoduque.pt • Tlj 17h-22h. Plats 10-15 €.* Presque en haut des marches, les tables en terrasse précèdent un intérieur chaleureux à la déco originale et assez design composée... d'une multitude d'ustensiles de cuisine anciens ! On y mitonne une cuisine portugaise moderne, originale et goûteuse, qui ne manque pas de créativité (notes de fusion). Le chef a fait ses classes dans de nombreux restos au Brésil, chez Ferran Adrià à Barcelone, et même chez l'un des meilleurs chocolatiers du monde ! Les plats végétariens sont moins réussis. Bon accueil.

Ofício Lisboa *(plan centre détachable, I8, **153**) : rua Nova da Trindade, 11K. 📱 910-456-440. • hello@oficiolisboa.pt • Tlj sauf dim-lun 12h30-22h. Petiscos 2,50-15 €, plats 10,50-18 €.* La maison, nichée sous les voûtes d'un ancien couvent médiéval disparu, se définit comme « *tasca atípica* ». La carte est assez courte et, pourtant, il y en a pour tous les goûts : crabe farci de l'Algarve, moules à l'escabèche, cou de morue, plateaux de fromage ou viande froide, côte de bœuf Angus de 1,2 kilo à partager (78 € quand même), sans oublier quelques (très) jolis desserts. Du portugais, mais atypique, superbement présenté et goûteux. Mission remplie.

Café Buenos Aires *(plan centre détachable, I8, **156**) : calçada do Duque, 31B. ☎ 213-420-739. Tlj 18h-1h. Résa conseillée. Tapas et plats 5-18 €. CB refusées.* Le boss est argentin, sa femme portugaise et la carte reflète ces deux identités : des viandes délicieuses, mais aussi des tapas, des tartines, plein de salades et une belle sélection de plats de poisson assez imaginatifs, genre ceviche ou crevettes panées au sésame. À dévorer dans une petite salle un peu de guingois, à l'éclairage intimiste et aux murs patinés, ou en terrasse, entre les marches. Accueil aimable (et francophone de madame).

De prix moyens à beaucoup plus chic

Palácio Chiado *(plan centre détachable, I9,* ***215****) : rua do Alecrim, 70. ☎ 210-101-184. • geral@palaciochiado.pt • Tlj 12h30-minuit (2h ven-sam). Plats 16-34 €. Lun-ven midi, menu 14 €, boisson incluse.* L'ancien palais Quintela, somptueux édifice du XVIIIe s avec peintures et vitraux, a fait peau neuve. Il retrouve l'esprit de fête qui y régnait autrefois. Désormais, plusieurs espaces restos et bars se partagent l'espace. Grimpez à l'étage par le prestigieux escalier d'apparat pour découvrir un bar splendide (voir « Où boire un verre ? ») et 2 salles aux très hauts plafonds, peintes de fresques. Difficile de faire plus grandiose ! Dans l'assiette,une cuisine de qualité pour une sortie en duo, mais l'essentiel reste le cadre. Service précis.

Bairro do Avillez *(plan centre détachable, I8,* ***157****) : rua Nova da Trindade, 18 ☎ 215-830-290 (Páteo) ou 211-305-393 (Mini Bar). • bairrodoavillez.pt • Taverne tlj 12h-minuit ; petiscos 3-17 €. Patio tlj 12h30-15h, 19h-minuit ; plats 16-42 €. Mini Bar tlj 19h-1h ; menus 55-65 € en 16 « bouchées ».* À la tête de plusieurs restaurants dans la capitale (et à Dubaï !), le chef José Avillez, ambassadeur de la nouvelle cuisine portugaise, a encore sévi. Pas moins de 4 espaces se regroupent ici. La *Taverna,* autour du bar, avec ses jambons appétissants suspendus pour partager un très grand choix de *petiscos* ; le grand *Páteo* (patio) sous verrière lumineuse, où sont servis des plats plus élaborés orientés vers la mer (chers...). Derrière une fausse bibliothèque se cache l'élégant et coloré *Mini Bar,* entre *speakeasy* américain et alcôve de maison close, le plus fréquentable de tous à notre avis, à condition d'y mettre le prix. Ajoutons encore la *Pizzaria Lisboa (menu lun-ven midi 15 €)* et, pour mémoire, les spectacles de cabaret burlesque, suspendus depuis la crise du Covid.

Alma *(plan centre détachable, J9,* ***126****) : rua da Anchieta, 15. ☎ 213-470-650. • alma@almalisboa.pt • Tlj sauf lun 12h30-15h30, 19h-23h. Menu 145 € (servi jusqu'à 13h30 et 21h30) ; plats 28-42 €. Attention, pas d'enfants de moins de 10 ans !* Voici une des plus belles tables de la nouvelle gastronomie portugaise, menée avec brio par Henrique Sá Pessoa. Le cadre est superbe avec ses voûtes, ses lampes en cuivre, sièges chinois et tapis ouzbeks. Les plats sont aussi beaux à regarder que délicieux à savourer. Pas donné, certes, mais remarquable de créativité et d'élégance si vous avez une tirelire à casser !

Pâtisseries, glaces, cafés et salons de thé

Manteigaria *(plan centre détachable, I9,* ***254****) : rua do Loreto, 2. ☎ 213-471-492. • info@manteigaria.com • Tlj 8h-20h.* Tout simplement les meilleurs *pastéis de nata* de la ville ; et Dieu sait qu'on en a testé pas mal ! À déguster debout sur un étroit et long comptoir, avec un café. Autre adresse à Baixa.

Landeau *(plan centre détachable, I9,* ***259****) : rua das Flores, 70. 📱 911-810-801. • chocolate@landeau.pt •* On n'y emmène pas les enfants (quoique...), on se réserve plutôt l'adresse pour déguster entre adultes un des meilleurs gâteaux au chocolat au monde – dans un cadre charmant et reposant, entre fauteuils et canapé. Une couche de moelleux, une couche de mousse, le tout saupoudré de cacao amer. Un délice !

Padaria do Bairro *(plan centre détachable, I9,* ***257****) : rua da Misericórdia, 13-17. ☎ 218-489-476. Lun-ven 7h-20h. Sandwichs 2-4 €, formules sandwich-soupe-jus du jour dès 5,50 €.* Cette boulangerie-cafét' de chaîne à la salle lumineuse est pratique pour un petit déj ou un repas rapide. Plusieurs autres adresses en ville.

Trindade Sete *(plan centre détachable, I-J9,* ***263****) : rua da*

Trindade, 7. ☎ 210-196-586. • lisboa doce2015@gmail.com • Tlj sauf dim 8h30-16h30. Une halte bienvenue pour prendre un petit déj ou déguster des *pastéis de nata* au goûter. On peut même se faire un plat du jour, un burger végan, un sandwich, des toasts, une salade... Grandes tablées, belles voûtes de pierre, le tout au frais. Bon accueil.

Sacolinha *(plan centre détachable, I9,* ***264****) : rua Paiva de Andrada, 4-12. ☎ 214-653-230. • geral@saco linha.pt • Tlj 8h-20h. Plats 4-10 €.* En plein cœur de Lisbonne, une antenne de cette fameuse boulangerie-pâtisserie-snack de Cascais. Quelques tables dans une salle moderne pour dévorer quiche du jour, friands, sandwichs et autres pâtisseries. La spécialité de la maison, c'est la *bola de Berlim*, un beignet fourré à la crème (ou pas). Excellent jus d'orange tout juste pressé.

Le Petit Prince Culture Cafe *(plan centre détachable, H8,* ***265****) : rua Cecílio de Sousa, 1 A. ☎ 213-471-607. Tlj 8h30-16h. Tartine env 7 €. CB refusées.* Ce mini « café culture », avec banc de métro parisien des années 1920 et vieux pupitres d'école, jongle entre atmosphère vintage, livres et en-cas – brunch, muesli, jus de légumes et de fruits, tartines froides ou chaudes, etc. On y lit le *Petit Prince* en plusieurs langues !

Sorbettino *(plan centre détachable, I9,* ***257****) : rua da Misericórdia, 23. 917-753-405. Tlj 12h-22h30.* Au programme, un comptoir en céramique menthe à l'eau, quelques tables pastel et d'excellentes glaces très crémeuses. On a notamment bien aimé celle au spéculoos !

Cafés historiques

Disons les choses clairement : les prix y sont en général bien plus élevés qu'ailleurs pour une qualité de service moindre. Mais comment résister à ces décors patinés ?

A Brasileira *(plan centre détachable, I9,* ***266****) : rua Garrett, 120-122. ☎ 213-469-541. • geral@abrasileira.pt • Tlj 8h-22h.* La maison a été ouverte en 1905 par un importateur de café de retour du Brésil. Croyez-le ou non, le breuvage, considéré trop amer, n'avait alors pas la côte auprès des consommateurs ! Il fallait donc leur montrer qu'il pouvait être bon... Bientôt, toute l'intelligentsia lisboète s'y retrouva, fomentant révolutions politiques et culturelles. Qu'en reste-t-il ? L'intégralité du décor d'époque, avec son comptoir tout en longueur se reflétant dans une série de miroirs piqués, la série de peintures modernistes et, au fond, l'horloge en bois monumentale. Au milieu fusent des serveurs en tenue noire et blanche, cravate au col. Pour ne pas vous ruiner, prenez un *bica* (expresso) et un *pastel de nata*.

Pastelaria Bénard *(plan centre détachable, I9,* ***266****) : rua Garrett, 104. ☎ 213-473-133. Tlj sauf dim 8h-23h. CB refusées.* Voisin du précédent, ce bel établissement fondé en 1868 par un boulanger-entrepreneur français garde sa façade de 1904, veillant sur une grande terrasse aux beaux jours. Toute la bonne société s'y donnait jadis rendez-vous devant un « pain français » (croissant). Petite restauration, très bons cafés, mais aussi pâtisseries, glaces... Bien aussi juste pour boire un verre.

Où boire un verre ? Où sortir ?

Jusqu'au début des années 1990, la ***rua da Atalaia*** et ses voisines, au cœur du Bairro Alto, avaient le monopole de la vie nocturne lisboète : une des plus fortes concentrations d'Europe ! Dans les années 2000, ce sont les entrepôts transformés en mégaboîtes chics et technologiques de l'***avenida 24 de Julho,*** le long du Tage, qui ont eu la cote, fortement concurrencés par la zone des ***Docas,*** près des bassins à flot de l'Alcântara. Mais la crise du Covid est passée par là, redonnant un coup de fouet au Bairro Alto – où les bars foisonnent, souvent très similaires – et aux anciennes venelles chaudes de ***Cais do Sodré,*** où s'étire la (courte) *Pink Street* (rua Nova do

Carvalho), rendez-vous décomplexé de tous les styles de vie. Le parcours noctambule commence dans l'un ou l'autre endroit par un cabotage de bar en bar – du local à cocktails bon enfant au *rooftop* le plus snob. *Attention,* les lieux restent étrangement déserts avant 23h. *Attention bis :* dans le coin, on vous proposera parfois de la drogue. Passez tranquillement votre chemin. Les dealers ne sont pas particulièrement agressifs, mais 1 routard averti en vaut 2.

Bars en tous genres

Pavilhão Chinês Bar *(plan centre détachable, H8,* ***279****) : rua Dom Pedro V, 89-91. ☎ 213-424-729. • bar pavilhaochines@gmail.com • Tlj 17h ou 18h (21h dim)-2h.* Imaginez un collectionneur fou à qui l'on aurait confié les salons douillets d'un club anglais pour y exposer ses objets. Pas un centimètre carré de mur qui ne soit exploité dans l'enfilade des salles ! Le tout avec la méthodologie d'un musée : les poupées en céramique, les soldats de plomb, les maquettes de bombardiers, les grenouilles en faïence, les statues de Chinois... Le lieu lui-même est bizarre, comme si les fauteuils 1900, la moquette élimée, les lampes tamisées et le billard ancien avaient appartenu à un baron excentrique ! Carte des délicieux cocktails longue comme le bras. Plus qu'un bar, c'est une institution ! D'ailleurs, l'ex-Premier ministre anglais Tony Blair y a ses habitudes...

Sol e Pesca *(plan centre détachable, I10,* ***280****) : rua Nova do Carvalho, 44. ☎ 213-467-203. • solepesca@gmail.com • Tlj 12h-2h (3h jeu-sam).* Dans la *Pink Street* bien connue des fêtards, au sol peint... en rose, ce minuscule bar décoré de cannes à pêche, de boîtes de sardines et de meubles de récup' débite bonne ambiance et tapas de poisson en conserve.

Livraria Bar Menina e Moça *(plan centre détachable, I10,* ***280****) : rua Nova do Carvalho, 40-42. ☎ 218-272-331. • geralmeninaemoca@outlook.com • Tlj sauf lun 16h (14h w-e)-minuit.* Juste à côté du précédent, les étagères remplies de bouquins intriguent... Est-ce un bar ? Est-ce une librairie ? Les deux, mon commandant. Parfait pour siroter un cocktail ou une jarre de sangria en révisant votre Pessoa (en V.O.).

Nordic Table *(plan centre détachable, H7,* ***277****) : rua da Mãe d'Água à Praça da Alegria. 📱 969-694-979. • carlhstrindberg@gmail.com • Au pied de l'escalier. Tlj sauf dim 18h-22h30 (2h ven-sam).* Ce bâtiment atypique appartenait au système de distribution d'eau de Lisbonne : les tables se sont installées, sur 2 niveaux, à l'intérieur même de la citerne ! Le jeune boss suédois y concocte des cocktails aux goûts qui tranchent (aneth, airelles rouges, etc.), à accompagner de tapas tout aussi nordiques (au saumon, notamment).

Mojito Compay Tasca Cubana *(plan centre détachable, I8,* ***310****) : travessa da Queimada, 4. ☎ 213-465-792. • mojito_compay01@hotmail.com • Tlj sauf dim 18h-2h.* On espère qu'il va rouvrir, ce petit bar qui ne paie pas de mine, avec ses voûtes et son vieux comptoir. Fonseca, le patron, sait mettre l'ambiance avec ses mojitos bien servis et une musique endiablée. Et surtout, chaque client doit dessiner Fonseca, qui prend la pose, pour refaire sa déco !

Bars branchés

Park Bar *(plan centre détachable, H9,* ***301****) : calçada do Combro, 58 ; 7°. ☎ 215-914-011. Tlj 13h-2h (20h dim).* Une de nos adresses les mieux cachées... sur le toit d'un parking ! Si l'ascenseur ne vous donne pas confiance, il ne vous restera qu'à vous enquiller les 6 étages à pied... Là-haut, vue superbe sur les toits de la ville, l'église Santa Catarina et le Tage au loin. DJs (notamment le vendredi soir), quelques coins noyés dans la verdure, belle carte de cocktails et burgers à grignoter.

Madame Petisca *(plan centre détachable, H9,* ***61****) : rua de Santa Catarina, 17 ; 3°. 📱 915-150-860. • lisboa@madamepetisca.pt • Sur le toit du Shiadu Monte Belvedere Hotel. Tlj 12h-minuit.* Un lieu sympa pour apprécier le coucher du soleil sur Lisbonne, un verre à la main, en musique, dans une ambiance souvent enfiévrée. Vite pris d'assaut. Attention, les cocktails ne sont pas donnés !

Cinco Lounge (*plan centre détachable, H8,* ***271***) : *rua Ruben A Leitão, 17A. Tlj 21h-2h (actuellement mer-dim 17h-minuit).* En contrebas de la praça do Príncipe Real, ce bar se cache derrière une porte noire anonyme. À l'intérieur, déco vintage et colorée, tables basses incorporant pièces de monnaie ou bonbons et... une carte de cocktails à tomber. Flashez le QR code ou demandez conseil au barman, un vrai pro – sympathique par-dessus le marché. Bon, pas donné donné...

Pharmacia (*plan centre détachable, H9,* ***276***) : *rua Marechal Saldanha, 1. ☎ 213-462-146. • pharmacia@chef-felicidade.pt • Tlj 12h-1h. Plats 10-20 €.* Pour boire sur ordonnance, il y a cet ancien hôpital du XVIIIe s devenu musée de la Pharmacie, et son bar-resto bordé d'une pelouse synthétique, en vis-à-vis du mirador de Santa Catarina. Si le resto est oubliable, les cocktails attirent leur lot de fêtards. Prendrez-vous un cardiotonique, un antidote ou... un antivirus ?

The Insólito (*plan centre détachable, I8,* ***49***) : *rua de São Pedro de Alcântara, 83. ☎ 213-461-381. • reservas@theinsolito.pt • Mar-sam 17h-22h.* C'est le *rooftop* bar de l'AJ privée *The Independente Hostel,* bien connu pour sa superbe vue sur toute la ville et son ambiance jeune et branchée. On attend avec impatience qu'il rouvre !

Palácio Chiado (*plan centre détachable, I9,* ***215***) : *rua do Alecrim, 70. ☎ 210-101-184. • geral@palaciochiado.pt • Tlj 12h-minuit (2h ven-sam).* Le somptueux palais Quintela (XVIIIe s) a retrouvé l'esprit de fête qui y régnait autrefois. S'y côtoient désormais un restaurant (voir « Où manger ? ») et 2 bars. Autant celui du rez-de-chaussée est évitable, autant celui de l'étage est splendide, avec son îlot central enveloppé de hauts plafonds et de fresques anciennes dépeignant l'enlèvement des Sabines ! Un cadre génial pour s'offrir un bon cocktail, une *ginja* ou un porto de 20 ans d'âge. Service pro et amical.

By the Wine (*plan centre détachable, I9,* ***275***) : *rua das Flores, 41-43. ☎ 213-420-319. • bythewine@bythewine.pt • Tlj 18h30-minuit (ou 1h).* On aime beaucoup ce bar monumental dont le plafond voûté est entièrement tapissé de bouteilles de vin ! Immense comptoir idéal pour grignoter du jambon bellota, quelques fromages ou des plats plus typiques. Et boire un délicieux porto ou un verre de moscatel de Setúbal !

Pensão Amor (*plan centre détachable, I10,* ***285***) : *rua do Alecrim, 19 (autre entrée rua Nova do Carvalho, 38). ☎ 213-143-399. • pensaoamor@mainside.pt • Tlj 14h-3h (4h jeu-sam).* Installé dans un ancien bordel ! Le boudoir semble intact et les tentures rouge écarlate émoustilleraient le 1er taureau échappé d'une *tourada* (corrida portugaise). Eh bien non ! L'atmosphère demeure au raffinement et à la tranquillité, on sirote bien sagement thé ou fins breuvages alcoolisés, assis dans un petit fauteuil crapaud. Puis on se balade médusé dans les étages pour découvrir – au gré des salons – des murs recouverts de fresques de femmes dénudées (façon pop art), une piste de danse, des spectacles d'effeuillages soft et de *pole dance* certains soirs, une boutique de gadgets extatiques... Bref, un lieu étonnant, à voir et à boire... s'il rouvre. On croise les doigts.

Bars musicaux et bars de nuit

Jam Club (*plan centre détachable, H-I8,* ***278***) : *travessa dos Inglesinhos, 49. 📱 910-455-138. • jamsessions1147@gmail.com • Tlj 16h (17h w-e)-22h.* Ce n'est pas une boîte, contrairement à ce que son nom pourrait laisser supposer, mais un sympathique bar de quartier, légèrement en marge du brouhaha de la rua da Atalaia, où des musicos viennent se produire sur la placette, au pied de l'église – leurs photos sont épinglées à l'intérieur. On y picore des tapas copieuses d'un bon rapport qualité-prix, humidifiés d'une bière pas chère ou d'un cocktail. Excellents accueil et ambiance.

ZDB (**Zé Dos Bois** ; *plan centre détachable, I9,* ***282***) : *rua da Barroca, 59. ☎ 213-430-205. • reservas@zedosbois.org • zedosbois.bol.pt • Tlj sauf dim 18h-2h.* Ce lieu alternatif dynamique, très fréquenté par les 18-30 ans, regroupe une galerie d'art contemporain, une librairie et 2 bars. On préfère celui de l'étage avec *rooftop*, planqué à l'arrière, au-dessus d'un carré de verdure, où ont lieu des concerts à prix raisonnables *(8-12 €, parfois gratuit)*. Programmation éclectique.

Portas Largas *(plan centre détachable, I8,* ***287****)* **:** *rua da Atalaia, 105. ☎ 213-466-379. Tlj 20h-2h (3h ven-sam).* Un repaire d'oiseaux de nuit au plumage arc-en-ciel. Plus de garçons que de filles, vous comprendrez vite pourquoi ! En temps normal, c'est toujours plein à craquer et ça déborde allègrement sur le trottoir le samedi soir. Déco oscillant entre rustique et rétro.

Clandestino Bar *(plan centre détachable, I8,* ***300****)* **:** *rua da Barroca, 99 (pas d'enseigne). Tlj sauf dim 22h-2h (4h ven-sam et j. fériés).* Récemment encore fermé, ce minuscule petit bar de nuit, dont les 2 petites salles en enfilade sont décorées de tags par les clients, du sol au plafond, est un incontournable du Bairro Alto. Loin du tout-venant : bonne musique rock, années 1960 et 1990 dans une ambiance animée. Accueil jovial et sangria réputée.

Lost'In Bar *(plan centre détachable, I8,* ***281****)* **:** *rua Dom Pedro V, 56 D. 917-759-282. • lostin.esplanada@gmail.com • Tlj 12h30 (16h mar)-minuit.* Au fond d'un passage couvert où se terre un *cannabis shop*, on déboule sur une immense et belle terrasse – couverte ou en plein air – dominant la ville. On y sirote un spritz, une margarita à la pêche ou une mule japonaise dans une ambiance bien cool et très colorée, tendance bollywoodienne. En temps normal, des musiciens se produisent entre 18h et 20h. Fait aussi resto.

Esplanada Café *(plan centre détachable, H7,* ***284****)* **:** *praça do Príncipe Real, 23. ☎ 211-569-349. Tlj 9h-23h (minuit en été).* Ce joli pavillon-verrière en demi-lune posé dans cet agréable square verdoyant, avec tables et chaises à l'ombre des magnolias, est parfait pour boire sagement un café ou un verre... et plus encore les vendredis soir d'été pour les sessions de musique *live*. On y brunche et on y mange aussi.

Où écouter du fado ?

Ne demandez pas où l'on peut encore trouver des adresses qui ne soient pas touristiques, ça fait rire les fadistes !

Fado ao Carmo *(plan centre détachable, I8,* ***295****)* **:** *rua da Condessa, 52. 912-115-677. • info@fadoaocarmo.pt • Tlj sauf mar 19h30-2h. Réserver, venir avant 20h. Menu 35 €.* Les amateurs le décrivent comme l'un des lieux les plus authentiques de Lisbonne pour écouter du fado de qualité en mangeant une vraie bonne cuisine 100 % portugaise. Un oiseau rare ! Pas de carte, mais un menu offrant un large choix ; on vous conseille la morue ou la joue de porc.

Duque da Rua *(plan centre détachable, I8,* ***299****)* **:** *rua do Duque, 23. 917-216-761. • info@duquedarua.pt • Mar-sam 20h-1h (actuellement jeu-sam dès 19h). Résa conseillée. Tapas 9 €, conso 4,50-12 €.* On aime beaucoup ce petit bar chaleureux et discret pour sa simplicité, la qualité des artistes qui se succèdent avec sérieux et l'ambiance toute consacrée au fado. On sirote un verre en grignotant quelques tapas assez basiques (fromage, jambon), puis on se laisse délicieusement envahir par l'émotion du fado.

Café Luso *(plan centre détachable, I8,* ***310****)* **:** *travessa da Queimada, 10. ☎ 213-422-281. • cafeluso@fadoandfood.pt • Tlj 19h30-2h. Conso min 27 € à partir de 19h, 17 € après 21h30 ; plats 27-33 €.* Sous de magnifiques voûtes en pierre du XIIe s, dans les anciennes écuries et caves du palais São Roque. On vient ici pour le cadre et écouter du fado, plus que pour la qualité de la cuisine. Et vous ne serez pas seul dans ce lieu hyper touristique ! Mieux vaut éviter le premier service, lorsque débarquent les groupes.

Où danser ?

Music Box *(plan centre détachable, I10,* ***313****) : rua Nova do Carvalho, 24 (entrée sous l'arche). ☎ 213-473-188. • office@musicboxlisboa.com • Mer-sam à partir de minuit. Entrée : 7-20 €.* Au cœur de la Pink Street, quand les bars s'endorment, la boîte 3e partie de soirée s'éveille !

Achats

À boire et à manger

A Mercearia do Pai Júlio *(plan centre, I9,* ***348****) : rua do Diário de Notícias, 45. ☎ 218-092-926. • mercearia@paijulio.pt • Tlj sauf dim 8h-20h.* Huiles d'olive, conserves, portos, vins, liqueurs, pâtisseries... Claudia vous guidera dans vos choix, en français. On peut y acheter de quoi confectionner son pique-nique.

Mercado da Ribeira *(plan centre détachable, H-I10) : av. 24 de Julho. ☎ 213-244-980. • mercado.ribeira@cm-lisboa.pt • Marché tlj sauf dim 6h-14h ; restos tlj 10h-minuit (2h jeu-sam).* Un marché traditionnel (fruits, légumes, fleurs et poissons) doublé d'une vaste aire de restauration de qualité (voir *Time Out Market* dans « Où manger ? »).

Garrafeira Internacional *(plan centre détachable, H7,* ***336****) : rua da Escola Politécnica, 15-17. ☎ 213-476-292. • geral@garrafeirainternacional.com • Tlj sauf dim 10h-19h.* Bon choix de vins portugais, parfois de régions trop peu connues. Une bonne occasion de les découvrir ! Bons conseils.

De la tête aux pieds

Paris em Lisboa *(plan centre détachable, I9,* ***337****) : rua Garrett, 77. ☎ 213-468-885. • info@parisemlisboa.pt • Tlj sauf dim 10h-19h.* Du beau linge, en vitrine comme sur les rayons, on peut le dire ! C'est à Torres Novas (100 km) qu'on fabrique les *turcos* (tissu éponge) les plus réputés du pays. Serviettes de toilette douces au toucher dans une gamme de coloris variés.

Burel *(plan centre détachable, I9,* ***349****) : rua Serpa Pinto, 15B. ☎ 212-456-910. • burelchiado@burelfactory.com • Tlj sauf dim 10h-20h (11h-19h hors été).* L'usine textile Burel tisse la laine depuis les années 1950. Du tissu d'ameublement aux plaids en passant par les écharpes et les sacs, tout est fait à la main, les motifs sont très variés et les couleurs superbes.

Les ruas Dom Pedro V et da Escola Politécnica rivalisent en termes de *concept stores* de fringues, bijoux, objets design, meubles, gadgets, chaussures, etc. Le plus spectaculaire est ***Embaixada*** *(plan centre détachable, H7,* ***339****)*, au n° 26, en face de la praça do Príncipe Real, installé dans un palais néomauresque du XIXe s *(lun-sam 12h-20h, dim 11h-19h).* Un bar s'est installé dans le patio à colonnades et, côté pile, se trouve le restaurant *Atalho Real*, avec ses terrasses donnant sur le Jardin botanique (voir « Où manger ? »).

Artisanat, art

Dans le haut de la ***rua da Rosa*** *(plan centre détachable, I8)*, quelques ***galeries d'art*** et boutiques de ***créateurs de vêtements et d'accessoires*** ont survécu à la crise du Covid, comme l'atelier de fabrique de bijoux de la ***Galeria Tereza Seabra*** (nos 158-160...), ou *Poise* au n° 197 *(lun-sam 11h-19h).* Signalons aussi la boutique de fringues vintage ***Charade***, au n° 212.

A Vida Portuguesa *(plan centre détachable, J9,* ***340****) : rua Anchieta, 11. ☎ 213-465-073. • lojachiado@avidaportuguesa.com • Tlj 10h ou 11h à 19h ou 20h.* Installée dans une ancienne fabrique de cosmétiques, cette vieille boutique vend « l'âme portugaise » ! Superbe sélection de produits qui ont marqué la mémoire nationale : cosmétiques, parfums, savons, huiles d'olive, conserves de sardines, nappes brodées, jouets pour enfants, bibelots... Une foultitude de petits souvenirs aux packagings rétro très réussis. D'autres boutiques en ville (voir la rubrique « Achats » dans le quartier de Graça).

Vista Alegre *(plan centre détachable, I9,* ***341****)* **:** *largo do Chiado, 20-23. ☎ 234-320-401. ● geral@vistaalegre.com ● Tlj 10h-20h.* La plus réputée des fabriques de porcelaine portugaises, fondée en 1824 (peut se visiter près d'Aveiro). Du très classique, tendance chic, mais aussi toute une gamme d'objets de déco et arts ménagers. On n'est pas obligé d'acheter un service complet !

Cerâmicas na Linha *(plan centre détachable, J9,* ***335****)* **:** *rua Capelo, 16. ☎ 215-984-813. ● lojachiado@ceramicasnalinha.pt ● Lun-sam 10h-20h, dim 11h-19h.* Ici, on achète sa céramique au poids (7,80 €/kg !), en piochant sur les étagères aux pièces souvent colorées.

Claus Porto *(plan centre détachable, I8,* ***323****)* **:** *rua da Misericórdia, 135. 917-215-855. ● support@clausporto.com ● Mar-sam 10h-19h.* Une marque mythique de savons et de soins germano-portugaise, née en 1887. Superbes emballages d'inspiration Belle Époque.

Luvaria Ulisses *(plan centre détachable, J8,* ***356****)* **:** *rua do Carmo, 87 A. ☎ 213-420-295. ● info@luvariaulisses.com ● Tlj sauf dim 10h-19h.* Cette toute petite boutique de 1925 au mobilier Empire et à la façade néoclassique ne vend que des gants en cuir. Rien ne semble avoir changé depuis l'ouverture ! Comptoir sur l'extérieur, on pose sa main sur un coussin et l'on vous gante. Compter minimum 55 €. Emballage soigné.

Azulejos

Sant'Anna *(plan centre détachable, I9,* ***342****)* **:** *rua do Alecrim, 95. ☎ 213-422-537. ● info@santanna.com.pt ● Tlj sauf dim 9h30-19h.* La fabrique Sant'Anna fut fondée en 1741 ! *Azulejos*, céramiques, vaisselle diverse, etc.

Azulejos Dorey Antiguidades *(plan centre détachable, I9,* ***334****)* **:** *rua do Alecrim, 68. ☎ 213-430-232. ● geral@doreytiles.pt ● Tlj sauf dim 10h-19h.* Cet antiquaire est spécialisé dans les *azulejos*, du simple carreau au panneau entier. Prévoyez la remorque pour rapporter vos achats !

Solar *(plan centre détachable, H-I8,* ***343****)* **:** *rua Dom Pedro V, 70. ☎ 213-465-522. ● solar@mail.telepac.pt ● Tlj sauf dim 10h-19h (13h sam). Fermé sam en juil-août.* C'est le plus important antiquaire du Portugal spécialisé dans la vente d'*azulejos* anciens. Prix corrects compte tenu de la qualité.

Disques

Louie Louie *(plan centre détachable, J9,* ***324****)* **:** *escadinhas do Santo Espírito da Pedreira, 3. ☎ 213-472-232. ● louielouie.lisboa@gmail.com ● Tlj 11h (15h dim)-19h30.* Des milliers de vinyles et CD en stock, neufs ou d'occasion, du fado au hard rock, du jazz à la musique brésilienne.

À voir. À faire

Les quartiers du Carmo et du Chiado

Le 25 août 1988, le cœur de Lisbonne brûle : un incendie s'est déclaré dans le grand magasin *Grandela*, au bas de la place du Rossio. Le feu se propage très vite, les pompiers accèdent difficilement aux immeubles. Les rues do Carmo, Nova do Almada, Assunção et do Crucifixo sont les plus touchées. Cet incendie a infligé à ce quartier historique ses plus graves dommages depuis le tremblement de terre de 1755. Pour la reconstruction, l'architecte Álvaro Siza Vieira a tenu à préserver le style du quartier au charme années 1930.

Aujourd'hui, boutiques de luxe et immeubles de standing donnent le ton. Le soir venu, l'animation quitte peu à peu le Chiado pour se glisser dans les ruelles du Bairro Alto voisin.

Le saviez-vous ? António Ribeiro Chiado était un moine poète du XVIe s. Trop bon vivant, il préféra abandonner son froc. Si on le vénère moins pour ses vers gouailleurs que Pessoa, qui est assis pour l'éternité à quelques pas de lui devant le café *A Brasileira*, c'est quand même lui qui a eu le dernier mot : un quartier à son nom, si vivant que tout Lisbonne passe et repasse.

Il est une manière royale d'aborder le quartier depuis la Baixa : le fameux ***elevador de Santa Justa*** *(plan centre détachable, J8-9,* ***367****)* : *payant – voir plus haut « Infos pratiques sur place. Comment se déplacer ? Les funiculaires* (ascensores) *et les ascenseurs* (elevadores) *».* Du sommet, agrémenté d'une plateforme panoramique, on découvre la machinerie, mais surtout la colline du *castelo* et les alignements de la Baixa. À faire en début de matinée de préférence, car il y a moins de monde.

UNE MACHINE À VISITER LA LUNE

Jusqu'en 1907, l'elevador de Santa Justa fonctionnait grâce à la vapeur, puis il fut électrifié. On imagine bien les nuages de vapeur jaillissant de cette mécanique julesvernesque. « Une machine à visiter la Lune », proclama l'écrivain Valery Larbaud ! Et ne dites pas qu'il fut construit par Eiffel : c'est l'un de ses élèves, Raoul Mesnier du Ponsard, qui s'attela à la tâche.

Astuce : on peut accéder gratuitement au belvédère depuis le largo do Carmo, en prenant la ruelle juste à droite du *Museu arqueológico do Carmo* et la passerelle qui la prolonge !

Convento-museu do Carmo – Museu arqueológico do Carmo** (MAC ; plan centre détachable, J8,* ***368*) : largo do Carmo. ☎ 213-478-629. • museuarqueologicodocarmo.pt • Tlj sauf dim 10h-18h (19h mai-sept). Entrée : 5 € ; réduc. Gratuit jusqu'à 13 ans.*

Cette église gothique du XIVe s, l'une des plus grandes de la ville, est restée dans l'état où l'a laissée le tremblement de terre de 1755 : nef éventrée, toit envolé. Une atmosphère romantique y règne, entre pierres tombales blasonnées, chapiteaux, fonts baptismaux et autres éléments lapidaires exposés sur les bas-côtés. On y découvre même un gisant de chevalier du XVIe s reposant sous un élégant arc de style manuélin. Au fond, le chœur reconstruit et ses 4 chapelles rayonnantes, de part et d'autre, abritent un remarquable Musée archéologique – le plus ancien du pays. Il déroule l'histoire en commençant par le fond à droite *(salle 1),* consacré à la préhistoire, avec une étonnante collection de poids en terre cuite gravés de l'âge du cuivre (chalcolithique). *Salle 2*, on remarquera le superbe sarcophage romain dit des Muses (IIIe-IVe s) et les piliers sculptés d'influence wisigothe. La *salle 3* (chœur) est écrasée par le tombeau monumental de la reine Maria Ana de Austria, reposant sur deux lions de pierre (dans un style rappelant celui des tombeaux des Habsbourg à Vienne) ! On y trouve également plusieurs gisants et sarcophages sculptés – dont celui du roi Fernando I (1382) –, un très beau buste de monarque du XIIIe s et... un bas-relief hindou de toute beauté, qu'il fallait bien caser ! La *salle 4,* chapelle-bibliothèque, renferme quant à elle une momie égyptienne, 2 momies d'enfants chancay (péruviennes) et diverses céramiques précolombiennes... On finit par la *salle 5,* aux splendides bas-reliefs anglais en albâtre du XVe s, puis au fond, l'ancienne *sacristie,* avec son film consacré au lieu.

Museu et igreja São Roque** (plan centre détachable, I8,* ***369*) : largo Trindade Coelho. ☎ 213-235-444. • mais.scml.pt/museu-saoroque • ♿ Lun 14h-18h (19h avr-sept), mar-dim 10h-18h (19h avr-sept ; 20h jeu avr-sept). Horaires Covid adaptés : tlj sauf lun 10h-18h. Entrée : 2,50 € ; réduc, notamment avec la Lisboa Card. Gratuit jusqu'à 14 ans et pour ts dim 10h-14h. Petite brochure en français.*

Le musée abrite une riche collection d'art sacré, allant du XVIe au XVIIIe s, en provenance de plusieurs pays d'Europe et d'anciennes colonies. L'une des sections les plus intéressantes, à l'étage, regroupe justement un ensemble d'objets d'art et liturgiques confectionnés par des artisans indiens et japonais pour le Portugal. Parmi eux plusieurs reliquaires, dont le coffre en argent finement travaillé de saint François Xavier, un autre en écaille de tortue, un délicat reliquaire du Japon (fin XVIe s) en bois laqué, nacre, poudre d'or et d'argent, mais aussi un très beau christ en croix de Ceylan en ivoire et une croix d'autel palestinienne en bois

incrusté de nacre. Suit un important ensemble d'objets d'art sacré baroque en vermeil, commandé à Rome par la cour portugaise au XVIIIe s. Ça briiiille ! Parmi les pièces exposées : le reliquaire de saint Valentin et une paire de chandeliers gigantesques, dont chacun pèse plus de 350 kg ! Mentionnons encore quelques belles huiles sur bois (dont une superbe *Annonciation* sans doute flamande des XVIe-XVIIe s), une tapisserie bruxelloise dépeignant la guerre de Troie et... des saints-marionnettes qui étaient habillés pour les processions !
Suit la visite de ***l'église,*** qui date du XVIe s mais dont la façade fut relevée après le séisme de 1755. Sous l'immense plafond en bois peint, on découvre une succession de chapelles latérales baroques ou néoclassiques. Plusieurs révèlent une profusion de marqueterie en marbre polychrome, très fine, notamment celles de *Notre-Dame-de-la-Doctrine* (1re à droite), du *Très-Saint-Sacrement* (4e à droite) et, plus encore, de *Saint-Jean-Baptiste* (4e à gauche). Cette dernière, commissionnée par le roi João V, fut réalisée à Rome, puis transportée par 3 bateaux pour être remontée ici ! Même les « tableaux » sont en marqueterie de marbre. Impossible, à côté, de ne pas voir la profusion d'angelots de la chapelle *Notre-Dame-de-la-Piété* (3e à gauche) et, de part et d'autre du maître-autel, les vitrines contenant une impressionnante collection de reliquaires !

***Museu nacional de Arte contemporânea do Chiado (MNAC** ; plan centre détachable, J9, **370**) **:** rua Serpa Pinto, 4. ☎ 213-432-148. • museuartecontemporanea.gov.pt • Tlj sauf lun et j. fériés 10h-18h (dernière entrée 30 mn avt). Entrée : 4,50 € ; réduc.* Le musée d'Art contemporain du Chiado présente des œuvres de son fonds permanent lors d'expos temporaires qui changent tous les 3 à 6 mois. Beaucoup d'installations, ainsi que des œuvres exclusivement portugaises. C'est l'architecte français Jean-Michel Wilmotte qui supervisa la rénovation du bâtiment. L'espace intérieur mérite à lui seul une visite pour sa conception et la mise en valeur du site autant que des œuvres.

***Largo de São Carlos** (plan centre détachable, I9)* **:** sur cette petite place ensoleillée se dresse un immeuble couleur pastel (au rez-de-chaussée, magasin *Godiva*) où est né l'écrivain Fernando Pessoa (1888-1935). Au pied, une sculpture surréaliste de l'auteur avec un livre à la place de la tête.

LISBONNE QUARTIER PAR QUARTIER

Le Bairro Alto

Au nord-est du quartier, le grand ***miradouro São Pedro de Alcântara*** *(belvédère São Pedro de Alcântara ; plan centre détachable, I8),* qui surplombe un petit jardin en terrasse planté de rosiers, livre une magnifique échappée sur la ville basse, la colline du castelo de São Jorge et le Tage.

***Convento de São Pedro de Alcântara** (plan centre détachable, I8, **371**)* **:** *rua Luísa Todi, 1. ☎ 213-243-930. Avr-sept, tlj sauf dim de Pâques et 1er mai, 10h (14h lun)-19h (20h jeu) ; oct-mars, tlj sauf Noël et 1er janv, 10h (14h lun)-18h. Horaires Covid : fermé lun. GRATUIT. Visite guidée ven à 11h30 en français et à 15h en anglais (2,50 €).* Ce couvent du XVIIe s renferme la jolie chapelle des Lencastres, en marbre marqueté inspiré du style italien. Dans l'église (1681), on verra des peintures du XVIIIe s, comme le *Couronnement de la Vierge,* et les murs de la nef recouverts de beaux *azulejos* de l'époque baroque – représentant des scènes de la vie de saint Pierre d'Alcântara.

***La praça do Príncipe Real** (plan centre détachable, H7-8)* **:** les enfants y font de la patinette ou filent vers l'aire de jeux, tandis que les plus âgés préfèrent l'ombre prodiguée par le parasol naturel des magnolias ou d'un gigantesque cyprès. Sous la fontaine se cache le *Reservatório da Patriarcal,* un réservoir souterrain octogonal (appelé « musée de l'Eau »), aux voûtes d'une dizaine de mètres de hauteur *(visite w-e seulement, sauf j. fériés, 10h-17h30 ; entrée : 2 €).* Le samedi matin, marché d'artisanat et de petits producteurs.

Museu da Ciência et museu da História natural *(musée de la Science et musée d'Histoire naturelle ; plan centre détachable, H7, **380**) : rua da Escola Politécnica, 56-58. ☎ 213-921-808. • museus.ulisboa.pt • Tlj sauf lun 10h-17h (11h-18h w-e et j. fériés) ; dernier accès 30 mn avt. Entrée : 5 € ; billet jumelé avec le Jardim Botánico 6 € ; réduc notamment avec la* Lisboa Card *; billet famille (2 adultes + 2 enfants) 12,50 € ; gratuit moins de 10 ans et le dim 10h-13h.* Les 2 musées s'entremêlent, révélant, au fil de salles, des collections de minéraux, d'animaux naturalisés, œufs, fossiles, cires de malformations humaines et autres moulages de squelettes de dinosaures. Tout cela date, mais on aime bien le vieux labo de chimie dans son jus, avec son amphithéâtre attenant. Explications surtout en portugais.

Jardim Botánico *(plan centre détachable, H7) : rua da Escola Politécnica, 54. Tlj 10h-20h (17h oct-mars et j. fériés). Entrée : 3 € ; réduc. Gratuit dim 10h-13h. QR code à l'entrée pour scanner le plan du jardin.* Épousant la pente sur 4 ha, ce charmant jardin botanique, bercé par le chant des oiseaux et doté de 2 petits plans d'eau, dessine une divine oasis en pleine ville. On s'y balade entre les parterres d'agapanthes et d'hortensias, sous les frondaisons de quelques très grands arbres rapportés d'Amérique et d'ailleurs par les navigateurs portugais – *Ceiba* (fromager), *Tipuana tipu,* cyprès des marais mexicain, *Chrysophyllum impériale* offert par l'empereur du Brésil...

Au sud-ouest de la praça do Príncipe Real, on redescend vers la petite ***praça das Flores*** *(plan centre détachable, G8),* entièrement ombragée par des arbres aux hautes frondaisons – grands magnolias, platanes, tilleuls... Une oasis urbaine, où l'on s'offre volontiers une pause à l'inévitable *quiosquo*.

Au sud-ouest du Bairro Alto, par la rua Saldanha, on rejoint le ***miradouro de Santa Catarina*** *(plan centre détachable, H9, **372**),* qui déroule sa terrasse panoramique face au Tage et aux quais de Cais do Sodré. Ce n'est pas la plus belle vue de la ville, mais le lieu offre une pause bienvenue, sous la surveillance du monstre Adamastor, personnage mythique des *Lusiades* de Camões. Ne traînez pas trop une fois la nuit tombée.

Comment remonter vers le Bairro Alto sans se fatiguer ? Par l'***ascensor da Bica,*** pardi ! *(plan centre détachable, H-I9)* : *payant – voir plus haut « Infos pratiques sur place. Comment se déplacer ? Les funiculaires* (ascensores) *et les ascenseurs* (elevadores) *».* Inauguré en 1892, il fonctionna d'abord grâce à un système de contrepoids à eau, avant de passer à la vapeur, puis d'être électrifié en 1914. C'est LE funiculaire des cartes postales lisboètes, jaune et blanc, qui chemine (sur 283 m !) entre 2 trottoirs, avec le Tage en toile de fond. Clic, clac.

MADRAGOA, LAPA, CAMPO DE OURIQUE, SANTOS, DOCAS (LES DOCKS) ET LX FACTORY

À l'ouest de Cais do Sodré, du Bairro Alto et de Príncipe Real s'étend un trio de quartiers résidentiels accrochés à la pente : Madragoa, Lapa puis Campo de Ourique, où la bourgeoisie portugaise a fait son nid, à l'approche du grand cimetière de Prazeres. Quelques adresses de charme invitent à s'oublier là, en retrait de l'agitation frénétique du centre, rejointes sans trop de peine par le mythique tram n° 28.

Ici comme ailleurs, les rues et les escaliers dévalent naturellement vers le Tage. À Madragoa, 2 grands musées rappellent le lien à la mer et aux expéditions lointaines qui ont jadis fait la fortune et la gloire du pays : le *museu de Arte antigua* (étatique) et le *museu do Oriente* (privé), 2 hauts lieux de la culture qu'il ne faut pas manquer. Tout près, les anciens docks (Santos,

Docas) ont connu une mue spectaculaire, réinvestis par entreprises, restos trendy avec vue et boîtes de nuit – fortement mis à mal par la crise du Covid. Et en poussant plus à l'ouest, du côté d'Alcântara, on atteint la LX Factory. Au menu : restos à la mode, cafés branchés et boutiques alternatives installés dans une ancienne friche industrielle qui continue sa mue.

Où dormir ?

De prix moyens à beaucoup plus chic

Casa do Bairro Boutique Guesthouse *(plan centre détachable, H9, **70**) : beco da Caldeira, 1. 913-136-320. • casadobairro@shiadu.pt • shiadu.com • T nos 25 ou 28. Doubles env 50-135 € ; familiales.* Cette maison d'hôtes de charme, parmi les plus belles de la capitale, se trouve dans un étroit passage accessible à pied (attention, ça grimpe sec !). La maison ancienne et bien restaurée abrite une dizaine de grandes et belles chambres, aménagées avec soin (clim), d'un très bon rapport qualité-prix. Demandez-en une avec vue sur les toits et le fleuve. Petit déj servi dans le patio. Accueil en portugais et en français. *Shiadu* possède 6 autres maisons d'hôtes tout aussi charmantes à Lisbonne, toutes d'excellentes adresses !

Casa do Patio Boutique Guesthouse & Apartments *(plan centre détachable, H9, **71**) : travessa do Caldeira, 19. 913-136-320. • casadopatio@shiadu.pt • shiadu.com • T nos 25 ou 28. Doubles env 50-100 € ; familiales.* Notre coup de cœur dans le quartier ! À 3 mn à pied de la *Casa do Bairro*, dans le quartier de Santa Catarina, voici une pension de charme très originale. Un passage discret *(pátio das Parreiras)* débouche dans une grande cour intérieure calme et ensoleillée, décorée d'un mobilier coloré, où se prend le petit déj. Chambres doubles, suites familiales et apparts (de 2 à 4 personnes), tous confortables, avec accès direct au patio, occupent des maisonnettes blanches adorables, toutes restaurées et aménagées avec le même charme. Pour les appartements, pas de petit déj mais cuisine à dispo. Et surtout, vue sur le Tage ! Accueil adorable et sensation agréable de partager une tranche de vie lisboète.

Toctoctoc *(plan centre détachable, G8, **69**) : rua de Santo Amaro, 27. (33) 6-75-93-30-36. • welcome@toctoctoclisboa.com • toctoctoclisboa.com • M Rato (puis bus no 727 ou à pied). Bus no 706 depuis Cais do Sodré. Doubles env 80-150 €, petit déj inclus. Parking sur résa (3 places seulement).* Entrepreneurs et globetrotteurs, Olivier et Pascale ont laissé derrière eux Singapour et une activité de design d'intérieur pour ouvrir cette maison d'hôtes à Lisbonne, un peu au-dessus du palais de São Bento (Assemblée). De la rue, on ne soupçonne pas le charme incandescent du petit jardin suspendu au figuier penché, où a été installé un *honor bar* (aux tarifs canon), ni le caractère cosy et douillet des 10 chambres. Elles sont toutes assez spacieuses et superbement décorées, dans des styles variés gardant pour points communs des sols en béton lavé et de grandes douches vitrées. Au 1er étage, 2 ouvrent sur leur propre patio-jardinet avec treille, privatisable pour les familles !

The House Boutique B & B *(plan centre détachable, F8, **82**) : travessa do Pinheiro, 11 ; 4o. ☎ 215-947-949. • thehouselisboa@gmail.com • thehouse.pt • M Rato. Doubles 95-145 €, petit déj inclus.* Étonnante adresse... Vous voici devant un immeuble lambda dans un quartier résidentiel paisible mais sans grand intérêt. Et après ? Après on monte dans les étages pour découvrir, tout en haut, un triplex de 640 m² abritant 8 chambres d'hôtes confortables (clim) et soignées ! Cerise sur le gâteau : un toit-terrasse avec vue superbe sur Lisbonne et le Tage ! Accueil aimable de Francisco.

House São Bento Guesthouse *(plan centre détachable, F8, **67**) : rua de Borges Carneiro, 38 ; R/C Esq. 914-997-247. • housesaobento@gmail.com • housesaobento.com • Tram* *n° 28. Doubles env 42-200 € ; pas de petit déj.* Dans un quartier tranquille assez excentré, entre Madragoa et Lapa, voici une quinzaine de chambres mélangeant joliment moderne et vintage. Chacune a sa personnalité, plus grandes ou plus petites, avec ou sans salle de bains (surtout), certaines étant dotées d'un balcon. Cuisine à dispo. Accueil plein de gentillesse.

De beaucoup plus chic à très chic

York House (*plan centre détachable, F10,* **72**) *: rua das Janelas Verdes, 32. ☎ 213-962-435. • reservations@yorkhouselisboa.com • yorkhouselisboa.com • À 2 pas du museu nacional de Arte antiga. De Cais do Sodré, Ⓣ nos 25, 15 ou 18 et bus n° 714. Doubles 90-200 € ; petit déj 15 €.* Une volée de marches se hisse jusqu'à l'ancien monastère du XVIe s transformé en hôtel de charme, où ont séjourné en leur temps Graham Greene et John Le Carré, Catherine Deneuve et Marcello Mastroianni. Commence le festival : escaliers sculptés, dallages d'origine en terre cuite, plafonds à caissons... Les chambres, avec salles de bains en marbre, se partagent entre style classique et sobriété un peu plus actuelle. Elles sont toutes élégantes, quoique certaines commencent à prendre de l'âge et peuvent se montrer bruyantes (évitez le côté rue). On aime le délicieux jardin intérieur avec palmiers et bougainvillées pour prendre un verre au calme, le petit déjeuner ou le dîner (certes pas donnés) – à moins de préférer la salle à manger installée dans l'ancien réfectoire des moines.

As Janelas Verdes (*plan centre détachable, F10,* **73**) *: rua das Janelas Verdes, 47. ☎ 213-968-143. • reservations@heritage.pt • lisbonheritagehotels.com • Doubles env 120-240 € ; petit déj 14 €. Parking 15 €.* À côté du *museu de Arte antiga,* voilà une charmante petite maison bourgeoise du XVIIIe s tout droit sortie d'un roman, où la gouvernante vous accueille avec le sourire et en français. Atmosphère romantique aussi bien dans les salons que dans la trentaine de chambres, délicieusement désuètes mais aux éléments de confort bien actuels. Objets d'art, livres, tableaux, souvenirs évoquent déjà un autre temps, et la vue sur le Tage depuis la belle bibliothèque-terrasse laisse rêveur. Petite cuisine attenante où se préparer un thé. Cour très verdoyante pour prendre le petit déj en saison. Conseils excellents.

Où manger ?

De très bon marché à prix moyens

Mercado de Campo de Ourique (*plan d'ensemble détachable, D7-8*) *: rua Coelho da Rocha, 106. ☎ 211-323-701. Ⓣ nos 25 et 28. Marché ouv tlj dès 6h, stands tlj sauf dim 10h-23h (1h ven-sam).* Super pour manger bon marché des produits frais cuisinés sous vos yeux : viande, poisson, soupes, fruits, pâtisseries, etc. Tables au centre pour s'installer dans une ambiance chaleureuse. Un de nos spots préférés.

Heim Café (*plan centre détachable, F10,* **166**) *: rua de Santos-O-Velho, 2-4. ☎ 212-480-763. • heim.lisbon@gmail.com • Tlj 9h-18h. Petits plats 5,50-9 € ; brunch 14 €.* Les étudiants et les jeunes touristes affluent en nombre vers ce petit café simple mais tout joli, avec béton brut au sol et mobilier vintage scandinave. Au menu : des salades, des sandwichs, des gaufres, des pancakes, de la limonade maison... le tout bien dans l'air du temps. Bout de terrasse sur rue.

La Boulangerie (*plan centre détachable, F10,* **163**) *: rua do Olival, 42. ☎ 213-951-208. • laboulangerielisboa@gmail.com • Tlj sauf mar-mer 7h30-21h (19h sam-dim). Sandwichs 5-8 € ; petits déj 8-14 €.* En surplomb d'une fontaine, une terrasse au calme. À l'intérieur, ambiance campagnarde jeune et moderne. L'escale est pratique pour ceux qui vont au *museu de Arte antiga* ou en sortent. On vous le conseille surtout pour un petit déj (bonnes viennoiseries) ou un burger (cuisson à la demande), les brunchs et planches de charcuterie et fromages étant vraiment trop chères. Service (généralement) sympa.

Ohlinda *(plan centre détachable, F8, **145**) : calçada da Estrela, 177-179. 936-430-714. • ohlinda@ohlinda.pt • Tlj sauf mer 10h-19h. Compter 5-8 €.* L'endroit doit son nom à l'une des principales villes productrices de tapioca dans le Nordeste brésilien, Olinda. Et pour cause : le tapioca est ici roi ! Il sert à confectionner de délicieuses crêpes, moelleuses, cuites devant vous et fourrées au choix de bons produits salés ou sucrés – morue, crevettes, champignons, mais aussi bananes-coco-cannelle, pommes-granola-beurre de cacahuètes, etc. Pour faire glisser le tout : d'excellents jus frais et smoothies.

O Tachadas *(plan centre détachable, F9-10, **122**) : rua da Esperança, 176. ☎ 213-976-689. • tachadas@live.com.pt • Tlj sauf lun 12h-15h, 19h-23h. Plats 5,50-19,50 €. Menu lun-ven midi 7 €.* Proche du consulat de France, en plein quartier de Santos, il s'agit d'un modeste mais bon restaurant portugais, sans prétention, sans tralala. Les plats, servis en deux tailles (*dose* et ½ *dose*) sont invariablement copieux. Menu en français.

Osteria *(plan centre détachable, G9, **167**) : rua das Madres, 52. ☎ 213-960-584. • osteria.lx@gmail.com • Lun 19h30-1h, mar-sam 12h30-16h et 19h30-1h (2h ven-sam), dim 12h30-1h. Repas complet 20-25 €. Apéro offert sur présentation de ce guide.* Ce discret petit resto, aménagé dans une ancienne épicerie d'une ruelle typique du vieux Lisbonne, avec linge aux fenêtres, fait la part belle aux produits italiens : risottos, lasagnes, tiramisù... La boss, Chiara, prépare tout à la minute. On apprécie aussi le service souriant, les bons conseils et la déco rétro, avec chaises dépareillées, tables en formica et vieilles affiches des héros italiens d'autrefois. Une *Osteria* où l'on se sent bien.

Picanha *(plan centre détachable, F10, **169**) : rua das Janelas Verdes, 96. ☎ 213-975-401. • bruno.silva.davi@hotmail.com • Derrière le Museu nacional de Arte antiga. Tlj sauf dim soir 12h30-15h30, 20h-23h. Plats 8-22 €.* La rencontre d'une vieille petite épicerie patinée et du Brésil : un cadre beau comme une boutique oubliée des colonies, aux murs décorés d'*azulejos* d'où émerge la figure bienveillante de santo Antão. On y déguste une cuisine portugaise aux accents sud-américains, notamment de bonnes viandes. La *picanha* est une sorte de rumsteck uruguayen grillé avec sa couche de graisse.

Plus chic

Tasca da Esquina *(plan d'ensemble détachable, E8, **171**) : rua Domingos Sequeira, 41 C. 919-837-255. • info@tascadaesquina.com • Tlj 12h30-15h30, 19h30-22h. Réserver. Petiscos env 12-16 €, plats 19-33 €.* Le chef Vitor Sobral a ouvert cette petite table discrète mais riche de ses trouvailles. Dans l'assiette : une cuisine gastronomique portugaise à prix encore abordables, pour un voyage gustatif aux belles saveurs. 2 salles, l'une avec ses chaises hautes et vue directe sur la cuisine ouverte, l'autre plus cosy sous la verrière. Service jeune et dynamique. Vin au verre (sommelier parfait).

Café de São Bento *(plan centre détachable, G8, **154**) : rua de São Bento, 212. ☎ 213-952-911. • cafesaobento@cafesaobento.com • Lun-ven 12h30-14h30 et tlj 19h-1h30. Réserver. Plats 16,50-25 €.* Pile poil en face de l'Assemblée, cette belle brasserie intime et surannée, toute de boiseries et de velours rouge, a vu défiler son lot de parlementaires depuis plus de 35 ans. La star, ici, c'est le steak à la portugaise, frit dans l'huile d'olive avec ail et laurier, ou servi avec une sauce maison à la crème, selon une recette du XVIIIe s. La carte, très courte, leur additionne une morue, un plat végétarien, un sandwich au steak et quelques jolis desserts. Petit plus : il y a même une carte en français.

Peixaria da Esquina *(plan d'ensemble détachable, D7, **172**) : rua Correia Teles, 56. 912-946-155. Tlj sauf lun 19h-23h30, plus sam et dim* *midi (Covid : take-away seulement). Petiscos 11,50-15 €, plats 13,50-32 €.* Vitor Sobral a ouvert une autre bonne table à Campo de Ourique, à la déco de bois brut, grand comptoir et tables hautes avec tabourets. Ici sont servies des spécialités de poissons ou fruits de mer ; une expérience pour les papilles, où saveurs, condiments, aromates et épices se télescopent. Service avenant et terrasse aux beaux jours. Inutile pour autant de traverser la ville pour venir jusque-là.

Espaço Lisboa *(plan d'ensemble détachable, C10,* ***173****) : rua da Cozinha Económica, 16. ☎ 213-610-212. • reservas@espacolisboa.pt • Tlj 19h30-minuit. Repas 30-35 €.* Récemment encore fermé en raison des restrictions liées à la crise du Covid (vérifiez !), ce resto situé sur le chemin de LX Factory a investi une ancienne fonderie. On y découvre un superbe espace cuisine où grillent les spécialités de cabri et de cochon de lait dans les étonnants fours d'origine, un *lounge* avec fauteuils club côté bar, un coin épicerie fine joliment aménagé autour de la table de présentation des desserts, sans oublier fontaine et oliviers à l'entrée, et une hauteur sous plafond conférant à l'espace une dimension aérienne ! Le volume n'a certes rien d'intimiste (plus de 200 couverts...), mais le résultat est moderne et chaleureux. La cuisine, sans génie, est néanmoins tout à fait correcte. Personnel charmant.

Où manger les meilleures glaces de la ville ?

Nannarella *(plan centre détachable, G8,* ***262****) : rua Nova da Piedade, 64. 926-878-553. Tlj 12h-22h.* La file d'attente aux beaux jours ne trompe pas. Pour beaucoup, il s'agit des meilleures glaces (à l'italienne) de Lisbonne, aux parfums classiques ou plus exotiques : sabayon au porto, basilic-crème, melon, pastèque et *pastel de nata* en été, etc. Un régal ! Et un square juste en face pour les déguster tranquille.

Où boire un verre ? Où grignoter ?

Le Chat *(plan d'ensemble détachable, E10,* ***288****) : jardim 9 de Abril, 18-20. ☎ 213-963-668. Tlj 12h30-22h30 • geral@lechat.pt • Juste à l'ouest du Museu nacional de Arte antiga. Petiscos et salades 7-12 €, plats 11-22 €.* On aime la belle terrasse, avec vue extra sur le Tage. Parfait pour siroter un verre accompagné de quelques grignotages. Jeudi et vendredi soir, un DJ débarque à 18h pour les *sunset sessions*.

Foxtrot *(plan centre détachable, G8,* ***283****) : travessa de Santa Teresa, 28. ☎ 213-952-697. • barfoxtrot@gmail.com • Tlj 18h-2h (3h ven-sam).* Prêts pour une plongée dans le passé ? Quelque part entre Lapa et Príncipe Real, ce bar réputé, fidèle à son nom, s'est installé au milieu d'un déco boudoir années 1920, avec une succession de salles et une terrasse couverte au fond (avec écran géant). Velours rouge, bois patinés, lumières tamisées, canapé face à la cheminée... Les cocktails et bières sont un peu chers mais le cadre le vaut bien. Personnel sympa.

Où sortir ? Où danser ?

La communauté capverdienne s'est installée dans le quartier de Madragoa et autour de la rua São Bento. Notes de musique langoureuse et douces odeurs d'épices s'échappent des boutiques et des fenêtres. Profitez-en pour tester aussi les *vinhos* des vieilles *tascas* (tavernes) du coin... Jusqu'à la crise du Covid, l'avenida 24 de Julho était l'un des pôles de la nuit lisboète, en particulier autour de la station ferroviaire de Santos (trains jusqu'à 1h30-2h) et, un peu plus à l'ouest, aux docks (Docas). Reste à voir si la résurrection tant espérée s'opérera ou non.

A Barraca *(plan centre détachable, G10, **289**) : largo de Santos, 2. ☎ 213-965-360. • abarracateatro.com • Au 1er étage d'un ancien cinéma à l'architecture paquebot. Tlj sauf lun 10h-18h (23h mar).* Ce petit centre culturel, établi dans un ancien entrepôt de bananes et de morue (!) devenu tremplin pour les jeunes artistes, joue les cafés-théâtres (en portugais), accueille des concerts au bar (jazz, musique latino, impros...) et parfois aussi des spectacles de mime et des lectures de poésie. Cours de tango le dimanche soir *(compter 5 € de participation).*

Plateau *(plan centre détachable, F10, **316**) : escadinhas da Praia, 7. ☎ 213-965-116. Mer et ven-sam 23h45-6h. Cover : 8-16 €.* La 1re boîte du quartier. Décor rococo-baroque avec des fresques de Pompéi. Atmosphère musicale de style pop-rock, acide et house. Inutile de venir avant 1h à 2h du mat'.

Achats

Mercado de Campo de Ourique *(plan d'ensemble détachable, D7-8) : rua Coelho da Rocha, 106. Ⓣ nos 25 et 28. Marché ouv tlj dès 6h.* C'est un des plus vieux marchés traditionnels de Lisbonne, beaucoup moins touristique que celui de Cais do Sodré (mercado da Ribeira). Dès l'aube, les habitants du quartier s'affairent pour choisir fruits, fleurs, légumes, viandes, poissons... On peut aussi y manger au comptoir de l'un des nombreux stands et y goûter les produits, cuisinés ou non.

Depósito da Marinha Grande *(plan centre détachable, G8, **345**) : rua de São Bento, 234-236 et 418-420. Lun-ven 9h-19h, sam 9h-13h.* Créée à l'initiative du marquis de Pombal, la *Real Fábrica de Vidros da Marinha Grande* existe depuis 1769. Au 1er de ces magasins, vous trouverez tout ce qu'on peut imaginer qui soit en verre : bouteilles, flacons, fioles, carafes, vases, verres de lampes, bocaux... Plus haut dans la rue, la 2de boutique est davantage axée sur la décoration intérieure, avec des pièces maousses et souvent très colorées !

Companhia Portugueza do Chá *(plan centre détachable, G9, **357**) : rua do Poço dos Negros, 105. ☎ 213-951-614. Lun-sam 10h-19h.* Un temple pour les amateurs de thé dans un décor de pharmacie d'antan. Le proprio saura vous conseiller et transmettre sa passion des feuilles rares dénichées à travers le monde.

Torrefacção Flor da Selva *(plan centre détachable, G9, **344**) : travessa do Pasteleiro, 32. ☎ 213-965-384. • flordaselva.com • Lun-ven 9h-18h, fermé le w-e.* Le jovial Jorge Monteiro (francophone) et son fils Francisco importent des cafés des quatre coins du monde (même du Blue Mountains jamaïcain !), et les torréfient de façon traditionnelle, au feu de bois, sans aucun additif chimique. Les arômes d'origine ne sont pas dénaturés mais restitués dans leur authenticité. On peut assister au processus les lundi et mercredi matin. Francisco se rend d'ailleurs lui-même au Brésil. Possibilité de dégustation (gratuite) et d'acheter du café en grains ou moulu, à des prix sages. Comptez à partir de 2 € le sac de 250 g et... bien plus pour un mélange personnalisé en fonction de vos goûts.

À voir. À faire

De Lapa à Campo de Ourique

Fundação Amália Rodrigues *(plan centre détachable, G8, **374**) : rua de São Bento, 193. 📱 961-293-682 ☎ 213-971-896. • amaliarodrigues.pt • Ⓜ Rato. Bus : nos 706 et 727. Tlj sauf lun 10h-18h. Visite guidée (en français notamment) : 7 €. Durée : 30-40 mn. Concert de fado le sam ap-m (20 €).* Amália Rodrigues

(1920-1999), la chanteuse portugaise de fado la plus célèbre de tous les temps, a vécu 44 ans dans cette maison. On visite ses appartements conservant leurs objets, meubles, tableaux des XVIIIe-XIXe s, sa chambre à coucher et son salon. Nombreuses tenues de scène, bijoux, accessoires et de beaux portraits d'elle à tous les âges. Elle fut bardée de décorations, dont la Légion d'honneur, remise par François Mitterrand. Ses cendres reposent depuis 2001 au Panthéon national.

Jardim et basílica da Estrela *(plan centre détachable, F8,* ***375****)* **:** *av. Infante Santo.* Ⓣ *nos 25 et 28.* Ⓜ *Rato, puis bus no 720 (ou à pied). Basilique ouv tlj 7h30 (9h w-e)-13h, 15h-19h45.* Quel gros gâteau néoclassique ! Inaugurée l'année de la Révolution française, la grandiloquente et réfrigérante *Basílica do Sagrado Coração de Jesus* a été voulue par la reine Maria I en remerciement de la naissance d'un héritier mâle (elle s'y fit ensuite inhumer). On peut grimper jusqu'au dôme *(tlj 10-18h – 18h40 l'été ; 4 €),* d'où l'on survole le joli parc à l'anglaise attenant. Fondé en 1842, il témoigne, une fois encore, du souci que Lisbonne a toujours accordé à la beauté de ses jardins, avec ses arbres exotiques, ses 2 petits plans d'eau, ses kiosques rétro et café, ses jeux pour enfants sages (ou pas). L'occasion d'observer les Lisboètes au quotidien.

Casa Fernando Pessoa *(plan d'ensemble détachable, E7,* ***376****)* **:** *rua Coelho da Rocha, 16-18.* ☎ *213-913-270.* • *casafernandopessoa.pt* • Ⓣ *nos 25 et 28.* ♿ *De l'angle nord-ouest du jardim da Estrela, remonter la rua da Estrela jusqu'au rond-point, puis prendre la 2e à gauche. Tlj sauf lun et j. fériés 10h-18h. Entrée : 5 € ; réduc. Visite guidée à 11h (16h mar-mer) 6 €.* L'auteur du *Livre de l'intranquillité* y louait une chambre pourtant bien paisible. Il y passa les 15 dernières années de sa vie (1920-1935). La maison a été transformée en centre d'études de son œuvre, doublé d'une exposition permanente racontant son histoire en trois « chapitres ». Le 3e niveau est consacré aux *Hétéronymes*, ces alter ego de Pessoa sous les pseudonymes desquels il publia de nombreuses œuvres, le 2e conserve les 1 200 ouvrages de sa bibliothèque aux nombreux livres en anglais (il passa l'essentiel de son enfance en Afrique du Sud) et le 1er quelques meubles de l'appartement (lit, commode) et souvenirs personnels. Parmi eux, des instruments de barbier... ce sont ceux du voisin d'en face dont l'échoppe était si petite qu'il installait régulièrement quelques clients chez Pessoa...

SCHIZOPHRÈNE, PESSOA ?

À 5 ans, Fernando Pessoa perd son père et, avec lui, la vie privilégiée d'un fils de notable. Quelques mois plus tard, son jeune frère décède à son tour. C'en est trop pour lui : il se crée un double, sorte d'ami imaginaire, qu'il désigne sous le nom français de chevalier de Pas et signe ainsi son premier poème. L'année suivante, sa mère se remarie et l'emmène en Afrique du Sud. Nouvelle rupture. Temps et tragédies passant, Pessoa s'invente d'autres mondes, d'autres peaux – 72 en tout ! Il devient notamment Alvaro de Campos, moderniste et pessimiste ; le terrien Alberto Caeiro, à la sagesse païenne ; l'épicurien Ricardo Reis, écrit et publie sous leurs noms. À chacun son identité, à chacun sa biographie complète et méticuleuse !

Cemitério dos Prazeres *(cimetière des Plaisirs ; plan d'ensemble détachable, C-D8-9)* **:** *tram : nos 25 et 28 (terminus). Ferme à 18h (17h en hiver). Plan à la réception avec emplacement des tombes des personnalités.* Au Portugal, la mort n'inquiète pas ; on la respecte et on la côtoie. Certains caveaux montrent ostensiblement les cercueils à travers les vitres et leurs petits rideaux. Dans le cimetière, chacun flâne entre les caveaux familiaux et les petites chapelles, parfois insolites, manière étonnante d'aménager l'ultime séjour. Prazeres est vaste, propre, sillonné d'allées ombragées par des pins ; très peu de tombes sont abandonnées. Au nord, le mausolée des ducs de Palmela, en forme de pyramide avec fronton de temple grec n'est ni plus ni moins le plus grand d'Europe ! Le plus « révolutionnaire » est celui du capitaine Galvão, juste à droite en entrant ; on le remarque à sa colonne torsadée et la paroi de Plexiglas qui abrite un caveau orné du drapeau national. Dans la partie sud du cimetière, très belle vue sur le Tage et le ponte 25 de Abril.

À Madragoa

Au-delà du palais de São Bento (siège de l'Assemblée nationale), à l'ouest de l'avenida D. Carlos, les marcheurs urbains impénitents découvriront ce quartier attachant et son lacis de ruelles populaires et escaliers propices à la balade – notamment autour des ruas Vicente Borga, das Trinas et do Meio da Lapa. Au bout, il y a le merveilleux musée d'Art ancien...

Museu da Marioneta *(musée de la Marionnette ; plan centre détachable, G9,* ***378****)* **:** *rua da Esperança, 146. ☎ 213-942-810. ● museudamarioneta.pt ● Dans l'ancien convento das Bernardas. Tlj sauf lun et j. fériés 10h-18h (dernière entrée 30 mn avt). Entrée : 5 € ; gratuit moins de 12 ans.* On n'en attend pas grand-chose et, pourtant, loin des greniers poussiéreux, ce musée met superbement en valeur toutes les traditions de marionnettistes du monde, du théâtre sur l'eau vietnamien au Guignol français, en passant par de superbes masques de cérémonie zoomorphes africains et la nostalgie des *Robertos* – les théâtres de marionnettes itinérants portugais, disparus dans les années 1980. Quelques écrans présentent de vrais spectacles.

Museu nacional de Arte antiga *(plan centre détachable, F10)* **:** *rua das Janelas Verdes. ☎ 213-912-800. ● museudearteantiga.pt ● Bus n°s 713, 714, 727, 728, 732 et 760 ; (T) n°s 15 et 18 (arrêt Cais da Rocha). Tlj sauf lun et j. fériés 10h-18h. Entrée : 6 € ; réduc ; gratuit avec la* Lisboa Card *(collection permanente) et moins de 12 ans. Expo temporaire 5 € (les 2 : 8 €). Demandez un plan à l'entrée, très pratique !*
Son nom est un peu trompeur : ce musée d'art n'est pas consacré à l'Antiquité, mais à l'art européen du Moyen Âge au début du XXe s et à l'art né dans les colonies portugaises d'outre-mer. Il occupe un palais du XVIIe s racheté par le marquis de Pombal au comte d'Alvor, contraint de vendre ses biens pour avoir supposément participé à une tentative d'assassinat du roi...

1er niveau (piso 1)
On y trouve le gros des collections de peintures et d'arts décoratifs européens, dont la chronologie n'est pas reflétée par la numérotation des salles... En haut du grand escalier, nous vous conseillons de prendre à droite pour commencer avec la peinture italienne, espagnole puis hollandaise des XIVe et XVe s (salles 65-64), d'où émergent notamment une *Vierge à l'Enfant* d'Hans Memling et des vierges en albâtre anglaises. Passé les flamands (salle 62), on découvre, salle 61, l'un des joyaux du musée : un triptyque de ***Jérôme Bosch,*** *La Tentation de saint Antoine,* réalisé vers 1500. L'artiste, au summum de son imagination, a représenté les tentations sous forme de scènes hallucinatoires et cauchemardesques, mêlant visions farfelues, grotesques et proprement diaboliques. Dans la même salle sont exposés le *Saint Jérôme* de ***Dürer***, une fort belle *Vierge à l'Enfant entourée de saints* d'***Holbein l'Ancien*** et une non moins superbe *Salomé* de ***Cranach l'Ancien*** présentant la tête de saint Jean-Baptiste sur un plateau. Suivent Van Dyck (salle 60), une série d'apôtres très expressifs de Zurbarán (salle 58), Murillo (salle 57), ***Brueghel le Jeune*** (*Œuvres de miséricorde*, salle 56), etc. Le temps s'écoule ensuite très vite, passant de Fragonard et Tiepolo (salle 52) à l'*Homme à la pipe* de ***Courbet*** et le très beau *Pierre* de ***Rodin.*** Salle 66, un salon baroque autrichien (1630), a été intégralement reconstitué. Les salles 36 à 43 sont consacrées au mobilier portugais.

2e niveau (piso 2)
Ici, les sections les plus intéressantes concernent l'***art indo-portugais.*** On y voit du mobilier remarquable (en teck, ébène et ivoire) venant de Goa et une riche collection d'orfèvrerie. L'***art afro-portugais*** est notamment représenté par des

LISBONNE QUARTIER PAR QUARTIER

trompettes de chasse. À côté, l'***art namban,*** issu de la rencontre entre le Portugal et le Japon, comprend des œuvres superbes comme ces grands paravents *(biombos)* peints et laqués (dominante de couleurs noir et or) représentant l'arrivée des Portugais au XVIe s dans le sud du Japon, en costume bouffant, portant la moustache et affublés d'un long nez. Un vrai choc des cultures !

– Au 2e niveau toujours, salles 19-25, impressionnante collection de faïences portugaises (du XVIIe s jusqu'à aujourd'hui).

– Dans les salles consacrées à l'orfèvrerie religieuse en or et argent, enrichies par la confiscation des biens des ordres religieux en 1834, se trouve l'autre joyau du musée, la ***Custódia de Belém,*** un magnifique ostensoir commandé par Manuel Ier en 1506, symbolisant les mondes céleste et terrestre. En or massif et émaux, richement ornementé, il porte les armes royales et de minuscules escargots sculptés (sphères armillaires), symboles du roi Manuel. Les 12 apôtres en prière forment un cercle autour d'une petite boîte en verre destinée à exposer l'hostie sacrée.

Au 3e niveau (piso 3)

L'étage entier est consacré à la peinture et à la sculpture du Portugal. Les plus anciennes œuvres remontent au XIVe s ; toutes, ou presque, sont religieuses jusqu'à l'époque baroque. On découvrira notamment sur le palier une inhabituelle statue de Vierge enceinte (XIVe s) et une foisonnante représentation de l'Enfer et de ses tortures (salle 5). Mais l'essentiel, ici, est bien le polyptyque de ***L'Adoration de saint Vincent,*** actuellement présenté en cours de restauration, salle 2 (face escalier). Réalisé vers 1470 par Nuno Gonçalves (peintre du roi Afonso V), il livre un témoignage exceptionnel sur la société de l'époque. Près de 60 personnages y sont représentés autour de la double figure de saint Vincent : le roi, les grands, les religieux, les chevaliers, le peuple, les artisans. Inspirateur de la conquête militaire du Maghreb sous la dynastie des Avis, le vénéré saint Vincent est 2 fois présent sur les panneaux : côté gauche, il tient un livre ouvert ; côté droit, il porte un sceptre. Sur sa droite, l'homme au visage austère coiffé d'une sorte de grand couvre-chef noir serait le roi Henri le Navigateur. Un tableau d'autant plus important qu'il s'agit du 1er portrait collectif de l'histoire de l'art européen.

🍷 🍽 Resto-cafétéria *MNAA,* avec belvédère donnant sur le port (voir la rubrique « Où boire un verre ? Où grignoter ? »). Petit jardin très agréable devant le musée.

Docas (les docks)

Accès : tram no 15 (départ praça de Figueira ; arrêt Alcântara Mar) ou train Lisbonne-Cascais depuis la gare de Cais do Sodré jusqu'à Alcantâra Mar (passage souterrain pour les piétons). QG des principaux restos branchés et boîtes de nuit de la ville, installés dans d'anciens entrepôts en bois et brique rouge reconvertis. Face à un ancien bassin à flot devenu port de plaisance, les docks ont pris un sérieux coup dans l'aile avec la crise du Covid. En attendant que les noctambules en retrouvent le chemin, n'y manquez pas le fort intéressant Museu do Oriente.

★★★ ***Museu do Oriente*** *(musée de l'Orient ; plan d'ensemble détachable, D11) : doca de Alcântara (Norte), av. Brasília, 1350. ☎ 213-585-200. • museudooriente.pt • Tlj sauf lun et j. fériés 10h-18h (20h ven). Entrée : 6 € ; réduc avec la Lisboa Card ; gratuit ven 18h-20h. Parking à proximité.*

Un vaste entrepôt frigorifique a été spécialement reconverti pour abriter ce *musée de l'Orient* (de l'Extrême-Orient, en fait), destiné à offrir un témoignage de la présence portugaise en Asie et des trésors artistiques rapportés de ces contrées lointaines ou issus de la rencontre entre les conquérants européens et les artistes traditionnels asiatiques. Ils sont superbement mis en valeur ! Le rez-de-chaussée est réservé aux expos temporaires, les niveaux 1 et 2 abritent les collections permanentes.

Portugal-Japon : le choc des cultures

Les Portugais ont été les 1ers Européens à atteindre le Japon et à essayer de l'évangéliser au XVIe s. L'apothicaire et diplomate Tomé Pires mentionne en 1513 pour la 1re fois le nom « Jampon » (« pays du Soleil levant » en malais) dans un récit de voyage, mais il n'y a pas mis les pieds. Les 1ers Portugais débarquent sur l'île de Tanegashima (sud de Kyushu) en 1542 ou 1543. Ce sont des marins et des pères jésuites venus de Macao : Antonio da Mota, Antonio Peixoto et Francisco Zeimoto. Ils sont sidérés par ce qu'ils découvrent : la culture japonaise est si différente de la Chine, encore plus du reste du monde ! En 1547, Jorge Alvarez voyage à travers l'archipel nippon et rédige, à la demande de saint François Xavier (1506-1552), un rapport sur ce pays méconnu, décrivant notamment une cérémonie shinto. La 1re carte du Japon, publiée vers 1550, est, elle aussi, l'œuvre d'un Portugais.

UNE AUTRE PLANÈTE

1er « japonologue » européen, le jésuite portugais Luís Fróis raconte que les Japonais avaient l'habitude, au XVIe s, de broyer les perles pour en faire des médicaments, d'arracher les dents avec un arc et une flèche attachée à la dent du patient, de manger des singes, des chats, des chiens et du goémon cru... Les Japonaises étaient plus libres et alphabétisées qu'en Europe. Quant aux enfants, ils portaient un sabre dès 12 ans !

En 1563, le jésuite portugais Luís Fróis atteint à son tour le Japon, où il restera jusqu'à sa mort, en 1597. Il apprend le japonais pour mieux diffuser le christianisme et, fin observateur, prend des notes sur les mœurs nippones. Son récit *Traité de Luís Fróis sur les contradictions de mœurs entre Européens et Japonais* est publié en 1585. Le « siècle chrétien » du Japon correspond à la période 1543-1640, au cours de laquelle les jésuites portugais ont eu le monopole de l'évangélisation. En 1641, le shogun ferme le pays aux étrangers et met tout le monde dehors, sauf quelques marchands hollandais autorisés à faire du commerce à Deshima (Nagasaki), seul et unique port ouvert aux Européens. Le Japon se referme ensuite sur lui-même comme une huître pendant près de 2 siècles... jusqu'à la réouverture en 1853-1868.

Visite du musée

– ***1er étage (« Présence portugaise en Asie »)*** : plus que la présence portugaise en Asie, c'est en fait l'interaction entre les Portugais, les pays asiatiques et les terres situées sur la route des Indes (Afrique incluse) qui est ici explorée, révélée par l'apparition de formes d'art mêlant les techniques, les goûts et les thèmes. La collection est tout simplement fantastique : crucifix Bakongo (Congo) en bronze, splendides coffrets et écritoires ceylanais en ivoire ou en cèdre, cabinets laqués témoignant notamment de l'émergence au XVIe s au Japon de l'***art namban***, merveilleux *biombo* (paravent) peint, laqué, incrusté d'or et d'argent, illustrant la rencontre entre les Portugais et les Japonais, splendides armes et olifants d'origine africaine, poudrière moghole, aquamanile dragon en argent... On en oublie !

– Les pièces exposées autour de l'escalier ramènent surtout à la ***présence portugaise à Macao*** avec, là aussi, de superbes *biombos*, un impressionnant ensemble de céramiques destinées au marché européen et une surprenante collection d'éventails.

L'ÉVENTAIL ARRIVE PAR LA MER

La reine Catherine du Portugal (épouse de João III) est à l'origine de l'introduction des éventails en Europe. En 1564, elle en fit faire 178 à Goa (Inde) pour les offrir aux dames de la Cour !

– La salle du fond est en majorité dédiée à l'***art chinois,*** depuis ses origines. On peut ainsi y découvrir de belles figurines de terre cuite vernissée provenant de tombeaux tangs, une représentation en bois peint du bodhisattva Manjushri (XIIIe s) et la *collection Manuel*

Teixera Gomes (président du Portugal 1923-1925), constituée d'une rare série de 165 tabatières en verre ou en porcelaine. Dans la même salle, on trouve une petite section « *Bouddhisme et taoïsme* » et une autre consacrée au ***Timor Oriental*** (ex-colonie portugaise), comprenant notamment de splendides statuettes, cuillères et portes en bois sculpté Plus rigolo : une « statue » de cavalier en bois de rose fort naïve. On termine, au fond, avec la ***section japonaise*** proprement dite, avec 3 armures de samouraïs d'un raffinement fou, constituées d'une douzaine de matériaux, et une superbe collection de *tsuba* (gardes de sabres) et d'*inro* (petites boîtes portatives qui remplaçaient les poches que les kimonos n'avaient pas).
– Au ***2e étage***, la riche *collection Kwok On*, présentée par thème et par roulement, est dédiée aux ***arts de la scène asiatiques.***

LX Factory *(plan d'ensemble détachable, B11, **314**)*

➢ *Train depuis Cais do Sodré (ttes les 20-30 mn, 5h30-1h30, 4 mn de trajet), arrêt Alcântara Mar, puis marche ; ou trams nos 15 (depuis la praça da Figueira) et 18 (de Cais do Sodré).* Juste en dessous du ponte 25 de Abril, réoccupant d'anciennes usines de vêtements désaffectées, des graphistes, designers et autres créatifs ont donné vie au « Lisbon Art District ». Dans cette enceinte pas comme les autres, nombre de boutiques rigolotes, bars, restos, galeries et une immense librairie se sont depuis installés le long d'une ruelle pavée. Le commercialisme pointe peu à peu son nez et la mue n'est pas achevée : un hôtel devrait bientôt y voir le jour. Pour info : LX est l'abréviation branchée pour dire Lisbonne et se prononce « elchiche » !

Landeau : *rua Rodrigues Faria, 103. 917-278-939. • chocolate@landeau.pt • Dans l'enceinte de LX Factory, à droite. Tlj 11h-20h. Compter moins de 4 € la part.* Difficile de résister. Le gâteau au chocolat de *Landeau* est l'un des meilleurs du monde – et on en a goûté beaucoup ! Accompagnez-le d'un grand jus d'orange frais, d'un verre de porto ou de madère... le pied. Autre adresse dans le Chiado.

The Therapist : *rua Rodrigues Faria, 103. 913-648-993. • lxfactory@thetherapist.pt • Dans l'enceinte de LX Factory, au fond. Tlj 9h30-21h (22h jeu-dim). Plats 6-11 €.* Scannez le QR code sur la table pour avoir le menu... Décidément mode, l'endroit jongle entre limonade betterave-açai et salade de kale et de miso, *bowls*, burger rose et tofu grillé mariné au paprika... On aime ou on n'aime pas, c'est selon. Ce qu'on aimerait, c'est un peu plus d'attention des serveuses.

1300 Taberna : *rua Rodrigues Faria, 103. ☎ 213-649-170. • 1300taberna@gmail.com • Dans l'enceinte de LX Factory, sur le côté, à droite, dans la 2e ruelle. Tlj sauf lun 12h30-22h30. Plats 14-22 €.* C'est sans hésitation ce qui se fait de mieux à LX. D'abord, il y a le cadre : une immense halle industrielle réinventée en resto d'aujourd'hui, à la déco léchée, avec les cuisines grandes ouvertes où s'affairent les marmitons au fond et, en bonus, une belle terrasse en bois surélevée derrière une rangée de petits tilleuls. Et puis il y a la cuisine : portugaise mais originale, goûteuse, appuyée sur des produits frais de saison. Et si on essayait un millefeuille de lapin ?

À voir. À faire

Berardo – Museu Arte deco *(B-MAD ; plan d'ensemble détachable, B11, **373**) : rua 1° de Maiao, 28. ☎ 212-198-071. • lojabmad@bacalhoa.pt • bmad.pt • Tlj sauf j. fériés 10h-19h ; visites guidées seulement (intéressantes !), à 10h, 11h, 14h30, 15h30 et 17h (la dernière en anglais, sous réserve). Entrée payante, dégustation de vin incluse.* Inauguré au printemps 2021, le dernier-né des grands musées de la ville, émanation du *Museu Coleção Berardo* de Belém, occupe l'ancienne résidence d'été XVIIIe s du marquis d'Abrantes, coincée sous le pont du 25-Avril... L'édifice, largement modifié dans les années 1920 par un célèbre architecte d'alors, semblait tout destiné à accueillir ses collections Art Nouveau et Art déco de haut vol. Les pièces exposées ne manquent ni d'allure ni d'importance : vase hibou de Picasso, table de Louis Majorelle, mobilier et vases Gallé, verres de Murano, créations de René Lalique et Jean Prouvé... On découvre au passage le goût portugais pour les motifs exotiques et géométriques empruntés notamment aux tribus amérindiennes. La visite guidée, d'excellente qualité, permet de remettre ces 2 courants dans leur contexte et de retracer leur évolution.

Ponte 25 de Abril *(pont du 25-Avril, plan d'ensemble détachable, B10-12)* **:** orgueil du régime salazariste, terminé en 1966, il porta d'abord le nom de Salazar, comme la moitié des rues du pays, avant d'être débaptisé au profit de la date rappelant le début de la révolution des Œillets. Cette merveille eut, bien sûr, son heure de gloire et quelques records (hauteur des pylônes et travée centrale), mais le temps file et jeunesse se passe. Comparé au pont Vasco da Gama, il n'attire plus autant les regards. Le soir, lorsqu'il brille de tous ses feux, le spectacle est pourtant saisissant. Les férus d'architecture n'y manqueront pas l'***Experiência Pilar 7*** *(av. da Índia, tlj 10h-20h – 18h oct-avr ;* ***fermé depuis la crise du Covid, vérifiez s'il a rouvert ;*** *entrée 5 €, réduc, gratuit moins de 6 ans et avec la* Lisboa Card*)*, petit centre d'interprétation présentant – dans une pile du pont – l'histoire de sa construction et les technologies utilisées. On accède ensuite à une terrasse panoramique à 80 m de haut pour une vue exceptionnelle sur le pont, le Tage et la ville.

L'AVENIDA DA LIBERDADE, SANT'ANA ET RATO

La grande avenida da Liberdade, partant au nord du Rossio et menant aux quartiers modernes, est bordée de compagnies d'assurances, de banques et de sièges sociaux, de magasins et d'hôtels-restaurants très chics jusqu'à la place Marquês de Pombal. Percée en 1882, large de 90 m et longue de 1,5 km, elle est, dit-on, aux Lisboètes ce que les Champs-Élysées sont aux Parisiens ! Fontaines, cascades, sculptures se cachent sous les arbres et, dans les contre-allées, plusieurs terrasses pour boire un verre.
Si une ambiance chic règne sur l'*avenida* et les quartiers qui la bordent à l'ouest, celle-ci redevient populaire dans les petites rues et les quartiers situés plus à l'est, notamment celui de Sant'Ana, qui prolonge la Baixa par le nord.

Où dormir ?

Surtout des adresses chics (voire très chics !) dans cette partie de la ville, mais aussi quelques AJ et hébergements plus abordables.

Autour de l'avenida da Liberdade

De bon marché à prix moyens

Good Morning Hostel *(plan centre détachable, J8,* ***64****)* **:** *praça dos Restauradores, 65 ; 2°. ☎ 213-421-128. • bookings@goodmorninghostel.com • goodmorninghostel.com •* Ⓜ *Restauradores. Dortoirs (4-10 lits) 20-50 € ; doubles 70-100 €.* Avec son entrée bien cachée au fond d'une petite boutique de souvenirs, voici l'une de nos adresses préférées à Lisbonne, à la fois super confortable (entièrement climatisée), nickel, joliment décorée et chaleureuse. Pour preuve le salon où tout le monde se retrouve autour d'une bière ou d'une sangria (offerte !) à l'apéro, la salle TV avec DVD et instruments de musique à dispo et la belle cuisine. Mignons dortoirs (pour filles notamment) avec rideau à chaque lit, coffre individuel, sanitaires modernes et bien équipés. Chambres charmantes elles aussi, avec ou sans salle de bains. Dîner bon et pas cher. Visite de la ville gratuite (pourboire bienvenu) et location de vélos. Accueil sympa. Vraiment top !

Lisboa Central Hostel *(plan centre détachable, H6, **75**) : rua Rodrigues Sampaio, 160. ☎ 309-881-038. • global@lisboacentralhostel.com • lisboacentralhostel.com • Ⓜ Marquês de Pombal. Dortoirs (4-10 lits) 15-34 € ; doubles env 50-100 €. Petit déj inclus.* Au cœur d'un quartier résidentiel paisible et un peu excentré, vous trouverez ici des dortoirs climatisés (dont 2 pour filles), décorés sobrement mais plus spacieux que la moyenne, avec bons matelas et salles de bains sur le palier. À chaque lit ses rideau, casier, lampe, prise et ventilo ! Les petites chambres doubles sont aménagées simplement mais propres, avec ou sans sanitaires. Cuisine très bien équipée à dispo. Accueil jeune et souriant. Organise des visites gratuites de la ville, pub crawls et cours de surf.

De prix moyens à plus chic

Casa do Torel *(plan centre détachable, I6, **76**) : rua Esperança do Cardal, 24. 📱 (33) 6-64-30-72-02 • casadotorel@gmail.com • casadotorel.com • Ⓜ Avenida. Studios env 50-95 € (familial 110 €).* Benoît a plaqué sa vie d'assureur français pour rénover durant 3 ans ce petit immeuble à la façade bleu ciel engageante. Planchers arrachés et reconstruits, il en a tiré 8 studios mignons comme tout, pas bien grands mais efficacement pensés et cosy, tous avec parquets en pin, clim, kitchenette (turquoise !), machine à laver et tiroir avec second matelas sous le lit pour un enfant. Il a même rédigé un petit guide à l'intention de ses locataires ! Il propose aussi un loft au dernier étage (sans ascenseur) et un 3 pièces au rez-de-chaussée.

Hotel Gat Rossio *(plan centre détachable, J8, **83**) : rua Jardim do Regedor, 27-35. ☎ 213-478-300. • hotelgatrossio@gatrooms.com • hotelgatrrossio.com • Ⓜ Restauradores. Doubles 60-140 €.* La localisation est hyper centrale, les chambres fonctionnelles et piquées de petits détails de déco amusants. Cela dit, les moins chères sont vraiment minuscules et l'insonorisation pèche... Préférez les « supérieures » ou les « suites » si vous êtes en fonds. Grandes tablées pour le généreux petit déj et agréable terrasse.

De plus chic à très chic

Hotel Alegria *(plan centre détachable, I7, **77**) : praça da Alegria, 12. ☎ 213-220-670. • info@hotelalegria.pt • hotelalegria.pt • Ⓜ Avenida. Doubles env 80-235 €.* D'un jaune franc, l'hôtel s'élève à l'angle d'une gentille place calme, plantée d'arbres et d'un kiosque charmant. Rénové en 2016, il abrite des chambres spacieuses et élégantes, déclinant grands lits, parquets, *azulejos* et meubles traditionnels, sans oublier AC, doubles vitrages, douche pluie, peignoirs et autres bienfaits actuels. Un excellent compromis confort/calme/identité. En prime : un excellent petit déj avec fruits frais notamment.

Lisbon Wine Hotel *(plan centre détachable, J7, **79**) : rua das Portas de Santo Antão, 88. ☎ 211-451-240. • reservations@lisbonwinehotel.com • lisbonwinehotel.com • Ⓜ Restauradores. Doubles env 95-200 €.* La façade lie-de-vin de ce pimpant petit hôtel cache des chambres d'un excellent confort déclinant des tonalités de terre et du bois rappelant les tonneaux... Aucun doute, le vin est bien le thème central ici ! Parquets, lits douillets, douches vitrées... même les *standard* sont agréables, quoique un peu plus petites. Les terrasses colonisant la place, préférez une des chambres bien calmes sur l'arrière – où donne aussi un patio ombragé par un néflier du Japon. Hors Covid, des dégustations de vin sont organisées. Loue également 2 suites, au n° 76, sur la place (pour les familles).

Quinta Colina Boutique Guesthouse by Shiadu *(plan centre détachable, J7, **78**) : calçada de Santana, 200. ☎ 216-089-529. • quintacolina@shiadu.com • shiadu.com • Ⓜ Avenida ou Restauradores, puis ascensor do Lavra. Doubles env 50-90 €.* Au cœur d'un quartier authentique et hors du flux touristique, cet ancien palais-monastère livre une trentaine de chambres confortables, accessibles par un dédale d'escaliers et de couloirs. Les *standard* sont petites mais joliment arrangées sur une note sobre et vintage. Les plus chères sont spacieuses et dotées de balcons ou de fenêtres avec vue pour certaines. Agréable terrasse panoramique. Accueil pro et sympa.

Inspira Liberdade Boutique Hotel *(plan centre détachable, I6, **87**)* **:** *rua de Santa Marta, 48. ☎ 210-440-900. • reservas.ismh@inspirahotels.com • inspirahotels.com • ♿ Ⓜ Marquês de Pombal. Doubles 170-300 € ; familiale. Parking gratuit.* Le bâtiment a, paraît-il, été conçu dans l'esprit du feng shui. De grands puits de lumière inondent ainsi le haut et vaste hall central, sur lequel donnent les couloirs aux parois de verre accédant aux chambres. Celles-ci, en revanche, sont plus standard : confortables, assez spacieuses, avec douche pluie le plus souvent, mais avec un lino qui jure... dommage. Calme garanti. Spa inclus (8h-22h), salle de jeux avec billard et resto de cuisine méditerranéenne. Accueil sympa et pro.

Coup de folie

Torel Palace *(plan centre détachable, J7, **107**)* **:** *rua Câmara Pestana, 23. ☎ 218-290-810. • info@torelpalacelisbon.com • torelpalace.com • Ⓜ Avenida ou Restauradores, puis ascensor do Lavra. Doubles 155-380 €.* On ne séjourne pas tous les jours dans un palais lisboète. Ici, il y en a carrément 3, un rose et un bleu datant de 1902 et surplombant la ville ; puis un 3e, adossé à une tour romantique. N'imaginez pas pour autant un palace : l'endroit a débuté comme simple *B & B*, en 2008 ! Chambres tout confort, spacieuses, toutes différentes mais globalement décorées dans un style classique assez chic, inspirées des rois et reines portugais. Jolie terrasse avec arbres odoriférants, piscine et bar extérieur. Plein de petites attentions pour rendre votre séjour paisible et douillet. Excellent petit déj. Accueil pro et sympa en français.

Hotel Britânia *(plan centre détachable, I6, **85**)* **:** *rua Rodrigues Sampaio, 17. ☎ 213-155-016. • britania.hotel@heritage.pt • lisbonheritagehotels.com • Ⓜ Avenida. Doubles 186-350 €.* Dans une rue paisible parallèle à l'avenida da Liberdade, cet hôtel des années 1940, refuge discret, calme et luxueux, a été restauré dans son style d'origine. Il abrite une trentaine de chambres élégantes, spacieuses et confortables. Les plus belles demeurent celles du 6e étage (désolés, ce sont aussi les plus chères !) : plus design dans la déco, ces petits nids d'amour jouissent d'une jolie terrasse. Attenant à la réception, beau salon-bar, ainsi que l'ancienne boutique du coiffeur conservée en l'état, du temps où l'hôtel s'appelait encore l'*Hotel do Imperio*, en 1942. Original !

Heritage Av Liberdade Hotel *(plan centre détachable, I7, **86**)* **:** *av. da Liberdade, 28. ☎ 213-404-040. • avliberdade@heritage.pt • lisbonheritagehotels.com • ♿ Ⓜ Avenida. Doubles env 170-250 €.* L'espace réception-salle de petit déjeuner en met plein la vue avec ses hauts murs entièrement tapissés d'*azulejos* anciens. Les chambres jouent dans le registre classique et confortable, certaines bien lumineuses avec leurs 2 fenêtres, d'autres plus sombres et donnant sur une petite cour. Ascenseur étonnant, coin salon-bibliothèque en mezzanine. Piscinette couverte.

Dans le quartier de Rato

De plus chic à très chic

Lisbon Dreams Guesthouse *(plan centre détachable, G6, **74**)* **:** *rua Rodrigo da Fonseca, 29 ; 1°. ☎ 213-872-393. • reservations@lisbondreams.com • lisbondreamsguesthouse.com • Ⓜ Rato. Doubles 70-120 €. Min 3 nuits.* Vous trouverez ici 3 chambres joliment décorées partageant des sanitaires communs – avec un peignoir à disposition pour vous promener dans les couloirs à l'heure des ablutions... Elles sont plus petites à l'arrière, mais plus calmes car donnant sur un gentil patio. Cuisine à dispo. Tout est clair, gai, nickel, charmant et accueillant, ici ! Propose aussi des suites et des appartements tout équipés ailleurs en ville.

Casa Amora Guesthouse *(plan centre détachable, G6,* ***80****)* : *rua de João Penha, 13. ☎ 211-923-234. • reservas@casaamora.com • casaamora.com • Ⓜ Rato. Doubles et studios env 80-200 € avec petit déj. Min 2 nuits ; réduction 10 % au-delà de 4 nuits.* Cette adorable maison a été transformée en petit hôtel de charme. Les quelques chambres soigneusement décorées rendent chacune hommage à un artiste différent. Également des studios tout aussi jolis ; on a bien aimé ceux en duplex dans la petite maison indépendante. Petit déj servi sur une charmante terrasse dans la cour-jardin, du côté du bar *Procópio*. Excellent accueil. Un vrai coup de cœur !

Où manger ?

Dans le quartier de Sant'Ana

De très bon marché à prix moyens

A Provinciana *(plan centre détachable, J8,* ***158****)* : *travessa do Forno, 23-25. ☎ 213-464-704. Tlj sauf dim 12h-15h30, 19h-22h. Plats 4,50-7 €.* Bon, local et pas cher (du tout) ? Bingo. Depuis 1988, le patron, Américo, sert la *bacalhau* à toutes les sauces, sardines et omelettes à des prix datant de Salazar ! Les plats du jour (6-7 choix) sont imbattables. Et pour ne rien gâcher : des jambons au-dessus du comptoir et une folle collection de 43 horloges aux murs, souvent greffées sur des couvercles de tonneaux... Moins fun côté déco, similaire côté carte, le **O Marques,** au n° 11 de la même ruelle (horaires identiques), ne démérite pas. Rien de très fin, mais le patron a ajouté une « saucisse végétarienne » au menu pour les zétrangers !

Casa do Alentejo *(plan centre détachable, J8,* ***183****)* : *rua Portas de Santo Antão, 58. ☎ 213-405-140. • geral@casadoalentejo.pt • Resto tlj 10h-15h, 19h-22h ; taverne 12h-22h30. Plats env 3-8 € (taverne) et 10,50-15 € (resto).* C'est la maison régionale de l'Alentejo (littéralement, « au-delà du Tage »). Passé le porche anonyme, on monte un escalier et on pénètre dans un palais néo-mauresque reconstruit à l'identique de celui qui se tenait là avant le séisme de 1755. Au 1er étage se trouvent une salle de bal avec un minuscule théâtre baroque et des salles de resto décorées d'*azulejos* illustrant les travaux des champs. Au rez-de-chaussée, taverne sympa avec tables dans un petit patio planté d'un olivier. Une adresse surannée, où l'on vient plus pour le cadre (visite libre) que pour la cuisine traditionnelle – qu'un vin maison fait très bien passer !

De prix moyens à plus chic

Solar 31 *(plan centre détachable, J8,* ***177****)* : *calçada do Garcia, 31. ☎ 218-863-374. 📱 925-491-807. • novageracaosolar31@gmail.com • Tlj sauf dim 10h-19h (fermé sam juil-août). Résa impérative. Plats 10-30 €.* Le resto ne paie pas de mine avec sa porte vitrée et ses petites salles bien mises mais étroites, pourtant on ne regrette pas d'y être entré pour déguster du poisson ultra frais, que vous présente le patron avant de le cuisiner avec soin. Spécialité de poulpe à l'ail et aux crevettes (1 pour 2 suffit !) et *perceves* (pouces-pieds) pour les amateurs. Également des huîtres et 2 viandes pour les irréductibles.

Autour de l'avenida da Liberdade

De très bon marché à bon marché

O Cantinho de São José *(plan centre détachable, I7,* ***182****)* : *rua de São José, 94. ☎ 213-427-866. Tlj sauf ven soir-sam. Fermé 2de quinzaine d'août. Plats 6,50-10 €.* Dans la lignée de ces cantines d'où l'on ressort repu, avec des plats du jour à oublier son régime ! L'endroit est plein comme un œuf le midi malgré sa déco froide de carreaux blancs, sa TV de rigueur et son menu écrit à la main sur une nappe en papier. Ici palpite le cœur populaire de Lisbonne ! Service sans chichis et super accueil.

Cartaxinho *(plan centre détachable, I6, **180**) : rua de Santa Marta, 20B. ☎ 213-562-971. Tlj sauf sam 12h-23h30. Plats 5,50-12,50 €.* Un petit bistrot tout simple qui ne désemplit pas, où les habitués se régalent d'une brochette de viande, d'un poisson grillé ou de saucisses de volaille *(alheira)*. De ces petites adresses sans esbroufe qui font le charme de Lisbonne.

Brooklyn *(plan centre détachable, I7, **174**) : praça da Alegria, 36. ☎ 213-460-201. • brooklyn.lisboa@gmail.com • Tlj sauf dim 9h-18h. Plats 5-10 € ; menu 7,90-8,80 € ; brunch 12-15 €.* Petit resto bon marché où les habitués du quartier se retrouvent entre toiles de jute transformées en coussins, souvenirs musicaux et tables en bois. Petit déj et grand comptoir avec pâtisseries du jour, mais on y engloutit aussi salades, soupes, burgers, sandwichs, toasts et plats du jour souvent inspirés par le Cap-Vert (*cachupa* le vendredi). Service sympa.

De bon marché à prix moyens

Floresta do Salitre *(plan centre détachable, H7, **216**) : rua do Salitre, 42 D. ☎ 213-547-605. Tlj sauf sam midi et dim, 12h-15h, 19h-22h. Plats 8,50-16,50 €.* Grande salle tout en longueur, nappes sur les tables et plats traditionnels de viandes et poissons grillés (façon *arroz de garoupa* et *leitão*), servis avec légumes et pommes de terre. Simple, bon et rapide. Bons desserts.

Devagar Devagarinho *(plan centre détachable, I6, **181**) : travessa Larga, 15. ☎ 210-137-982. • info@devagardevagarinho.com • Lun-ven 12h-15h, plus mer-ven 19h-2h. Plats 9-15 €.* On n'y vient pas vraiment pour les grillades au feu de bois, mais pour la bonne ambiance familiale, la pincée de coquetterie et les soirées fado davantage fréquentées par les Lisboètes que par les touristes. Serveurs, proprios, tout le monde chante, ou presque ! Service attentionné.

Dans le quartier de Rato

De bon marché à prix moyens

Rodas *(plan centre détachable, G7, **179**) : largo do Rato, 10A. ☎ 213-858-455. Tlj 11h30-23h. Plats 7,50-25 €.* Une de ces adresses qui ne paient pas de mine, mais impeccable pour un repas typique quand on se trouve dans le coin. Nappes en papier, murs carrelés et la TV qui attire l'œil... voilà pour le décor. Cuisine familiale bien mijotée, comme le *cozido a portuguesa* (le mardi), une variante locale de notre potée, ou le cochon de lait (mercredi). Les plats sont proposés en 2 tailles. Accueil chaleureux.

De plus chic à très chic

K.O.B by Olivier *(plan centre détachable, G7, **217**) : rua do Salitre, 169. 934-000-949. • kob@olivier.pt • Tlj sauf sam midi et dim midi, 12h30-15h, 19h30-minuit (23h dim et j. fériés). Plats 18-190 € ! K.O.B* est le spécialiste de la viande maturée. Son nom signifie d'ailleurs *Knowledge Of Beef !* Il en vient des 4 coins du monde. On y trouve notamment le fameux Black Angus version portugaise et le *wagyu* du Japon, persillé, considéré comme le meilleur mais carrément inabordable ! La version australienne est 3 fois moins chère... Bonjour l'empreinte carbone et, attention, les accompagnements et les sauces se paient à part... il abuse le chef Olivier. Cadre élégant, avec le cuivre et les miroirs du décor, le béton brut des sols et le bleu pétrole des murs. Petite musique jazzy.

Entre Lavra et la colline de Graça

De prix moyens à plus chic

Cervejaria Ramiro *(plan centre détachable, K7, **184**) : av. Almirante*

Reis, 1 H. ☎ 969-839-472. • geral@cervejariaramiro.pt • Tlj 12h-22h30. Repas 20-50 €. Fondée en 1956, cette brasserie très populaire auprès des Lisboètes propose un large choix de coquillages, crustacés et mollusques pêchés sur les côtes portugaises : langoustines géantes de l'Atlantique, gambas d'Algarve, tourteau, araignée de mer, huîtres (2,45 € l'unité !), pouces-pieds, homard... Fraîcheur garantie, service stylé – quoique pressé – et carte des vins à la hauteur du lieu, mais attention, tout ou presque est vendu au kilo (le reste est riquiqui), et l'attente peut s'avérer longue.

Où boire un bon café ? Où manger un *pastel de nata* ?

Fabrica Coffee Roasters *(plan centre détachable, I-J7,* ***256****) : rua Portas de Santo Antão, 136. ☎ 211-399-261. • info@fabricacoffeeroasters.com • Tlj 8h-17h.* Une brûlerie de café pour déguster son breuvage préféré, accompagné d'une viennoiserie ou d'une pâtisserie, dans une grande salle tout en longueur à la déco industrielle. Musique tendance.

Fábrica da Nata *(plan centre détachable, J8,* ***267****) : praça Dos Restauradores, 62-68. ☎ 211-325-435. • geral@primefood.pt • Tlj 8h-22h.* Le cadre, aéré et lumineux, est vraiment top, avec un beau panneau d'*azulejos* représentant la tour de Belém (et une caravelle) dans la salle principale et une large terrasse tranquille en bandoulière. Touristique ? Oui, bien sûr, mais les *pastéis de nata* sont bons – un poil gras comparé à d'autres mais moins sucrés et superbement feuilletés.

Où boire un verre ?

Ginjinha

Ginjinha Sem Rival *(plan centre détachable, J8,* ***290****) : rua das Portas de Santo Antão, 7. 📱 938-738-855. • ginjasemrival@gmail.com • Tlj 8h (9h w-e)-minuit.* Notre petite *ginjinha* préférée se résume à quelques étagères remplies de bouteilles, un bar en bois et un homme jovial derrière son comptoir. Clientèle masculine, parfois haute en couleur ! On sirote debout (dehors ou dedans) la liqueur *Eduardino,* faite à base de plantes, ou la liqueur de cerise (sorte de guignolet local).

Bar à vins, bar à bières

Procópio Bar *(plan centre détachable, G6,* ***292****) : alto de São Francisco, 21 A. ☎ 213-852-851. • info@barprocopio.com • Tlj sauf dim 18h (21h sam)-2h ou 3h.* Ce serait le plus vieux bar de Lisbonne ! Pour vivre heureux, vivons cachés : le *Procópio* est si secret, si discret, au fond de sa petite impasse patinée par le temps, au sommet d'une volée de marches... L'ambiance aristocratique de velours rouge et de bois ancien attire une clientèle sage et respectable. Musique douce, propre à favoriser les échanges intimes autour d'une bière étrangère ou d'un cocktail. Assez chic mais accueillant.

Achats

Mistura de Estilos *(plan centre détachable, I7,* ***346****) : rua de São José, 21. • misturaestilos@gmail.com • Lun-ven 15h-20h, fermé le w-e.* Grand choix d'*azulejos* fabriqués à la main. Propose aussi des cours, pour ceux qui veulent peindre eux-mêmes leurs carreaux... et surtout qui en ont le temps !

À voir. À faire

Du quartier de Sant'Ana à Lavra

Perché juste au nord de la Baixa, le quartier de Sant'Ana prend racine sur les flancs des places du Rossio et dos Restauradores, pour s'élever rapidement en un lacis de ruelles populaires, avec ses gargotes, ses apostrophes entre voisins et son linge aux fenêtres. Côté ouest, la ***rua das Portas de Santo Antão***, encore plane et d'abord piétonne, collectionne les jolis édifices : énorme ***Coliseu dos Recreios*** (nº 92-98), ex-opéra comique ouvert en 1890 sur les plans des ingénieurs français Goulard et Bauer, devenu salle de concerts *(● coliseulisboa.com ●)* ; ***Sociedade de geografia de Lisboa*** (nº 100), fondée en 1875 *(● socgeografialisboa.pt ● ; musée ouv lun-ven 10h-12h30, 14h-16h ; entrée : 5 €)*, avec son grand tableau de Vasco de Gama dans le hall d'entrée et sa statue représentant Cabral, le découvreur du Brésil ; ***Teatro Politeama*** (nº 113), avec sa façade stuquée et sa grande verrière en anse de panier.
Un peu plus avant, le charmant vieux ***funiculaire de Lavra*** permet de se hisser sans peine vers ce quartier résidentiel tranquille, où foisonnent les fières demeures et les palais d'antan. En débarquant, descendez les marches de la calçada côté gauche, puis prenez à droite la travessa da Cruz do Torel. Vous atteindrez rapidement le ***Jardim do Torel*** *(plan centre détachable, I-J7)*, au balcon perché en vigie au-dessus de l'avenida da Liberdade – vers laquelle ramènent des escaliers. Certains plans de la ville l'ignorent carrément !
En continuant par la rua de Julio de Andrade, on débouche vite sur le *campo dos Mártires da Pátria*, un petit parc où coqs et canards s'ébattent en liberté. Aux avant-postes, face à la faculté des Sciences médicales, se dresse la statue étonnamment vénérée du brave *senhor doutor Sousa Martins*, le médecin des pauvres, aux pieds duquel s'empilent les ex-voto en marbre... entre foi et médecine ! Mais – est-ce un hasard ? –, tout près se trouvent la morgue, l'institut médico-légal et la plus grande concentration d'entreprises de pompes funèbres de la ville...

Aux abords de l'avenida da Liberdade

Praça dos Restauradores *(place des Restaurateurs ; plan centre détachable, I-J7-8)* **:** au centre de cette grande place se dresse un monument commémorant la guerre de Restauration qui débuta en 1640 ; il a été érigé en 1886. En vis-à-vis, visez le monumental ***Cineteatro Éden***, typiquement Art déco.

Casa-museu da Fundação Medeiros e Almeida *(plan centre détachable, H6)* **:** *rua Rosa Araújo, 41. ☎ 213-547-892. ● casa-museumedeirosealmeida.pt ● Tlj sauf dim et j. fériés 10h-17h (dernière entrée à 16h30). Entrée : 5 € ; réduc, notamment avec la* Lisboa Card *; gratuit moins de 18 ans et pour tous sam 10h-13h. Infos en anglais dans chaque salle.*
Ce musée occupe la demeure de l'homme d'affaires António Medeiros e Almeida (1895-1986), devenue fondation après sa mort. On y pénètre un peu comme si on était invité chez lui... Les salles, à admirer du sol au plafond, sont celles de riches intérieurs foisonnant d'objets d'arts décoratifs superbement mis en valeur – avec une place de choix pour le mobilier français du XVIIIe s. On s'approche d'ailleurs inhabituellement près des objets...
– ***Au rez-de-chaussée***, spectaculaire salle-chapelle présentant des objets d'art sacré, avec retable en *talha dourada*, chœur garni d'*azulejos* et chaire indo-portugaise du XVIIIe s soutenue par 6 *naghis* (les sirènes hindoues). Ne manquez pas non plus le très beau crucifix en émaux de Limoges (XIIIe s) et les bas-reliefs

en albâtre anglais du XIVe s (Nottingham). Juste après, dans l'atrium, voisinent une porte moghole, des pièces de mobilier Nouille de l'Expo 1900 et la chaise d'enfant du duc de Wellington !

- ***Au 1er étage,*** la *galeria Nova* aligne tapisseries de Beauvais, bureaux Boulle et toiles de Boucher. Puis on découvre dans la *Sala do Piano* un ***autoportrait de Rembrandt,*** récemment attribué à son atelier plutôt qu'au maître lui-même (dommage !). La *sala Louis XIV* est ornée de panneaux de bois rachetés à Paris. Suit une chambre d'aristocrate français recréée, avec, de part et d'autre du lit à baldaquin, un insolite bidet en porcelaine de Chine aux armes royales de France (une rareté !) et un pot de chambre de voyage anglais du XIXe s ! Dans le *corredor D. Catarina de Bragança,* ne pas rater cette remarquable et unique ***horloge de nuit*** du XVIIe s en état de marche. Fonctionnant à l'huile, elle pouvait s'enflammer facilement... Puis on débouche dans le *grand salon*, que l'on visite en deux temps (avant et après le 2e étage) : portrait par Delacroix près de la cheminée, cabinet laqué et paravents chinois et, au fond, 2 ***Brueghel*** (celui de Pieter montre la collecte de la dîme).
- ***Le 2e étage,*** constitué par les appartements privés du couple, restés en l'état, est moins intéressant... à moins de vouloir voir l'un des 1ers appareils de fitness importé au Portugal ! Ne manquez pas, toutefois, la belle collection d'éventails du XVIIIe au XXe s. L'un d'eux a même des trous pour les yeux !
- De ***retour au 1er étage***, on enchaîne avec la *sala de Pratas,* exposant argenterie et insolite collection de porte cure-dents ; la *salle à manger* où le prince Rainier et Grace de Monaco ont dîné en compagnie d'Amália Rodriguez en 1964 ; le bureau ; puis, de l'autre côté du grand salon, la magnifique ***sala do Lago*** – disponible pour vos réceptions – avec sa monumentale fontaine en marbre au centre et ses plafonds peints représentant les 4 continents. Le même thème est repris sur les panneaux d'*azulejos*, qui illustrent également les 4 continents. Les vitrines autour contiennent une collection de bijoux et de tabatières.
- De ***retour au rez-de-chaussée***, *sala dos Relogions,* on admire une fabuleuse ***collection de montres et d'horloges*** de styles et d'origines variés (la grande passion d'António Medeiros) : réveil à bougie, horloge japonaise à cadran vertical du XVIIIe s (les aiguilles se déplacent de haut en bas !), vitrine consacrée aux montres Breguet, grand sablier en ambre fabriqué à Gdansk au XVIIe s, etc. Terres cuites et porcelaine chinoise également, dont quelques figures funéraires tangs (VIIe-Xe s).

Dans le quartier de Rato

Praça das Amoreiras *(place des Mûriers ; plan centre détachable, F-G6)* **:** des centaines de mûriers y furent plantés au XVIIIe s pour alimenter la fabrique royale de soie. Ils ne sont plus là, mais cette adorable place ombragée, calme, loin de l'agitation urbaine, demeure une délicieuse oasis de verdure – le long de laquelle court l'*aqueduto* (aqueduc) *das Águas Livres*. Construit entre 1732 et 1748, celui-ci était destiné à alimenter en eau les fontaines de Lisbonne depuis Belas, à près de 60 km de là. Ponctué de tourelles caractéristiques baptisées « sources », il enjambe notamment la vallée de l'Alcântara grâce à 35 arcs d'une longueur totale de 940 m ; le plus haut culmine à 65 m. Il est si solide qu'il a résisté au tremblement de terre de 1755 !

Museu da Água – Reservatório de Mãe d'Água das Amoreiras *(plan centre détachable, G6)* **:** *praça das Amoreiras, 10. ☎ 218-100-215. • epal.pt • La citerne (Mãe d'Água) se visite, tlj sauf lun et j. fériés 10h-16h (14h w-e). Entrée : 4 € ; réduc. Billet couplé avec l'aqueduc (visite calçada da Quintinha 6, à 1,2 km au nord-ouest ; plan d'ensemble détachable, D-E5 ; tlj sauf lun 10h-17h30) : 6 €.*
L'eau transportée par l'*aqueduc des Eaux Libres* arrive dans la *Mãe d'Água,* une citerne qui peut stocker jusqu'à 5 millions de litres sous d'imposantes voûtes en pierre. Elle s'y écoule le long d'une cascade de mousse et de calcaire dans un bassin de 7 m de profondeur. Mis en valeur par un éclairage subtil, ce lieu distille

à juste titre une atmosphère particulièrement paisible et rafraîchissante. On peut grimper au sommet sur une terrasse splendide qui donne sur l'aqueduc et la place voisine.
Récemment, les ***spectacles audiovisuels Immersivus*** *(• lisboa.immersivus.com • ; 1 spectacle 15 €, les 2 : 22,50 € ; réduc ; billet famille 10 €/show, 15 € les 2 ; représentations ttes les heures, en alternance, commençant 30 mn après la fermeture du musée ; durée 30 mn)* se sont implantés à l'intérieur même de la citerne. Ils proposent 2 shows différents dédiés à de grands artistes (dernièrement Michel-Ange et Léonard de Vinci, ou Monet et Klimt). Le principe ? Projeter sur les voûtes et les murs des images de leurs œuvres, sur 360° et profiter de l'effet miroir du bassin. Honnêtement, on trouve le spectacle bien cher !

Fundação Arpad Szenes – Vieira da Silva (plan centre détachable, G6, **381**) : *praça das Amoreiras, 56. ☎ 213-880-044. • fasvs.pt • Tlj sauf lun-mar et j. fériés 10h-18h. Entrée : 5 € ; réduc, notamment avec la* Lisboa Card *; gratuit moins de 12 ans.* Dans une annexe de l'ancienne manufacture de soieries, le musée présente des peintures des années 1930 aux années 1970 de ce célèbre couple d'artistes de la mouvance cubiste, appartenant à l'école de Paris – lui hongrois, elle portugaise, et naturalisés français. Fréquentant Giacometti, Delaunay, Miró, Max Ernst, Nicolas de Staël ou encore René Char, ils sont à l'origine d'une œuvre riche, entre abstrait et semi-figuratif, exposée par roulements, aux côtés de toiles réalisées par des peintres qu'ils ont influencés ou qui se sont inspirés d'eux. L'œuvre de Maria Helena Vieira da Silva, considérée comme une des plus grandes peintres modernes d'origine portugaise, est emplie de lignes qui s'enchevêtrent, se nouent et se dénouent, créant des espaces aux multiples points de fuite. On parle de *paysagisme abstrait*. Arpad Szenes se révèle lui plus contemplatif, plus porté à l'harmonie, dans une sorte de réalité ondoyante.
– La ***station de métro Cidade Universitária*** (ligne jaune) a été décorée par Maria Helena Vieira da Silva !

ALFAMA, CASTELO DE SÃO JORGE, MOURARIA ET GRAÇA

• Pour le plan de l'Alfama, se reporter au plan détachable en fin de guide.

Sur les pentes de la colline du castelo de São Jorge, autour de laquelle s'est formée Lisbonne, s'étagent et s'égarent les plus vieux quartiers de la ville : célèbre Alfama tourné vers le soleil du sud, en direction du Tage, Mouraria sur les flancs ouest et nord. Tout ici n'est que ruelles tortueuses et venelles étroites, formant un dédale qui ravira le promeneur. Autant le premier est très touristique, avec ses boîtes à fado, autant le second reste en marge des mouvements de foule. Avis aux trekkeurs urbains ! Plus au nord, le quartier de Graça, naviguant entre souvenirs de grandeur et âme populaire, s'amarre sur la plus haute colline de la ville, offrant un point de vue privilégié sur le château, la Mouraria et le fleuve. Les plus beaux panoramas, c'est ici.

UN ALLER SIMPLE POUR L'ALFAMA

Prenez place dans le fameux ***tramway nº 28,*** il vous emporte, tout bringuebalant – par-delà le temps – le long des rues pentues, jusqu'au cœur de l'Alfama, le seul quartier populaire de Lisbonne ayant survécu au tremblement de terre de 1755. Lorsque le wattman actionne la cloche, commence alors un voyage mémorable. La mécanique file droit sur ses rails avant d'aborder des virages en épingle parfois

spectaculaires, frôlant à quelques centimètres près les étals des magasins et les piétons qui doivent jouer aux toreros entre les voitures stationnées !
Profitez des arrêts forcés, destinés à laisser un livreur décharger sa marchandise, pour admirer les devantures et les façades. Toute l'âme et le ventre de Lisbonne sont là, sous vos yeux.

L'ÂME DE LISBONNE

L'Alfama, c'est ***l'âme de Lisbonne !*** Le quartier le plus ancien et le plus connu de la capitale, son emblème, son étendard, grandi autour d'un monument phare : la Sé (cathédrale). Longtemps habité par les pêcheurs et les marins, il est resté populaire malgré l'invasion touristique qui menace chaque année davantage.
Les Wisigoths l'habitèrent avant les Arabes, qui lui donnèrent son nom : Alfama, déformation d'*alhama,* mot évoquant d'anciennes fontaines sur la colline. D'eux aussi, les habitants ont hérité un réseau inextricable de ruelles tortueuses, volées de marches, venelles et culs-de-sac ne menant nulle part *(becos),* passages voûtés, cours intérieures et minuscules patios, bordés de mille maisons enchevêtrées, agglutinées, présentant autant de styles différents. ***Ici, on se déplace à pied, exclusivement,*** admirant ici quelques belles façades en encorbellement délavées par les ans, là des balcons en fer forgé ou sculptés dissimulés par les draps qui claquent au vent. Au fil de la promenade, de temps en temps apparaît le Tage, cette mer de Paille qui surgit tel un miroir bleu étincelant au débouché d'une ruelle, entre 2 vieux immeubles presque collés ou 2 échafaudages.

SAUDADE PARTY

Le soir, il se dégage de l'Alfama une atmosphère presque moyen-orientale, qui tient de la casbah et du théâtre de rue. C'est ici qu'on vient pour découvrir le fado, ce rythme de la rue, langoureux, lancinant, autour duquel les hommes et les femmes du quartier se retrouvent encore pour chanter leur ville, leur vie, leur souffrance, leur pauvreté. C'est, au mieux, un fado des amateurs, à entendre dans une *tasca* pas trop corrompue, plutôt que dans un des multiples restos à touristes du secteur, où les artistes, de talents inégaux, défilent plus vite que les plats (médiocres et largement surévalués)... La quête est ardue.

LA FÊTE DE SANTO ANTÓNIO

Chaque 13 juin, l'Alfama célèbre saint Antoine, enfant du quartier qui a eu l'idée malheureuse d'aller finir ses jours à Padoue... Considéré par beaucoup, ici, comme le saint patron de Lisbonne, en concurrence avec São Vicente, il n'est en fait que celui de la Sé et, par extension, de l'Alfama. C'est lui, naturellement, qui mène la procession à travers les ruelles et les places, dans un grand moment de communion populaire, à partager. Chaque rue, dans un fiévreux esprit de compétition, tente alors de se montrer plus colorée, plus lumineuse que sa voisine... Les cuisines, les tables sont de sortie, on grille des sardines un peu partout, le *vinho verde* coule à flots ; l'Alfama vit entière dans la rue, dans une atmosphère de kermesse indescriptible. Profitez-en pour offrir à l'élu(e) de votre cœur un petit pot de basilic porte-bonheur !

Visiter l'Alfama

➢ ***Pour gagner l'Alfama,*** on emprunte le fameux ***tram nº 28,*** qui traverse toute la ville depuis Campo de Ourique jusqu'à Graça, via le Chiado et la *rua da Conceição* dans la Baixa, effleurant au passage le

Bairro Alto. Autre classique, le ***tram nº 12*** décrit une large boucle autour de la colline du château, passant par *la praça da Figueira, les rua dos Fanqueiros ou Conceição (Baixa)* et la Sé (cathédrale). Moins sexy, le ***bus nº 737*** grimpe au *castelo de São Jorge* depuis la *praça Figueira*. ***Attention :*** on vous le redit, ne laissez ni vos sacs ni vos affaires sans surveillance, le charme insolite du tram nº 28 est souvent gâché par les pickpockets qui montent depuis la Baixa ou la station Martim Moniz...

Ajoutons un bon plan : depuis le flanc est de la Baixa, ***2 ascenseurs modernes*** *(plan centre détachable, K9 ; GRATUIT)* permettent de grimper presque jusqu'au pied du château (voir plus haut « Infos pratiques sur place. Comment se déplacer ? Les funiculaires *(ascensores)* et les ascenseurs *(elevadores)* ».

– ***Les miradouros*** (ou belvédères) **:** s'y rendre au coucher du soleil pour la beauté du paysage. Plusieurs miradors possèdent un kiosque où l'on peut siroter un verre en admirant le panorama.

➢ ***Visites guidées :*** voir plus haut « Infos pratiques sur place. Comment se déplacer ? Découvrir Lisbonne autrement » pour des contacts de guides spécialisés proposant des balades à pied dans le quartier. Les *tuk-tuk* ont aussi le vent en poupe, mais ils ne laissent guère le temps de digérer les choses !

Où dormir ?

De bon marché à prix moyens

☗ ***This is Lisbon*** *(plan centre détachable, K8,* ***92****)* **:** *escadinhas Marquês de Ponte do Lima, 1. ☎ 218-014-549. • info@thisislisbonhostel.com • thisislisbonhostel.com • Ⓜ Martim-Moniz. Dortoirs (4-8 lits) 14-23 €/pers ; doubles env 45-90 €.* Cet *hostel* occupe le rez-de-chaussée d'une maison rose. Intérieurs soignés avec parquets d'antan, dortoirs et quelques doubles, avec ou sans salles de bains (rutilantes). Nos préférés donnent sur la grande terrasse commune avec vue sur Lisbonne. Cuisine. Bon accueil pro. Une excellente adresse, si l'on excepte le manque d'insonorisation (comme partout...).

☗ ***Inn Possible Lisbon Hostel*** *(plan centre détachable, K8,* ***93****)* **:** *rua Regedor, 3. ☎ 218-861-465 • booking@innpossible.pt • innpossiblelisbon.com • Ⓜ Rossio ou Baixa-Chiado. Dortoirs (4-10 lits) 11-30 €/pers ; doubles env 92-110 €.* Dans un quartier en plein renouveau, entre les 2 ascenseurs qui montent de Baixa vers le château, cette grande bâtisse ancienne à la façade rouge abrite une quarantaine de lits répartis dans des dortoirs aux lits superposés costauds (prise et lumière individuels), avec sanitaires extérieurs pour la plupart. Les 4 doubles avec salle de bains, mais sans clim, sont à notre avis trop chères. Déco simple et moderne, avec vieux parquets. Sous les toits, bar, cuisine et chaleureuse salle télé.

☗ ***Hostel Petit Lusa*** *(zoom détachable Alfama,* ***105****)* **:** *largo do Chafariz de Dentro, 24. ☎ 218-872-773. 📱 964-024-110. • info@hostelpetitlusa.com • hostelpetitlusa.com • Ⓜ Terreiro do Paço. Dortoir (10 lits) env 25 €/pers ; doubles 58-125 €. Petit déj inclus pour tous.* En plein cœur de l'Alfama, 7 petites doubles avec clim, salle de bains et graffs d'artistes locaux en guise de têtes de lit (sur le thème de l'Alfama) ; la salle de bains de la moins chère est privée mais sur le palier. Également un grand dortoir. Accueil souriant (une dame parle bien le français).

De plus chic à beaucoup plus chic

☗ ***Tings Lisbon*** *(plan centre détachable, K7,* ***109****)* **:** *rua da Senhora do Monte, 41. 📱 925-333-811. • tingslisbon@gmail.com • tingslisbon.com • Ⓜ Martim-Moniz ; Ⓣ nº 28. Doubles 65-155 €, petit déj inclus. Digestif offert sur présentation de ce guide.* Son slogan ? « Le meilleur hôtel 1* de

Lisbonne ». Niché dans un coin tranquille de Graça, la maison livre – dans ses étages (escaliers raides) – une quinzaine de chambres soigneusement décorées, toutes différentes, avec ventilo et terrasse privée pour les plus chères. Cuisine à dispo, salon avec cheminée, joli jardin-terrasse semé de verdure. Bref, une adresse d'un certain charme, mais sans tous les conforts des établissements plus étoilés.

Hotel Convento do Salvador (zoom détachable Alfama, **94**) : *rua do Salvador, 2B. ☎ 218-872-565. • hotel@conventosalvador.pt • conventosalvador.pt • Ⓜ Terreiro do Paço ; Ⓣ nº 28. Doubles 80-200 €.* En plein Alfama, cet ancien couvent a été rénové dans un style contemporain bien trempé. L'essentiel des 43 chambres, confortables et épurées, donne sur le grand patio saupoudré de plantes vertes. Accueil pro. Une adresse bien tenue, au calme.

Hotel Riverside Alfama (plan centre détachable, K9, **91**) : *rua dos Bacalhoeiros, 12. • info@hotelriversidealfama.com • hotelriversidealfama.com • Ⓜ Terreiro do Paço ; Ⓣ nº 28. Min 3 nuits. Doubles 78-180 €.* Dans une maison du XVIIIe s modernisée. Si les espaces communs manquent un peu d'âme, les chambres, en revanche, se révèlent vraiment charmantes et confortables (clim et minibar), avec leur déco soignée et leurs salles de bains contemporaines. Certaines offrent une vue sur le Tage. Évitez cependant les *standard* (sans aucune vue) et celles donnant sur la place, bruyante. Accueil cordial.

Hotel Senhora do Monte (plan centre détachable, K7, **98**) : *calçada do Monte, 39. ☎ 218-866-002. • senhoradomonte@hotmail.com • hotelsenhoradomonte.com • Ⓜ Martim-Moniz ; Ⓣ nº 28. Doubles 80-130 €. Petit déj offert sur présentation de ce guide.* Situé au miradouro da Nossa Senhora do Monte, dans un quartier résidentiel ancien et charmant, cet hôtel fonctionnel vaut principalement par sa position et la vue panoramique dont jouissent la plupart des chambres – tout comme la salle de petit déj. Le confort et l'entretien sont plus que corrects, mais l'ensemble commence à dater.

Très chic

1908 Lisboa Hotel (plan centre détachable, K7, **97**) : *largo do Intendente Pina Manique, 6. ☎ 218-804-000. • info@1908lisboahotel.com • 1908lisboahotel.com • Ⓜ Intendente. Doubles env 120-200 €.* À sa construction en 1908, d'où son nom, il reçut un prix d'architecture. Rénové de fond en comble, modernisé, il affiche désormais un style radicalement contemporain, mariant le street art (à voir de l'ascenseur vitré notamment) avec les superbes éléments Art nouveau d'origine. Chambres aux tonalités douces, d'un confort parfait (clim), avec plein de petits plus comme des *pastéis de nata* et du porto de bienvenue, des peignoirs, des chaussons... Joli bar avec terrasse sur la place tranquille et élégant resto (l'*Infame* !) installé dans la superbe rotonde où est servi le petit déj. Séduisant !

Solar do Castelo (plan centre détachable, K8, **100**) : *rua das Cozinhas, 2. ☎ 218-806-050. • solar.castelo@heritage.pt • lisbonheritagehotels.com • Ⓜ Baixa-Chiado, puis ascenseur. Doubles env 170-310 €.* Face aux murs d'enceinte du castelo de São Jorge et sur le site auparavant occupé par les cuisines du palais d'Alcáçova, on découvre cette belle demeure du XVIIIe s, flanquée d'une annexe moderne à l'architecture fonctionnelle discutable. Belle entrée, charmant patio avec fontaine, salon avec canapés en cuir et chaises en fer forgé... Les 24 chambres, tout confort, sont très classiques dans leur allure. Au sous-sol, dans l'ancienne citerne, petit musée exposant *in situ* quelques vestiges archéologiques. Accueil charmant et pro.

Hotel Memmo Alfama (zoom détachable Alfama, **101**) : *travessa das Merceeiras, 27. ☎ 210-495-660. • alfama@memmohotels.com • memmohotels.com/alfama • Ⓜ Terreiro do Paço ; Ⓣ nº 28. Doubles env 120-260 €.* Un boutique-hôtel design niché au bout d'une rue pavée, dans un ensemble de vieux bâtiments qui abritaient naguère une usine de cirage, un four de boulangerie et l'atelier d'un photographe ! Des chambres tout confort, à la déco sobre et soignée, dotée d'un mobilier aux lignes scandinaves. Vue panoramique ahurissante depuis la terrasse du bar, avec piscinette à débordement : vous aurez l'étrange impression de faire trempette au-dessus des toits de l'Alfama ; spectaculaire ! Accueil au top.

Hotel Santiago de Alfama *(zoom détachable Alfama,* ***96****) : rua de Santiago, 10-14. ☎ 213-941-616. • reservations@santiagodealfama.com • santiagodealfama.com •* Ⓣ *n° 28. Doubles 190-410 €.* Bordé par une rue tranquille, sur les hauteurs de l'Alfama, ce luxueux hôtel-palace propose des chambres hyper confortables (lits ultra douillets), aux aménagements sobres et un rien design. Certaines disposent d'une terrasse privée, avec ou sans vue sur le Tage. *Beauty bar* et resto sur place. Accueil charmant et pro.

Où manger ?

Dans ces quartiers populaires, les petites tavernes typiques ne manquent pas – même si, dans l'Alfama, les touristes y sont souvent plus nombreux que les locaux et les prix plus élevés qu'ailleurs... On peut aussi décider de s'arrêter au hasard, quand une bonne odeur vient titiller les narines. Idéal pour sentir battre le cœur fatigué de la vieille ville, de jour comme de nuit.

Dans l'Alfama

De très bon marché à bon marché

As Bifanas do Afonso *(plan centre détachable, K9,* ***159****) : rua da Madalena, 146. Lun-ven 7h30-21h, sam 7h-13h, fermé dim. Sandwichs 2,20 €.* La bifana, c'est quoi déjà ? Un sandwich à l'escalope de porc mariné dans un petit pain rond moelleux, si incontournable au Portugal que McDo y a inventé le McBIfana (viande de porc à l'ail) ! On trouve ici certains des meilleurs de la ville à très bon prix, ainsi qu'une foultitude d'autres sandwichs tout aussi abordables. On ne s'assied pas : on commande au comptoir et on file.

Lisboa Tu & Eu *(zoom détachable Alfama,* ***190****) : rua da Adiça, 58. 939-927-339. • mariadocarmo.vieira88@gmail.com • Tlj 12h30-23h (cuisine 22h30). Petiscos et tablas 5,50-13,50 €.* Perché hors des sentiers touristiques, « Toi et Moi » est un minuscule local aux murs couverts de graffitis, signés par des clients enthousiastes ! Devant : une terrasse sous une treille, sur une adorable placette de guingois. À l'ardoise : des planches de *chouriço* ou de fromages, et des tapas pour 1 ou 2 – avec de bons produits frais. Une excellente adresse, abordable. On s'est régalés !

Estrela do Minho *(plan centre détachable, K9,* ***162****) : rua dos Bacalhoeiros, 137. ☎ 218-869-626. Tlj sauf dim 7h-18h. Plats env 8-11 €.* Cette étoile du Minho ne brille pas par son apparence, mais propose une bonne cuisine de *cantina* à prix serrés, servie avec gentillesse (et quelques mots d'anglais). Tous les classiques : poissons grillés du jour, poulpe, cochon de lait, morue *a bras* ou avec ses inséparables pommes de terre...

Maruto *(plan centre détachable, L9,* ***200****) : rua do Cais de Santarém, 30. ☎ 215-940-993. • marutoalfama@gmail.com • Tlj sauf mar 16h-23h. Tapas et plats 4-14,50 €.* La salle voûtée, longue et plutôt chaleureuse, donne malheureusement sur un bout de parking, mais on apprécie les tapas, toasts, sandwichs et salades à bon prix, réalisés avec des produits frais et servis avec gentillesse (la patronne parle le français). Pour accompagner le tout, de sérieux cocktails et toute une palanquée de bières du cru artisanales.

Prix moyens

Mesa Kreol *(plan centre détachable, K9,* ***210****) : arco Portas do Mar, 9. 962-221-874. • geral.mesakreol@gmail.com • Tlj 12h-minuit. Plats 12-16 €.* Cuisine colorée, inspirée par le Brésil, l'Angola, le Cap-Vert, la Guinée-Bissau, le Mozambique... À déguster dans une petite salle toute simple

LISBONNE QUARTIER PAR QUARTIER

dotée d'une scène musicale. Service aux petits soins. Une adresse sympa.

Restaurante São Miguel *(zoom détachable Alfama, **220**) : largo de São Miguel, 1-2. ☎ 218-861-891 et 914-440-771. • saomiguel-grandescantorias@sapo.pt • Tlj 11h-22h. Plats 6,50-15 € ; menu 10 € le midi, 20 € le soir.* Sur une place, face à l'église de São Miguel, ce restaurant sert une cuisine portugaise classique, franche et fraîche, avec quelques spécialités de l'Alentejo (le patron en vient) et de bonnes sardines en saison. On apprécie l'accueil attentionné et la terrasse tranquille. Soirées fado les jeudi et vendredi, en général (19h-23h).

Velha Gaiteira *(plan centre détachable, K9, **196**) : rua das Pedras Negras, 17. ☎ 218-865-046. • velhagaiteira.reservas@gmail.com • Tlj sauf dim 13h-17h, 19h-23h. Fermé 1 sem en nov et 1 sem autour de Noël. Plats 8-15 €. Menu du jour 10 € ; autre menu 16 €. Digestif offert sur présentation de ce guide.* Grand choix de tapas et cuisine généreuse à base de produits essentiellement locaux, comme le bon petit vin de la maison. Les viandards s'offriront la *parrilhada* à partager, mais il y a aussi des salades et plats végétariens. À déguster installé dans un décor hétéroclite au mobilier chiné, pour une ambiance un rien bohème. Accueil souriant.

Fama d'Alfama *(zoom détachable Alfama, **202**) : rua do Terreiro do Trigo, 80. ☎ 218-862-609. 925-428-317. • cardim.joao@gmail.com • Tlj sauf dim 12h-minuit. Plats 13-18 €. Menu lun-ven midi env 10 €.* À l'entrée de l'Alfama, ce petit resto réunit le midi des habitués du quartier grâce à son menu bon marché et, les vendredi et samedi soir, attire les touristes en quête d'un spectacle de fado de qualité (à partir de 18h). Cuisine portugaise classique et vins de petits producteurs. Attention, les serveurs poussent parfois à la conso... Côté déco : quelques meubles chinés et une jolie série de dessins et caricatures.

Duetos da Sé *(plan centre détachable, K9, **206**) : travessa do Almargem, 1 B/C. ☎ 218-850-041. • geral@duetosdase.com • Tlj sauf dim 12h-15h, 19h-22h. Plats 8-17 €. Menu lun-ven midi 12,30 €. Entrée concert : 5 €.* Dans une ruelle en contrebas de la cathédrale (la Sé), ce café-resto est un bon endroit pour dîner en musique. Dans une salle voûtée à la déco soignée, élégante, avec un grand piano au centre, on découvre une cuisine portugaise assez fine – avec même quelques pointes d'originalité. Bons desserts, bonne carte des vins et excellents chanteurs de fado. Ce n'est pas bon marché mais, au final, l'expérience reste d'un rapport qualité-prix meilleur que dans beaucoup d'autres boîtes à fado !

Plus chic

Maria Catita *(plan centre détachable, K9, **207**) : rua dos Bacalhoeiros, 30. ☎ 211-331-313. • reservas@mariacatita.pt • Tlj 12h-15h30, 19h-23h. Plats 10,50-21,50 €. Menus (pour 2) 32-59 €.* Une salle un brin rustique, aux murs en pierre brute nappés de bouteilles de vin. Au choix : soit on partage quelques *petiscos* (surtout marins) préparés de façon originale ; soit on choisit un plat, avec quelques savoureuses incursions de spécialités des Açores. Belle carte des vins, notamment au verre. Service au top. Pas donné quand même !

Dans la Mouraria

De très bon marché à bon marché

O Velho Eurico *(plan centre détachable, K8, **191**) : largo São Cristovão, 3-4. ☎ 218-861-815. • ovelhoeurico@gmail.com • Tlj sauf lun et dim soir 12h30-15h, 20h-23h. Plats 6-10 €.* Derrière les murs de ce resto de quartier se retrouve le midi la ruche bourdonnante des employés de la chambre de commerce voisine. Le soir, ça déborde allégrement sur le bout de terrasse niché au coin de 2 ruelles. Dans l'assiette, une bonne cuisine familiale, simple, authentique et bien tournée, où poisson et viande arrivent ex æquo – des incontournables poulpe ou *bacalhau à Brás* aux croquettes d'agneau.

The Food Temple *(plan centre détachable, K8,* ***194****) : beco do Jasmim, 18. ☎ 218-874-397. • thefoodtemple@gmail.com • Tlj sauf lun-mar 18h-23h. Plats 6-12 €.* Quelle surprise de trouver cette cantine végane tendance... cachée sur une placette au cœur de la Mouraria labyrinthique (attention, le nom de la ruelle est arraché : tournez à la hauteur du *Café Parreirinha*) ! À la carte, très courte, un ou 2 bons petits plats du jour et 3 tapas pour accompagner les canons. À engloutir dans la petite salle avec grosses tables en pin, ou assis sur les marches de l'escalier à l'extérieur – où les patrons installent de drôles de petites tables à une seule patte !

De prix moyens à plus chic

Zé da Mouraria *(plan centre détachable, K8,* ***201****) : rua João do Outeiro, 24. ☎ 218-865-436. Tlj sauf dim et j. fériés 12h-16h. Résa conseillée. Plats 22,50-32,50 €.* Bien planqué dans une ruelle, ce resto populaire, bruyant et toujours bondé, affiche les photos des amis venus ripailler ici. L'accueil ne s'encombre pas de salamalecs, on attend sagement son tour sans broncher avant de se caler au coude-à-coude avec ses voisins. Longue liste de spécialités, toutes servies en version pantagruélique – un plat pour 2, voire 3 devrait faire l'affaire –, mais on vous recommande vivement la star de la maison, la *bacalhau,* servie presque confite... une merveille ! Attention, les accompagnements se payent à part. Une adresse à ne pas manquer.

O Corvo *(plan centre détachable, K8,* ***208****) : largo dos Trigueiros, 15A-B. ☎ 218-860-545. • ocorvocafe@gmail.com • Tlj 9h-23h (minuit w-e). Petiscos 3-14,50 € ; plats 10-28 €.* Une adorable terrasse ensoleillée vite prise d'assaut en été, un grand comptoir et plein de coins et de recoins : voilà un cadre parfait pour partager un bon moment convivial entre amis ou en famille. Au menu : des petits déj, des brunchs, des salades, des petits plats à partager, une sélection de burgers, poulpe, morue et bœuf des Açores. Service souriant.

Chapitô A Mesa *(plan centre détachable, K9,* ***211****) : rua Costa do Castelo, 7. ☎ 218-875-077. • reservas@chapitoamesa.pt • La Terrasse ouv le soir lun-ven, midi et soir le w-e ; resto tlj 12h-23h. Plats 11-20 € à la Terrasse, 19-21 € au resto.* Cet intéressant petit complexe culturel abrite – dans un dédale d'escaliers et de terrasses – une petite école de cirque créée par la 1re femme clown portugaise pour faciliter l'intégration de jeunes et d'enfants en situation précaire, un chapiteau pour des spectacles, un bar musical de nuit (récemment fermé) et 2 restaurants aidant à financer le projet. La *Terrasse,* qui fait aussi cantine pour les enfants le midi, propose surtout des grillades et quelques plats simples. Le restaurant perché juste au-dessus, dans son nid d'aigle atteint par un escalier en colimaçon, sert une cuisine portugaise plus travaillée, avec une carte très courte de produits frais. Ceux qui y mangent auront droit à une des plus belles vues qui soient sur les poésies de toits roux de l'Alfama et le Tage. Service aimable et diligent.

Tentações de Goa *(plan centre détachable, J-K8,* ***193****) : rua São Pedro Mártir, 23. ☎ 218-875-824. • tentacaosdegoa@gmail.com • Tlj sauf dim et lun midi 12h-16h, 19h-minuit. Plats 8-15 €.* Comme l'Angola, le Mozambique ou la Guinée, l'Inde a sa place dans la Mouraria ! Dans une paisible venelle, ce petit resto discret et coloré est tenu par des dames aimables qui connaissent Goa. La cuisine fait revivre avec une belle subtilité les saveurs indiennes douces ou (très) épicées, avec quelques spécialités végétariennes. *Goa é boa !*

Dans le bairro do castelo de São Jorge

De très bon marché à prix moyens

Quase Café *(plan centre détachable, L8,* ***209****) : rua do Salvador, 14. 929-326-800. • quaseumcafe@gmail.com • Tlj 8h30-16h. Petit déj et plats 3-8,50 €, brunch (7 options)*

LISBONNE QUARTIER PAR QUARTIER

11,50-15,50 €. Le local est croquignolet et les choix de petits déj et de brunchs abondent ; il y en a pour tous les goûts et à tous les prix, composés d'ingrédients sains et savoureux. Aussi des *tostas,* des œufs, des crêpes, des gaufres, des pancakes, histoire d'agrémenter une pause gourmande en journée. Une bonne adresse tenue par des filles avenantes (et francophones). On aime !

|●| ***Claras em Castelo*** *(plan centre détachable, K8,* ***164****) : rua Bartolomeu de Gusmão, 31. ☎ 218-853-071. • clarasemcastelo31@gmail.com • Tlj sauf mer 10h30-23h. Petiscos et plats 8-16 €.* Plantant son point sur le i d'une salle tout en longueur, la charmante microterrasse s'amarre sur le flanc de la rue grimpant vers le château, juste au-dessus. Dans ce secteur hautement touristique, l'escale est la bienvenue avec son pâté de sardines maison et ses quelques plats du jour mettant en valeur les classiques portugais avec une touche personnelle. Madame est aux fourneaux, monsieur (francophone) en salle.

|●| ⛱ ***Mercearia Castello*** *(plan centre détachable, K8,* ***199****) : rua das Flores de Santa Cruz, 2. ☎ 218-876-111. • cafemc@gmail.com • Tlj 10h-20h. Fermé : janv. Plats 8-10 €.* Une pause s'impose ? Arrêtez-vous dans ce bistrot de poche posé à l'écart de l'agitation, au pied même des murs d'enceinte du château. Un p'tit plat (salades, toasts...), un café, une pâtisserie, et ça repart ! Parfait pour une dînette rapide que l'on prend en terrasse sur la charmante placette. Bon accueil.

À Graça

De très bon marché à bon marché

|●| ***A Penalva da Graça*** *(plan centre détachable, L6-7,* ***165****) : rua da Graça, 26. ☎ 218-872-755. Tlj sauf lun 9h-22h. Plats 7-11 €. CB refusées.* Voilà une adresse comme on les aime : authentique. Penalva da Graça, c'est le bar des amis, avec une brochette de vétérans vissés au comptoir, bière en main, et une ribambelle d'habitués attablés devant de grosses sardines, un pot-au-feu de poisson ou des gambas. Le menu, écrit à la main et placardé en vitrine, change en fonction des arrivages.

|●| ⛱ ***Joséphine Bistrô-Bar*** *(plan centre détachable, K7,* ***176****) : largo do Intendente Pina Manique, 59 (rua da Palma, 318). ☎ 218-208-044. • josephinebistro@gmail.com • Tlj 14h30-21h45. Plats 5-10 €. CB refusées.* Bistrot sans prétention pour faire une pause au calme et en terrasse aux beaux jours, sur cette place piétonne cosmopolite qui prend vie en soirée – le lieu s'anime même férocement certains soirs de match. À l'ardoise, choix réduit de burgers, quiche-salade, planches de fromages et charcuterie, etc. Pas mal, mais mieux vaut avoir le temps.

De prix moyens à plus chic

|●| ⛱ ***A Taberna do Mar*** *(plan centre détachable, L8,* ***168****) : calçada da Graça, 20B. ☎ 210-939-360. • info@atabernadomar.pt • Mar-sam à partir de 19h. Petits plats 4-10 €. Menu dégustation (10 miniplats) 25 €. CB refusées.* Voici une de ces adresses que l'on est ravis de découvrir et d'essayer ! Grand comme un mouchoir de poche, côté salle comme côté terrasse, ce resto tenu par 3 jeunes chefs voyageurs se distingue par son credo très réussi d'une fusion asiatico-portugaise. Équipé au choix de couverts ou de baguettes, on savoure une succession de petites assiettes follement inventives et esthétiques, entre sushis de sardines grillées présentés sur des galets, soupe au chinchard et coriandre (dans son bol en bois) ou dim sum de porc et poisson. Le must : la farandole de 10 bouchées du menu, à déguster au bar, face à la cuisine ouverte.

|●| ***O Pitéu*** *(plan centre détachable, L7,* ***214****) : largo da Graça, 95-96. ☎ 218-871-067. • opiteu@hotmail.com • Tlj sauf sam soir et dim 12h-15h, 19h-22h. Plats 9-20 €.* On est là dans le solide, le traditionnel, loin

LISBONNE QUARTIER PAR QUARTIER

des modes et de la déco, la fidélité à des recettes simples et bien faites, avec suffisamment de choix pour satisfaire à peu près tous les goûts. Service efficace assuré par une escouade de serveurs taciturnes mais professionnels.

Où manger une bonne glace ?
Où prendre un petit déj ou un encas ?

Casa São Miguel *(zoom détachable Alfama,* ***268****) : rua de São Miguel, 5. ☎ 211-324-093. • geral@casasaomiguel.pt • Tlj sauf lun 9h-19h.* Tout petit, tout mignon, tout rétro avec sa devanture turquoise, son banc semé de coussins et sa petite table calée sur les pavés en pente, ce local de carte postale est parfait pour un shot de caféine accompagné d'un bon *pastel de nata,* une *empada* (minitourte) ou un *travesseiro* (traversin !) – un délicat feuilleté. Le patron parle bien le français.

Augusto Lisboa *(plan centre détachable, L8,* ***261****) : rua de Santa Marinha, 26. 962-625-552. • augusto-lisboa@hotmail.com • Tlj (sauf mer en basse saison) 9h-16h. Fermé de mi-déc à mi-janv.* Tenu par une Française, Laura, cet accueillant café-galerie très looké propose une petite restauration fraîche et de saison, ainsi que de délicieux brunchs, jus de fruits frais, milkshakes, smoothies et quelques glaces. Tout est maison à part le pain et les yaourts. Impeccable pour recharger les batteries, entre la dernière descente et la prochaine montée !

O Ninho *(plan centre détachable, K8,* ***248****) : rua de São Cristóvão, 17-19. ☎ 211-361-664. • contact@oninho.com • Tlj 9h-17h (petit déj 9h-11h, brunch jusqu'à 15h).* Tenu par le même patron allemand que le proche resto *O Corvo,* ce tout petit local baignant dans une gentille ambiance de quartier propose juste 3 types de petit déj (dont un santé avec fruits et muesli), 3 options de brunch, des tartines, soupe et plat du jour bon marché (les 2 à 10 € !). La surprise : une brochette de petites tables cachées sur un long balcon à l'arrière. Bon accueil. À 2 pas, au nº 27-29, vente d'*empanadas* maison, plats végétariens ou végan, jus de gingembre et de citronnelle *(tlj 10h-minuit).*

Maria Limão *(plan centre détachable, L7,* ***249****) : rua da Verónica, 122. Lun-ven 9h30-16h30, w-e 10h-18h. Petit déj 3-7 €, brunch 11,50-15 €.* À 2 mn du largo da Graça, mais à l'écart de l'agitation, ce micro-local sans prétention sert des petits déj et des brunchs canon à très bon prix. Pancakes surmontés de fruits frais et graines, crêpes salées et sucrées, *bowls,* jus tout juste pressés, difficile de se tromper, tout est bon pour la santé !

Insano Gelato e Pizza *(plan centre détachable, L8,* ***247****) : rua das Escolas Gerais, 124. 912-178-777. • claudio.nasser@gmail.com • Tlj 12h-22h.* Le charmant Claudio, Brésilien volontiers loquace, vous propose de goûter à une glace avant de faire votre choix, puis vous sert trèèès généreusement. Quelques tables et chaises pour s'asseoir.

Où boire un verre ?

Pour la vue

Café da Garagem *(plan centre détachable, K8,* ***302****) : dans l'enceinte du Teatro Taborda, Costa do Castelo, 75. 924-213-570. • geral@teatrodogaragem.com • Tlj 13h-23h ou minuit.* N'hésitez pas à pousser la porte du théâtre ! En contrebas de l'entrée se cache ce café-bar néovintage redécoré par la designer tendance Joana Astolfi, offrant une vue splendide sur la ville. Étudiants branchés et voyageurs de passage y picorent tartines un peu créatives, crêpes ou assiette de fromages ou de charcuterie avec un verre de vin, sur fond de musique jazzy. DJs et musique live épisodiques.

LISBONNE QUARTIER PAR QUARTIER

Quiosque Portas do Sol *(zoom détachable Alfama,* ***297****) : largo Portas do Sol. ☎ 218-851-299. Tlj 10h (ou 12h) jusqu'au crépuscule (jusqu'à 1h en été).* La vaste terrasse, parmi les plus prisées de la ville, surplombe les toits et les clochers de l'Alfama, avec le Tage qui miroite en contrebas. Certes, les *tuk-tuks* vrombissent à quelques pas, l'accueil est rarement enthousiaste et les prix surgonflés, mais l'endroit est indéniablement agréable, de l'aube au couchant.

Quiosque do largo da Graça *(plan centre détachable, L7,* ***298****) : sur le belvédère qui jouxte l'église Nossa Senhora da Graça. Tlj 10h-23h (voire plus tard).* De tous les kiosques de toutes les places de Lisbonne, c'est à notre avis celui qui offre la plus belle vue. La charmante terrasse panoramique s'étend sous les pins, face à la ville, le château et le ponte 25 de Abril au loin. Idéal pour boire un verre en amoureux puis regagner doucement son hôtel, main dans la main.

Topo *(plan centre détachable, K7,* ***303****) : pl. Martim Moniz, de la sortie du métro, entrer par le centre commercial et prendre l'ascenseur jusqu'au 6e étage. ☎ 213-420-626. • geral@topo-lisboa.pt • Théoriquement tlj 12h30 (12h mer, jeu, sam, 11h dim)-minuit (22h30 lun, 2h jeu-sam).* Dans la collection des *rooftops,* celui-ci, semi-couvert par des claies, offre une vue imprenable sur la colline du château. Cocktails à se rouler par terre. Fait aussi resto. Jeux d'arcades, DJs.

Bars à vin (et à bière)

Graça do Vinho *(plan centre détachable, L8,* ***304****) : calçada da Graça, 10A/B. ☎ 210-118-041. Tlj sauf dim 18h-minuit.* En grimpant ou redescendant de Graça, pourquoi ne pas déguster un *moscatel* de Setúbal ou un *argilla,* un vin élevé en amphore, comme dans l'Antiquité (ça ne se sent pas au goût !) ? Dans cette épicerie réinventée en bar à vins, il n'y a que des nectars portugais – du porto, aussi, et du murganheira, ce mousseux local largement méconnu sous nos latitudes. Quelques snacks et fromages (tapas) sont proposés pour éponger.

Madame Bacchus *(plan centre détachable, K9,* ***286****) : rua de São Mamede, 30. ☎ 218-862-764. • madamebacchus@gmail.com • Tlj sauf lun de 12h à tard (2h max). Congés : 8 janv-5 fév.* Tenu par des Français, ce petit bar à vins au décor simple s'épanche sans timidité sur la place voisine. On y découvre les breuvages portugais, notamment ceux de petits producteurs, à déguster avec quelques tapas, rillettes de sardine, quiche, charcuterie et fromages locaux.

Outro Lado *(plan centre détachable, K9,* ***305****) : beco do Arco Escuro, 1. ☎ 218-864-021. • shop@outrolado.beer • Tlj 16h-22h (plus tard le w-e).* Avis aux zytophiles ! Dissimulé dans une ruelle en cul-de-sac, juste derrière le largo José Saramago, ce bar à bière déroule un coin canapé bien cosy, face à un grand écran, pour s'attaquer à la quinzaine de blondes, brunes et autres IPA offertes à la pression. Et n'oublions pas la large collection de bouteilles du monde. Mini-courette planquée à l'arrière.

Ginjinha

Ginja d'Alfama *(zoom détachable Alfama,* ***306****) : rua de São Pedro, 12. 📱 936-207-958. Tlj sauf mar 10h-minuit.* L'échoppe est si petite qu'on pourrait presque passer devant sans l'apercevoir ! On y teste la *ginja,* alcool de cerise fait maison par le jovial propriétaire, à siroter tranquillou avec quelques grignotages.

Où sortir ? Où danser ? Où écouter de la musique ?

Tejo Bar *(plan centre détachable, L8,* ***293****) : Beco do Vigário, 1A. 📱 961-416-180. • makereservations.tejobar@gmail.com • Horaires à confirmer : théoriquement tlj 17h/18h-2h.* Notre chouchou dans l'Alfama ! Avec sa dizaine de tables et ses guitares accrochées au mur, ce petit troquet intimiste et pas prétentieux voit son ambiance changer tous les soirs, au gré des musiciens de passage. Madonna, aujourd'hui lisboète, y aurait trouvé l'inspiration pour son dernier album... De la folk aux musiques africaines, de la bossa nova au flamenco, il y en a pour tous les goûts !

Boutique Taberna *(plan centre détachable, K8,* ***294****) : escadinhas de São Cristóvão, 8.* *927-139-005.* • *newboutiquebar@gmail.com* • *Tlj 15h-minuit.* Récemment repris par 2 frères, Valter et Hele (d'origine angolaise), dans une déco oscillant entre grunge et bar de quartier, l'endroit est festif et parfait pour trinquer en écoutant de la bonne musique. Pas rare que quelqu'un gratte sa guitare sur les marches, peu à peu colonisées par le soiffards d'un soir. Accueil enthousiaste.

Chapitô A Mesa *(plan centre détachable, K9,* ***211****) : rua Costa do Castelo, 7.* ☎ *218-855-550.* • *chapito.org* • *Voir plus haut « Où manger ? ».* En plus de 2 restos, ce lieu atypique abrite aussi un bar musical et un **chapiteau de cirque** sous lequel se produisent fréquemment les élèves de l'école et des troupes extérieures. Un *Festival des femmes clowns* est même organisé chaque année ! Depuis le Covid, le programme est en suspens, renseignez-vous donc avant de venir.

LuxFrágil *(hors plan d'ensemble détachable par N7,* ***296****) : av. Infante Dom Henrique, armazém A, Cais da Pedra à Santa Apolónia.* ☎ *218-820-890.* • *lux@luxfragil.com* • *luxfragil.com* • *Jeu-sam dès 18h depuis le Covid, normalement 22h-6h. Entrée libre mais verres hors de prix !* On vous l'indique plus qu'on vous le conseille. Référence de la nuit lisboète, cette grande boîte de 2 000 m² sur plusieurs niveaux est le rendez-vous de la fine fleur de la nuit et du spectacle, QG des plus grands DJs internationaux venus mixer dans un décor assez hallucinant de vidéos graphiques, de metal (hurlant) et de lasers. C'est à 4-5h du matin, habituellement, qu'on voit la queue se former à l'entrée ! Cela étant dit, les videurs sont des brutes épaisses qui, plus que jamais, trient à la gueule du client – et les Français s'en tirent rarement bien. Venez smart et looké ou ne venez pas.

Les maisons de fado (casas de fado)

Le fado est né ici, dans les tavernes miteuses de l'Alfama, au XIXe s (voir un peu plus loin : le museu do Fado). Rien à voir avec les usines à touristes que les tour-opérateurs investissent aujourd'hui. Fuyez si vous ne « sentez » pas les lieux ! Vous y perdriez de précieux euros et, surtout, vous rateriez votre rencontre avec ce blues portugais. Quelques lieux plus authentiques (et néanmoins touristiques) existent encore, mais on hésite à les livrer, car ceux qu'on aimait bien il y a peu tendent très vite à se laisser aller à la facilité : une participation est demandée si vous ne dînez pas, la cuisine devient médiocre et hors de prix et, quoi que l'on fasse, on s'en sort rarement pour moins de 30-50 €... et parfois beaucoup plus. Vous voilà prévenu.

Casa de Linhares *(plan centre détachable, L9,* ***318****) : beco dos Armazéns do Linho, 2.* *910-188-118.* • *info@casadelinhares.com* • *Tlj 19h30-2h. Menu 70 € ; plats 25-29 € ; plus taxe de spectacle 15 €/pers.* Dans un décor plutôt chic et soigné, grande salle voûtée et haute de plafond du XVIIe s. Spectacles de fado traditionnel de qualité dans une ambiance tamisée. Et, comble du bonheur, une cuisine portugaise qui se tient bien ! Évidemment, au final, tout cela a un prix...

Parreirinha de Alfama *(zoom détachable Alfama,* ***307****) : beco do Espirito Santo, 1.* ☎ *218-868-209.* • *booking@parreirinhadealfama.com* • *Tlj sauf lun 20h-1h. Menu 45 € (min exigé : 40 €/pers).* Au fond d'une courette, on descend quelques marches pour entrer dans une salle basse feutrée et intimiste décorée d'*azulejos*. Fondée en 1939, cette *casa de fado* est devenue touristique, mais d'excellents guitaristes et chanteuses y passent encore.

A Pulga *(zoom détachable Alfama,* ***308****) : rua Regueira, 4-4A.* *933-279-486. Tlj sauf mar-mer*

20h-minuit. Plats 15-17 € ; min 20 €/pers. Un tout petit local carrelé où des artistes amateurs vous concoctent un excellent fado artisanal et authentique, pendant que vous dînez de bons petits plats du jour griffonnés sur une feuille de papier. Le tout sous la tendre férule de la charmante et sémillante patronne.

Esquina de Alfama Casa de Fado *(zoom détachable Alfama,* ***312****) : rua de São Pedro, 4. ☎ 218-870-590. • esquina.de.alfama@gmail.com • Tlj 20h-minuit. Plats 12-19 € (1 plat/pers exigé).* Resto familial, où l'on mange à touche-touche des spécialités régionales copieuses et sans chichis pour pouvoir entendre, chaque soir de la semaine à 20h, les chanteurs de fado qui se relaient sous les voûtes de pierre... Au final, pour une boîte à fado, le rapport qualité-prix n'est pas si mauvais !

Clube de Fado *(plan centre détachable, L9,* ***317****) : rua de São João da Praça, 86-94. ☎ 218-852-704. • clubedefado@fadoandfood.pt • Tlj 20h-2h. Plats 25-35 €. Taxe de spectacle : 7,50 € (pas toujours appliquée).* S'il figure parmi les maisons de fado les plus réputées de Lisbonne, passant des artistes professionnels de haut niveau, le *Clube de Fado* a depuis quelques temps tendance à se reposer sur ses lauriers : prestations un peu courtes et cuisine au rapport qualité-prix décevant. Un dernier choix plus qu'un 1er !

Achats

Artisanat, art

A Vida Portuguesa *(plan centre détachable, K6,* ***353****) : largo do Intendente Pina Manique, 23. ☎ 211-974-512. • lojaintendente@avidaportuguesa.com • Tlj 11h30-19h.* Dans une ancienne fabrique de céramiques à la superbe façade, une superbe sélection de produits fabriqués au Portugal et qui ont marqué la mémoire nationale : vaisselle, épicerie fine, linge de maison, jouets, bijoux, céramiques, produits de beauté... Une véritable caverne d'Ali Baba ! D'autres boutiques en ville (voir la rubrique « Achats » dans le quartier de Bairro Alto).

Écocommerce

Garbags *(plan centre détachable, L8,* ***350****) : calçada da Graça, 16A. 📱 937-981-772. • info@garbags.com • Tlj sauf mer 11h (12h sam, 10h dim)-19h (20h ven).* Voici la 1re écoboutique de Lisbonne qui récupère des déchets urbains pour en faire des objets utiles. Ou comment un paquet de café peut devenir un porte-monnaie, un tube de dentifrice un étui, un emballage de croquettes pour chien, un sac à main, etc.

Conserverie de poissons

Conserveira de Lisboa *(plan centre détachable, K9,* ***351****) : rua dos Bacalhoeiros, 34. ☎ 218-864-009. • info@conserveiradelisboa.pt • Tlj sauf dim 10h-13h, 14h-19h.* Depuis 1930 que ça dure ! Du sol au plafond – dans les vieux rayonnages en bois – s'alignent des boîtes de conserve à l'ancienne, vendues dans un emballage rétro qui plaira beaucoup à vos amis ou à votre famille. Produits raffinés de qualité.

Azulejos et céramique

Santa Rúfina Azulejos *(plan centre détachable, K9,* ***352****) : calçada do Conde de Penafiel, 9A/B. ☎ 218-876-018. • santarufina@hotmail.com • santarufina.pt • Lun-ven.* Cette petite fabrique, dirigée par Cristina Lopes, ne met guère d'éclat dans son souci d'attirer le chaland. C'est davantage au curieux qu'elle ouvre sa vieille porte vitrée pour lui permettre de découvrir un panneau en cours de réalisation ou un passionné courbé sur son pinceau, occupé à peindre une céramique. Ici, tout est réalisé de A à Z, de la fabrication du biscuit – le carreau de terre de 14 x 14 cm – à la cuisson de l'*azulejo*, en passant par le savant geste qui consiste à enduire une face de poudre de verre liquide. Pour voir, pour acheter, pour apprendre aussi. Créations originales et contemporaines, copies d'anciens, etc.

Caulino *(plan centre détachable, K9,* ***354****)* **:** *rua de São Mamede, 28. 917-296-439. • caulinoceramics@gmail.com • Lun-sam 11h-18h (21h lun, 14h sam).* Ce lumineux atelier-boutique abrite la créativité de 4 céramistes. Objets utilitaires ou purement décoratifs, les formes et les couleurs se côtoient sur les étagères, au gré de l'inspiration. On peut prendre des cours (2h) et faire émailler ses pièces !

À voir. À faire

Dans l'Alfama

Igreja Nossa Senhora da Conceição Velha *(église de Notre-Dame de la Vieille-Conception ; plan centre détachable, K9,* ***403****)* **:** *rua da Alfandega, 108. Tlj 8h-19h.* La très belle façade manuéline est l'unique vestige de l'église d'origine, largement détruite par le tremblement de terre de 1755. Le pilier central de ce portail supporte une curieuse statue de saint Michel, qui tient une épée dans une main et une balance dans l'autre. Le plus étrange réside dans sa tenue, car il porte un vêtement de femme ; autrement dit il s'expose comme un travesti ! En outre, il a une calotte sur la tête... Selon les historiens, cela signifie que l'église a été bâtie à l'emplacement d'une ancienne synagogue. Cette statue de saint travesti signifierait le « travestissement » de la religion juive en religion chrétienne (ouf, on respire !). L'intérieur, néoclassique, n'a pas grand intérêt.

Casa dos Bicos *(plan centre détachable, K9,* ***404****)* **:** *rua dos Bacalhoeiros, 10. ☎ 218-802-040. • josesaramago.org • Tlj sauf dim et 13 juin 10h-18h (dernière entrée à 17h30). Entrée de la Fondation Saramago : 3 € ; réduc, notamment avec la* Lisboa Card. *Accès libre au rez-de-chaussée (vestiges archéologiques).*
Inspirée par le palais des Diamants à Ferrare (Italie), la casa dos Bicos fut construite en 1523 pour le vice-roi des Indes portugaises, le puissant Afonso de Albuquerque. Il s'agit de l'un des rares monuments rescapés du tremblement de terre de 1755. Sa façade est hérissée de dizaines de pierres taillées en forme de pointes de diamant, symboles de luxe et de richesse. Selon la rumeur historique, Albuquerque voulait incruster un vrai diamant dans chaque pierre. Mais le roi Manuel s'y opposa, ne voulant pas d'un palais plus somptueux que le sien ! Une légende raconte aussi qu'une reine africaine y aurait caché un trésor de diamants...
Au rez-de-chaussée, on peut voir les maigres vestiges archéologiques du ***Conjunto Cerca Velha*** et, dans les étages la ***Fondation José-Saramago*** (1922-2010), le 1er auteur portugais ayant obtenu le prix Nobel de littérature (1998). À l'intérieur, souvenirs, objets, livres évoquant la vie et l'œuvre de Saramago. Expos temporaires, bibliothèque au calme et boutique.

Museu do Fado *(musée du Fado ; plan centre détachable, L9 et zoom détachable Alfama,* ***405****)* **:** *largo do Chafariz de Dentro, 1. ☎ 218-823-470. • museudofado.pt • Tlj sauf lun et j. fériés 10h-18h (dernière entrée à 17h30). Entrée : 5 € ; réduc. Audioguide en français inclus (1h).*
Installé dans une vieille station de pompage et de distribution d'eau à la tendre façade rose, ce musée – fort agréable – propose une divagation dans l'imaginaire lyrique et mélancolique du fado (des fados, devrait-on dire), de leurs auteurs et de leurs textes. L'audioguide distille des explications et des musiques chantées à mesure qu'on

> **LE FADO BAILLONNÉ**
>
> *En mars 1927, sous la dictature, un décret obligea tous les textes des chansons de fado à être soumis à la censure. Les plus révoltés ou audacieux étaient interdits et aucune improvisation n'était possible ! La censure imposait aussi aux artistes d'avoir une carte professionnelle et une tenue spéciale...*

LISBONNE QUARTIER PAR QUARTIER

se déplace devant les grands murs d'images et de photos de la grande famille des fadistes. Tout commence là, face à cette histoire et à ces visages expressifs et émouvants...
Comme le tango argentin, le fado est né dans les bas-fonds et les bordels de la capitale – ce que rappelle une maquette de maison close réalisée par le chanteur Alfredo Marceneiro ! Il parle du quotidien des gens, de leurs inquiétudes, de leurs amours – souvent déçues. Pressé sur disque pour la 1re fois en 1904, ce chant populaire s'élargit graduellement au reste de la société, avant de prendre le statut de mythe identitaire. La dictature le fige dans sa superbe (voir la vitrine consacrée à la censure), puis, inimaginable, il passe de mode après la révolution des Œillets (1974), qui l'assimile à un art d'ancien régime ! Heureusement, dès 1976, il se trouve réhabilité grâce à Carlos do Carmo, qui chante le fado à l'Eurovision pour le Portugal !
Pour mieux s'imprégner de fado, on peut s'installer dans l'un des 3 fauteuils de la salle d'écoute, visionner les films projetés au cours de la visite, ou admirer la belle collection de guitares portugaises à 6 cordes doubles – aux formes plus arrondies que la classique, elle est en fait d'origine anglaise ! Expos temporaires au sous-sol.
La ***boutique*** du musée dispose d'un large choix de CD et même cassettes, à écouter avant d'acheter.

Sé Patriarcal *(cathédrale ; plan centre détachable, K9)* **:** *largo da Sé. ☎ 218-866-752. Tlj sauf dim 10h-18h30 (dernière entrée 30 mn avt). Entrée : 4 € ; réduc. Cloître en travaux jusqu'en 2022.* De son vrai nom « igreja Santa de Maria Maior », elle fut construite au XIIe s à la place de la grande mosquée maure, pour signifier le triomphe de la Reconquête. Malgré de nombreuses restaurations, elle a gardé une allure de forteresse, avec ses 2 tours jumelles et crénelées. Des fouilles ont montré qu'au-dessous passait jadis une rue romaine ! Style roman et influences gothiques s'entremêlent sans heurt dans la grande nef sombre, aux ouvertures étroites. Dans le déambulatoire, voyez la belle grille romane de la chapelle de Santa Maria Menor (XIVe s) et le beau sarcophage de Lopo Fernandes Pacheco (1349) avec son chien à ses pieds (pierre patinée par les caresses !). En face, celui de son épouse, D. Maria Vilalobos, qui lit un livre de prières, est bien plus austère. Juste avant la sortie, voyez aussi le baptistère dans sa niche couverte d'*azulejos*.
– ***Tesouro*** *(Trésor de la Sé)* **:** *à l'étage.* Regroupant principalement des pièces des XVIIe et XVIIIe s, dont beaucoup de vêtements sacerdotaux, il conserve aussi quelques objets plus rares et étonnants. Parmi eux, plusieurs reliquaires : ceux de saint Aleixo et de saint Grégoire de Nazianze en forme de bras, celui abritant la main de São Vicente (le vrai saint patron de Lisbonne) dans une cassette en vermeil. De la salle du chapitre, décorée d'*azulejos* et de panneaux de bois peint, s'offre une vue superbe sur le Tage. Là, un trône liturgique du XVIIIe s, encadré de grands éventails en plumes d'autruche, semble attendre l'arrivée d'un prince de l'Église... La pièce la plus précieuse du trésor est ici, enfermée dans un solide coffre métallique, lui-même protégé par une robuste vitre incassable, d'épaisses grilles en fer et 2 très larges volets en bois ! Il s'agit du joyau du Trésor : un ostensoir en or de 17,2 kg, datant de 1748, haut de 94 cm et incrusté de 4 120 pierres précieuses ! Il a été offert à la Sé par le roi dom José I. Divisé en 7 parties, il contient de nombreux et beaux symboles de la religion catholique, notamment un pélican qui surgit parmi 4 anges pour nourrir ses petits. L'ostensoir était jadis promené dans la rue lors des processions ; désormais, il ne quitte plus la cathédrale – et encore, sous la protection de 5 policiers !
– ***Claustro*** *(cloître)* **:** *accès par le fond de la nef, par la galerie de droite. Fermé jusqu'en 2022.* Construit aux XIIIe-XIVe s avec des colonnes ornées de beaux chapiteaux romans. Au centre, un chantier de fouilles archéologiques a révélé des pans de mur, des restes d'une ruelle romaine (Ier s apr. J.-C.), une citerne médiévale et quelques vestiges de maisons d'époque maure.

Museu do Aljube Resistencìa e Liberdade *(plan centre détachable, K9,* ***408****)* **:** *rua de Augusto Rosa, 42. ☎ 215-818-535. ● museudoaljube.pt ● Tlj sauf lun et* *j. fériés 10h-18h (derrière entrée 30 mn avt). Entrée : 3 € ; réduc. Gratuit jusqu'à 12 ans.* « Sans mémoire, pas de futur. » Pour ne pas oublier, justement, ce musée s'est installé dans une ancienne prison ecclésiastique devenue prison politique de la PIDE au temps de Salazar. L'expo permanente tente de faire comprendre (en anglais) les ravages du nationalisme en général – et portugais en particulier –, avec l'exemple du régime salazariste aussi bien au Portugal que dans ses anciennes colonies. L'occasion d'apprendre qu'il y eut aussi, à cette sombre époque, un camp de concentration au Portugal, délocalisé dans l'archipel du Cap-Vert... On découvre ainsi une fidèle reconstitution de 3 des cellules des opposants au régime, avec une muséographie permettant de se rendre compte, en image et en son, des horreurs et des souffrances.

Igreja Santo António *(église Saint-Antoine ; plan centre détachable, K9,* ***407****) : largo de Santo António da Sé. Tlj 9h-18h (19h w-e).* Elle a été élevée au XVIIIe s à l'emplacement de la maison natale de Fernando de Bulhões, alias saint Antoine de Padoue, un Portugais du XIIe s devenu le saint patron de la Sé et de l'Alfama, mais aussi de tous ceux qui ont perdu un objet, et des femmes en quête de mari ! L'église est le point de départ, le 13 juin, jour de la Santo António, de grandes processions dans l'Alfama – précédant feux d'artifice et corrida. L'intérieur, dans les tons saumon et de style baroque, n'est pas inoubliable. La crypte serait tout ce qu'il reste du lieu de naissance de saint Antoine. Un fragment d'un os dudit saint y est conservé.

LA FIN DES INDULGENCES

Sur l'église, face à la cathédrale, une plaque rappelle la proclamation de la reine Marie Ire et du pape Pie VI annonçant la fin des indulgences. Désormais, pour être absout de ses péchés mortels, plus besoin d'argent. Il suffit d'être baptisé et de pénétrer dans l'église Santo António, et toc !

Museu de Lisboa – Santo António *(plan centre détachable, K9,* ***407****) : largo de Santo António da Sé, 22. ☎ 218-860-447. • museudelisboa.pt • Sur la gauche du porche de l'église Santo António. Tlj sauf lun et j. fériés 10h-18h. Entrée : 3 €.* Ce petit musée présente le destin foudroyant de saint Antoine de Padoue. Probablement né le 15 août 1191 (ou en 1195) à Lisbonne, sous le nom de Fernando de Bulhões, il entre chez les Franciscains en 1200, rencontre bientôt saint François à Assise, puis part combattre l'hérésie albigeoise dans le sud de la France. Théologien, il enseigne et prêche à Montpellier, Toulouse, Le Puy et Arles, fonde un monastère à Brive, puis retourne en Italie où il meurt d'épuisement en 1231, à l'âge de 36 ans. L'année suivante, il est canonisé par le pape Grégoire IX – très impressionné par sa connaissance des Saintes Écritures. La tradition affirme que, alors, toutes les cloches de Lisbonne se mirent à sonner d'elles-mêmes ! Statuettes, *azulejos*, objets de culte, peintures, gravures, livres... avec le temps, un culte « antoniste » et une « industrie des images » sont apparus à Lisbonne.

Museu de Lisboa – Teatro romano *(plan centre détachable, K9,* ***406****) : rua de São Mamede, 3A. ☎ 215-818-530. • museudelisboa.pt • ♿ Tlj sauf lun 10h-18h (dernière entrée à 17h30). Entrée : 3 € ; réduc. Gratuit moins de 12 ans. Dépliant-plan en français.* Dans ce grand bâtiment baigné de lumière, on découvre quelques vestiges romains (éléments lapidaires, céramiques et statues) et, à l'étage, une belle vue sur le Tage, fleuve que Pline l'Ancien mentionnait déjà dans son *Historia Naturalis.* De l'autre côté de la rue, sous un affreux auvent métallique, se cachent les restes du ***théâtre romain d'Olissipo,*** construit près du forum entre 14 et 27 apr. J.-C. et redécouvert en 1798 à l'occasion de travaux de construction.

Miradouro de Santa Luzia *(belvédère de Santa Luzia ; plan centre détachable, L9 et zoom détachable Alfama) : largo de Santa Luzia. Ascenseur pour monter gratuitement rua Norberto de Araújo (7h-21h – w-e 9h-20h) ; sinon, à pied, par la rua Augusto Rosa.* Au pied de l'église de Santa Luzia s'épanche un charmant petit jardin explosant de bougainvillées. Sous les arcades, amoureux, familles en promenade et touristes viennent s'en mettre plein les mirettes ! Depuis la terrasse s'appuyant sur d'anciennes murailles arabes, on bénéficie en effet d'un très beau point de vue sur les toits de l'Alfama et sur le Tage. Petit bar *Santa Luzija* pour prendre un verre et l'air du temps.

Museu de Artes decorativas portuguesas – Fundação Ricardo Espírito Santo Silva *(musée et école des Arts décoratifs ; plan Centre détachable, L8 et zoom détachable Alfama,* ***410****) : largo das Portas do Sol, 2. ☎ 218-814-640. • fress.pt • Tlj sauf mar et j. fériés 10h-17h. Entrée : 4 € ; visite des ateliers (sur résa) : 10 € ; ateliers + musée : 15 € ; réduc.*

On le classe dans la catégorie des musées d'arts décoratifs, mais c'est bien plus qu'un musée ! Installé dans le palais Azurara, une ancienne demeure du XVIIe s, non loin de l'église Santa Luzia, il appartient à la Fondation Espírito Santo, dédiée à la protection du patrimoine et des arts. Malgré son nom, qui évoque une œuvre religieuse charitable, il s'agit en fait d'une fondation privée, créée par Ricardo Espírito Santo (1900-1954), le bien nommé, riche banquier, collectionneur et mécène de la 1re moitié du XXe s. Ses descendants dirigent aujourd'hui l'une des plus grandes banques du Portugal, dans le même esprit, espérons-le.

Au rez-de-chaussée du musée, beau carrosse à l'entrée, intéressantes collections de mobilier portugais et colonial des XVIIe-XVIIIe s, argenterie, tapis d'Arraiolos, peintures anciennes, faïence, *azulejos*, etc., recréent l'atmosphère d'une jolie demeure aristocratique de l'époque. Observez les meubles de style indo-portugais, les porcelaines de Chine, les meubles en bois tropical du Brésil (salle XVIIIe s) et les étonnants caparaçons en velours et argent. ***À l'étage,*** oratoire portable, peinture sur cuivre très rare, représentant la Sainte Famille dans le style luso-japonais, dit « art namban ». Belle collection de meubles miniatures.

Les locaux attenants au bâtiment principal abritent ***18 ateliers*** d'ébénisterie, de travail du métal, de peinture décorative, de reliure de livres, etc. Des ateliers d'arts et métiers où les maîtres fabriquent de remarquables copies de meubles anciens, si réputées que la Maison-Blanche achète ici son mobilier d'État ! La fondation gère en outre, dans Lisbonne, l'École supérieure des arts décoratifs et l'Institut des arts et métiers.

Cafétéria du musée : dans le patio où il fait bon se poser au calme, près de la margelle d'un vieux puits. Peu de choix, mais produits frais. Très sympa. Accès possible même en dehors de la visite du musée.

Castelo de São Jorge *(château Saint-Georges ; plan centre détachable, K8) : rua de Santa Cruz do Castelo. ☎ 218-800-620. • castelodesaojorge.pt • Tlj sauf j. fériés 9h-21h (18h nov-fév ; dernière entrée 30 mn avt fermeture). Entrée : 10 € ; réduc, notamment avec la Lisboa Card ; gratuit moins de 12 ans. Audioguides en portugais, espagnol ou anglais (pas de français). Attention, surveillez bien les jeunes enfants, car les garde-corps sont quasi inexistants ou très rudimentaires.*

Construit sur la plus haute colline de Lisbonne et sur les vestiges de la 1re forteresse connue (datée de 138 av. J.-C.), le *castelo* domine le vieux quartier de l'Alfama, sentinelle aux murs crénelés, entourée d'une belle ceinture d'arbres et de paisibles jardins – d'où se révèle une vue splendide sur la ville. Phéniciens, Romains, Wisigoths et Maures ont occupé le site au fil des siècles, abandonnant quelques vestiges témoignant de leur présence. Après la reconquête de Lisbonne par les croisés et l'expulsion des Maures en 1147, les rois chrétiens rebaptisèrent le château du nom de saint Georges, vénéré par les croisés. Ils n'en firent pas une résidence, mais une caserne destinée à abriter la garnison. Le secteur médiéval de Santa Cruz, englobé dans l'enceinte extérieure, constitue le plus vieux quartier de Lisbonne.

– Au-dessus des terrasses plantées de vieux oliviers, au milieu desquelles se baladent librement des paons, une petite ***exposition permanente*** *(brochure en français)* présente le résultat des fouilles réalisées sur place : surtout des tessons de poterie, plus des monnaies d'argent remontant au califat de Cordoue. Rigolo : à cette époque, elles étaient coupées en fragments représentant un pourcentage de leur valeur !

– On accède ensuite au ***château*** proprement dit, qui se résume surtout à de hauts murs et de grandes cours plantées de quelques arbres. Aucun panneau de reconstitution ou explication ne permet de s'imaginer l'activité qui y régnait. Un peu décevant, donc... Le ***chemin de ronde***, entrecoupé de bastions crénelés, est toutefois accessible, offrant une succession de panoramas plongeants. Il donne accès à la *tour d'Ulysse* – fondateur légendaire de la cité –, où a été installée une ***camera obscura*** *(tlj 10h-17h20 ; présentations en portugais, espagnol et anglais, ttes les heures quand la lumière est suffisante).* Cet instrument d'optique permet de zoomer en temps réel sur certains secteurs de Lisbonne.

Mosteiro de São Vicente de Fora *(monastère et cloître de Saint-Vincent-hors-les-Murs ; plan centre détachable, L8)* **:** *largo de São Vicente. ☎ 218-810-559. • mosteirodesaovicentedefora.com • Tlj sauf lun et j. fériés 10h-18h (dernière entrée à 17h). Entrée : 5 € ; réduc ; gratuit moins de 12 ans.* Dominant la colline de l'Alfama depuis près de 9 siècles, ce monastère a été fondé en 1147 par Afonso Henriques, qui en avait fait le vœu s'il parvenait à reprendre Lisbonne aux Maures. Il a été largement remanié au XVIe s sous le règne du roi d'Espagne Philippe II, l'église y gagnant pour sa part une façade maniériste austère puis un autel à baldaquin d'une lourdeur baroque incroyable. Le monastère est plus intéressant, notamment pour ses omniprésents *azulejos* du XVIIIe s, qui embellissent chaque cloître, chaque palier, chaque flanc d'escalier. Au total, il y a 220 panneaux composés de plus de 100 000 carreaux !

– Juste après l'entrée, on peut admirer l'impressionnante citerne souterraine datant de l'époque des Maures (avant le XIIe s).

– En haut des marches, la ***Porteria*** (hall d'entrée) ne manque pas de prestance avec ses superbes panneaux d'*azulejos* narrant la prise de Lisbonne aux Arabes (vers 1710) et dus au grand-maître Manuel dos Santos. Le plafond en trompe l'œil a été réalisé par un peintre italien sous le patronage de João V.

INDIEN... VAUT MIEUX QUE 2 TU L'AURAS !

Jean de La Fontaine le reconnaissait : c'est dans Khalila et Dimna *(Albin Michel, 2006), un recueil de fables indiennes du VIe s où évoluaient des animaux, qu'il puisa pour créer ses fameuses fables. Vous en reconnaîtrez certaines !*

– Le ***musée*** du monastère présente de fort belles pièces : croix de procession des XVe-XVIe s, ciboire très finement ouvragé de 1509, christ en ivoire, ostensoir en vermeil et topazes... Honnêtement, c'est plus intéressant qu'au trésor de la Sé !

– Les 2 ***cloîtres*** du XVIe s, dans le prolongement l'un de l'autre, sont d'une grande sobriété. Entre les deux, la ***sacristie,*** d'un baroque très riche, allie plafonds peints et murs tapissés de marqueterie en marbre. Les archéologues y ont découvert des tombes de croisés (des chevaliers teutoniques) venus aider dom Afonso Henriques lors de la reconquête de Lisbonne.

– Au fond à gauche du 2e cloître, dans l'ancien réfectoire du monastère, le ***mausolée de la dynastie des Bragance*** renferme 48 sarcophages sans AUCUNE fioriture (décevant...). Au centre de la salle se trouvent 4 tombeaux, dont celui de la *reine Amélie* (dona Amelia d'Orléans e Bragança), française de naissance, fille du comte de Paris. Ayant échappé aux balles qui tuèrent son époux, le roi Carlos Ier, en 1908, la dernière reine du Portugal mourut en exil au Chesnay, près de Versailles, comme le rappelle une plaque commémorative posée au pied de son tombeau.

– Il faut ensuite monter à l'étage pour découvrir une ***collection unique d'azulejos illustrant 38 fables de La Fontaine*** ! Ces panneaux du cloître, peu conformes aux canons de l'Église, furent cachés sous des couches de plâtre et de peinture avant d'être redécouvert et restaurés. La présentation est réussie et les explications en français bien faites. Ainsi découvre-t-on des fables oubliées et peu connues comme *L'Ours et l'Amateur de jardins, L'Avantage de la Science, Le Gland et la Citrouille, Le Loup et la Cigogne, L'Astrologue qui se laisse tomber dans le puits*... Un superbe livre en français, en vente à la librairie, leur est consacré.

– S'il vous reste un peu de forces, n'hésitez pas à grimper au sommet pour apprécier Lisbonne depuis le ***toit-terrasse.*** Vue à 360° à couper le souffle (au sens propre comme au figuré !).

À l'est de l'Alfama

Igreja de Santa Engrácia – Panteão nacional *(église Santa Engrácia – Panthéon national ; plan d'ensemble détachable, M8,* ***414****) :* *campo de Santa Clara. ☎ 218-854-820. Tlj sauf lun et j. fériés 10h-13h, 14h-17h ; dernière entrée 20 mn avt. Entrée : 4 € ; réduc ; gratuit moins de 12 ans et avec la* Lisboa Card. *Billet jumelé avec le musée des Azulejos 7 € ; en ajoutant le Museu de Arte antiga 15 €.* C'est le monument imposant tout à côté de l'église São Vicente, qui rappelle à tout un chacun que « tout vient à point à qui sait attendre » – traduction non littérale de l'expression « *obras de Santa Engrácia* », utilisée à Lisbonne quand on commence une chose et qu'on ne la finit pas ! Cette étonnante église figure en effet au *Guinness Book des records* : commencée au XVIIe s, elle a été achevée seulement en 1966... La décision avait déjà été prise d'y installer le Panthéon national des grands Portugais : Vasco de Gama, Henri le Navigateur, Afonso Albuquerque, Luis de Camões, etc. Ils sont une vingtaine, pas plus, dont une seule femme, la chanteuse de fado Amália Rodrigues. Rien que du symbole : ils sont inhumés ailleurs. D'en haut (181 marches), la vue est encore une fois très belle !

Museu militar *(Musée militaire ; plan d'ensemble détachable, M8,* ***415****) : largo dos Caminhos de Ferro. ☎ 218-842-569. En face de la gare Santa Apolónia. Tlj sauf lun 10h-17h (dernière admission 16h). Entrée : 3 € ; réduc, notamment avec la* Lisboa Card. *Gratuit dim mat.* Installé dans l'ancien arsenal royal de l'armée datant du XVIIIe s, avec des murs revêtus d'*azulejos* et ornés de peintures, riches témoins de leur temps. Toute l'histoire du pays racontée à travers ces collections d'armes présentées dans un cadre qui ne craint pas les télescopages historiques. Remarquable collection de canons.

Feira da Ladra *(foire de la Voleuse, appelée couramment marché aux puces ; plan d'ensemble détachable, M7-8,* ***413****) : campo de Santa Clara, mar et sam jusqu'à 17h. Passer sous l'arche à gauche de São Vicente da Fora. Belle vue sur le Tage.* Beaucoup de fripes, bibelots, vieux jouets, vêtements et meubles dans la rue longeant le jardin de Santa Clara, coin des antiquaires, marché de produits locaux... On y vient pour l'ambiance, surtout si le soleil est de la partie. Ne manquez pas, aux nos 124-126 de la place, la superbe façade réalisée par le célèbre céramiste de la fin du XIXe s, Luís Ferreira das Tabuletas.

Museu da Água *(musée de l'Eau ; plan d'ensemble détachable, N6-7,* ***417****) : rua do Alviela, 12. ☎ 218-100-215. Tlj sauf lun 10h-17h30. Entrée : 4 € ; billet combiné avec le reservatório da Patriarcal, le reservatório Mãe d'Água et l'aqueduto Águas Livres (voir la rubrique « À voir. À faire » dans les quartiers de Rato, de l'avenida da Liberdade et de Sant'Ana) : 12 € ; réduc, notamment avec la* Lisboa Card. Installé dans une ancienne station de pompage, ce musée raconte l'histoire de la distribution de l'eau à Lisbonne... en portugais. La salle des machines occupant le bâtiment voisin, superbement restaurée, abrite la gigantesque pompe à vapeur de la fin du XIXe s qui servait à distribuer l'eau à travers la ville – un bel exemple de patrimoine industriel. Pour les (rares ?) mordus du sujet...

Museu nacional do Azulejo – Convento da Madre de Deus *(MNA ; hors plan d'ensemble détachable par N7,* ***416****) : rua da Madre de Deus, 4. ☎ 218-100-340. • museudoazulejo.gov.pt • À 1 km au nord-est du Museu da Água, dans le*

LISBONNE QUARTIER PAR QUARTIER

quartier de Xabregas. Bus nº 759 depuis la gare de Santa Apolónia. Tlj sauf lun et j. fériés 10h-18h (dernière entrée 30 mn avt). Entrée : 5 € ; réduc ; gratuit moins de 12 ans et avec la Lisboa Card.

Ce musée à ne pas manquer (malgré son éloignement) occupe un ancien couvent fondé en 1509 par la reine Leonor et ultérieurement modifié. Devant prospère un charmant fouillis de vénérables bougainvillées, palmiers et caoutchoucs !

Rez-de-chaussée

La visite débute par le ***grand cloître*** du XVIe s, autour duquel sont exposés les *azulejos* les plus anciens (XVe-XVIIe s). Commence alors un voyage plus onirique que technique dans l'univers de ces carreaux de faïence peu à peu utilisés pour illustrer tous les thèmes, ou presque : guerre, chasse, portraits, végétaux, mythologie, animaux, légendes... et même Mickey Mouse (regardez à l'entrée du cloître à gauche !). Si *azulejo* vient de « *al zulaicha* », « pierre polie » en arabe, c'est à l'influence des peintres maniéristes italiens et flamands, puis à l'essor de la faïence hollandaise concurrente que les carreaux portugais, d'abord décorés individuellement de motifs surtout floraux et géométriques, doivent d'avoir évolué vers des panneaux restituant de grandes scènes. On en voit de beaux exemples *salle 5* (grand retable haut de 4 m) puis *salle 6* (adorable panneau d'autel illustré de 2 biches, d'un cerf et d'un palmier).

- L'***église,*** à laquelle on accède par la salle du *bas-chœur*, au fond du cloître, est un bel exemple de l'art religieux baroque avec sa voûte en coque de bateau renversé incrustée de grandes toiles, ses panneaux d'azulejos hollandais bleu et blanc du XVIIe s et ses autels très riches en *talhas douradas* (bois sculptés dorés), qui confèrent une belle dominante bleu et or au sanctuaire. Du côté opposé, la *salle D. Manuel* est ornée de panneaux représentant des scènes de la vie de saint François d'Assise, dues au maître ès *azulejos* Manuel dos Santos.
- La ***capela D. Leonor,*** juste à droite avant d'entrer dans l'église, possède un remarquable plafond mozarabe, une grande vue de Jérusalem de 1517 de l'école flamande et des médaillons en faïence de l'Italien Della Robbia. Cette reine Leonor (1458-1525), surnommée « la parfaite reine », est la fondatrice du couvent.
- Sur le côté, quelques marches mènent alors au fameux ***claustrim,*** charmant cloître manuélin du XVIe s sur 2 étages, bordé d'*azulejos* du XVIIe s et dont la galerie est soutenue par de fines et élégantes colonnes...

1er étage

Ici sont exposés des *azulejos* des XVIIe au XXe s. Ne manquez pas, dans la galerie haute du *claustrim,* le panneau satirique et burlesque intitulé *Macacaria, casamento da Galinha,* « la singerie, noces d'une poule », où des animaux à l'air stupide personnifient les humains et leurs tares ! D'autres, similaires, leur tiennent compagnie. Voyez aussi les scènes de chasse récupérées dans un palais de Belém (dans la *salle 8*).

- On accède ensuite à la riche ***chapelle de Saint-Antoine,*** où est exposée une grande crèche en terre cuite du XVIIIe s. Le superbe plancher est en bois exotique : jacaranda du Brésil.
- Suit le ***Coro alto*** *(Haut-chœur),* avec des stalles en bois et une vingtaine de vitrines dorées abritant des reliques – et, toujours, cette profusion de dorures baroques et de toiles religieuses portugaises. De la balustrade, on domine l'église et sa nef.
- Le reste du 1er étage est consacré aux *azulejos* modernes et contemporains et aux expos temporaires.

2e étage

On termine par ce qui est peut-être la pièce la plus remarquable du musée : la ***Vista panorâmica de Lisboa,*** immense panneau d'*azulejos* de 23 m de long (sur 1,15 m de haut) montrant 14 km du littoral de Lisbonne avant le tremblement de terre de 1755. Réalisé vers 1700, il provient de l'ancien palais des comtes de Tentúgal. C'est un miracle de l'avoir conservé ! On a compté 23 couvents, 15 églises,

5 chapelles, 8 palais et 4 *quintas* (domaines des familles riches à la campagne). On reconnaît nettement la tour de Belém (à son emplacement d'origine jusqu'au tremblement de terre, soit au milieu du fleuve), le monastère dos Jerónimos, la colline du *castelo*...

|●| ***Cafétéria du musée :*** elle donne sur le vaste patio qui abrite un jardin intérieur (avec tables). Fond de décor d'*azulejos* pour des petits plats simples : quiches, salades, crêpes, à prix aussi sages que le lieu (7-9 €).

Le quartier de la Mouraria
(plan d'ensemble détachable, K8)

Étendu sur le versant nord-ouest de la colline du castelo de São Jorge, prolongation naturelle de l'Alfama, ce quartier aux lacis de ruelles tortueuses s'étale tout en pente entre la Baixa (à l'ouest) et Graça (au nord-est). La Mouraria commence sur la place Martim Moniz, que les Lisboètes ont longtemps appelé « le trou » ! *Becos, escadinhas, calçadas...* ses impasses, ses escaliers sinueux et ses ruelles étroites dessinent un étrange labyrinthe bordé de pauvres maisons longtemps habitées par la misère.

Un peu d'histoire

Vu d'en haut, on dirait que le quartier s'enroule en écharpe autour de la colline. Une forme de turban ? Un clin d'œil de ses 1ers habitants : les Maures ? Après la reconquête de Lisbonne en 1147, les croisés venus prêter main forte au roi Afonso Ier se livrent à des massacres : le pillage et le droit de faire des prisonniers contre rançon font partie de l'accord. Même l'évêque mozarabe de Lisbonne est tué... Les musulmans survivants sont regroupés dans un quartier hors les murs, sur le versant ouest de la colline du château : la Mouraria (le quartier maure). Dans ce périmètre fermé par 3 portes, soumis à des règles strictes, ils subissent une ségrégation à la fois raciale et religieuse.

> **LE CROISSANT ET L'ÉTOILE**
>
> *Au Moyen Âge, les Maures de la Mouraria devaient porter un signe distinctif : un croissant (symbole de l'islam). Le pouvoir royal les obligeait à s'habiller avec un turban et un burnous, à la façon nord-africaine. Dans la Judiaria, plus au sud, les juifs étaient contraints de porter une étoile... rouge. Déjà !*

Sept siècles plus tard, la Mouraria, refuge des pauvres gens, des bars louches, des mauvais garçons, des prostituées et des ivrognes – mais aussi des artistes inspirés –, ne vit encore que de ses cabarets bourrés de marins et chahutés par des rixes parfois sanglantes, et de ses hôtels borgnes abritant des amours clandestines ou interdites. De ce cloaque s'élèvent des chants de désespoir... le ***fado*** mature autant à la Mouraria que dans l'Alfama. La plus célèbre et la première de ses voix, Maria Severa Onofriana, dite « la Severa » (voir plus loin), y habite. Elle-même ancienne prostituée, devenue la maîtresse du comte Dom Francisco de Paula Portugal e Castro, elle meurt de tuberculose à 26 ans... Aboutissement d'une longue période de déclin, dans les années 1960 la basse Mouraria est un quartier saccagé, délabré, négligé, abandonné par les pouvoirs publics. Les immigrants venus des anciennes colonies africaines, d'Inde, du Bangladesh, s'y installent, à quelques pas seulement de la Baixa...

Le renouveau d'un quartier oublié

Dans les années 2010, pour arrêter la paupérisation de la Mouraria, la mairie de Lisbonne, dirigée par le socialiste António Costa, « le Gandhi de Lisbonne » (il a des origines indiennes de Goa), lance un ambitieux programme de réhabilitation, soutenu par plusieurs associations. « *A Mouraria vai mudar para melhor* » (la Mouraria va changer pour le meilleur), tel est le slogan de ce grand projet. Pour donner l'exemple, Costa installe en 2012 son bureau et ses équipes au cœur de ce quartier défavorisé qui connaît alors les mêmes maux que nos banlieues. Maisons et monuments sont rénovés, des équipements sociaux et éducatifs créés, de nouveaux commerçants et investisseurs attirés. Et ça marche ! Une décennie plus tard, une bonne partie du sud du quartier a retrouvé un visage avenant, presque pimpant, sans avoir perdu son âme populaire. À vrai dire, on trouve que c'est aujourd'hui un des plus sympathiques coins de Lisbonne.

Largo dos Trigueiros *(plan centre détachable, K8)* **:** avec ses pavés patinés par le temps, son arbre solitaire, sa fontaine, son lampadaire, ses façades couvertes de céramiques, sa cabine de téléphone rouge (sans téléphone), cette petite et charmante place de la Mouraria est bien révélatrice de la métamorphose du quartier. D'ailleurs, de nouvelles adresses pour manger ont fleuri ici et aux environs immédiats (voir « Où manger ? »). Juste au sud, la *rua das Farinhas* est aussi toute mignonne.

Plus au nord, la ***rua do Capelão*** s'enfonce plus que jamais dans le Lisbonne populaire et multiethnique. Au Moyen Âge, la grande mosquée de Lisbonne se situait au-dessus de cette rue qui s'élève en direction du château (*capelão* signifie « imam »). D'autres sympathiques restos sont établis dans le secteur. Au n° 2 du ***largo Severa,*** sur lequel elle débouche, une plaque sur le mur d'une maison blanche (fenêtres à l'anglaise) rappelle la mémoire de Maria Severa Onofriana, la « Severa », légendaire chanteuse de fado, morte à 26 ans (1846). Elle y vécut une partie de sa brève vie romantique que nous évoquons dans la rubrique « Fado » du chapitre « Hommes, culture, environnement » en fin de guide. En face, *au n° 1 B,* la maison où vécut un autre grand interprète du fado : Fernando Maurício, né en 1933.

Les jeunes et les plus en forme rejoindront ensuite la colline de Graça par l'escalier du ***caracol*** (voir ci-dessous). On n'a pas compté les marches, mais il y en a beaucoup !

Le quartier de Graça

Au nord-est du centre, Graça s'amarre à sa propre colline, toisant avec superbe celle du château, en vis-à-vis. C'est bien pour cela, avant tout, que l'on vient : pour bénéficier de ce qui est, à notre avis, le plus beau panorama de Lisbonne, depuis la terrasse ombragée de pins cachée derrière l'*igreja da Graça*. Cela n'interdit pas, en plus, une balade autour de la place et dans les ruelles voisines, où les trekkeurs urbains découvriront quelques exemples surprenants d'urbanisme des années 1900. Pour venir, rien de plus simple : il suffit de sauter dans ***le mythique tram n° 28***, ou de se coltiner, à pied, les rues grimpant depuis le nord de l'Alfama. Ou l'épuisant escalier du ***caracol da Graça,*** qui se hisse spectaculairement jusque-là depuis le quartier de la Mouraria. Les graffeurs s'en sont donné à cœur joie.

LES ANGES NOIRS DE SAINT VINCENT

São Vicente, représenté un peu partout avec une palme dans une main et une caravelle dans l'autre, est aussi accompagné de 2 corbeaux qui ont permis (au XIIe s) de rapporter sa dépouille en bateau jusqu'ici. Depuis, ces adorables volatiles sont devenus les anges protecteurs de tout un peuple. Bateau et corbeaux figurent sur les armes de la ville. Il faut être un chat impie pour oser chasser un de leurs descendants.

FEMMES ENCEINTES, NE PAS S'ABSTENIR

À droite de l'entrée de la chapelle de Nossa Senhora do Monte, demandez (si possible) à ce qu'on vous ouvre la petite porte de la « Cadeira de São Gens ». Elle cache un étrange siège en marbre poli par le temps. La mère de São Gens, évêque de Lisbonne vers 300 apr. J.-C., serait morte en couches. Les femmes qui voulaient avoir une grossesse sereine venaient donc s'asseoir sur le fameux siège de São Gens le miraculé.

Miradouro da Nossa Senhora do Monte *(plan centre détachable, K7)* **:** on vous le disait, c'est pour nous le plus beau des belvédères de Lisbonne. D'abord il y a la blanche *igreja da Graça* (voir ci-après) et, puis, sur son parvis très large, cette terrasse plantée de pins qui surplombe la ville, où s'installe un kiosque l'été venu (voir « Où boire un verre ? »). La vue, très étendue, va des quartiers nord de la ville au *castelo* et à la colline de l'Alfama avec, au loin, le Tage et le ponte 25 de Abril. C'est aussi beau à l'aube qu'au coucher du soleil, de jour que de nuit. Vraiment, on aime y voir la Ville blanche rosir de plaisir ! Au bord de la placette se tient la chapelle Nossa Senhora do Monte, modeste et mignonne, avec ses murs blancs.

Igreja da Graça *(plan centre détachable, L7-8)* **:** *largo da Graça. Tlj 9h (9h30 w-e)-12h30, 14h-17h (20h w-e). Accès libre.* L'écrivain Fernando Pessoa voyait en elle l'une des plus belles églises de la ville. À l'origine, il n'y avait ici qu'un petit oratoire, édifié lorsque l'armée s'installa sur la colline, après la reconquête de Lisbonne en 1147 par dom Afonso Henriques. L'église fut édifiée en 1556, détruite par le tremblement de terre de 1755, puis reconstruite dans le style baroque. Sa nef, surplombée par des loges nobles dignes de celles d'un théâtre royal, est bardée d'autels latéraux. Sur le côté gauche après la porte d'entrée, une salle abrite 3 ***sarcophages*** : celui du célèbre conquistador Afonso de Albuquerque (1453-1515), 4 vice-roi des Indes, et de 2 membres de sa famille. Après sa mort, sa dépouille fut ramenée de Goa (Inde) à Lisbonne. De là, on accède à la grande ***salle capitulaire*** flanquée d'*azulejos* bleus superbes, puis au ***cloître,*** à la galerie soutenue par des colonnes massives.

Balade architecturale autour du largo da Graça *(plan centre détachable, L6-7)* **:** *juste à l'est de l'esplanade, la travessa Pereira* descend vers la ***Vila Berta*** (côté gauche), une rue étonnante bordée d'un bel ensemble de villas avec jardinets et terrasses suspendues en fer, réalisées à la Belle Époque par un fils d'émigrants portugais (architecte et industriel) de retour du Brésil pour héberger sa vaste famille ! À l'origine, il y avait une porte cochère à chaque extrémité. L'ensemble a été récemment restauré. Ensuite, du largo da Graça, remontez la rua da Graça vers le nord. *Au n° 98,* un supermarché s'abrite dans un vieux cinéma Art déco. Plus inhabituel, par la rua Josefa Maria (parallèle, à l'ouest), on accède, rua Virgínia Rosalina, au ***bairro Estrela d'Ouro,*** une petite cité ouvrière édifiée en 1908, comme en témoigne un grand panneau en *azulejos.* Ses jolies maisonnettes à balcons aux escaliers métalliques extérieurs hébergeaient les employés d'une grande *confeitaria.*

LISBONNE, TOUJOURS PLUS LOIN

À L'EST, LE PARQUE DAS NAÇÕES (PARC DES NATIONS)

• Plan *p. 143*

On quitte définitivement le centre-ville (au sens le plus large du terme) pour aborder le nouveau visage que Lisbonne a voulu se donner à l'orée du XXIe s : le parc des Nations, quartier futuriste s'il en est. Le métro vous dépose directement à la station Oriente, à quelques pas de ce vaste ensemble conçu pour accueillir l'Expo universelle de 1998. Difficile de croire qu'avant, il n'y avait là qu'un ramassis de raffineries désaffectées, d'aires de stockage de matériel militaire rapporté des colonies et d'entrepôts abandonnés !
Sur ces 300 ha et ces 5 km de rive ont poussé plusieurs pavillons, le grand Océanorium, un casino et le gigantesque bâtiment du FIL (Foire internationale de Lisbonne), entrecoupés de quelques jardins taillés au cordeau et flanqués d'une longue promenade plantée épousant les rives du Tage. Autour se sont développé bureaux et immeubles de logements, sans oublier le vaste centre commercial *Vasco de Gama,* situé au débouché même du métro. À défaut d'âme, le quartier y a gagné une certaine dynamique. S'il ne figure généralement pas sur la liste prioritaire des visites, le Parque das Nações est apprécié des Lisboètes, qui viennent y faire du jogging ou s'y promènent en famille, y trouvant enfin un terrain plat pour laisser leurs enfants s'essayer au patin à roulettes... Infos générales sur *• portaldasnacoes.pt •*

Où dormir ?

Une poignée d'hôtels haut de gamme ont fleuri dans ce quartier trop récent pour accueillir des adresses comme on les aime. Seul avantage : la proximité de l'aéroport.

Auberge de jeunesse

Pousada de juventude *(hors plan Parque das Nações,* ***10****)* **:** *rua de Moscavide, 47. ☎ 218-951-006. • lisboaparque@movijovem.pt • pousadasjuventude.pt • ♿ Ⓜ Moscavide ou, plus simple, Oriente (puis 1,2 km en remontant l'av. Dom João II) ; entrée par l'Instituto português da juventude. Bus no 44 depuis l'aéroport ou le centre. Lit en dortoir 18-21 €, doubles (avec douche et w-c) 46-58 €, petit déj compris. Parking (gratuit) dans la rue devant, ou parking Saúde à proximité (3 €).* AJ officielle plus fonctionnelle que chaleureuse, mais vaste et bien tenue. Une centaine de lits répartis en petits dortoirs (4 lits max) avec douches à partager, ou chambres *twin* avec salle de bains. Petite cuisine à disposition, consigne, resto buffet, mais pas vraiment de salle commune où s'installer.

Où manger ?

Une brochette de snacks et restos se regroupe sur le flanc de l'alameda dos Oceanos, de part et d'autre du Pavilhão Atlântico, mais il s'agit surtout de chaînes (dont *Honorato*, bons burgers). D'autres restos s'alignent sur le passeio de Neptuno, face à la marina, à environ 400 m au sud. On leur préfère ces adresses :

De très bon marché à bon marché

Grupeto Bike Shop Café *(hors plan Parque das Nações, **20**) : passeio do Adamastor, loja 11. 911-871-834. • grupetocafe@gmail.com • À env 300 m au sud du Parc des Nations, avt la marina. Tlj sauf lun 9h-17h (18h mar et jeu). Petits plats 3,50-9 €.* C'est à la fois un petit tour-opérateur qui organise des virées guidées en vélo (locations également) et un café proposant brunchs (3 options), *tostas* en tous genres, salades, sandwichs, *wraps,* burger végétarien, quiche du jour et autres *panquecas.* Parfait pour une pause rapide sans se ruiner.

Oasis Vegetariano *(hors plan Parque das Nações, **21**) : rua do Cais das Naus, 12A. ☎ 215-876-997. 927-123-111. Tlj sauf dim 12h-15h, 19h30-23h. Plats 8,50-11 €. Lun-ven menu 9,50-11 €.* Au pied d'une barre d'immeuble, dans une ruelle calme juste au nord du Parc des Nations, avec terrasse, vous pourrez piocher ici parmi une courte carte tournante de plats végétariens très honorables : tofu et légumes sautés, stroganoff de champignons, *feijoada* (cassoulet sans porc), etc.

Très (très) chic

Fifty Seconds *(plan Parque das Nações, **22**) : rua Cais das Naus. ☎ 211-525-380. • info@fiftyseconds.pt • À côté de l'hôtel* Myriad. *Tlj sauf dim-lun 19h-22h30, plus ven-sam 12h30-15h. Menus dégustation 160-190 €, plats 68-85 €.* Cinquante secondes, c'est le temps qu'il faut à l'ascenseur pour atteindre le nid d'aigle du chef basque Martín Berasategui, perché près du sommet de la tour Vasco da Gama, à 120 m. Et quelle montée... spectaculaire ! Là-haut, aux baies vitrées panoramiques répond une cuisine d'une finesse rare, presque aussi terrestre que marine, explorant le meilleur des produits portugais et du monde. Une escapade de (très) haut vol, en 7 ou 11 escales.

À voir. À faire

Parque das Nações : un espace reconstruit de toutes pièces, préfigure une ville du futur, avec ses vastes espaces ventilés, son ouverture retrouvée sur le fleuve, la priorité accordée aux piétons et aux transports « propres », l'insertion d'espaces verts et de jardins. L'aspect écologique est important puisque le site, avare en ressources, est alimenté en eau chaude à partir d'une unique centrale et les déchets collectés de manière pneumatique ! Ce nouveau quartier s'affirme ainsi en laboratoire et en symbole de la réflexion sur les enjeux futurs de l'urbanisation à Lisbonne. Le *jardim de Água,* le *jardim Garcia d'Orta* et, plus au nord, le *parque do Tejo,* apportent des touches de verdure bienvenues. Et à défaut d'une âme, l'animation ne manque pas dès que le soleil se fait généreux, surtout autour de l'*Océanorium*...

– **Télécabine** *(plan Parque das Nações) :* longue de 1,23 km, elle relie le nord au sud du parc, à 30 m de haut, en 8 à 12 mn... de quoi éviter une belle trotte ! *Fonctionne tlj 11h-18h (19h de juin à début juil et de mi-sept à fin oct ; 20h de début juil à mi-sept). Horaires réduits en partie autour de Noël et du 1er janv. A/R 6,50 € (4,50 € aller simple) ; réduc ; gratuit moins de 4 ans.*

– **Parking** *(parque) : le moins cher consiste à se garer le long du passeio do Báltico (1,60 €/2h, 3,20 €/4h). On y trouve aussi un parking souterrain (face à la rua do Caribe), mais il est plus cher – et celui de l'av. de Berlim encore un peu plus.*

Le métro débouche dans l'***estação do Oriente*** *(gare d'Orient ; plan Parque das Nações),* à la conception futuriste, due à l'architecte espagnol Santiago

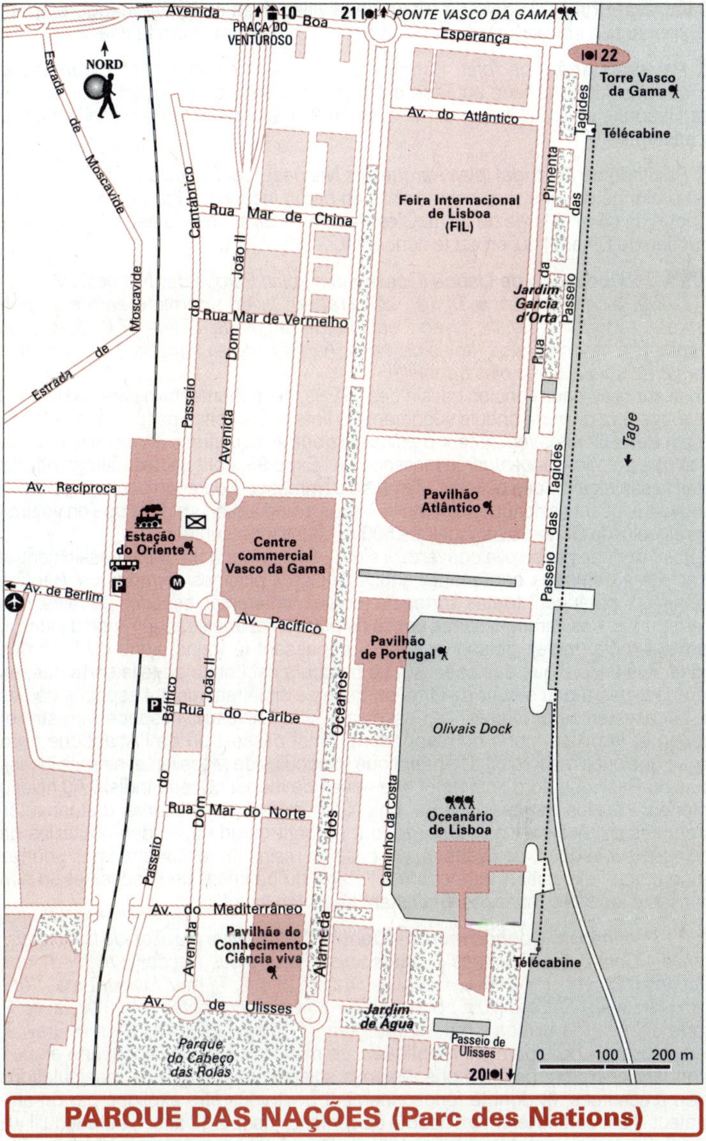

PARQUE DAS NAÇÕES (Parc des Nations)

Où dormir ?	Où manger ?
10 Pousada de juventude (hors plan)	**20** Grupeto Bike Shop Café (hors plan) **21** Oasis Vegetariano (hors plan) **22** Fifty Seconds

Calatrava. Principale gare de triage de la ville, elle a aussi été inaugurée pour l'Expo 98. Sa couverture de verre évoque une palmeraie cristalline.

Pavilhão Atlântico *(plan Parque das Nações) :* elliptique, ce gigantesque coquillage retourné face au Tage est devenu la salle de spectacle polyvalente de Lisbonne et accueille concerts, événements sportifs et autres manifestations d'envergure.

Pavilhão de Portugal *(plan Parque das Nações) :* cet édifice de béton anguleux est prolongé par une surprenante dalle en béton incurvée à l'apparence de voile, longue de 65 m et large de 50 m. C'est Álvaro de Siza Vieira (auteur de la reconstruction du Chiado) qui en est le concepteur.

Oceanário de Lisboa *(Océanorium ; plan Parque das Nações) :* *☎ 218-917-000. • oceanario.pt • Tlj 10h-20h (19h en hiver) ; dernière entrée 1h avt. Entrée : 19 € ; billet famille (avec 2 enfants de moins de 12 ans 47 € ; 53 € avec 3 enfants) ; réduc ; gratuit moins de 4 ans. Audioguide en français 2 €. Venez dès l'ouverture, vous serez plus tranquille.*
Posé sur l'eau dans l'ancien bassin des Olivais, ce monumental navire de béton, à la couverture de verre ondulé suggérant les flots, a été conçu par l'architecte américain Peter Chermayeff, auteur de plusieurs autres aquariums à travers le monde. Son rôle premier : accentuer le message de l'Expo 98, dont un des thèmes phares était la sauvegarde des océans. Même s'il commence à dater un peu comparé aux nouveaux géants asiatiques, il reste le 2e plus grand aquarium d'Europe en volume après celui de Gênes, avec quelque 500 espèces représentées !
Rejoint par une passerelle couverte, il s'organise autour d'un grand bassin central aux vitres bombées contenant l'équivalent de 4 piscines olympiques, baptisé « One ». Y pataugent toutes sortes de requins, différentes espèces de raies, des barracudas, des carangues, des bancs de poisson et une étrange « face de lune », le mola-mola (môle), poisson « aplati » dépassant la tonne, venu du fond des âges plus encore que des océans... Le parcours est conçu de telle sorte que, en tournant peu à peu autour de One, on traverse simultanément 4 espaces dédiés à 4 écosystèmes différents – en associant, sur 2 niveaux, l'espace terrestre et aérien et le milieu marin correspondant. Ainsi passe-t-on de l'Atlantique nord (avec quelques macareux) à l'Antarctique (pingouins de Magellan et sternes incas), puis du Pacifique nord (loutres et anémones de mer) à l'Océan Indien. Au niveau inférieur – le plus impressionnant –, on peut même souvent observer d'étonnantes créatures qui évoluent au milieu de tout ce petit monde avec des bouteilles de plongée sur le dos... balayette ou suceuse en main ! En ressortant, vous pourrez encore voir l'exposition temporaire à l'étage du bâtiment de l'accueil et un film consacré au milieu marin, généralement très intéressant.

Pavilhão do Conhecimento – Centro Ciência viva *(pavillon de la Connaissance – Centre des Sciences vivantes ; plan Parque das Nações) : alameda dos Oceanos. ☎ 218-917-100. • pavconhecimento.pt • ♿ Tlj (sauf lun sept-mai) 10h-18h (19h w-e). Entrée : 10 € ; billet famille 25 € ; réduc, notamment ♿, avec la carte Jeune et la* Lisboa Card. *Entrée gratuite 16 mai, 25 juil et 24 nov.* Gravité, magnétisme, corps humain, robotique... ce mini-Palais de la Découverte en version locale explore certains phénomènes scientifiques au gré de manipulations bien présentées, et dont le fonctionnement peut vous être expliqué par un animateur. Il est particulièrement adapté aux enfants jusqu'à 12 ans, d'autant qu'il y a aussi des ateliers créatifs et un espace de jeux. Expos temporaires intéressantes (affluence en fin de journée et le week-end).

Torre Vasco da Gama *(plan Parque das Nações) : dans la partie nord du parc.* Culminant à 145 m, c'est la construction la plus haute du Portugal (145 m). Accotée à un hôtel de luxe, elle est constituée d'une structure métallique évoquant la voile d'une caravelle avec, au sommet, une nacelle panoramique où s'est installé le restaurant *Fifty Seconds* (voir « Où manger ? »).

Ponte Vasco da Gama *(hors plan Parque das Nações)* **:** long de 17 km, dont 12,3 km au-dessus des flots, c'est le 2e plus grand pont d'Europe. Ses fondations s'enfoncent à 95 m sous le niveau de la mer. Cette jolie prouesse technique a toutefois eu un coût : près d'une dizaine de vies humaines. Reste l'admirable tablier haubané brillant le soir sous les feux du soleil couchant. Conçu pour résister à un tremblement de terre 4,5 fois plus puissant que celui de 1755, le pont est construit en plusieurs parties, ce qui lui procure une flexibilité maximale. Autrement dit, en cas de secousses prolongées, le tablier suspendu par les haubans bougera aussi bien en longueur qu'en largeur (imaginez la balançoire !), mais avec un astucieux système de sécurité pour éviter le télescopage des autres parties.

AU NORD DE L'AVENIDA DA LIBERDADE, AUTOUR DU MUSÉE GULBENKIAN ET CAMPO GRANDE

Au nord du centre de Lisbonne, au-delà de la place Marquês de Pombal (qui « coiffe » l'avenida da Liberdade), les grandes artères délimitent quartiers résidentiels et quartier d'affaires – pas si affairé –, entrecoupés de quelques grands parcs et jardins offrant autant de respirations. Le secteur, bien desservi par les transports en commun, mérite le détour pour au moins 3 bonnes raisons. Star du secteur, le très riche musée d'art Gulbenkian vous occupera une bonne demi-journée, surtout si vous rejoignez ensuite le proche parc Eduardo VII et ses séduisantes serres à la foisonnante végétation semi-tropicale.
Dans un second temps, le métro permet de rejoindre, plus au nord encore, de curieux musées, installés pour certains dans de nobles *quintas* bâties comme demeures d'été par l'aristocratie portugaise – palácio Pimenta à Campo Grande, musées du Costume et du théâtre à Lumiar, et surtout palácio Fronteira, au-delà du zoo, autre vestige d'une gloire passée, perdu aux portes d'un quartier qui a aujourd'hui un stade et des grandes surfaces pour le faire passer à la postérité : Benfica. Dans tous les cas, de précieux jardins accompagnent la visite.

Où dormir ?

En marge de nombreux hôtels pour hommes et femmes d'affaires, voici une offre hétéroclite bien plus abordable.

Camping

Lisboa Camping & Bungalows de Monsanto *(hors plan d'ensemble détachable par A5)* **:** *dans l'immense parc de Monsanto, à l'ouest de la ville, à 5 km du centre. ☎ 217-628-200. • info@lisboacamping.com • lisboacamping.com • Bus no 714 de la praça da Figueira (qui passe par Santos et Belém) et no 750 de la gare d'Oriente ; demander l'arrêt « parque de campismo ». Entrée par l'estrada da Circunvalação, sur le bord ouest du parc. Nuit 24-33 € pour 2 selon période avec petite tente et voiture ; bungalows 2 pers 50-100 €/nuit, plus 9 €/pers supplémentaire (max 6 pers) ; 3 nuits min en hte saison.* Occupant un vaste terrain en terrasses de 38 ha, sous les pins, ce camping est très fréquenté en haute saison et invariablement bruyant, en raison de la circulation sur les autoroutes environnantes ! Autres bémols : emplacements non délimités et pas très plats, entretien limite, surtout côté sanitaires. Épicerie, distributeur automatique, piscine, minigolf, laverie et cafét'. Si vous n'êtes pas motorisé, préférez une petite adresse dans le centre de Lisbonne. Les quelques économies réalisées sur l'hébergement seront vite grignotées par le coût et la durée des transports (comptez une bonne demi-heure pour rejoindre le centre).

De bon marché à prix moyens

Hub Lisbon Patio Hostel *(plan d'ensemble détachable, H4,* ***68****) : R. Tomás Ribeiro, 8. ☎ 212-697-759. • lisbonpatio@hostelshub.com • hostelshub.com • Ⓜ Parque. Dortoirs (4-10 pers, mixtes ou non, sans ou avec sdb) 13,50-23 €. Doubles 37-65 € sans ou avec sdb et même 1 familiale avec lits en hauteur pour les enfants.* Une adresse économique pour se poser sans se ruiner. Chambres privatives et la majorité des dortoirs sont climatisés, fonctionnels et bien décorés. Parties communes plutôt agréables, hamac suspendu... au-dessus des convives, poufs pour regarder les films, barbecue, cuisine équipée à dispo. Un vrai lieu de vie ! Mais loin du centre...

Plus chic

Whatever Art B & B *(plan d'ensemble détachable, I2,* ***110****) : av. dos Defendores de Chaves, 58 R/C, esq. av. Novas. 📱 914-808-481. • info@whateverabb.com • whateverabb.com • Ⓜ Campo Pequeno. Double env 90-135 €. Attention, en hte saison, 2 nuits min.* Carlos, francophone, vous accueille dans ses 5 chambres d'hôtes, toutes différentes, décorées avec les luminaires qu'il a lui-même créés. Les salles de bain sont communes et nettoyées quotidiennement. Tout a été arrangé avec goût : les parquets, les tapis, le linge de maison élégants. Petit déj maison, terrasse et jardinet pour respirer. Atelier et boutique de l'artiste sur place. Pas rare d'avoir la visite des paons du palais Galveias voisin ! Bon accueil.

Où manger ? Où boire un verre ?

De bon marché à prix moyens

Linha d'Água *(plan d'ensemble détachable, G4,* ***185****) : jardim Amália Rodrigues, juste au nord du Parque Eduardo VII. ☎ 213-814-327. • geral@linhadeagua.pt • Tlj 9h-21h. Snacks, plats et formules 5,50-10,50 €.* Planté dans un carré de verdure dominant le nord de la ville, face à un grand bassin, cette cafét' tout en vitre propose quelques plats et snacks simples (quiches, *wraps*, salades, pâtisseries, jus de fruits frais), à avaler tranquillement sur la terrasse. Très plaisant, d'ailleurs les Lisboètes y viennent en nombre le week-end.

Maria Peixeira *(plan d'ensemble détachable, G-H3,* ***175****) : av. Miguel Bombarda, 133B. ☎ 211-507-566. Tlj sauf dim soir. Plats 10-23 €.* À proximité du musée Gulbenkian, ce resto de poisson et fruits de mer allie savoir-faire, service attentionné, assiettes copieuses et salle moderne pimpante. Que diriez-vous d'un dos de thon, d'un risotto noir aux crevettes ou de sa version avec palourdes, coquilles et couteaux ? Pour attendre, vous pourrez déchiffrer les dictons populaires du set de table... *Entre marido e mulher, ninguém mete o peixe*... Pour une table sur le (large) trottoir, mieux vaut réserver.

De plus chic à très chic

O Talho *(plan d'ensemble détachable, G4,* ***178****) : rua Carlos Testa 1B. ☎ 213-154-105. • otalho@comeromundo.pt • Tlj 12h30-minuit. Plats 24-115 €. Menu dégustation 68 €.* *O Talho*, c'est « le boucher ». Une des multiples adresses trendy du chef Kiko. Et bing, à peine la porte franchie, on tombe sur des viandes maturées exposées comme dans une bijouterie ! Dans la foulée, le *butcher shop* fournit les gourmets soucieux de rapporter de bons produits à la maison. À droite, c'est la salle de resto : élégante, sombre, feutrée, déclinant mur de bouteilles et fresques, où l'on s'installe pour déguster une « viande du monde » cuite *al gusto* (et fort joliment présentée). Le bœuf de Kobe est inabordable, mais la *picanha* uruguayenne en brochette est très bien ! En attendant, on vous propose un cocktail. Excellent, mais pas donné, attention !

À voir. À faire

Autour du musée Gulbenkian

Parque Eduardo VII *(plan d'ensemble détachable, F-G-H4-5)* **:** Ⓜ *Marquês de Pombal ou Parque.* En haut de l'avenida da Liberdade, ce parc tout en pente doit son nom au roi d'Angleterre Edouard VII, venu à Lisbonne en visite au début du XXᵉ s. C'est le plus vaste espace vert à 2 pas du centre, avec 26 ha de pelouses et jardins ; idéal pour un pique-nique ou un somme au soleil sur les talus latéraux. Au centre, sur la droite en montant, le ***pavilhão Carlos Lopes*** ne se visite pas, mais les *azulejos* de sa façade méritent un coup d'œil. Ils illustrent les exploits de la nation portugaise contre ses ennemis maures et espagnols. Perché au-delà, vers le nord, le ***jardim Amália Rodrigues*** *(plan d'ensemble détachable G4),* assez déplumé, domine la ville moderne (voir « Où manger ? »).

Estufa Fria *(serre froide ; plan d'ensemble détachable, G4-5 et plan centre détachable, G5,* ***383****)* **:** *dans le parque Eduardo VII.* ☎ *218-170-996.* ● *estufafria.cm-lisboa.pt* ● *Tlj 9h-17h (10h-19h en été) ; dernier accès 30 mn avt. Entrée : 3,10 € ; réduc ; gratuit moins de 6 ans, avec la* Lisboa Card *et pour tous les dim et j. fériés avant 14h.* On déboule d'emblée dans la plus belle des 3 serres, l'*estufa fria* (la serre froide), la plus grande, semée de petits bassins, dans laquelle prospère une véritable petite jungle dont les essences – certaines rares – proviennent des 4 coins du monde. Philodendrons, fougères arborescentes, palmiers... superbe ! Protégée par une sorte de toit de claies, elle n'est pour autant pas fermée, donc pas chauffée, contrairement à l'*estufa quente* (serre chaude), au-dessus, où croissent encore d'autres plantes tropicales (bananiers, papyrus, caoutchoucs...). Quant à l'*estufa doce,* la plus petite, c'est la maison des cactées, avec des spécimen de 6-7 m. Un bien agréable moment, au calme.

Museu Calouste Gulbenkian *(plan d'ensemble détachable, G2-3)* **:** *av. de Berna, 45 A.* ☎ *217-823-000.* ● *gulbenkian.pt/museu* ● Ⓜ *São Sebastião ou Praça de Espanha (pas toujours bien fréquentée). Tlj sauf mar et j. fériés 10h-18h (21h ven-sam). Entrée : 14 € pour les 2 collections et les expos temporaires ; collections permanentes seulement : 10 € ; réduc, entre autres avec la* Lisboa Card *; gratuit moins de 12 ans et dim à partir de 14h. Audioguide en français.*
Construits au début des années 1960 selon les principes architecturaux de Frank Lloyd Wright, les 2 édifices du musée Gulbenkian s'insèrent harmonieusement dans le joli parc de Palhavã, aux diffuses influences japonaises – passerelles et petits plans d'eau servant d'écrin aux sculptures contemporaines.
On distingue la ***collection permanente du fondateur,*** avec tous ses chefs-d'œuvre, installée dans le bâtiment principal hébergeant aussi salle de concerts, bibliothèque et bureaux de la fondation Gulbenkian et, de l'autre côté du parc, la ***collection d'art moderne*** (moins intéressante), en travaux jusqu'en 2022.

Fondation Calouste-Gulbenkian

Le multimilliardaire arménien et collectionneur Calouste Gulbenkian a 73 ans quand il s'installe à Lisbonne en 1942. Il y arrive en Rolls Royce avec sa femme et sa suite, son cuisinier oriental, son masseur et sa douzaine de chats... Il ne quittera plus cette ville au bord du Tage qui lui rappelle le Bosphore de son enfance. Il loge dans un luxueux palace aujourd'hui remplacé par le *Sheraton,* sort peu, reçoit peu et gère sa fortune à distance. Ses immenses collections d'œuvres d'art restées à Paris et à Londres intéressent les Américains, mais Gulbenkian préfère le Portugal. ***Il meurt à Lisbonne en 1955.*** Dans son testament, il donna une partie de l'héritage à ses enfants (quelques disputes) et la majeure partie à l'État portugais, en demandant que ses collections soient réunies dans un seul et même lieu. Vœu exaucé.

Créée en ***1956,*** la Fondation Gulbenkian possède à son actif près de 3 milliards d'euros et un budget annuel de 100 millions d'euros. C'est énorme ! Cela en fait ***l'une des 10 plus riches fondations d'Europe.*** Environ ¼ de sa fortune est constituée par des intérêts pétroliers issus de concessions toujours actives, notamment dans les pays du Golfe. Aucun des fonds de la fondation Gulbenkian ne provient de sources étatiques ou publiques, billetterie exceptée. L'arrière-petit-fils de Calouste Gulbenkian, Martin Essayan, est actuellement administrateur de la fondation, son aïeul ayant demandé qu'il y ait toujours un membre arménien de la famille à la direction.

Pour beaucoup de Portugais, aujourd'hui encore, la Fondation Gulbenkian apparaît comme un « ministère bis » de la Culture du Portugal ! La fondation fonctionne à l'américaine, employant environ 500 personnes. ***Science, art, éducation et bienfaisance, tels sont ses objectifs.*** Elle se positionne comme mécène numéro 1 au Portugal, organise de grandes expositions, des spectacles, des concerts, des manifestations culturelles comme « Jazz em Agosto » (tous les ans). Elle accorde aussi chaque année des bourses d'études. Le rôle remarquable que joue la Fondation Gulbenkian dans ce pays est indiscutable.

Calouste Gulbenkian

Le destin étonnant de Calouste Gulbenkian (1869-1955) mérite un livre à lui tout seul. Notre petit résumé dans la rubrique « Personnages » du chapitre « Hommes, culture, environnement » vous donnera un aperçu de cet homme exceptionnel qui a su utiliser sa fortune à bon escient. Son père possédait déjà des concessions pétrolières dans l'Empire ottoman. Très jeune, Calouste achetait des pièces de monnaie anciennes au marché et chez les antiquaires ; la ***numismatique*** fut sa 1re passion. Il fut citoyen de l'Empire ottoman jusqu'en 1919, et en même temps citoyen britannique (depuis 1902). Il avait aussi un passeport arménien et un autre de la Perse (Iran actuel).

« Seul le meilleur est assez bon pour moi », disait Calouste Gulbenkian. Fortune constituée, il collectionna avidement, tous azimuts (d'où l'invraisemblable portée du musée), mais il aida aussi généreusement la diaspora arménienne à travers le monde. Il finança des hôpitaux arméniens, des écoles, des centres culturels, des églises, des œuvres sociales, en Syrie, en Jordanie, au Liban. Dans l'est de ce pays, il acheta des terres pour réinstaller les réfugiés arméniens du Sandjak d'Iskenderun. La majeure partie des œuvres arméniennes de sa collection a été léguée par Gulbenkian au patriarcat de Jérusalem, vous ne verrez donc ici que quelques rares pièces.

Visite de la collection du fondateur

La collectionnite dont était atteinte Gulbenkian l'a poussé à accumuler des œuvres de toutes sortes et de toutes époques. Certains ensembles sont fascinants de rareté, de beauté et de qualité. D'autres sont plus anecdotiques, même si la plupart des objets exposés sont individuellement dignes d'intérêt.

– ***Arte egípcia*** *(art égyptien)* **:** on commence par une des sections les moins riches, si l'on ose dire ! Au menu : une barque solaire, une chatte et son chaton et une superbe statuette de femme de 60 cm en bronze, un masque funéraire en argent doré.

– ***Arte greco-romana*** *(art gréco-romain)* **:** de superbes bijoux en or ciselé, une collection de monnaies et médailles en or, une belle tête de satyre en marbre du IIe s. Dans la foulée, l'unique pièce mésopotamienne : un exceptionnel bas-relief en albâtre provenant du palais d'Assurbanipal à Nimrud (IXe s av. J.-C.).

– ***Arte do Oriente islâmico*** *(art de l'Orient islamique)* **:** là, ça devient sérieux ! Cette grande section met en valeur la très belle collection de tapis des XVIIe et XVIIIe s pour lesquels Gulbenkian avait une affection particulière, peut-être parce que ses parents en faisaient le commerce à Istanbul. En contrepoint : des céramiques et des enluminures principalement persanes et turques, du XIIe au XVIe s, témoignant de cette période où l'art oriental ne s'interdisait pas les représentations animales ni même humaines. Noter aussi les étonnantes lampes de mosquée du XIVe s, offertes aux sanctuaires par de riches familles, dont la flamme disséminait les prières. Elles sont exposées devant un petit jardin fermé – représentation, dans la religion musulmane, du paradis. Tout au fond de la salle, quelques pièces arméniennes et géorgiennes témoignent de l'enracinement très ancien du christianisme dans ces régions (remarquable évangéliaire sur vélin du XVIIe s).

– ***Arte do Extremo-Oriente*** *(art d'Extrême-Orient)* **:** dans cette section un peu plus disparate ont été rassemblés des porcelaines chinoises et un ensemble d'*inro,* ces boîtes laquées japonaises que l'on accrochait à la ceinture – initialement utilisées par les médecins pour pallier l'absence de poches des kimonos, avant de devenir à la mode au milieu du XIXe s comme tabatières et même... coffret à pique-nique Une autre très belle pièce est le « *biombo* de Coromandel », un grand paravent chinois de la fin du XVIIe s, probablement commandé par l'empereur de Chine.

– ***Arte europeia*** *(art européen)* **:** on commence par un très bel ensemble de diptyques et triptyques français en ivoire très finement ciselés et de manuscrits enluminés médiévaux – dont un appartint à Marguerite de Clèves ! Suit la collection de toiles : école flamande du XVe s, puis écoles italienne et hollandaise. Citons Carpaccio, un beau *Portrait de jeune fille* par Ghirlandaio (1490), un autre d'homme par Van Dyck, les *Amours de centaures* et *Hélène Fourment* de Rubens (et d'autres toiles), un superbe *Portrait d'un vieillard* de Rembrandt, en clair-obscur, etc.

– ***Artes decorativas*** *(arts décoratifs, France, XVIIIe s)* **:** dans le prolongement de la précédente, cette salle abrite des pièces rares achetées par Gulbenkian au musée de l'Ermitage à Saint-Pétersbourg. Après la révolution de 1917, la situation économique de la Russie communiste était si désastreuse que, pour renflouer les caisses de l'État, Lénine permit à la Banque centrale de vendre des œuvres du musée... Gulbenkian acheta la *Diane* de Houdon, 2 Rembrandt, 1 Watteau, 1 Rubens ainsi que l'argenterie française de François-Thomas Germain, qui avait appartenu à Catherine II de Russie. Notez aussi l'horloge astronomique et l'armoire aux panneaux noir et or, signées Boulle, et le grand portrait en pied du maréchal de Richelieu.

« SEUL LE MEILLEUR EST ASSEZ BON POUR MOI ! »

Après la révolution de 1917, Gulbenkian avait prévenu la Banque centrale de l'URSS : « Ne vendez pas, gardez vos trésors, mais si toutefois vous les vendez, j'insiste pour que vous me donniez la priorité... » Et le génial collectionneur arménien fut exaucé. Certaines pièces de la collection portent d'ailleurs toujours le blason de la famille impériale de Russie !

– ***Ourivesaria*** *(orfèvrerie)* **:** pièces en vermeil réalisées par la famille Germain et œuvres de Biennais, l'orfèvre de Napoléon, dont un service à thé de style Empire (gros samovar). Juste après : une très belle *Diane chasseresse* de Houdon.

– ***Peinture et sculpture*** *(France, Angleterre et Italie, XIXe s)* **:** si l'éclairage était meilleur, on ne profiterait que mieux de la profusion de chefs-d'œuvre illustrant l'entrée de la peinture dans la modernité. Il en vient de partout. D'Angleterre : Gainsborough (grand portrait de femme) et Turner, avec l'*Embouchure de la Seine à Quillebeuf* et le splendide *Naufrage d'un cargo*. On est là au cœur de la tourmente : c'est le style Turner, qui partait en mer les jours de tempête, se faisant attacher au mât des bateaux pour mieux observer la mer déchaînée ! D'Italie : *Venises* de Guardi (Gulbenkian le préférait à Canaletto). De France : un arc-en-ciel de Millet et surtout, son grand *Hiver ;* un *Portrait de Madame Monet* par Renoir ; *Le* *dégel* et des bateaux de Monet ; l'Américain John Singer Sargent, proche des impressionnistes, en invité ; un splendide *Autoportrait saluant* de Degas ; et, de Manet, ces *Garçon aux cerises* et *Garçon faisant des bulles*... Dire qu'il s'agissait d'une collection privée ! En contrepoint s'offrent des sculptures et des bustes de nos plus grands sculpteurs. De Rodin : 5-6 œuvres, dont un des *Bourgeois de Calais* et *l'Éternel printemps* (le baiser). Quant à *La Tête* de Legros, elle fut achetée directement à Rodin par Gulbenkian en novembre 1910. Quand il aimait une œuvre, plus rien ne comptait pour lui.

– ***Œuvres de René Lalique :*** c'est ici que se trouve rassemblée la plus importante collection d'œuvres de Lalique, forte de plus de 200 pièces, élégantes, souvent insolites et parfois étranges. Le maître verrier, ami proche de Gulbenkian a notamment réalisé des bijoux de scène pour la comédienne Sarah Bernhardt, à laquelle Gulbenkian aurait prêté sa parure de femme-libellule.

FEMME-LIBELLULE

Dans une vitrine centrale de la collection Lalique, un bijou pectoral représente une femme au visage de déesse orientale sur un corps de libellule. Les ailes bougent vers le haut, ou vers le bas, selon le galbe de la femme.

– Un immense ***auditorium*** accueille, avec une belle programmation tout au long de l'année, des concerts de musique classique (de l'orchestre Gulbenkian et récitals de grands maîtres internationaux), des projections de films et un festival de jazz au mois d'août. Programme et résas sur • *gulbenkian.pt* •

Iol 3 cafétérias donnent sur le parc. Mieux vaut arriver tôt car il y a souvent beaucoup de monde.

Centro de Arte moderna

De l'autre côté du parc de la Fondation, le Centre d'art moderne de la fondation Gulbenkian abrite les œuvres majeures de l'art moderne portugais depuis 1910, ainsi qu'une collection d'art moderne britannique. Il est fermé pour travaux jusqu'en 2022.

Iol ***Praça dos Touros*** *(plan d'ensemble détachable, I1)* **:** *à l'angle de l'av. da República.* Ⓜ *Campo Pequeno.* En brique rouge, avec des portes de style mauresque et des bulbes byzantins sur le toit, le monument est une réhabilitation des belles et curieuses arènes construites en 1892. Dans la galerie qui les entoure, plusieurs boutiques, cafés et restos.

Autour de Campo Grande

Pourquoi faut-il aller si loin pour en apprendre de belles sur la vie et sur la ville telle qu'elle était autrefois ? Si vous passez peu de temps à Lisbonne, vous n'irez pas jusqu'à Campo Grande. Et encore moins jusqu'au métro Lumiar, où 2 autres musées hors du temps vous attendent, dans un cadre charmant. Dommage... La visite de ces musées, perdus aujourd'hui au milieu de tours de béton et de routes à grande circulation, permet d'imaginer ce qu'a dû être autrefois la vie dans un noble *retiro.*

Museu de Lisboa – Palácio Pimenta *(hors plan d'ensemble détachable par H1)* **:** *Campo Grande, 245.* ☎ *217-513-200.* • *museudelisboa.pt* • Ⓜ *Campo Grande. En sortant du métro, c'est en face (juste derrière le pont), le petit palais blanc qui fait l'angle. Ou éventuellement bus nº 736 depuis Cais do Sodré, Restauradores ou l'av. da Liberdade. Tlj sauf lun et j. fériés 10h-18h ; dernière entrée 30 mn avt. Entrée : 3 € ; réduc ; gratuit les 18 mai et 13 juin. Accès aux jardins toujours gratuit.*

Datant de la 1re moitié du XVIIIe s, le palácio Pimenta est un ancien *retiro* royal flanqué d'un beau jardin où batifole une foultitude de paons. Un *retiro ?* C'est une belle demeure, proche de la ville, où il faisait bon « se retirer » pour faire la fête durant l'été. Une partie des salles a conservé ses *azulejos* d'époque.

Le musée, très traditionnel (mais avec explications en anglais) retrace l'histoire de Lisbonne depuis les origines. On commence avec les outils en pierre taillée du Paléolithique pour terminer avec le rayonnement maximal de la ville au XVIIIe s. Entre les deux : pas mal de tessons, des armes de la Ville frappées d'une caravelle, de vieux coffres, quelques gravures, la jolie fontaine en calcaire de *La Samaritaine* (pas le magasin !), du XVIe s, plus quelques jolies cheminées Renaissance. Le plus intéressant est sans doute la grande maquette montrant Lisbonne juste avant le séisme de 1755 (interactive). On termine par les anciennes cuisines (panneau d'*azulejos* montrant une cuisinière à l'œuvre !), une collection de faïences et de peintures de Lisbonne.

À vrai dire, ce qu'on préfère, ici, c'est le ***jardin.*** Malgré le bruit de fond de la circulation, le 1er est charmant avec son bassin bordé d'un kiosque, ses eucalyptus odorants et ses filaos. Mieux encore, un 2e jardin, clos, se cache sur le côté, avec ses buis taillés à la française et ses rosiers, d'où émerge tout un monde féerique en céramique : 2 guêpes géantes guettent, des singes pendent des branches de l'arbre des pagodes pleureur, des grenouilles pataugent dans une fontaine sans eau, des champignons sortent de terre et des escargots se traînent sur le sol. L'un court sur un mur, un autre s'attaque à une façade... Poétique ! Les pavillons *Branco* et *Preto,* au fond du parc, accueillent régulièrement des expositions temporaires.

Museu Bordalo Pinheiro *(hors plan d'ensemble détachable par H1)* **:** *Campo Grande, 382. ☎ 215-818-540. • museubordalopinheiro.pt • Ⓜ Campo Grande. En face du museu de Lisboa, de l'autre côté du Jardim do Campo Grande (très apprécié des Lisboètes le w-e), dans une petite maison blanche. Bus no 736 depuis le centre. Tlj sauf lun 10h-18h. Entrée : 3 € ; gratuit dim jusqu'à 14h et le 18 mai.*
Fondé il y a plus d'un siècle, le musée expose l'œuvre de Rafael Bordalo Pinheiro, le plus grand caricaturiste de la société portugaise de la fin du XIXe s – une sorte de Daumier lisboète. Créateur du personnage de Zé Povinho, allégorie du peuple *(povo)* portugais, au coup de crayon remarquable, il est aussi l'auteur de pièces de céramique (on a un faible pour les théières !), aujourd'hui très recherchées – on peut en acheter des reproductions. Également une galerie pour les expositions temporaires.

Museu Nacional do Traje *(musée national du Costume ; hors plan d'ensemble détachable par H1)* **:** *largo Júlio de Castilho, Lumiar. ☎ 217-567-620. • museudotraje.gov.pt • Ⓜ Lumiar (ligne jaune), puis 10 mn à pied jusqu'au musée (sortie Paraguai, passer sous le grand pont, rejoindre l'avenue filant vers le nord de la ville, puis suivre les panneaux aux feux, sur la gauche). Tlj sauf lun et j. fériés 10h-13h, 14h-18h (dernière entrée 30 mn avt pour le musée, 1h pour le parc). Entrée : 4 € (6 € avec le musée national du Théâtre et le parc de Monteiro Mor) ; parc seul : 3 €, gratuit pour les moins de 12 ans ; réduc.*
À l'entrée du parc de Monteiro Mor, cette heureuse survivance du passé séduira les amoureux des vieilles demeures pétries par le temps ayant su garder leur charme, leurs dépendances, leur jardin. Installé dans le palais d'Angeja-Palmela, ce musée réunit une belle collection de costumes et d'accessoires, portugais et étrangers, du XVIIIe s jusqu'aux années 1980. Ou comment passer de la crinoline au jean et au blouson noir avec, en chemin, un regard indiscret sur les dessous des temps passés !

Faites ensuite un tour dans le magnifique ***parc de Monteiro-Mor,*** conçu en terrasses, avec bassins, statues et très vieux arbres. À l'origine étendu sur 11 ha, il en conserve 2 ha. Profitez de la sérénité des lieux, puis rejoignez directement le *musée national du Théâtre* (il suffit de suivre les flèches).

Museu nacional do Teatro e da Dança *(musée national du Théâtre et de la Danse ; hors plan d'ensemble détachable par H1)* **:** *estrada do Lumiar, 10. ☎ 217-567-410. • museudoteatroedanca.gov.pt • À 150 m du musée national* *du Costume (même accès) ; allez de l'un à l'autre par le parc. Tlj sauf lun et j. fériés 10h-18h. Entrée : 4 € (6 € avec le musée national du Costume et de la Mode et le parc Monteiro Mor) ; réduc.* Cet autre musée intimiste ne déplace pas les foules, mais le cadre est charmant (un petit palais du XVIIIe s) et les amoureux du théâtre et de la danse adoreront, même sans comprendre un seul mot de portugais, la collection de costumes, accessoires, maquettes, affiches et autres photos, constituant une archive foisonnante des arts de la scène portugaise (quelque 250 000 pièces !).

Iol Profitez, s'il a rouvert, du bar-resto du musée, parfait pour boire un verre ou déjeuner simplement, sans se ruiner.

Autour du Jardin zoologique

Jardim zoológico *(plan d'ensemble détachable, C-D1) : praça Marechal Humberto Delgado, estrada de Benfica, 158-160. ☎ 217-232-900. • zoo.pt • Ⓜ Jardim Zoológico. Tlj 10h-20h (18h, 21 sept-20 mars). Entrée : 22,50 € ; 14,50 € 3-12 ans ; réduc. Billetterie au fond à gauche de la zone non payante, à côté du McDo ; achat possible en ligne pour éviter les queues le w-e. Attention, certaines attractions restent fermées depuis la crise du Covid.* Dans le vaste parc d'une ancienne *quinta*, où le chic kitsch du XIXe s s'estompe peu à peu, rôdent désormais éléphants, lions, tigres, ours, singes, lynx ibériques, okapis, rhinocéros indiens et autres fourmiliers... Le billet d'entrée permet l'accès à toutes les attractions : télécabine, reptilarium, delphinarium, spectacles de dauphins et d'oiseaux en vol libre (plusieurs fois par jour), alimentation de certains animaux à heures fixes. Seul le petit train n'est pas compris *(1,50 €)*. Petite restauration sur place (avant l'entrée proprement dite).

Palácio Fronteira *(plan d'ensemble détachable, B2) : largo São Domingos de Benfica, 1. ☎ 217-782-023. • fronteira-alorna.pt • Ⓜ Jardim Zoológico, puis bus n° 770, ttes les 35 mn en journée, à prendre à l'arrêt situé près de l'entrée du zoo, mais pas juste devant, sur un bout de rue perpendiculaire à l'avenue ; c'est le 7e arrêt, Palácio Marquês de Fronteira. À pied, c'est faisable mais compliqué (env 20 mn depuis le métro). Visites guidées seulement (généralement possibles en français) : tlj sauf dim et j. fériés à 11h et 12h ; voir si d'autres visites sont ajoutées (en matinée aussi) après la crise du Covid. Pas de résas jusqu'à nouvel ordre (un projet est en cours) : 1er arrivé 1er servi. Jardin ouv tlj sauf sam ap-m, dim et j. fériés 10h-17h (13h sam). Entrée : 13 € ; pour le jardin seulement : 5 € (avec option audioguide en français à 3 € en plus) ; gratuit moins de 12 ans.*

« Cette maison ne m'appartient pas, j'appartiens à cette maison » : telle est la conception philosophique de dom Fernando Mascarenhas, 12e marquis de Fronteira, 10e marquis d'Alorna et 13e comte de Torre (rien que ça !). Tout aristocrate qu'il fût, ce grand démocrate et humaniste participa à la révolution des Œillets en permettant des réunions d'opposants à la dictature dans sa propriété. Un marquis « rouge », en somme, professeur de philosophie et d'histoire, adepte selon certains d'un élégant et pacifique « marquisme-léninisme ». Grâce à lui, ce palais de 1670 fut l'un des rares endroits à échapper à une reconversion en administration après 1974. La direction en est assurée par une fondation privée *(fundaçâo das Casas de Fronteira e Alorna)*, modèle de conservation du patrimoine, souvent citée en exemple au Portugal et en Europe – qui a obtenu plusieurs récompenses et prix internationaux. La fondation organise aussi des expositions culturelles, des concerts et des rencontres.

Le palácio

Cette *quinta*, superbe exemple de demeure noble du XVIIe s, était une résidence de campagne, sorte de « palais secondaire » d'une famille de la haute aristocratie qui possédait sa résidence principale en ville. À 3h de cheval, c'était déjà la brousse, à l'époque ! Cette campagne ayant été depuis envahie par des banlieues plantées

d'immeubles, il faut faire un petit effort d'imagination pour restituer le paysage bucolique de l'époque (et faire abstraction du bruit de fond de la circulation). Mais le reste est superbement intact – notamment les *azulejos* ornant une grande partie des murs intérieurs et extérieurs, destinés à éblouir les invités du marquis. Le palais a même échappé au séisme de 1755, ce qui permit à la famille de s'y réfugier et, petit à petit, de le modifier, en faisant notamment fermer les vérandas.
– Étonnante entrée ! Le ***double escalier*** enserre une grande fontaine. L'essentiel des pièces accessibles à la visite se trouve à l'étage, les descendants habitant encore sur place. On commence par la superbe ***bibliothèque-véranda*** qui domine le jardin à la française (5 000 livres du XVIe s à aujourd'hui) pour enchaîner par un salon-véranda et la ***salle de Junon,*** dont les fresques étaient récemment en cours de restauration. Parmi les élégantes pièces de mobilier, figurent de jolis petits écritoires indo-portugais en marqueterie d'ivoire et une petite desserte aux pieds galbés qui aurait été offerte à une ancêtre par Marie-Antoinette ! Au fond : un petit salon avec cheminée et panneaux peints. Un tableau montre un marquis d'Alorna qui fut vice-roi des Indes.
– Vient la pièce de résistance : la vaste ***salle des batailles,*** aux murs couverts de 8 panneaux d'*azulejos* du XVIIe s représentant les grandes victoires de la guerre de Restauration opposant le Portugal à l'Espagne (elle dura 27 ans). C'est l'un des aïeux de dom Fernando, le Conde da Torre, qui la mena à son terme, face à don Juan d'Autriche (les Habsbourgs d'Espagne), permettant au Portugal de retrouver son indépendance après 60 ans d'annexion (1580-1640). Il est représenté seul, brandissant une épée, face à une armée entière ! Remarquez que l'artiste a aussi nommé de nombreux officiers présents sur le champ de bataille.
– Après la salle des batailles, la belle ***salle à manger,*** alias « salle des panneaux », est décorée d'*azulejos* de Delft (du XVIIIe s), les seuls du palais qui ne soient pas portugais. Ils mêlent scènes mythologiques, de chasse et de la vie quotidienne.
– On ressort du palais par les ***terrasses,*** ornées de 7 statues de divinités antiques et de 7 panneaux d'*azulejos* représentant les arts dits libéraux (poésie, astronomie, géométrie, etc.). Quelques-uns sont carrément burlesques : les humains aux comportements déviants y sont représentés sous forme de singes ou de chats. Un thème que l'on retrouve à d'autres endroits du parc.

Les jardins

Sortant du palais au terme de la visite, on débouche sur une sorte de petit temple baroque décoré de tessons de céramique et de verre, de coquillages et de cailloux, à la manière d'un facteur Cheval oublié. C'est la *Maison de la fraîcheur*, où le thermomètre affiche toujours 10°C de moins qu'à l'extérieur. Reste à plonger dans les jardins, poétiquement enserrés dans des murs bleu Majorelle. Des parterres fournis d'agapanthes et de rosiers croissent à l'ombre d'un araucaria colossal. Une pergola enrobée de chèvrefeuille et quelques chaises en fer forgé invitent à s'asseoir. Et respirer. En contrebas, des statues émergent de la verdure, des fontaines gargouillent. Là, sur le flanc du jardin à la française, un grand bassin s'étire, surmonté par les bustes riquiquis de la ***galerie des Rois*** et de celle des Chevaliers, à leurs pieds, mais hauts de 3 m, eux. Une allusion, peut-être, à leur rôle essentiel à la pérennité de la royauté ? Surviennent encore d'autres décors d'*azulejos,* représentant aussi bien des scènes mythologiques, poétiques, historiques et allégoriques que des scènes de la vie quotidienne, parfois burlesques ou grotesques. Vous aurez compris, Fronteira, on adore !
– Pour en savoir plus, lire le très bel ouvrage de Pascal Quignard : *La Frontière, azulejos du palais Fronteira,* aux éditions Chandeigne. Un ouvrage réédité avec les reproductions des scènes de la vie quotidienne qui ont fourni à l'auteur le point de départ pour sa brillante et amusante fable.

Parque florestal de Monsanto *(plan d'ensemble détachable, A4)* **:** *juste à l'ouest du palácio Fronteira. Bus nos 770 (Sete Rios) pour la partie nord, 711 (Baixa) pour la partie sud, ou 729 (Belém et Ajuda).* Ce vaste parc forestier aménagé autour d'une ancienne carrière – dont les pierres ont recouvert bien des

LISBONNE, TOUJOURS PLUS LOIN

trottoirs de la ville – est le principal poumon vert de Lisbonne, étalé sur 900 ha de collines et de pinèdes. C'est le domaine des marcheurs, joggeurs, cyclistes, pique-niqueurs... Activités sportives et pour les bambins, parfois payantes, et zones de pique-nique, notamment au ***parque recreativo do Alto da Serafina*** *(plan d'ensemble détachable, B3, **390** ; tlj avr-sept 9h-20h, oct-mars 9h-18h ; entrée gratuite).*

Museu Nacional da Música (hors plan d'ensemble détachable par C1) **:** *dans la station de métro Alto dos Moinhos ! ☎ 217-710-990. • museunacionaldamusica.gov.pt • Tlj sauf dim et j. fériés 10h-17h. Entrée : 3 € ; réduc ; gratuit jusqu'à 11 ans et avec la* Lisboa Card. Étrange localisation ! Il faut vraiment avoir parcouru Lisbonne en tout sens pour, finalement, venir jusque-là. Le musée présente une petite collection d'instruments du XVIe s à nos jours – principalement européens, mais aussi d'Afrique et d'Asie. Un souffle de fantaisie côté vents, avec un cor en porcelaine et 2 trombones à tête de serpent. Et puis il y a aussi cette machine à écrire... les notes ! Pour le reste, on a vu mieux, ailleurs. À réserver aux passionnés, donc...

BELÉM ET AJUDA

- Pour le plan de Belém, se reporter au plan détachable en fin de guide.

Belém, un nom qui chante à toutes les oreilles ! Le mot signifie « Bethléem » en portugais. C'est en appareillant d'ici, le 8 juillet 1497, que Vasco de Gama découvrit les Indes, ouvrant ainsi la route vers la Chine et le Japon. L'effervescence des découvertes y a laissé une concentration impressionnante de monuments, dont le plus beau de Lisbonne : le monastère dos Jerónimos, emblème du style manuélin. En 1940, Salazar a mis en scène, sur la vaste esplanade qui lui fait face, l'Exposition du monde portugais. Les agréables jardins et le nom de *praça do Império* sont restés, alors que tous les bâtiments, construits à la hâte pour l'occasion, ont été démontés. Seul le monument des Découvertes, reconstruit en dur en 1960, conserve la mémoire de cette manifestation.
Au milieu de tout cela a surgi en 1992, à deux pas du Tage, l'énorme *Centro cultural de Belém,* qui a contribué à redynamiser le quartier avec ses manifestations de prestige. Il abrite le *museu Coleção Berardo,* superbe musée d'Art moderne et contemporain parmi les plus visités du Portugal. Un peu plus loin, le *MAAT,* installé dans une ancienne centrale électrique, s'est offert une impressionnante extension futuriste. Mais Belém n'a pas pour autant renoncé aux fastes du passé : on y découvre aussi, dans un flashback extravagant, les barges royales du *Museu de Marinha* et les carrosses du *Museu nacional dos Coches*.
• visitbelem.pt •

UN DIMANCHE MATIN À BELÉM

Bon à savoir : les plus pressés commenceront par le mosteiro dos Jerónimos en achetant leur billet – COUPE-FILE – à l'office de tourisme *Ask me Lisboa Belém* ; malin ! ATTENTION : seuls les billets sans réduction sont vendus ici.

Rien de tel qu'une petite balade dominicale dans Belém pour découvrir le quartier qui fut au départ de tous les rêves portugais. Venez le plus tôt possible, car il y a foule aux beaux jours et pendant les vacances. ***Torre de Belém,*** quel joli nom pour un rêve ! Ici, tout le monde se souvient de ce temps où le Portugal régnait sur la moitié des mers du monde. Comment éviter la nostalgie en regardant cette tour d'où Vasco de Gama partit pour les Indes en 1498 ? Et puis il y eut Magellan, l'un

des plus grands navigateurs portugais de l'Histoire. Certes, c'est au nom du roi d'Espagne que son expédition accomplit le 1er tour du monde, en 1519-1522 (lui n'en revint pas, tué aux Philippines)...
Un dimanche à Belém, pour les Lisboètes, c'est tout un programme, avec au moins 2 incontournables : la messe à l'***église*** du monastère-nécropole dos Jerónimos, d'abord *(à 9h, 10h30, 12h et 19h),* puis l'escale immanquable à l'***Antiga Confeitaria de Belém.*** Certains font la queue devant les comptoirs, tandis que d'autres essaient de trouver une place assise pour goûter les fameux ***pastéis de nata*** qui ont fait la réputation – justifiée – de cette fameuse pâtisserie (voir « Pâtisserie et salon de thé »). Le 3e dimanche du mois, s'ajoute la ***relève de la garde,*** à 11h tapantes, devant le palais présidentiel : du grand spectacle gratuit comme on n'en fait plus, avec cavalerie, parade, uniformes bien lustrés et épées en bandoulière ! Le reste dépend de chacun : musées, ***balade sur les larges berges du Tage*** jusqu'à la Torre de Belém, puis pique-nique en musique sur les pelouses qui lui font face...
– ***Attention :*** redoublez de vigilance dans les files d'attente et dans le tram, des pickpockets œuvrent sans agressivité. *Mode opératoire :* petite bousculade suivie d'un sympathique sourire pour effacer les soupçons. Ils opèrent souvent à 2. Gardez vos sacs sur le ventre, attention aux poches pantalon et poches poitrine, ils sont très doués. 1 routard averti en vaut 2.

Arriver – Quitter

➢ ***En tramway :*** n° 15, au départ de la *praça da Figueira.* Durée : 30-40 mn. Compter 3 €. Nous vous conseillons de prendre le tram depuis son départ pour avoir une place assise et ainsi vous éviterez tout contact avec d'éventuels pickpockets. *Attention,* c'est un tram moderne sans le charme des vieilles guimbardes !

➢ ***En bus :*** nos 714, 760 ou 728 depuis *Cais do Sodré, praça da Figueira* ou *do Comércio.*

➢ ***En train :*** depuis la *gare Cais do Sodré.* Le moyen de transport le plus rapide et pratique (8 mn). Départ ttes les 10-30 mn, 5h30-1h30 (fréquences réduites le w-e). Compter 1,50 €.

➢ **À pied** : compter 1h30 de marche depuis Lisbonne.

Adresses utiles

🛈 ***Office de tourisme Ask me Lisboa Belém*** *(plan détachable Belém)* **:** *praça do Império. ☐ 910-517-981. • visitlisboa.com • Kiosque à l'orée des jardins, face au mosteiro dos Jerónimos. Tlj (sauf 1er et 3e dim de chaque mois) 9h-18h.* ***Plan malin*** : vente de billets coupe-file (sauf pour les billets avec réductions) pour visiter le monastère, foncez !

■ ***Polícia Belém*** *(plan détachable Belém,* ***8****)* **:** *praça Afonso de Albuquerque, juste avt le palais présidentiel. ☎ 213-619-626. Ouv 24h/24.* Ils vous aident dans vos démarches en cas de pépin avec les pickpockets. À côté (n° 17) se trouve la ***poste,*** avec distributeur de timbres à l'extérieur.

Où dormir ?

De prix moyens à plus chic

⌂ ***Residencial Setubalense*** *(plan détachable Belém,* ***90****)* **:** *rua de Belém, 28. ☎ 213-636-639. • geral@setubalense.pt • setubalense.pt • Résa conseillée. ♿ Doubles 65-110 € ; pas de petit déj. Réduc de 10 % sur présentation de ce guide.* Au bord de la rue commerçante et animée de Belém, un dédale de couloirs mène à une centaine de chambres fonctionnelles (clim)

LISBONNE, TOUJOURS PLUS LOIN

et bien tenues, au mobilier standardisé. Certaines ont été rénovées ces dernières années, d'autres pas, c'est un peu la loterie... Choisir celles sur l'arrière (côté Jardin tropical), nettement plus calmes. Attention, celles côté rue sont très bruyantes.

Geronimo Guest House Belém *(plan détachable Belém,* ***89****) : rua 2, nº 3. 961-630-981. • geronimo@cruzdestaque.pt • geronimoguesthouse.com • Doubles 65-180 € ; pas de petit déj.* Difficile de trouver meilleure localisation : ce *B & B* est amarré au calme, juste au-dessus du monastère des Hiéronymites. Enfin, au calme... manière de parler, car on y est généralement réveillé par les coqs de la ferme pédagogique voisine ! Cette maison de ville, donnant sur un bout de jardin avec coin canapé et petit jacuzzi, abrite 5 chambres de très bon confort. Si la *Porto* est plus petite et donne sur l'arrière, la *Macau* est spacieuse et fort belle avec son mobilier ancien ; quant à la *Benguela*, à thème africain, avec « lit de vierge » des années 1800, elle s'ouvre sur un super balcon surplombant le jardin ! En prime : service hôtelier, chats et... lapin (Gordo).

Où manger ?

De très bon marché à bon marché

Afonso dos Leitões *(plan détachable Belém,* ***188****) : rua da Junqueira, 486. ☎ 213-620-931. • belem@leitoesdenegrais.pt • Tlj 10h30-20h30. Sandwich-chips 5 €, plat env 10 €.* Attention, l'entrée est cachée derrière un arrêt de bus ! Face au *musée des Carrosses*, l'adresse est parfaite pour avaler un sandwich ou un plat de cochon de lait accompagné de chips. D'ailleurs, tout tourne autour du porc, aussi rôti et servi de travers... Et il y a des accras de morue (à 1 €).

Loja-cafétaria do Museu de Marinha *(plan détachable Belém,* ***393****) : praça do Imperio. ☎ 210-977-387. • cafeteria.museumarinha@gmail.com • Face à l'entrée du musée. Tlj 10h-18h. Snacks 2-4 €, plats 4-9,50 €.* Comme à la cantine, on passe avec son plateau devant des plats simples (portions copieuses) et quelques douceurs sucrées. Et on dévore le tout au frais sur des tables recouvertes de cartes maritimes bien sûr ! Rapport qualité-prix correct et cadre plaisant.

Honorato *(plan détachable Belém,* ***186****) : rua de Belém, 116-118. ☎ 213-620-938. Tlj 12h-16h, 19h-22h30 ; service en continu le w-e. Burgers 6-11,50 €.* Cette petite chaîne locale propose de bons burgers confectionnés avec des produits frais de qualité (une quinzaine d'options). Ils sont proposés en 2 tailles. Rien d'inoubliable, mais pratique et rapide.

De bon marché à prix moyens

O Caniço *(plan détachable Belém,* ***141****) : rua Vieira Portuense, 30-32. ☎ 213-630-593. • restbelemcanico@gmail.com • Tlj sauf lun 10h-19h. Plats 9,50-14 €.* Parmi les restos touristiques alignés dans cette agréable ruelle piétonne donnant sur un coin de verdure, celui-ci se démarque par la qualité constante de ses produits et la grande fraîcheur de ses poissons – parfaitement cuits. Les habitués optent pour les sardines, le calamar ou le poulpe grillés. Faites comme eux, c'est tout simple mais délicieux !

O Prado *(plan détachable Belém,* ***192****) : rua da Junqueira, 474. ☎ 213-642-412. • restauranteoprado@gmail.com • Tlj 9h-minuit. Plats 6,50-16 €.* Gentille salle voûtée aux murs enrobés d'*azulejos*. Dans l'assiette, du traditionnel portugais, simple mais bien mené et copieux. Une bonne adresse d'habitués, volontiers gouailleurs au comptoir.

Belém 2 a 8 *(plan détachable Belém,* ***187****) : rua de Belém, 2-8. ☎ 213-639-055. • belem2a8@gmail.com • Tlj 12h-15h30, 19h-22h30. Petiscos et plats 3-16 €.* Une bonne petite table à l'ambiance bistro concoctant une cuisine traditionnelle de qualité, copieuse, à prix encore raisonnables – spécialités de morue, *cataplana*, etc. Aussi des *petiscos* tout aussi goûteux. Petite terrasse, mais la rue est très passante !

Plus chic

Darwin's Café *(hors plan détachable Belém,* ***189****) : av. Brasília, ala B. ☎ 210-480-222. • info@darwincafe.com • Dans le Champalimaud Centre, env 500 m après la torre de Belém. Repas servis 12h30-15h30, 19h-22h30 ; salon de thé-snack 16h30-18h. Plats 11-22,50 €.* Il faut se traîner jusque-là, mais la superbe terrasse suspendue au bord du Tage vient en récompense – avec, en toile de fond, la *torre de Belém* ! L'immense salle de resto est une réussite esthétique, brillant mélange de sobriété et de design contemporain. Dans l'assiette, une cuisine soignée, elle aussi bien dans l'air du temps. On peut aussi juste boire un verre ou prendre le thé.

Pâtisserie et salon de thé

Antiga Confeitaria de Belém – Pastéis de Belém *(plan détachable Belém,* ***260****) : rua de Belém, 84-92. ☎ 213-637-423. • pasteisdebelem@pasteisdebelem.pt • Tlj 8h-21h (voire plus tard en été).* La maison est réputée depuis 1837 pour sa succulente spécialité : les *pastéis de nata* ou *pastéis de Belém,* ces petits flans ronds lovés dans une délicieuse pâte feuilletée, saupoudrés de cannelle et de sucre glace selon les goûts de chacun. Plus de 15 000 de ces délicieuses gâteries s'écoulent les jours d'affluence ! On peut assister à la fabrication, derrière une vitre. En revanche, seuls 3 pâtissiers connaissent la recette exacte confectionnée dans l'*oficina do segredo* (l'atelier du secret !). Admirez au passage les *azulejos* du XVIIe s, superbes de naïveté, qui courent sur tous les murs des différentes salles, jusque dans les toilettes. ***Conseil :*** pour éviter la longue file d'attente qui s'étire parfois longuement sur le trottoir, s'asseoir en salle et commander directement à la serveuse vos *pastéis* à emporter !

LISBONNE, TOUJOURS PLUS LOIN

À voir. À faire

Belém, côté ville

Mosteiro dos Jerónimos *(monastère des Hiéronymites ; plan détachable Belém)* **:** *praça do Império. ☎ 213-620-000. • mosteirojeronimos.pt • Tlj sauf lun et j. fériés 10h-17h30 (18h30 mai-sept) ; église : 10h-17h (18h mai-sept) ; dernière entrée respectivement 45 et 15 mn avt. Église : entrée gratuite ; cloître et tribune de l'église (accès par le cloître) : 10 € ; réduc ; billet combiné avec le museu nacional de Arqueologia : 12 € ; gratuit jusqu'à 12 ans et avec la* Lisboa Card. *Toujours beaucoup de monde, notamment le dim.* ***Attention, les billets***

L'IMPASSE DU SOL-SALÉ

Une colonne oubliée se dresse dans le réduit du Beco do Chão Salgado, planqué entre les nos 116 et 124 de la rua de Belém. C'est le seul témoignage de l'existence de la demeure de la vieille famille des Távora, rasée pour l'implication de ses propriétaires dans un attentat manqué contre le roi Joseph Ier. Le sol fut alors couvert de sel, les Távora exécutés sur la place publique et leurs biens confisqués, sur ordre d'un certain ministre du nom de Carvalho. Les rois n'oublient pas ce genre de service et, quelques années plus tard, ce dernier fut fait marquis de Pombal !

***s'achètent à l'entrée du Musée archéologique. BON PLAN :** achetez un billet coupe-file (sauf si vous bénéficiez d'une réduction) au kiosque de l'office de tourisme, juste en face.*

Classé au Patrimoine mondial de l'Unesco en même temps que la tour de Belém, l'exceptionnel monastère des Hiéronymites a été miraculeusement épargné par le tremblement de terre de 1755. Sa construction, décidée par le roi Manuel Ier en 1496, s'est étalée sur près d'un siècle. Elle a bénéficié du voyage aux Indes de Vasco de Gama et de l'afflux subséquent de prodigieuses richesses. Le monastère a d'ailleurs été élevé à l'emplacement même de l'ermitage de Restelo, où l'explorateur et ses hommes se recueillirent avant leur départ ! Son nom provient de l'ordre monastique de saint Jérôme, dont l'une des missions était de veiller au bien-être et à la foi des marins.

L'église (igreja dos Jerónimos)

Elle peut, à juste titre et avec le monastère de Tomar, être qualifiée de chef-d'œuvre de l'art manuélin ! Encadré de 2 magnifiques fenêtres, le portail sud – foisonnement végétal et orgie de niches ouvragées garnies de statues – est un chef-d'œuvre dû à Boytac. Admirez notamment les représentations de l'archange saint Michel (en haut), de la Vierge de Belém (au centre) et d'Henri le Navigateur (en bas). Le superbe portail principal, à l'ouest, est en partie caché par le long édifice ajouté au XIXe s dans un pastiche laborieux de l'église. Dans la multitude de détails gothiques, on distingue, de part et d'autre de la porte en accolade, le roi Manuel et son épouse.

– Passé le porche, on est accueilli par 2 illustres Portugais. À droite, le ***tombeau de Luís de Camões*** (1524-1580), le grand poète qui chanta les exploits des navigateurs au bout du monde dans *Les Lusiades* ; à gauche, celui de ***Vasco de Gama*** (1460-1524), le 1er explorateur à avoir défriché la route maritime des Indes en 1498 par le cap de Bonne-Espérance. Les deux datent de la fin du XIXe s. Notez les sculptures sur le coffre de marbre, représentant des cordages enlacés, un beau symbole.

– L'***admirable nef,*** d'une grande audace architecturale, est soutenue par de très belles colonnes aux nervures en palmier, à l'encontre de toutes les techniques en pratique en Europe à l'époque. Elles résistèrent au séisme de 1755. Admirez leur décoration, elle aussi très inhabituelle. Les couleurs des vitraux sont d'une richesse surprenante. Dans la *capela sul do transepto* (chapelle sud du transept), de style maniériste, se trouvent les tombeaux des enfants du roi João III. Dans la chapelle nord, en contrepoint, reposent les 5 fils du roi Manuel.

Le cloître

On accède à son niveau supérieur par le portail attenant à l'église. Cour de palais plutôt que cloître, il est l'un des plus riches du monde, superbement aérien, à l'ornementation aussi exubérante que profuse en détails, mêlant motifs d'inspiration végétale, religieuse et royale ! La rénovation a restitué la superbe couleur sable de la pierre d'Alcântara, ce qui permet d'apprécier d'autant mieux la finesse du travail sur les colonnettes, les arcs et les gargouilles. Du cloître haut, on accède à la tribune de l'église (stalles Renaissance), puis on redescend vers le cloître bas, avec sa douzaine de confessionnaux nichés dans les murs latéraux (superbes encadrements de portes). Côté est, on accède à l'impressionnante ***salle du chapitre,*** abritant le tombeau monumental d'Alexandre Herculano, écrivain et poète du XIXe s, chantre de la culture et de l'histoire portugaise. Sur le mur nord, un simple bloc de granit signale la pierre tombale de Fernando Pessoa. Côté ouest, enfin, le ***réfectoire*** a conservé ses *azulejos* du XVIIIe s illustrant des scènes bibliques.

***Museu nacional de Arqueologia** (plan détachable Belém) **:** praça do Império. ☎ 213-620-000. ● museunacionalarqueologia.gov.pt ● ♿ Tlj sauf lun et j. fériés 9h30-12h30, 14h-17h30 (dernière entrée 30 mn avt). Entrée : 5 € ; billet*

LISBONNE, TOUJOURS PLUS LOIN

combiné avec le mosteiro dos Jerónimos : 12 € ; réduc ; gratuit jusqu'à 12 ans et avec la Lisboa Card. Installé dans l'aile du monastère qui servait de dortoir, ce musée pas très bien foutu se résume à 3 sections permanentes et une expo temporaire de longue durée. On avale vite fait la minisalle d'antiquités égyptiennes, pour filer, presque au bout du couloir, aux *Tesouros da Arqueologia portuguesa*. Là, sous l'œil d'un garde, sont regroupés de nombreux bracelets, colliers, torques, boucles d'oreille et autres diadèmes en or et en argent remontant à l'âge du cuivre, l'âge du bronze et la culture des *castros*. La plus importante section, *Religiões da Lusitania,* présente toutes sortes d'éléments lapidaires, dont quelques idoles de sangliers et guerriers en granit mal conservées des Ier-IIe s, des statues romaines de 2e ordre, 2 sarcophages, 2 statuettes de Minerve de meilleure facture et, bien planquée, une toute petite amulette phallique !

SECRETS BIEN GARDÉS

Le roi Manuel le Fortuné avait ordonné d'exécuter par pendaison les capitaines qui osaient communiquer à une puissance étrangère leurs secrets géographiques et cartographiques sur les routes maritimes récemment ouvertes. Pas étonnant que le Portugal ait longtemps gardé le monopole de ses découvertes !

🚶🚶 👨‍👧 ***Museu de Marinha*** *(plan détachable Belém) : praça do Império. ☎ 213-620-019. ● ccm.marinha.pt ● Juste à l'ouest du monastère. Tlj sauf j. fériés 10h-18h (17h oct-avr) ; dernière entrée 30 mn avt. Entrée : 6,50 € ; gratuit jusqu'à 12 ans et pour tous le 20 mai ; réduc, notamment avec la* Lisboa Card.

Ouvert en 1863, ce musée rappelle que le Portugal fut une grande puissance maritime aux XVe et XVIe s. Bien avant les autres nations européennes, le pays lança des expéditions sur des mers inexplorées, découvrant des contrées jusqu'alors inconnues... Ce que se chargent de rappeler les premières salles, avec leurs statues, fac-similé d'anciennes cartes marines, instruments de navigation, armes, armures, maquettes de bateaux et superbe globe terrestre de 1645. On peut même voir le grand coffre sculpté des frères Gama et un archange saint Raphaël qui voyagea jusqu'aux Indes avec eux ! Suivent plusieurs salles consacrées aux grandes batailles navales, à la marine marchande et militaire (jusqu'à nos jours), puis à la pêche, où se multiplient les maquettes, en contrepoint de figures de proue, canons, tableaux et autres uniformes. Tout au fond, ont été installées les cabines en bois du yacht royal *Amelia* (1900) : d'un côté, celle du roi, de l'autre, celle de la reine. Et, en face : leur vaisselle, rutilante.

De l'autre côté de la cour, changement d'échelle ! Sous un immense hangar à bateaux, a été regroupé une vingtaine d'embarcations anciennes, dont plusieurs ***galères royales*** d'apparat. La plus ancienne date de 1728 et la plus belle (1778) a conservé ses 80 rames. Les 1ers hydravions et une *moto de agua* (jet-ski) un peu incongrue ici leur tiennent compagnie.

Si vous en avez le temps, traversez le Tage en ferry pour visiter, amarré à un quai de Cacilhas, le superbe ***trois-mâts Don Fernando II,*** restauré et ouvert au public (voir plus loin à Cacilhas dans « Les environs de Lisbonne. Au sud du Tage... »).

🚶 ***Centro cultural de Belém*** *(plan détachable Belém) : praça do Império, entre le Tage et le monastère dos Jerónimos.* Dessiné en 1993 par les architectes Vittorio Gregotti et Manuel Salgado, cet énorme centre, conçu pour doter le Portugal d'un outil culturel performant, abrite salles de congrès et auditoriums pour concerts et spectacles vivants. Il accueille aussi de grandes expos, mais c'est surtout l'occasion de découvrir l'intéressant ***museu Coleção Berardo*** (voir ci-après) !

Museu Coleção Berardo *(plan détachable Belém)* **:** *praça do Império.* ☎ *213-612-878.* ● *museuberardo.pt* ● ♿ *À l'intérieur du Centro cultural de Belém. Tlj sauf Noël 10h-19h (dernière entrée 30 mn avt). Entrée : 5 € ; réduc ; gratuit moins de 7 ans.* Le vaste musée Berardo abrite la plus importante collection d'art du XXe s du Portugal. Né à Madère en 1944, l'enfant pauvre qui collectionnait les timbres et les boîtes d'allumettes s'est mué en un important homme d'affaires érigeant sa fortune dans les mines d'or en Afrique du Sud, en spéculant auprès des banques, puis en rachetant des vignobles, de prestigieux hôtels et des entreprises à travers le monde. Fin amateur d'art, José Berardo s'offrit de nombreuses œuvres : Modigliani, Picasso, Miró, Bacon, Dalí, Man Ray, Arp, Magritte, Dubuffet, Ernst, César, Léger, Soulages, Moore, de Chirico, Vasarely, Poliakoff, Mondrian, Pollock, le groupe CoBrA, Warhol et Lichtenstein, sans oublier les Portugaises Vieira da Silva et Paula Rego... Le fonds du musée regroupe plus d'un millier d'œuvres, présentées par roulement.

UN CHEF-D'ŒUVRE IGNORÉ

Sylvester Stallone proposa un jour au collectionneur José Berardo de passer chez lui pour lui montrer une « petite toile » d'un artiste méconnu « plutôt moche » que sa femme avait achetée... Quelle ne fut pas la surprise de Berardo en découvrant l'immense toile expressionniste Œdipe et le Sphinx d'après Ingres du peintre anglais Francis Bacon ! Une chance pour le collectionneur portugais, qui l'acheta immédiatement.

La visite débute au ***niveau 2 (de 1900 à 1960),*** de loin l'étage le plus intéressant, consacré à la période s'étendant « des 1ers modernistes à la nouvelle avant-garde ». Un vrai cours de peinture moderne, qui n'omet aucun mouvement, aucun artiste ou presque, présentés de manière globalement chronologique. Beaucoup mieux qu'un cours théorique pour vos ados ! Ils adoreront forcément le téléphone-langouste de Dalí (nous aussi)...

Le ***niveau -1 (de 1960 à nos jours)*** expose les collections contemporaines de Berardo, progressivement enrichies d'œuvres photo et vidéo. Le ***niveau 0*** est dédié aux expos temporaires.

Jardim botânico tropical *(Jardin tropical ; plan détachable Belém)* **:** *largo dos Jerónimos. Tlj 10h-20h (17h oct-mars) ; dernière entrée 30 mn avt. Fermé 1er janv et 25 oct. Entrée : 4 € ; réduc ; gratuit moins de 12 ans.* Sur 6,7 ha, l'ancien *jardim do Ultramar,* fondé au XVIIIe s, présente quelque 600 espèces végétales acclimatées des anciennes colonies portugaises : Brésil, Angola, Mozambique, Cap-Vert, Macao... Peu de grands arbres à part quelques ficus vraiment géants, mais le cadre est sympa, avec canards et oies en liberté !

Museu da Presidencia da República *(plan détachable Belém,* ***396****)* **:** *praça Afonso de Albuquerque ;* ☎ *213-614-660 ;* ● *museu.presidencia.pt* ● *Tlj sauf lun et j. fériés 10h-18h (16h30 sam) ; dernière admission 30 mn avt ; attention, w-e, fermé 13h-14h. Entrée : 2,50 € ; réduc.* À l'orée de l'*ancien palais royal,* devenu résidence du président de la République, ce petit musée entrepose tous les cadeaux officiels qui n'ont pas trouvé place dans les salons de la présidence ! Amusant si on n'en abuse pas. En prime : les portraits de tous les présidents depuis 1911, dictateurs inclus ; celui de Mário Soares (1986-1996) est autrement plus jovial que tous les autres réunis.

Ne manquez pas le spectacle assez incroyable de la ***relève de la garde nationale républicaine,*** le 3e dimanche de chaque mois à 11h, mettant en scène quelque 160 soldats. Même les chiens sortent en musique, accompagnant la garde descendante, tandis qu'une fanfare donne envie d'applaudir à tout rompre, au passage des chevaux, des casques dorés et des 28 musiciens à cheval, imperturbables ! Cette fanfare à cheval est fière d'être la seule au monde à exécuter des morceaux de musique au galop... Quant aux chevaux, ce sont pour la plupart de magnifiques alezans, de race lusitanienne.

Museu nacional dos Coches *(musée des Carrosses ; plan détachable Belém)* **:** *av. da India, 136. ☎ 210-492-400. ● museudoscoches.gov.pt ● Tlj sauf lun et j. fériés 10h-18h (dernière entrée à 17h30). Entrée : 8 € ; réduc ; gratuit jusqu'à 12 ans et avec la* Lisboa Card. Ce musée est né de l'initiative de la reine Amélie du Portugal, française d'origine. Épouse de Carlos Ier, elle échappa à l'attentat de 1908 et s'exila au Chesnay, près de Versailles, après la chute de la monarchie en 1910. Elle demanda que le 1er catalogue des carrosses soit rédigé en français, langue internationale à l'époque.

RENCONTRES BIEN CARROSSÉES

Un curieux carrosse, appelé coche da mesa, *renferme une table ronde dans un luxueux habitacle tapissé de velours carmin et orné de rideaux pourpres. Aux XVIIe et XVIIIe s, il se rendait souvent à la frontière du Portugal et de l'Espagne pour échanger les épouses entre les 2 royaumes rivaux et parfois ennemis. Les négociations se tenaient autour de la table. Ces noces arrangées servaient la diplomatie et évitaient parfois les guerres...*

Désormais installé dans le massif *Novo Edificio,* le musée présente près de 70 carrosses, coches, berlines, malles postales et autres chaises à porteurs du XVIe au XIXe s. Le ***carrosse du roi Philippe II*** d'Espagne, qu'il utilisa pour venir de Madrid en 1619 à une époque où le grand voisin avait annexé le Portugal, est le plus vieux de la collection (XVIe s) ! Il voisine avec les 2 carrosses de Marie-Françoise de Savoie, offerts par Louis XIV à sa cousine pour son mariage avec Afonso VI en 1666. Tout aussi remarquables : le carrosse de João Ier, avec son aigle aux airs de gros poulet fatigué et celui de la reine Ana Maria, sœur de Joseph Ier d'Autriche et épouse de Jõao V. Impressionnants ? Regardez donc les 3 ***carrosses en baroque italien*** du XVIIIe s ayant appartenu au colossal cortège diplomatique (315 voitures !) envoyé par João V au pape Clément XI en 1716... Ils sont décorés comme des retables d'église, ornés de sculptures dorées évoquant notamment la rencontre de l'océan Indien et de l'Atlantique ! Et si vous regardez de près, vous verrez que les 12 signes du zodiaque sont ciselés sur les roues arrière. Plus avant, on remarque une ***chaise à hublots,*** étrange attelage comportant 2 rideaux de cuir à fenêtres rondes. L'occupant pouvait ainsi conduire sa calèche à l'abri de la pluie... C'est dans un semblable véhicule que le roi José Ier, en 1758, échappa à une tentative d'assassinat. Citons aussi la berline carcérale et la « dormeuse », une berline-lit pour les longs trajets !

Museu nacional de Etnologia *(hors plan détachable Belém)* **:** *av. Ilha da Madeira. ☎ 213-041-160. ● mnetnologia.wordpress.com ● Juste au-dessus du stade, à env 10 mn du monastère des Hiéronymites, en montée. Tlj sauf lun et j. fériés 10h (14h mar)-18h. Entrée : 3 € ; réduc ; gratuit avec la* Lisboa Card. *Visites guidées de la galerie amazonienne sur résa.* Peu connu, ce beau musée mérite une visite pour la qualité de ses collections, bien mises en valeur (explications en anglais).

Le ***rez-de-chaussée*** regroupe les collections permanentes et les expos temporaires. Les 1res déclinent des thèmes intéressants et variés, très joliment présentés, mais qui sautent un peu du coq à l'âne : théâtre wayang de Bali, poupées rituelles du sud-ouest de l'Angola, instruments de musique populaire du Portugal, attributs capillaires africains, collection de couvercles de pot du Cabinda (Angola), ou encore une remarquable collection de masques et marionnettes zoomorphes maliens. On est accueilli dans la galerie par un bœuf sarcophage géant balinais !

Au ***sous-sol,*** la galerie amazonienne (sur résa, donc), présente de nombreux objets rapportés du Mato Grosso (Brésil) et d'Amazonie, notamment des parures amérindiennes en plumes multicolores du Xingu, des ornements en paille et fibres végétales, hamacs, poteries, vaisselle, armes, lances, arcs et flèches, nasses de pêche, instruments de musique...

Capela do Restelo *(chapelle du Restelo ; hors plan détachable Belém) :* *praça de Itália ; à 600 m à l'ouest du musée d'Ethnologie.* Faites un saut dans le Restelo pour admirer la chapelle dos Jerónimos du XVIe s, jadis plantée dans le domaine du monastère. C'est le même Boytac qui a œuvré, mais ici l'austérité domine, renforçant encore l'impression de volume. On ne peut malheureusement pas y entrer, mais le belvédère offre une vue dominante sur la tour de Belém. Le week-end, les habitués aiment bien venir y pique-niquer.

Belém, côté Tage

Monumento das Descobertas *(plan détachable Belém) :* *av. Brasília. ☎ 213-031-950. • padraodosdescobrimentos.pt • Tlj sauf j. fériés 10h-19h (18h nov-fév et fermé lun) ; dernière entrée 30 mn avt. Entrée : 6 € ; gratuit jusqu'à 12 ans ; réduc, notamment avec la Lisboa Card.* Avançant sur le Tage tel une lourde proue de caravelle, le monument, élevé en 1960 pour le 500e anniversaire de la mort d'Henri le Navigateur, reprend la construction provisoire qui trônait à la même place lors de l'Exposition de 1940. Derrière l'infant, futur Henri le Navigateur, sont représentés tous les grands personnages de l'histoire portugaise liés aux découvertes maritimes. On peut accéder au sommet par un ascenseur, à 50 m d'altitude, mais la ***vue sur le Tage*** et le quartier n'a rien d'inoubliable. Sur l'esplanade, une marqueterie de marbre polychrome de 50 m de diamètre dessine une rose des vents ; au centre, un planisphère dresse l'inventaire des découvertes portugaises, cadeau de l'Union sud-africaine en commémoration du franchissement du cap de Bonne-Espérance.

POUSSEZ PAS DERRIÈRE !

C'est l'ancien dictateur Salazar qui commanda, sur la berge du Tage, le célèbre « monument aux Découvertes ». Certains Lisboètes réfractaires à l'esthétique de l'époque l'ont baptisé, non sans humour, « Poussez pas derrière » : il représente une file de héros aux noms célèbres s'avançant à la queue leu leu vers le fleuve, derrière l'infant, futur Henri le Navigateur.

Torre de Belém *(hors plan détachable Belém) : av. Brasília. ☎ 213-620-034. • torrebelem.pt •* ***Fermée pour travaux en 2021.*** *Sinon, tlj sauf lun et j. fériés 10h-17h30 (18h30 avr-sept) ; dernière entrée 30 mn avt. Entrée : 6 € ; réduc ; gratuit jusqu'à 12 ans et pour tous les 18 avr et 18 mai. Attention : escalier en colimaçon raide.*

Monument emblématique du patrimoine portugais, édifié en 1515 par le roi Manuel, la tour de Belém a servi de tour de contrôle maritime pendant des siècles, surveillant les navires croisant à l'embouchure du Tage, le retour des caravelles et des galions chargés de marchandises précieuses et enregistrant tous ces mouvements. À elle seule, cette petite tour est le plus beau symbole de l'épopée portugaise sur les mers du globe ! Notez les très belles croix lusitaniennes aux créneaux et les ornementations d'inspiration mauresque qui couronnent les tours d'angle. L'intérieur se visite, sur 4 étages de salles voûtées d'ogives ou d'arêtes. De la terrasse supérieure, belle vue sur le Tage. Bon, cela dit, on en a vite fait le tour de cette tour... Et vu l'attente aux beaux jours, on peut éventuellement s'abstenir.

SECOUEZ-MOI...

Aujourd'hui, cette élégante tour s'amarre quasiment sur le bord du Tage, mais autrefois elle trônait au beau milieu du fleuve. Pourquoi ? C'est le séisme de 1755 qui a déplacé le lit du Tage !

Museu de Arte, Arquitetura e Tecnologia (**MAAT**; *hors plan détachable Belém*) **:** *av. Brasília.* ☎ *210-028-130.* • *maat.pt* • *Tlj sauf mar et j. fériés 11h-19h (22h ven-sam juin-sept). Billet combiné ancienne centrale électrique et MAAT 9 €; réduc; gratuit moins de 12 ans et 1er dim du mois.* À côté de l'ancienne centrale électrique, méticuleusement restaurée, a été créé le MAAT, hébergé dans un bâtiment ultra-contemporain de 190 m de long en forme de vague, s'avançant vers le Tage. La lumière et le fleuve viennent s'y refléter sur 15 000 tuiles qui rappellent les *azulejos* portugais. Ne manquez pas le point de vue sublime sur le Tage depuis la terrasse ! Les expos temporaires sont distribuées à la fois dans le nouvel édifice et dans l'ancienne centrale, dont les énormes chaudières et les turbines sont toujours en place (belle ambiance de début d'ère industrielle). Elles s'intéressent aux nombreuses facettes du savoir, de la science à l'art, en passant par l'architecture et la technologie.

Ajuda

Au nord-est de Belém, ce quartier populaire et résidentiel, agrippé à l'une des 7 collines de Lisbonne, se glisse entre le parc de Monsanto et LX Factory, qu'annonce au loin le ponte 25 de Abril. Seuls les trekkeurs dans l'âme et les passionnés d'architecture urbaine viendront jusqu'ici, en quête des derniers *páteos* de Lisbonne – ces microquartiers ouvriers ou artisans nés dans la 2de moitié du XIXe s de l'exode rural, autour d'une cour ou d'une ruelle cachés des regards par une grille ou une porte close.

Palácio nacional da Ajuda (*hors plan détachable Belém,* **402**) **:** *largo da Ajuda.* ☎ *213-620-264.* • *palacioajuda.gov.pt* • *Tram nº 18 (depuis Cais do Sodré ou Alcântara); bus nos 760 (itinéraire similaire) ou 742 (de Campo de Ourique et LX Factory). Tlj sauf jeu et j. fériés 10h-18h (dernière entrée à 17h30). Entrée : 5 €; réduc; gratuit moins de 14 ans.* Dans la 2de moitié du XVIIIe s, le roi José Ier fait édifier sur le haut de la colline d'Ajuda une résidence en bois, vite surnommée la « baraque royale »... Détruite par un incendie, elle laisse péniblement place, dans la 1re moitié du XIXe s, au vaste et massif palais néoclassique qui s'y trouve toujours. Dernière résidence de la famille royale de Bragança à partir de 1861, il palpite durant un demi-siècle au centre du pouvoir, jusqu'à l'avènement de la République en 1910. Devenu musée – bien que la présidence y organise encore à l'occasion des cérémonies officielles –, il offre d'intéressants témoignages sur la vie quotidienne de la cour, avec photos de famille, mobilier, objets d'arts décoratifs et tableaux (Géricault, Greuze, Le Greco...) des XVe au XIXe s. Des expos consacrées à la famille royale y sont organisées. Concerts en saison.

Páteo Alfacinha (*hors plan détachable Belém,* **401**) **:** *rua do Guarda Jóias, 44.* ☎ *213-642-171.* • *pateoalfacinha.com* • *Dans la rue qui descend de l'angle sud-est du largo da Ajuda.* Créé en 1981, il s'agit d'une reconstitution commerciale d'un *páteo* traditionnel. Le lieu est réservé à divers événements, mais on peut parfois s'y balader librement, à condition qu'il ne soit pas privatisé pour un mariage ou autre festivité. Des bureaux et ateliers y voisinent aujourd'hui avec 2 restaurants (pour groupes), une galerie d'art et la petite chapelle de « Saint-Antoine-le-Fatigué »... On y découvre une belle vue sur le ponte 25 de Abril.

Plage

Oubliez tout ce qui se disait dans les années 1990 encore sur les plages de Lisbonne : polluées, surpeuplées, sales. Lisbonne a non seulement le rare privilège d'avoir les pieds dans l'eau, mais des travaux importants ont permis au fil des années de réaménager entièrement le front de mer, de créer des promenades... ***La plage la plus proche est à quelques stations de train du centre, au départ de la gare de Cais do Sodré.***

Carcavelos *(moins de 30 mn)* **:** *prendre le train, destination São Pedro ; sortir à Carcavelos, du côté du terminal rodoviário ; au rond-point, prendre à gauche, direction Marginal ; accès à la plage par le souterrain.* 2 km de sable, à 700 m de la gare. Pas d'arbres, pas d'ombre !

➢ ***Passeio marítimo de Oeiras :*** 3 km de promenade entre la plage de Santo Amaro et le fort de São Julião da Barra (limite sud de la plage de Carcavelos). Accessible en train (Santo Amaro).

LES ENVIRONS DE LISBONNE

Si vous avez peu de temps à passer autour de Lisbonne, vous pouvez pratiquement tout voir en utilisant les transports en commun (train et bus) au départ de la gare du Rossio ou de celle de Cais do Sodré. En revanche, une voiture s'impose si vous comptez butiner au long de la côte, avant de découvrir Sintra et sa belle serra – où l'odeur des pins chauds fait écho au sable blond des plages proches, battues par l'Atlantique.

CAP À L'OUEST

• Carte *p. 166-167*

QUELUZ (2745) 28 000 hab.

À 10 km à l'ouest de la capitale, cette petite ville de banlieue, très urbanisée, se visite facilement au départ de Lisbonne, en prenant le train à la gare du Rossio. On n'y vient que pour une raison : son palais royal, inspiré en toute modestie du château de Versailles.

Arriver – Quitter

➢ ***De/vers Lisbonne :*** trains de la gare du Rossio, direction Sintra, ttes les 10-30 mn 5h40-1h *(• cp.pt •)*. Durée du trajet : 17 mn. À la sortie, prendre à droite, descendre par le 1er escalator jusqu'à une placette, puis, presque en face, les escaliers de la rue Maria I. Au 2e carrefour (pont), vous verrez légèrement sur votre droite le jardin public. Traversez-le sur toute sa longueur (env 800 m) jusqu'au palais. Plusieurs cafés et snacks sur votre chemin, si nécessaire.

Où dormir ? Où manger ?

Très chic

🏠 I●I ***Pousada de Dona Maria I :*** *largo do Palácio Nacional. ☎ 214-356-158. • pousadas.pt • Doubles env 130-220 € selon période, durée du séjour, formule et promo (consulter leur site). Menu compter env 35 € ; carte 30-60 €.* Face au palais, la tour de l'Horloge, aux murs rose bonbon, fut autrefois garde-meuble

Où camper ? Où dormir ?

- **10** Orbitur Parque de Campismo Guincho
- **11** Convento de São Saturnino

royal, maison de gardes, puis école. Elle abrite aujourd'hui un membre des *Historic Hotels of Europe,* alignant 26 chambres (dont 2 suites luxueuses et 3 supérieures) hautes de plafond et bien confortables malgré leur déco un poil désuète (moquette). Il y a même un petit théâtre privé ! Les anciennes cuisines du château, derrière la statue, prêtent leur cadre élégant à un resto de prestige, le *Cozinha Velha.* Bon, si le service est bien, on paie quand même surtout le décor…

À voir

Palácio real de Queluz : *largo do Palácio Nacional.* ☎ *219-237-300.* • *parquesdesintra.pt* • *Tlj 9h-18h ; dernière entrée 1h avt. Fermé Noël et*

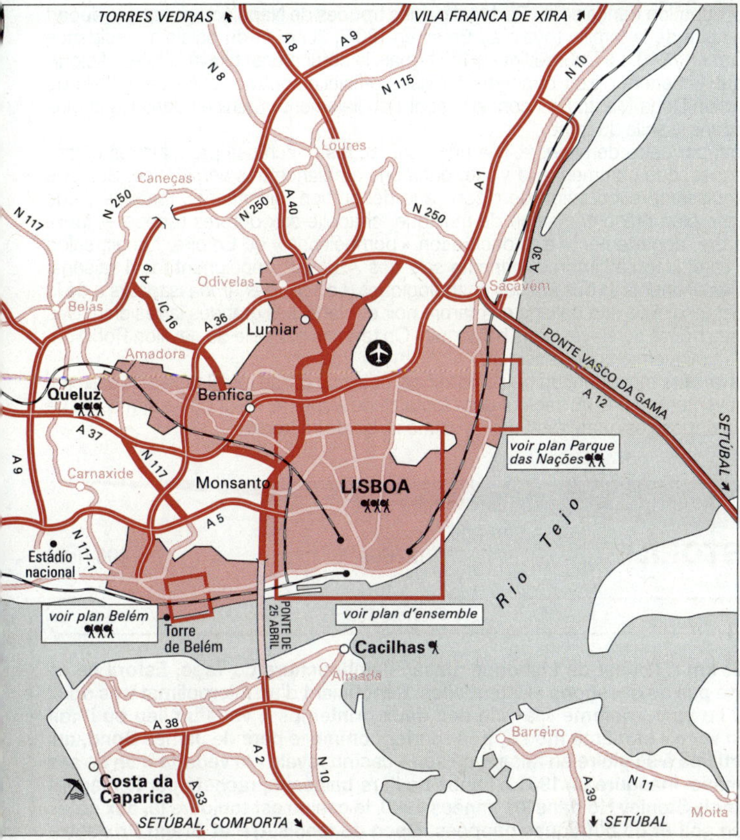

L'OUEST DE LISBONNE ET LA SERRA DE SINTRA

Où manger ?

- **20** Furnas do Guincho
- **21** Monte Mar
- **22** Restaurante Piscinas Azenhas do Mar

1er janv. Entrée : 10 € (réduc après 15h30) ; 5 € jardins seuls ; réduc. Possibilité de billets groupés avec d'autres sites. Audioguide (3 €) ou application (2 €) en français.

Construit à partir de 1747 comme ***palais d'été*** autour d'une ancienne *quinta*, cet élégant édifice aux apports rococo servit d'écrin à la décadence de la cour royale portugaise. La reine Maria Ire, qui y résida régulièrement pendant les 38 années de son règne (1777-1815), y sombra doucement dans la folie, au rythme des fêtes galantes et des goûters princiers organisés entre les jardins à la française et le vaste parc boisé – semé de bassins, statues et *azulejos*. Après l'incendie du palais d'Ajuda en 1794, le prince régent et son épouse Carlota Joaquina, vite surnommée « la mégère de Queluz », s'y installèrent ; il fallut alors ajouter un étage pour leurs 9 enfants.

L'occupation française du Portugal par les troupes de Napoléon marqua le départ précipité de la famille royale au Brésil en 1807 ; Junot fit du palais sa résidence jusqu'en 1810. La Cour revint en 1821, mais le cœur n'était plus à la fête... Aujourd'hui, les chefs d'État étrangers en visite officielle sont accueillis dans l'aile du pavillon Dona Maria. Des concerts sont parallèlement organisés dans les jardins ou dans la salle du trône.
C'est par cette dernière, veillée par 8 caryatides et écrasée par 2 lustres gigantesques, que commence la visite, dans une ambiance très versaillaise. Suit une éblouissante succession de pièces à la décoration foisonnante, matinée d'une patine bien présente : salon de musique, chapelle aux dorures rococo et faux-marbre, appartements à la décoration « pompéienne » ou Empire, fumoir, salon de café, jusqu'à l'impressionnante *sala dos Azulejos*, dépeignant les 4 saisons, les 4 continents et des scènes mythologiques. La *salle des Ambassadeurs* a de la prestance avec son dallage en marbre noir et blanc, ses grandes jarres chinoises et ses trônes surélevés sous baldaquin. On termine par l'aile du pavillon Robillion, plus typiquement néoclassique.
Les ***jardins*** manquent un peu d'entretien. Jetez un œil au canal tapissé d'*azulejos* et, éventuellement, au secteur de la fontaine de Neptune, cœur du Jardim novo. Le côté opposé est nettement moins calme : il borde l'autoroute.

ESTORIL (2765) 26 400 hab.

• Plan *p. 169*

À 25 km à l'ouest de Lisbonne, passé l'embouchure du Tage, Estoril ne se pose pas de questions existentielles. Bénéficiant d'un microclimat très doux qui l'a vu surnommé « la ville des deux printemps », voilà un lieu où il fait bon vivre – et même mourir, pour parler comme le père de James Bond, qui participa à sa gloire en faisant de son « casino royale » la vedette d'un de ses romans. Inauguré en 1931 à l'aube de l'ère balnéaire, racheté par le magnat chinois Stanley Ho dans les années 1980, le casino est toujours là, aux côtés d'un golf et de boutiques huppées. Open de tennis ATP et Grand Prix automobile puis moto ont contribué à la renommée d'Estoril, et les prix se sont envolés. Aujourd'hui, on y trouve surtout des immeubles résidentiels. On se baigne en contrebas de la voie ferrée, sur une enfilade de plages de sable très bien entretenues mais tout de même bien urbaines.

UN PEU D'HISTOIRE

Au début du XXe s, de riches Anglais, en quête de douceur hivernale, découvrirent Estoril et s'installèrent dans des villas cossues, aujourd'hui propriétés des grandes familles portugaises. Inventeur du personnage de James Bond 007, Fleming s'inspira du casino de la station pour écrire *Casino Royale*, porté à l'écran en 1967, puis à nouveau en 2006. Un autre James Bond, *Au service de Sa Majesté*, fut tourné en partie

NID D'ESPIONS

Pendant la Seconde Guerre mondiale, la neutralité portugaise vit Estoril transformée en rendez-vous des agents secrets. Ils séjournaient tous au Palácio, alors truffé de micros. Parmi eux : le yougoslave Dušan « Duško » Popov, qui ne se déplaçait qu'avec une jolie créature à chaque bras... Ian Fleming s'en inspira pour créer James Bond quand il vint à Estoril en 1941.

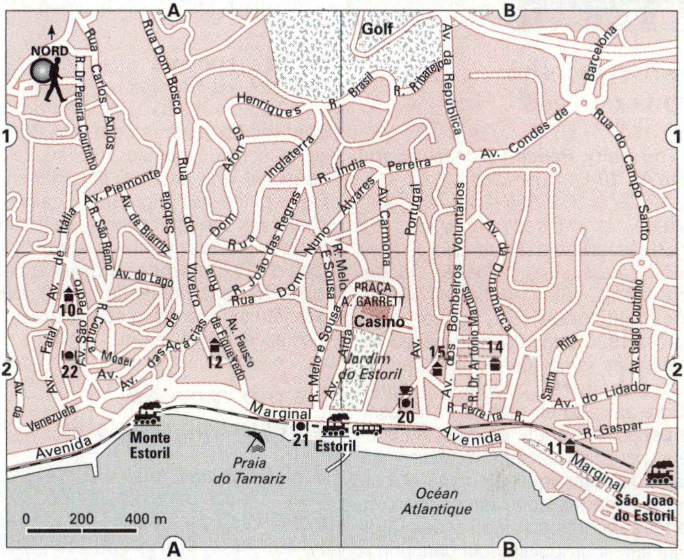

ESTORIL

Adresses utiles	11 Blue Boutique Hostel & Suites (B2)
Gare ferroviaire (A-B2)	12 Casa Londres (A2)
Gare routière (B2)	14 Hotel Smart (B2)
Où dormir ?	15 Hotel Inglaterra (B2)
10 The Salty Pelican Beach Hostel (A2)	**Où manger ?**
	20 Garrett (B2)
	21 Villa Tamariz (A2)

à Estoril. La ville servit aussi de lieu d'exil et de séjour pour pas mal de têtes couronnées comme Juan Carlos d'Espagne ou le comte de Paris, héritier des rois de France. Quant à Salazar, il habita le fort d'Estoril. Difficile d'être mieux protégé de la foule. Il y règne encore aujourd'hui une ambiance délicieusement rétro, un peu anglaise. Le week-end, les plages de la station sont prises d'assaut, dur d'y poser sa serviette.

Arriver – Quitter

***Gare ferroviaire** (plan A-B2) : près de la mer, en contrebas du casino, au centre-ville. • cp.pt •* Pour Lisbonne (gare Cais do Sodré), ttes les 12-30 mn 5h30-1h30 ; compter 35 mn de trajet et 2,25 € l'aller. Pour Cascais (4 mn) : idem. Cascais n'est qu'à seulement 25 mn à pied en longeant les plages. *Tourist TravelCard* à charger sur la carte *Viva Viagem* (0,50 €) valable 1 à 3 j., 6-13,50 €. Pour Sintra, il faut repasser à Lisbonne ; privilégiez le bus (30 mn). 2 autres stations : Monte Estoril à l'ouest (plan A2), et São Joao do Estoril à l'est (plan B2). Plus pratiques selon vos hébergements.

***Gare routière** (plan B2) : à côté de la gare ferroviaire. • scotturb.com •* Pour Sintra, bus n° 418 ttes les 30 mn à 1h40, lun-ven 6h30-22h45, sam 6h20-23h30, dim 7h15-21h.

Où dormir ?

De bon marché à prix moyens

The Salty Pelican Beach Hostel (plan A2, **10**) : *rua de Madrid, 6. ☎ 218-073-259. 932-560-960. • hello@saltypelican-cascais.com • saltypelican-cascais.com •. Dortoirs 4-8 lits 15-60 €/pers selon taille et saison, doubles 45-120 €, petit déj inclus.* Occupant une jolie maison des années 1920 dans un quartier où les immeubles remplacent peu à peu les vieilles demeures, cette AJ pimpante arbore *azulejos* en façade et terrasse herbeuse aux poufs colorés. À l'intérieur, parquets anciens rénovés, carreaux de céramique d'origine et baignoire à pattes contrastent avec les dortoirs récents aux lits solides (tiroir et lumière individuelle pour chacun), la déco *trendy* et l'unique chambre cosy. Le dortoir du bas est frais mais sombre. Organise des tas d'activités (avec forfaits à la clé) et des soirées barbecue ou pizza fréquentes.

Blue Boutique Hostel & Suites (plan B2, **11**) : *av. Marginal, 6538. ☎ 214-663-006. 967-330-753. • reservations@blueboutiquehostel.com • blueboutiquehostel.com • Dortoirs 4-12 lits 17-45 €/pers selon taille et saison, doubles 36-100 €, petit déj inclus.* Assez centrale mais donnant sur la route principale (double vitrage), cette belle AJ occupe une ancienne villa entièrement rénovée sur de joyeuses tonalités pastel. Elle est tenue par Carolina, qui parle parfaitement français (son père est suisse). C'est à l'étage que l'on trouve les dortoirs, vastes et colorés (avec sol en marbre !) et les chambres les plus agréables, certes pas géantes (2 ont leur propre salle de bains). Il y a aussi la *Master Suite,* dans la tourelle, idéale pour les familles. Ajoutons une superbe cuisine équipée, un grand salon commun avec Playstation et écran géant, un bar-snack, une machine à laver, des vélos en location, des cours de yoga et... la plage à 2 mn. Parking.

Casa Londres (plan A2, **12**) : *av. Fausto de Figueiredo, 143. ☎ 214-682-383. • reservas@casalondres.com • casalondres.com • À 300 m de la plage. Doubles 40-90 € selon saison et vue, petit déj (léger) inclus.* Cette petite villa abrite une dizaine de chambres claires et sobres, au confort variable, avec douche (petite) et TV (pas d'AC). Demandez à visiter si possible. Notre préférée : la nº 202, avec 3 fenêtres, la terrasse et ses *azulejos.* Bon accueil. Petit jardin.

De prix moyens à beaucoup plus chic

Hotel Smart (plan B2, **14**) : *rua Maestro Lacerda, 6. ☎ 214-682-164. • reservas@hotel-smart.net • hotel-smart.net • ♿ Doubles 50-100 € selon saison, petit déj inclus. Parking.* Occupant une belle et grande maison de couleur orange entourée d'un jardin et d'une piscine, les 26 chambres sont confortables, avec grande douche pluie vitrée, TV à écran plat et carrelages brun-orange. L'adresse est un poil excentrée, mais le lieu est au calme (si l'on excepte l'insonorisation intérieure) et l'accueil francophone.

De beaucoup plus chic à très chic

Hotel Inglaterra (plan B2, **15**) : *rua do Porto, 1. ☎ 214-684-461. • geral@hotelinglaterra.com.pt • hotelinglaterra.com.pt • Juste à l'est du casino, au centre-ville. Doubles env 100-250 € selon catégorie et saison (voir offres spéciales sur le site).* Un ancien palace victorien perché sur son tertre, devenu hôtel 4 étoiles. On y distingue 2 catégories de chambres : celles du bâtiment historique, qui commencent à dater (avec moquette), et celles de l'aile contemporaine *(twin superiors),* nettement mieux, plus spacieuses et lumineuses, avec belle douche pluie et balcon vitré. Elles épousent le flanc de la superbe piscine noire en terrasse.

Œuvres d'art contemporain autour et sur la façade de l'hôtel (cherchez bien !). Profitez des promos sur Internet ! Quelques places de parking gratuites *(sinon 7,80 €/j.),* location de vélos et réduction de 15 % au spa du proche *Banyan Tree.*

Où manger ?

Garrett (plan B2, **20**) : *av. de Nice, 54.* ☎ *214-680-365. À côté de la poste. Tlj sauf mar 8h-19h.* Dans cette pâtisserie-salon de thé assez chic, on croise de jeunes mamies venues papoter, des couples bien mis, des hommes d'affaires... Côté déco, on est plus proche de la brasserie branchée que du tea-room anglais. Bons petits plats chauds, mais on vient ici surtout pour la partie sucrée, et notamment pour le *quadrado moka,* un gâteau à la crème et au café. Bons petits déj également, des jus de fruits frais et des milk-shakes.

Villa Tamariz (plan A2, **21**) : *praia Tamariz.* 📱 *910-127-990 et* ☎ *219-249-011. Tlj (sauf le soir lun et mar en basse saison) 10h-18h, 19h-22h30. Plats 10-30 €.* Aucun doute : on est ici en plein balnéaire chic. Juché au-dessus de la plage, le bâtiment blanc dresse sa tourelle comme un phare appelant à profiter de sa vaste terrasse lounge ou de la très belle salle intérieure aux grandes baies vitrées tournées vers la mer. Le poisson est la star de la carte, mais elle se complète d'un choix de salades, *wraps* et burgers assez abordables.

CASCAIS

(2750) 35 400 hab.

• Plan *p. 173*

Posée à la proue du Portugal, Cascais (à prononcer « cache-cahich ») a vu cingler vers le large les grands découvreurs, avant de sombrer dans la douce torpeur des stations balnéaires. En 1870, le roi Louis Ier du Portugal, passionné d'océanographie, y fit aménager les appartements du gouverneur en palais royal. La cour et la haute bourgeoisie suivirent dans un froufrou de bains de mer, de bals et de soirées forcément huppées.

Un siècle et demi plus tard, Cascais (jumelée avec Biarritz) s'est nettement densifiée. Mais sous sa croûte de développement urbain bat encore le cœur d'un vieux village aux ruelles blanches très élégantes et fleuries. Là, une forteresse du XVIIe s (un peu trop) restaurée épouse une succession de criques et de modestes plages de sable blond. Les boutiques un peu chics et les visiteurs y affluent, façon Saint-Tropez, les yachts en moins. Résultat : on a bien du mal à trouver de la place sur les terrasses du largo de Camões. L'ambiance reste au demeurant fort agréable.

Arriver – Quitter

Terminal des bus (plan B1) : *au-dessous du grand centre commercial* Cascais Villa. *Compagnie* ***Scotturb.*** ☎ *214-699-125.* • *scotturb.com* •

➢ **Estoril** (gare) : ttes les 10-25 mn 6h10-0h20, avec les nos 411, 412 (exprès) ou 418. Trajet : 15-30 mn, mais il ne faut que 4 mn de train ou 25 mn à pied par la promenade des plages.

➢ **Sintra :** direct par le no 417, ttes les 40-60 mn, 7h20 (8h10 dim)-19h50, par le no 418 ttes les 40 mn-1h30 6h10-23h25, ou par la jolie route côtière (ligne n° 403) via le cabo da Roca, ttes les 30-60 mn 8h40-20h40 (trajet : 1h).

Gare ferroviaire *(plan B1)* **:** largo da Estação. • cp.pt •

➢ ***Estoril et Lisbonne*** *(gare de Cais do Sodré)* **:** ttes les 12-30 mn 5h30-1h30. Trajet : respectivement 4 mn et 35-40 mn. Billet simple : 2,25 € + 0,50 € le *pass* rechargeable. *Tourist TravelCard* à charger sur la carte *Viva Viagem* (0,50 €) valable 1 à 3 j., 6-13,50 €.

– ***Pas simple de se garer à Cascais !*** Lorsque enfin on trouve une place dans la rue, il en coûte 1 €/h, tlj 9h-20h, avec un maximum de 4h au même endroit. Pour ne pas vous retrouver ruiné, on vous conseille le parking situé à côté du parque Marechal Carmona *(plan A2)*, à 5 €/j. L'entrée est en face de la casa das Histórias Paula Rego.

Adresses et infos utiles

Office de tourisme *(plan B1)* **:** *praça 5 de Outubro. 912-034-214. • visit cascais.com • Tlj 9h-18h (20h mai-sept).* Plan de la ville, résa d'hôtels et excursions.

Mobi Cascais : *• mobicascais. pt •* C'est le service Vélib' de la ville. Il dispose d'une douzaine de stations de vélos, notamment devant la gare *(plan B1,* ***1****)* et une autre devant le parque Marechal Carmona *(plan A2,* ***2****)*. Il y en a aussi 3 à Estoril.

Location de vélos : *devant la gare (plan B1,* ***1****), dans un kiosque, et au* posto de informação de turismo de natureza, *devant le parque Marechal Carmona (plan A2,* ***2****). Dans les 2 cas, tlj 10h-19h (17h oct-avr). Compter 2 €/h ou 6 €/j.* Une piste cyclable se déroule sur 10 km jusqu'à la praia do Guincho.

Location de vélos et de scooters *(plan B1,* ***3****)* **:** *avec* ***Tomorrow's Adventure,*** *dans la gare. 967-287-969. • tomorrowsadventure.pt • Tlj 10h-19h (18h en en été. Compter 5-10 €/j pour un VTT ou un vélo classique, 10-30 € pour un vélo électrique et 20-50 € pour un scooter (50 ou 125 cc).* On y parle français. Les tarifs comprennent une assurance assistance, même en cas de simple pneu crevé (intervention sous 15 mn) ! Des vélos sont également disponibles pour les enfants. Le propriétaire propose également des visites guidées de la région, jusqu'à 16 personnes.

■ ***Laverie libre-service*** *(plan A1,* ***4****)* **:** ***Mary Clean,*** *rua Herculano, 25 C. Tlj 11h-23h.*

Où dormir ?

De bon marché à prix moyens

Nice Way Cascais *(hors plan par B1,* ***10****)* **:** *av. Tenente Coronel José Pessoa, 15. Direction Sintra. ☎ 214-863-660. • info@nicewaycascais.com • nice waycascais.com • Congés : déc-fév. Dortoirs 4-12 lits 15-35 €/pers selon taille et saison, doubles 50-150 €, petit déj inclus.* Occupant une vieille maison du centre, cette AJ pimpante décline tous les classiques du genre : 4 dortoirs mixtes et 1 pour les filles, avec rideaux, casier, lampe et prise électrique pour chaque lit, 5 chambres privées pas géantes à la déco joliment individualisée (1 avec sa propre salle de bains), une grande cuisine, un petit jardin très cool à l'arrière avec bar et canapé, des soirées barbecue et tapas, sans oublier des cours de surf et de yoga (en saison, le yoga). Cool, on vous dit !

Ljmonade Hostels & Suites *(plan A2,* ***11****)* **:** *rua Manuel Joaquim Gama Machado, 4A-6. 916-880-056. • hos tel@ljmonade.com • ljmonade.com • Dortoirs 4-6 lits 15-25 €/pers selon taille et saison, doubles 45-95 €.* Plus étroit mais plus calme que le *Nice Way*, le *Ljmonade* occupe 2 petites maisons attenantes à 5 mn à pied à l'ouest du centre, dans un quartier résidentiel tranquille. On y trouve 3 dortoirs (dont 1 pour les filles), 3 chambres avec salle de

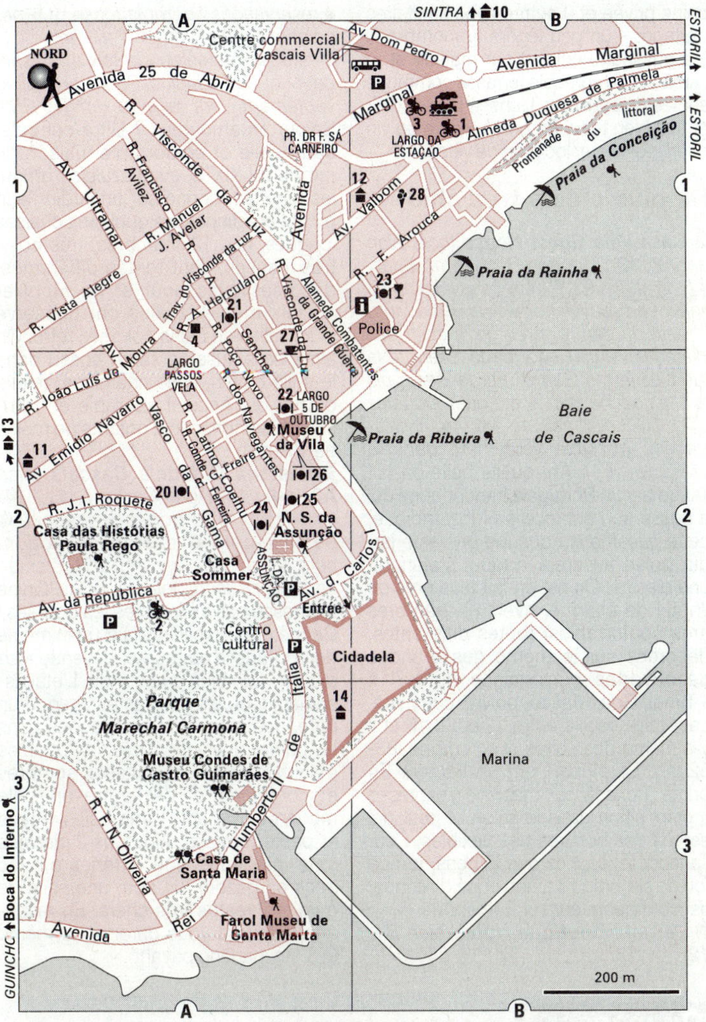

CASCAIS

Adresses utiles

- Office de tourisme (B1)
- 1, 2 et 3 Mobi Cascais et location de vélos (A2 et B1)
- 4 Location de vélos électriques et de scooters (B1)
- 5 Laverie libre-service (A1)

Où dormir ?

- 10 Nice Way Cascais (hors plan par B1)
- 11 Ljmonade Hostel & Suites (A2)
- 12 Pérgola Boutique Hotel (B1)
- 13 Casa Vela Guest House (hors plan par A2)
- 14 Pestana Cidadela Cascais (A3)

Où manger ?

- 20 Casa dos Pescadores – O Cantinho da Bélinha (A2)
- 22 Dom Pedro I (A2)
- 23 Café Galeria House of Wonders (B1)
- 24 5 Sentidos (A2)
- 25 Confraria (A2)
- 26 Pizzeria Italia (A2)

Où manger un *pastel de nata* ou une glace inoubliable ?

- 27 Bijou (A1-2)
- 28 Santini (B1)

bains privée et 4 autres avec sanitaires partagés – un peu légers en nombre. Il y a aussi une cuisine par maison et, à l'arrière, une agréable terrasse commune semée de coussins. L'ensemble est clair et très bien tenu. En prime : verre de vin offert, soirées et location de vélos.

De plus chic à très chic

Casa Vela Guest House *(hors plan par A2,* ***13****)* **:** *rua dos Bem Lembrados, 17. ☎ 218-093-996. • casavela@casavela.pt • casavelahotel.com • À 5 mn à l'ouest du centre, près de la casa das Histórias Paula Rego (de là, prendre la rue Guilherme Gomes Fernandes, puis la 2e à gauche et la 2e à droite). Doubles 87-160 € selon saison, petit déj inclus. Parking possible seulement dans la rue (env 8 €/j.).* Ah, quelle belle oasis ! Tenue par un Portugais francophone qui a passé son enfance au Mozambique, cette *guesthouse* occupe un vaste jardin boisé au cœur duquel s'alanguit une piscine. On est en fait plus près de l'hôtel de charme, avec 18 chambres (très confortables) toutes différentes, décorées sur le thème des grandes découvertes portugaises du XVIe s – Timor, Goa, Macao, poivre, curry, etc. Leur taille oscille entre 17 et 28 m² et il y a même des suites avec cuisine (38-52 m²). La plupart ont un balcon. En prime : *honesty bar,* machine à expresso à disposition dans le salon et petit déj servi à des horaires très flexibles. Pour l'anecdote, sachez que le boss, tombé fou de ski lorsqu'il a débarqué d'Afrique, est commentateur sur Eurosport !

Pérgola Boutique Hotel *(plan B1,* ***12****)* **:** *av. Valbom, 13. ☎ 214-840-040. • reservations@pergolahouse.pt • pergolahouse.pt • Congés : mi-janv. Doubles 98-185 € selon confort et saison, petit déj-buffet inclus. Parking possible seulement vers la gare (env 10 €/j.).* Séjour en amoureux ? Ultra-centrale, cette belle et confortable maison de famille du XIXe s, avec *azulejos* ornant les fenêtres, donne sur un jardin fleuri où ont été disposées quelques chaises longues. Les 12 chambres, très cosy, très léchées, sont toutes différentes, décorées avec goût et du mobilier ancien, même si elles ont conservé leurs salles de bains colorées rétro. On aime bien aussi le salon cossu dans le style british, avec cheminée, relevé d'*azulejos.* Accueil adorable en français. Attention, pas d'enfants de moins de 10 ans !

Pestana Cidadela Cascais *(plan A3,* ***14****)* **:** *av. Dom Carlos I. ☎ 214-814-300. • fo.pousadascascais@pestana.com • pestanacollection.com • Doubles env 210-350 € selon confort et saison, petit déj inclus.* On ne s'adresse pas ici à toutes les bourses ! Ce 5-étoiles s'est installé au sein même de la citadelle restaurée, devenue « *art district* » (un bien grand mot). L'établissement joue les contrastes avec, d'un côté, des chambres aménagées dans les parties anciennes, très confortables mais nécessairement assez sombres et confinées, et de l'autre une aile moderne avenante avec baies vitrées et petite terrasse. Ajoutons 2 piscines (une intérieure, une extérieure avec *deck* en gazon), un spa, une salle de gym et 2 restos très chers. En revanche, il faudra vous garer vous-même (à 3 mn, parking payant).

Où manger ?

Beaucoup de restos attrape-touristes se regroupent autour du largo de Camões et derrière le largo Cidade Vitória.

De très bon marché à prix moyens

Casa dos Pescadores – O Cantinho da Bélinha *(plan A2,* ***20****)* **:** *av. Vasco da Gama, 133. ☎ 214-822-504. Tlj sauf lun 12h-23h. Plats 8-20 €.* C'est la cantine de l'association des pêcheurs. Le week-end, le lieu est envahi par les familles portugaises et les tables se font rares, tant à l'intérieur (sombre) que sous la véranda de la courette. Au menu : du poisson grillé, bien sûr, et des fruits de mer, selon le retour de pêche – affiché sur le grand tableau noir à l'entrée. Ne vous attendez pas à un service 4 étoiles.

LES ENVIRONS DE LISBONNE

Dom Pedro I (plan A2, **22**) : *beco dos Inválidos, 32. Petite ruelle entre l'hôtel de ville et l'office de tourisme. ☎ 214-833-734. • mail@dompedrocascais.com • Tlj sauf w-e 12h-14h30, 19h-22h (21h30 en basse saison). Plats 9-16 €.* Planquée dans l'angle d'une ruelle partant à droite de l'hôtel de ville, voici une adresse appréciée des initiés. Poissons et viandes se partagent la carte à égalité pour des plats gourmands, et, si la salle est un peu vieillotte (mais typique), nous avons craqué pour les 4 tables coincées en « terrasse » et pour le service vraiment sympathique.

Pizzeria Italia (plan A2, **26**) : *rua Marques Leal Pancada, 16-A. ☎ 214-830-151. Tlj 12h-15h et 19h-22h30. Fermé mer et jeu midi. Pâtes 8,50-15 € et pizzas 9,50-16,50 €.* En surplomb de la mer, dans une petite ruelle au calme. Avouons qu'on vient ici surtout pour sa terrasse. Parfaite le soir ! Bonnes pizzas copieuses. Bien pour changer un peu. Quelques plats portugais. Accueil gentil.

Café Galeria House of Wonders (plan B1, **23**) : *largo da Misericórdia, 53. 911-702-428. • anna@house-of-wonders.eu • Tlj 9h-23h. Buffet env 10-15 €.* Très appréciée de la clientèle féminine, cette adresse fait la part belle à une cuisine saine : pas de congelé ni de micro-ondes, mais un buffet de « *mezze* » (en fait, plutôt des salades de légumes) à base de produits frais locaux, du houmous maison, ou encore une trilogie de petits plats chauds (du jour) à 10 €. Outre la salle de resto en bas, on peut squatter la placette du niveau supérieur ou la terrasse de l'étage – idéale pour s'enfiler un cocktail de jus de fruits en lézardant. Et pour ceux qui préfèrent le jus de houblon, il y a aussi des bières artisanales...

De prix moyens à plus chic

5 Sentidos (plan A2, **24**) : *largo da Assunção, 6. 961-571-194. • 5entidoscascais@gmail.com • Tlj sauf mar 12h30-15h30, 18h30h-minuit (plus tard et service continu en été). Plats 13-24 €.* Loin de l'agitation touristique, voici un sympathique gastropub, à la fois smart et décontracté, derrière une façade végétalisée, face à l'église. Dans une jolie salle décorée de tableaux, avec cheminée et bar, ou sur l'élégante terrasse en bois, on déguste une cuisine portugaise de qualité, revisitée à la mode du chef. Elle fait la part belle aux poissons locaux. Les plats, copieux et bien présentés, réveilleront vos 5 sens ! Belle carte des vins et accueil pro.

Confraria (plan A2, **25**) : *R. Luís Xavier Palmeirim, 14. ☎ 214-834-614. Tlj midi-minuit (sam 2h). Menu pour 2 à 47,50 €.* Au choix : grande terrasse noyée sous un bougainvillée ou salle épurée à la déco contemporaine. Tiens un resto japonais ! Mais de haute volée ! Plats de poissons (*ceviche*, sushi, sashimi) revisités. Ça fond, ça croque, ça pétille sous les papilles. Associations de saveurs rares et présentation superbe. Les amateurs apprécieront. Excellent service.

Où manger un *pastel de nata* ou une glace inoubliable ?

Bijou (plan A1-2, **27**) : *rua du Regimento 19 de Infantaria, 55. ☎ 214-830-283. Tlj 8h-22h.* Si les restos de l'esplanade ne sont pas vraiment recommandables, cette pâtisserie, fondée en 1929, offre une escale parfaite pour déguster un café serré avec son incontournable *pastel de nata*. Il y en a même au caramel et aux fruits rouges. Belle terrasse sur la place.

Santini (plan B1, **28**) : *av. Valbom, 28 F. ☎ 214-833-709. Tlj 11h-20h. Également av. Combatentes, 102.* La queue, souvent longue, devrait vous l'indiquer. On y a léché certaines des meilleures glaces au monde. Sans blague ! Parmi la vingtaine de parfums : la fraîcheur de la pomme verte, l'excellente mangue, la succulente framboise, la surprenante *marabunta* au chocolat et noix grillées...

À voir. À faire

Museu da Vila *(plan A2)* **:** *largo 5 de Outubro. Tlj sauf j. fériés 10h-18h (pause 13h-14h le w-e). GRATUIT.* Installé au rez-de-chaussée de l'hôtel de ville, à la façade enchâssée de 7 saints en *azulejos,* ce petit musée moderne se penche sur l'histoire de Cascais à travers quelques objets, de vieilles photos et des cartes postales.

Nossa Senhora da Assunção *(église paroissiale ; plan A2)* **:** *ouv pdt les fêtes et célébrations.* Datant du XVIe s, elle conserve son décor de bois sculpté et doré et de nombreux panneaux d'*azulejos.*

Museu Condes de Castro Guimarães *(plan A3)* **:** *sam, dim 10h-13h et 14h-18h, 10h-18 le reste de la semaine. Entrée : 4 € ; réduc, gratuit moins de 11 ans.* Il occupe le palais des comtes de Castro Guimarães, bâti en 1897 au fond d'une crique. Dans un décor aux influences orientales notables (le patio évoque l'Alhambra), on découvre un bel ensemble de peintures et sculptures portugaises et européennes, du mobilier indo-portugais, des horloges françaises et autres pièces d'arts décoratifs semées au gré des salles. Le salon de musique conserve un grand orgue et des *azulejos* du XVIIe s, et la tourelle renferme une collection d'armes. À l'arrière, on accède librement au vaste ***parque Marechal Carmona*** *(tlj 8h30-19h45 en été, 17h45 en hiver).* Ici, on nourrit les poules et les canards se promenant en liberté, et on se couche sur le gazon ou sur les chaises longues aimablement disposées sous les arbres par la municipalité.

Casa de Santa Maria *(plan A3)* **:** *praça Farol. Tlj sauf lun et j. fériés 10h-17h (pause 13h-14h le w-e). Entrée : 5 € (billet aussi valide au phare) ; réduc, gratuit moins de 11 ans.* Bâtie en 1902 en bord de mer, cette demeure abrite un superbe ensemble d'*azulejos* baroques remis en scène dans l'escalier et à l'étage. Ne manquez pas la *sala das Caravelas,* avec ses bateaux peints au plafond et sa terrasse-pergola sur la mer.

Farol Museu de Santa Marta *(plan A3)* **:** *à côté de la casa de Santa Maria. Mêmes horaires et billet.* Cet espace tout blanc raconte joliment, en portugais et en anglais, l'histoire de ce phare, et aussi de tous ceux du pays. Nostalgie et technologie font ici bon ménage. Les lentilles Fresnel made in France sont impressionnantes.

Casa das Histórias Paula Rego *(plan A2)* **:** *av. da República, 300. ☎ 214-826-970. • casadashistoriaspaularego.com • Tlj sauf lun et j. fériés 10h-18h (dernière entrée 20 mn avt ; fermé 13h-14h le w-e). Entrée : 5 €, réduc, gratuit moins de 18 ans.* L'édifice, contemporain, conçu par l'architecte Eduardo de Mora, rappelle les cheminées des cuisines du palais de Sintra avec ses 2 « pyramides ». Il a été choisi par Paula Rego, peintre portugaise de renommée internationale, née en 1935 à Lisbonne, pour exposer ses œuvres (par roulement tous les 6 mois environ) – qui empruntent notamment à l'expressionnisme et au pop art. L'artiste a passé une grande partie de sa vie à Londres, où elle demeure encore. Superbe café sur place.

Boca do Inferno *(hors plan par A3)* **:** *à 2 km au sud-ouest de la ville. Accès facile à pied ou à vélo (piste cyclable), ou bus n° 427, ttes les 10-15 mn 7h40 (8h50 w-e et j. fériés)-21h15.* La Bouche de l'Enfer n'a rien de démoniaque par temps calme : ce n'est qu'une excavation dans la falaise où la mer s'engouffre (parfois) avec fracas. L'enfer, ici, serait plutôt le vol... Ne laissez rien de visible dans votre voiture. Étonnamment, le resto installé sur place tire bien son épingle du jeu pour qui voudrait déjeuner de poissons ou fruits de mer face à l'océan (voir ci-après « Où dormir ? Où manger chic sur la côte ? »).

Plages : plusieurs plages soulignent le littoral de la commune. La plus petite, la ***praia de Ribeira*** *(plan A-B2),* au pied même du largo 5 de Outubro, est vite envahie aux beaux jours. En contrebas de la gare, la ***praia da Rainha*** *(plan B1)*, au sable caramel veillé par une corolle de falaises, est (un peu) plus tranquille. Elle précède, plus à l'est, la grande ***praia da Conceição*** *(plan B1)*, où commence la promenade littorale qui conduit (en 20-25 mn env) jusqu'à Estoril de plage en plage. Ces tapis de sable sont noirs de monde à la belle saison et le train qui passe juste en arrière n'est pas très avenant...

EN SUIVANT LA ROUTE CÔTIÈRE VERS SINTRA

Aux zones urbaines de Sintra succèdent vers l'ouest une côte rocailleuse et, bientôt, de splendides dunes et plages sauvages. Le secteur peut se visiter en bus, par les n°s 405 ou 415, qui effectuent chacun une boucle en sens contraire *(ttes les 25-45 mn lun-ven 7h40-20h ; ttes les heures w-e 7h15-18h30).* **Sinon, une piste cyclable suit en partie le littoral.**

Où camper ?

⛺ ***Orbitur Parque de Campismo Guincho*** *(carte Ouest de Lisbonne et serra de Sintra, **10**) : lugar de **Areia**, Guincho. ☎ 214-870-450. • infoguincho@orbitur.pt • orbitur.pt • À 6 km de Cascais par les terres ou à 10 km par la jolie route côtière. Au niveau de la plage de Guincho, en venant de Cascais, prendre à droite (fléché « Campismo ») ; c'est 1 km plus haut. Tte l'année. Pour 2 pers avec tente et voiture, 19,50-48,50 € selon saison ; caravanes, mobile homes et bungalows 49,50-186 € selon taille (2-5 pers) et saison.* Ombragé par un toit de pins parasols, le camping est attenant aux dunes de Cresmina. Bon niveau d'installations sanitaires. Piscine, tennis, bar, resto, laverie et supérette. Accueil très sympa.

Où dormir ? Où manger chic sur la côte ?

🏠 ***Convento de São Saturnino*** *(carte Ouest de Lisbonne et serra de Sintra, **11**) : à **Azóia** (2705-001), à 5,5 km au nord de Malveira da Serra. ☎ 219-283-192. • contact@saosat.com • saosat.com • De la N 247, prendre vers le cabo da Roca, puis à 150 m un chemin sur la gauche (fléché) ; c'est à env 1 km. Doubles à partir de 120-160 € (dégressif dès 2 nuits) selon vue, confort et saison, petit déj inclus.* On adore cette adresse secrète, atteinte en suivant une route cabossée jusqu'à un portail préservant la tranquillité des lieux. Niché dans un vallon tapissé par le maquis, vierge de toute autre construction, voilà un vénérable monastère de poche (XIIIe s) réinventé en hôtel de charme. Le propriétaire, français, est un savant décorateur qui a collecté de beaux objets des XVIe-XVIIIe s. La maison regorge de marches, de passages desservant des petits coins cosy (attention la tête !). Les 10 chambres, charmantes, se répartissent dans 2 édifices – certaines avec vue mer imprenable, comme la « Sea view Suite C ». Une piscine occupe une ancienne citerne. Bon petit déj servi en terrasse ou dans l'ancienne cuisine.

🍽 Plusieurs restaurants sont implantés sur le littoral entre Cascais et Guincho avec, en vedette, la vue sur la mer et le coucher de soleil, le poisson et les fruits de mer. Ça commence avec le ***Mar do Inferno*** *(carte Ouest de Lisbonne et serra de Sintra ; ☎ 214-832-218)*, à la Boca do Inferno, pour continuer avec le ***Furnas do Guincho*** *(carte Ouest de Lisbonne et serra de Sintra, **20** ; ☎ 214-869-243)*, un cran plus chic, et le ***Monte Mar*** *(carte Ouest de Lisbonne et serra de Sintra, **21** ; ☎ 214-869-270)*, le plus smart. Les prix sont dans tous les cas élevés *(40-50 €/pers)* et on paie le plus souvent au kilo, même si le *Mar do Inferno* propose un plateau de poisson et fruits de mer à 39,50 € pour 2 qui retient l'attention. Dans tous les cas, pensez à réserver et faites attention à l'addition, elle grimpe vite !

Restaurante Piscina Azenhas do Mar *(carte Ouest de Lisbonne et serra de Sintra, **22**) : à **Azenhas do Mar,** à env 10 km au nord du cabo da Roca. ☎ 219-280-739. • azenhas-do-mar@sapo.pt • Tlj 12h-22h (23h en été). Plats 18-40 € ; menu « touristique » 25 €.* Azenhas do Mar ? Une bourgade blanche agrippée à son promontoire marin, dominant une crique sablonneuse où se niche ce resto. On fait ici dans le classique : baies vitrées pour profiter du panorama, bruit du ressac, fruits de mer et poissons frais du secteur – levés à votre table. Les prix sont un peu élevés, mais la qualité est là et le service est pro. Le menu est d'un bon rapport qualité-prix.

À voir. À faire

Forte de São Jorge de Oitavos : *à 5 km à l'ouest de Cascais, sur la route côtière (N 247). Tlj sauf lun et j. fériés 10h-17h (coupure 13h-14h le w-e). Entrée : 3 € ; réduc.* Ce fortin bâti au XVIIe s le long de la côte rocheuse gardait l'accès au port de Lisbonne. Ses murailles peu élevées, enchâssées d'échauguettes à chaque angle, abritent désormais une expo consacrée à son rôle historique.

Praia da Cresmina : *à env 8 km de Cascais par la route côtière (N 247).* Cette belle plage sauvage étire sa corolle entre le moutonnement des dunes (voir ci-dessous) et le promontoire occupé par l'hôtel *Fortaleza do Guincho* – hors de prix mais sympathique pour prendre un verre.

Duna da Cresmina : *accès au sentier face à l'hôtel* Fortaleza do Guincho *ou, plus loin, depuis la route menant au camping.* Les vents puissants soufflant du large ont accumulé une quantité considérable de sable au-dessus des plages de Cresmina et de Guincho. Il « migre » ainsi au travers du cap pour retomber en mer vers Oitavos. Le parcours, sur des passerelles en bois, pénètre le cœur du champ de dunes, au-dessus duquel a été aménagé un café-centre d'interprétation *(tlj 9h-18h).* On n'y interprète pas grand-chose, mais on y fait une super pause avec vue !

Praia do Guincho : *à env 11 km de Cascais par la route côtière (N 247), puis à gauche après la bifurcation menant au camping (fléché « Praia do Abano »). **Attention,** ne laissez rien traîner dans votre voiture sur le parking !* C'est la plage vedette de la région. Très large et venteuse, elle est le paradis des surfeurs. Plusieurs championnats y sont organisés. Les baigneurs se méfieront de ses courants, dangereux. En continuant par la piste, on atteint le ***fortin*** et la ***plage d'Abano.*** De là, ceux qui ont envie de se dégourdir les jambes suivront un morceau du superbe ***GR 11*** le long des falaises ; n'allez pas trop loin, il grimpe ensuite vers l'intérieur des terres.

Cabo da Roca : *à 16 km au nord-ouest de Cascais (20 km par la route côtière). Le bus nº 403 dessert le cap sur son trajet entre Cascais et Sintra, ttes les 30 mn à 1h 8h40-20h40 depuis Cascais, 9h-19h10 depuis Sintra.* Le cabo da Roca, c'est un peu la pointe du Raz portugaise – le point le plus occidental du continent européen. À la longitude de 9° 30' ouest, cette falaise abrupte, dernier soubresaut de la serra de Sintra, surplombe l'Atlantique du haut de ses 140 m. Selon Pline, les Lusitaniens y adoraient la Lune. Luís de Camões en parle dans ses *Lusiades* comme le lieu « où la terre finit et où la mer commence ». Pas besoin d'être poète pour écrire ça, direz-vous. L'endroit, battu par les vents, est assez magique hors saison, mais envahi en été. Accrochez-vous à votre volant et tenez ferme votre chapeau et vos lunettes de soleil les jours de tempête.

Praia Grande : *à 11 km au nord du cabo da Roca.* Rendez-vous des surfeurs, cette longue plage battue par la houle est assez développée, avec plusieurs

LES ENVIRONS DE LISBONNE

surf shops. Ceux qui rêvent d'Hawaii iront casser la croûte au *Pipeline* – ou au joli *Bar do Fundo,* tout en bois, planté à l'extrémité sud du tapis de sable. Plus chic et très bien aussi : le *Nortada,* sur la falaise. À voir pour les enfants : des traces de dinosaures !

➢ Le GR 11 (balisé) longe joliment la ***côte atlantique*** avec quelques incursions dans les terres. On peut notamment le suivre depuis Cascais (ou la praia do Guincho) jusqu'à la plage de Magoito, sur environ 35 km, en passant par les praias da Adraga, Grande, das Maçãs et da Aguda.

SINTRA

(2710) 6 230 hab.

• Plan La serra de Sintra *p. 181* • Sintra – zoom *p. 183*

« C'est la chose la plus belle que j'aie jamais vue. C'est ici le véritable jardin de Klingsor – et là-haut se trouve le château du Saint-Graal. »

Richard Strauss.

Ignorant le proche littoral et ses écrasantes torpeurs estivales, cette petite ville très étalée s'accroche à sa montagne, au cœur d'un massif tapissé de forêts aussi superbes que profondes. Les brumes marines dérivent souvent jusque-là, enrobant dans un voile de mystère ses châteaux perchés, ses palais et ses *quintas* (domaines), souvent farfelus, retirés dans la sérénité de vastes parcs et jardins où prospèrent – notamment – les fougères arborescentes. Autant de *retiros,* où l'on faisait retraite, l'été venu, pour se protéger de la canicule.
Sintra est une ville désinhibée, comme sortie d'un conte de fées, où l'imaginaire des architectes romantiques s'est donné libre cours au XIXe s. Le néogothique y règne, mâtiné de touches Renaissance, mauresques et même mogholes ! L'Unesco a classé au Patrimoine mondial cette grande folie attachante, où l'on peut rester 2 jours pour tout explorer.
– ***Conseils :*** évitez les grands week-ends, toujours noirs de monde, ainsi que le lundi, jour d'affluence – les musées nationaux de Lisbonne étant fermés ce jour-là.

UNE COLLINE INSPIRÉE

Si Sintra, par sa position privilégiée, a attiré les rois du Portugal depuis le Moyen Âge, c'est à la fin du XVIIIe s et au XIXe s que la ville a véritablement connu son âge d'or – façonné par la rencontre de l'aristocratie portugaise et des voyageurs (essentiellement britanniques) de l'époque romantique.
Parmi les pionniers, citons ***William Beckford,*** richissime écrivain-collectionneur, tombé amoureux du domaine de Montserrate, où il réside de 1793 à 1808, ajoutant au parc cascade et faux cromlech (alignement de menhirs), dans l'esprit du moment. Dès l'année suivante, ***lord Byron*** rend hommage au lieu, enveloppé par la torpeur de l'abandon, lançant par ses écrits de nombreux voyageurs sur les traces de ce « glorieux Éden »...
En 1838, le « roi artiste » ***Fernando II*** acquiert un vieux monastère perché audessus de Sintra pour le remanier à son goût : ce sera le très éclectique et farfelu *palais de la Pena.* Il y partage son temps avec le *chalet de la comtesse d'Edla,* sa maîtresse suisse, la cantatrice Elisa Hensler – épousée en 2des noces, en 1869, après son veuvage.

À cette époque, pléthore d'artistes fréquentent Sintra, comme l'écrivain danois ***Andersen,*** qui y passe en 1866. 4 ans plus tard, ***Eça de Queiroz,*** considéré comme le Balzac portugais, écrit *Le Mystère de la route de Sintra* dans une chambre du *Lawrence's Hotel* (toujours existant).
Hommes d'affaires, commerçants et rentiers sont toujours plus nombreux à s'installer, comme le marchand et collectionneur d'art anglais ***Francis Cook,*** qui rachète Montserrate et fait aménager le palais néo-moghol que l'on connaît aujourd'hui. Le riche esclavagiste ***Manuel Pinto da Fonseca,*** alias « Montecristo », fait bâtir en 1865 la *quinta do Relogio* dans un style néomauresque ; le futur roi dom Carlos et son épouse Amelia y passent leur lune de miel en 1886. Bientôt surgissent de terre le « chalet » Biester (1890) – qui a fait une apparition à l'écran dans *La Neuvième Porte* de Roman Polanski – et la fantastique *quinta da Regaleira* (1904-1910) de ***Carvalho Monteiro,*** alias « Monteiro le millionnaire », aussi excentrique que fortuné. Un sacré domaine qui multiplie les allusions à la franc-maçonnerie, à l'alchimie et aux templiers !

Arriver – Quitter

Gare ferroviaire *(plan Serra de Sintra, A-B1) : av. Dr Miguel Bombarda. • cp.pt • Au nord de la ville, à env 1 km du Palácio nacional.* Petit bureau d'infos touristiques *(☎ 219-241-623).* Les bus n°s 433, 434 et 435 mènent au Palácio nacional.
➢ ***Lisbonne :*** ttes les 6-30 mn depuis la gare du Rossio, 5h20-0h20 ; env 40 mn de trajet. Billet : 2,75 €. Également vers la gare d'Entrecampos (36 mn) et do Oriente (46 mn), ttes les 4-30 mn 5h-minuit env. Dans tous les cas, le train passe par Queluz. Ne pas descendre à Portela de Sintra...

Terminal d'autobus *(plan Serra de Sintra, A1) : devant la gare. ☎ 214-699-100. • scotturb.com •*
➢ ***Cascais :*** le n° 403 passe par la côte, avec arrêt au ***cabo da Roca*** (ttes les 30-60 mn tlj 9h-19h10). Le n° 417, plus rapide, passe par les terres ; ttes les 40-60 mn ; tlj 6h20-22h35 (7h05-20h30 le w-e).
➢ ***Estoril :*** par le n° 418 ; ttes les 50 mn 6h20-22h35 (23h20 sam, 20h50 dim).

➢ Un adorable ***vieux tram*** centenaire *(eléctrico de Sintra)* fait l'A/R jusqu'à la praia das Maçãs fin mars-fin oct, avec 3 rotations/j. en sem et 6 le w-e et les j. fériés, 10h20-16h (17h) ; dernier retour à 17h (18h). Service le w-e seulement en hiver. Trajet : 45 mn. Billet : 3 € ; réduc.

– ***Il est extrêmement difficile de circuler et de se garer à Sintra en haute saison !*** On vous conseille de venir en train. Si vous êtes en voiture, vous pourrez (peut-être) vous garer gratuitement rua Dr Vasco Vidal, derrière la gare *(plan Serra de Sintra, A-B1),* ou sur le parking situé en contrebas du Palácio nacional, devant le museu Teixeira *(plan Serra de Sintra, A2),* accessible par la rua de Rio do Porto. Bien planqué, ce dernier est un peu moins encombré, mais il faut ensuite remonter à pied vers le centre ! Ailleurs, le stationnement est limité à 7h *(0,80 € la 1re heure, puis 1,20 €/h en été ; max 4,10 € oct-mars).*

Adresses et infos utiles

@ ***Wifi*** gratuit dans le centre de Sintra !
ℹ ***Ask me Sintra*** *(zoom A2) : praça da República, 23. ☎ 219-231-157. Tlj 10h-18h30 (19h juil-août). Fermé 24-25 déc.* Demandez le plan de Sintra et des alentours, les dépliants illustrés (en français) sur les principaux sites et la brochure des balades à pied. ***Pratique :*** on peut y acheter ses billets pour les différents monuments, ce qui évite d'y faire la queue en haute saison (guichet dédié fermé 30 mn plus tôt). L'édifice abrite une exposition consacrée aux mythes et légendes, avec film en 3D *(entrée : 4,50 €, réduc, gratuit avec la* Lisboa

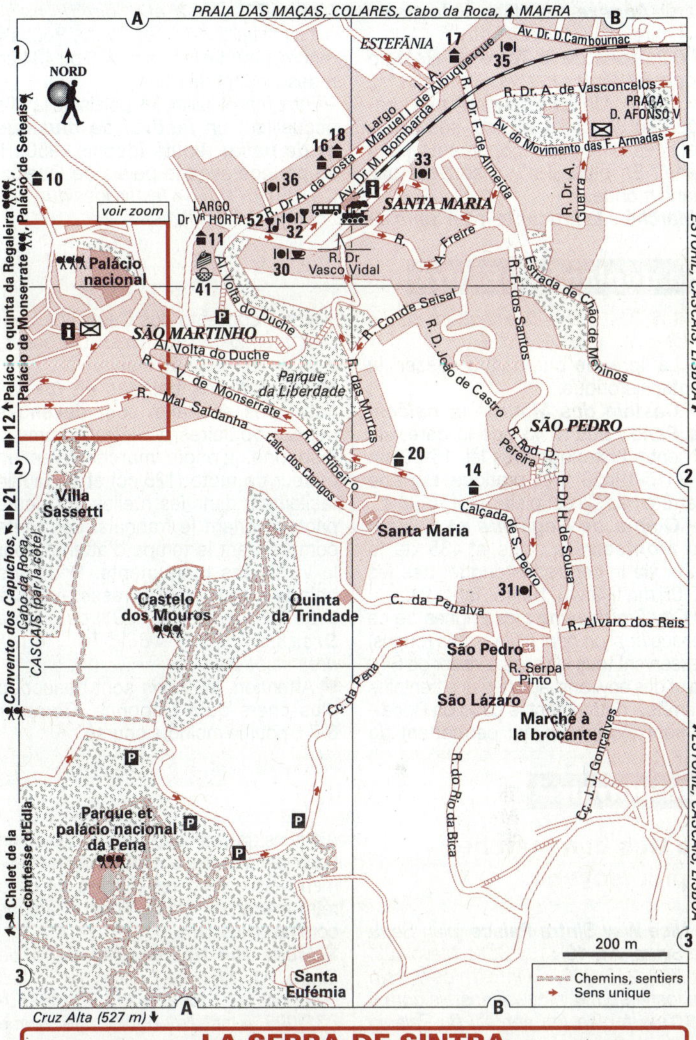

LA SERRA DE SINTRA

Où dormir ?

- **10** Nice Way Sintra Palace (A1)
- **11** Moon Hill Hostel (A1)
- **14** Hotel Sintra Jardim (B2)
- **16** Sintra Bliss House (A1)
- **17** Hotel Nova Sintra (B1)
- **18** Chalet Saudade (A1)
- **20** Quinta das Murtas (B2)
- **21** Chalet Relogio (hors plan par A2)

Où manger ?

- **30** Café Saudade (A1)
- **31** Nau Palatina (B2)
- **32** Incomum (A1)
- **33** D. Pipas (B1)
- **35** Taberna Criativa (B1)
- **36** A Raposa – Casa de Chá (A1)

Où manger (et acheter) des pâtisseries locales ?

- **41** Fabrica das Verdadeiras Queijadas da Sapa (A1)

Où boire un verre ?

- **32** Incomum (A1)
- **52** Legendary Café (A1)

Card). **Annexe** de l'office de tourisme à la gare *(ouv 10h-12h, 14h30-18h).*

■ ***Bilheteria de la Torre do Relógio*** *(zoom B1-2, **1**) : rua da República. Tlj 9h30-18h.* Un autre endroit très pratique où l'on peut acheter ses billets pour les différents monuments (sauf Pena). En plus, il n'y a souvent pas grand monde.

– ***Marché à la brocante*** *(plan Serra de Sintra, B3) : les 2e et 4e dim du mois, dans le quartier de São Pedro.* Pour s'y rendre, prendre le bus n° 433 ou 434 en redescendant de Pena.

– Entre mai et juillet, les palais de la ville accueillent un ***festival de musique et de ballet*** réputé (depuis 1950). Il se partage avec le palais de Queluz. *☎ 219-107-110. ● festivaldesintra.pt ● ticketline.pt ● (billetterie).*

Se déplacer à Sintra

☎ 214-699-100. ● scotturb.com ● Billet touristique : 15,50 €/j.

➢ La ligne de bus n° 433 dessert le centre historique.

➢ ***Castelo dos Mouros et palácio da Pena :*** bus n° 434 de la gare, via le centre historique, ttes les 15-20 mn tlj 9h15-19h50. Très pratique, mais ne s'arrête pas s'il est plein. Tarif : 6,90 €.

➢ ***Quinta de Regaleira et palácio de Montserrate :*** bus n° 435 de la gare, via le centre historique, ttes les 25-35 mn tlj 9h40-18h45. Tarif : 5 €.

■ ***City Sightseeing :*** les 2 lignes de ce service *hop-on hop-off* (aux bus rouges) desservent tous les sites à visiter de Sintra et des environs, au gré d'une trentaine d'arrêts – notamment le cabo da Roca – et sont les seules qui permettent de visiter le convento dos Capuchos. *Juil-sept, tlj 9h30-18h30 ; le reste de l'année, tlj 9h30-17h. Tarif : 20 €/pers.*

■ ***Tuk-tuk*** Les balades en *tuk-tuk* (fabriqués en Italie) sont devenues hyper populaires à Sintra comme à Lisbonne. L'engin marche avec un moteur de moto (125 cc) et se faufile facilement dans les ruelles. Plusieurs pilotes parlent le français. Les tarifs comprennent le temps d'attente pour la visite des monuments. Pour une balade à plusieurs adressez-vous à **City Tuk** *(☎ 213-530-298) ou encore* **Dreams** *(📱 917-488-674 ; ● tuk dreams.pt ●).*

■ Attention, les ***taxis*** sont beaucoup plus chers qu'à Lisbonne. Compter 6-7 € pour la moindre course.

Où dormir ?

De très bon marché à prix moyens

Nice Way Sintra Palace *(plan Serra de Sintra, A1, **10**) : rua Sotto Mayor, 22. ☎ 219-249-800. ● info@nicewaysin trahostel.com ● nicewayhostels.com ● À 10 mn à pied (en pente !) du Palácio nacional. Selon saison, dortoirs 4-9 lits 16-25 €/pers, doubles 40-80 €, petit déj inclus.* Occupant une belle et grande maison familiale transformée en *hostel*, cette adresse pourrait aussi s'appeler *Routard Palace* avec ses plafonds à moulures, sa déco pimpante et sa jolie cuisine tout droit venue des années 1940. On y trouve 2 dortoirs bien équipés et 12 chambres, dont 4 avec salle de bains privée. Les autres partagent 3 sanitaires – ceux du rez-de-chaussée étant assez basiques. Ajoutons un petit salon pour papoter, un beau jardin et des apparts dans un bâtiment voisin, avec des touches de déco rétro marrantes. Un bon plan à la cool, comme on les aime.

Moon Hill Hostel *(plan Serra de Sintra, A1, **11**) : rua Guilherme Gomes Fernandes, 17. ☎ 219-243-755. 📱 969-831-095. ● info@moonhillhostel.com ● moonhillhostel.com ● Selon saison, dortoirs 17-25 €/pers, doubles sans ou avec sdb 60-100 €, petit déj inclus.* Central, le *Moon Hill* est confortable, sobre et passe-partout. Occupant 2 bâtiments contigus, les 7 dortoirs mixtes (pour 4) et les 7 chambres sont impeccables, à l'image du salon et de la cuisine. On trouve un vrai resto sur place et un bar. De juin à août, diverses activités sont proposées (dîners, sorties...).

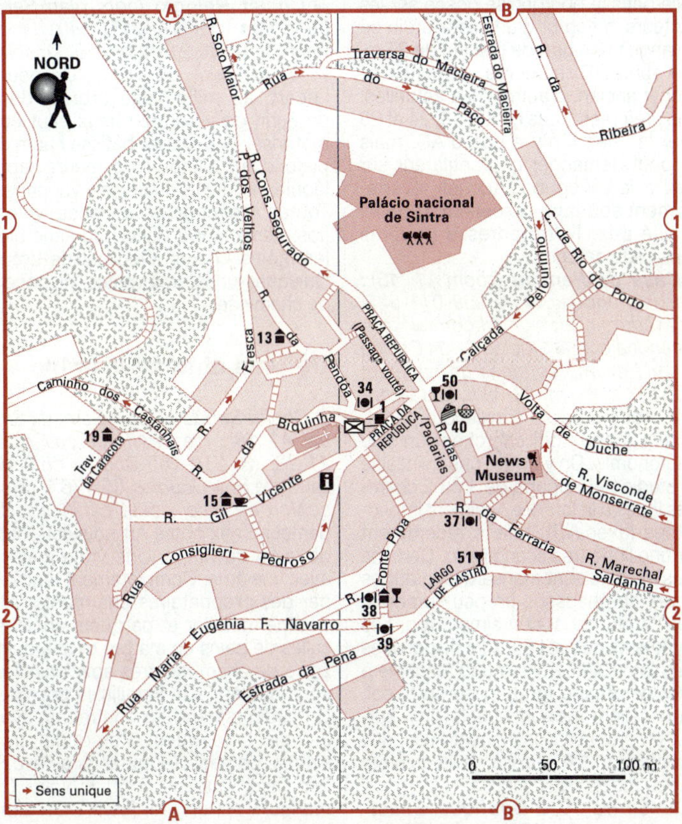

SINTRA – Zoom

Adresses utiles

- Ask me Sintra (A2)
- 1 Bilheteria de la Torre do Relógio (B1-2)

Où dormir ?

- 13 Casa da Pendôa (A1)
- 15 Sintra 1012 Boutique Guesthouse (A2)
- 19 Cinco (A2)
- 38 Águamel Sintra (B2)

Où manger ?

- 37 Tacho Real (B2)
- 38 Tascantiga (B2)
- 39 Villa 6 (B2)

Où manger (et acheter) des pâtisseries locales ?

- 40 Casa Piriquita (B1-2)

Où boire un verre ?

- 50 Loja do Vinho (B1)
- 51 Dona Maria (B2)

De prix moyens à plus chic

Hotel Sintra Jardim (plan Serra de Sintra, B2, **14**) : *travessa dos avelares, 12. ☎ 219-230-738. • hotelsintrajardim@gmail.com • hotelsintrajardim.pt • Bus nº 433 vers São Pedro, demander l'arrêt Arrabalde. Doubles 65-105 € selon vue, confort et saison, petit déj en sus. Parking gratuit.* On aime bien cette vieille et belle bâtisse bourgeoise posée sur les hauteurs, au cœur d'un vaste jardin où s'alanguit une grande piscine de 25 m. Elle abrite 16 chambres, certaines au cachet ancien, d'autres plus actuelles. Nos préférées ? Les nos 15, 18, 24 et 28 pour la vue ! Il n'y a pas d'AC, mais on peut demander un ventilateur sur pied à la réception. Accueil invariablement souriant. Excellent rapport qualité-prix. Notre adresse préférée dans cette catégorie.

Casa da Pendôa *(zoom A1,* ***13****)* **:** *rua da Pendôa, 17. 969-011-322. • casadapendoa@gmail.com • casadapendoa.com • Studios 64-94 € selon saison ; chambres (dans un bâtiment différent à 200 m) 39-89 €.* Ultra-centrale, cette adresse conviendra parfaitement à ceux qui cherchent un peu d'autonomie. On y trouve une quinzaine de studios et apparts de 1 ou 2 chambres loués à la journée, vraiment impeccables (avec AC), refaits récemment sur une ligne très scandinave. Certains sous les toits sont mansardés, d'autres en rez-de-chaussée un peu sombres, mais la plupart sont vraiment top. Les ingrédients du petit déj sont disponibles dans la cuisine et il y a une machine à laver commune (gratos) au sous-sol. Un excellent rapport qualité-prix, surtout en été. Les boss louent aussi des chambres à 200 m de là, mais on a été un peu moins convaincus.

Sintra 1012 Boutique Guesthouse *(zoom A2,* ***15****)* **:** *rua Gil Vicente, 10-12. 918-632-997. • info@sintra1012.com • sintra1012.com • Doubles 50-120 € selon taille et saison, petit déj inclus (pour les extérieurs, 8h30-10h ; 8 €).* On est ici en plein centre, dans une petite rue calme. Tenue par un couple américano-portugais (Karen et Gonçalo), cette *guesthouse* propose juste 2 chambres doubles, une familiale (avec 2 chambres séparées) et un studio (avec kitchenette), tous très spacieux et confortables. On aime beaucoup la suite 1, au rez-de-chaussée, très lumineuse, avec son lit au centre. Le matin, le petit déj se prend autour d'une table commune. Karen accueille aussi des non-résidents, qui peuvent venir profiter de ses pancakes ou de ses œufs dans une ambiance conviviale.

Chalet Relogio *(hors plan Serra de Sintra, par A2,* ***21****)* **:** *estrada da Pena nº 22. ☎ 219-243-539. Doubles 70-130 €, petit déj inclus.* Un peu à l'écart, au milieu des arbres, dans un écrin de verdure. Mieux vaut être motorisé. Une grosse bâtisse haute de plafond aux allures de demeure napoléonienne et de chalet de vacances. Toutes les chambres ne se valent pas, demander à visiter. On aime bien les moins chères avec œil-de-bœuf. Quelques-unes, très vastes, disposent de cheminée.

De plus chic à très chic

Chalet Saudade *(plan Serra de Sintra, A1,* ***18****)* **:** *rua Dr Alfredo da Costa, 21-23. ☎ 210-150-055. • chalet@saudade.pt • Doubles 85-176 € selon confort et saison, petit déj inclus.* La demeure, aux notes Art nouveau, date de la fin du XIXe s. Une vraie maison avec une âme. Complètement rénovée par des propriétaires charmants, elle décline mobilier et parquets anciens, salles de bains en marbre et une quinzaine de chambres très spacieuses et confortables (AC). Familiales possible. Un jardin s'étend en contrebas, avec 2 chaises longues. Personnel très sympa. Le petit déj est servi à l'excellent *Café Saudade,* à 50 m (voir « Où manger ? ») ; un vrai festin ! On aime beaucoup.

Sintra Bliss House *(plan Serra de Sintra, A1,* ***16****)* **:** *rua Dr Alfredo da Costa, 15-17. ☎ 219-244-541. • geral@sintrablisshouse.com • sintrablisshouse.com • Doubles 100-150 € selon catégorie et saison.* Parmi les hôtels classiques, celui-ci est vraiment l'un des mieux. Proche de la gare, bien isolé, il abrite 17 chambres de belle taille (sauf 2 éco plus petites), récentes et très propres, avec moquette, jolie salle de bains à porte coulissante, AC et grande TV à écran plat. En contrebas s'étend un vaste deck en bois avec fauteuils moulés. Pas de parking, mais on trouve souvent de la place derrière la gare.

Hotel Nova Sintra *(plan Serra de Sintra, B1,* ***17****)* **:** *largo Afonso de Albuquerque, 25. ☎ 219-230-220. • info@*

hotelnovasintra.com • hotelnovasintra.com • Doubles 55-130 € selon saison, petit déj inclus. Perchée sur une grande terrasse ensoleillée semée de plantes en pot, cette belle maison bourgeoise domine la rue avec prestance. Elle renferme 10 chambres de bon confort (presque toutes avec AC), rénovées avec goût et relevées de tapis colorés. La n° 5, à l'arrière, dispose à la fois d'une tête de lit en *azulejos* et d'une terrasse. La n° 11, au 1er étage, offre une belle vue, comme la n° 21 sous les toits. Réceptionniste et patron parlent français. Demandez-leur de vous aider à monter les valises.

Águamel Sintra (zoom B2, **38**) : *escadinhas da Fonte da Pipa, 3. ☎ 914-502-255. • geral@aguamelsintra.com • Doubles 70-145 €.* Une poignée de chambres pour cette adresse de charme, installée dans une vieille maison rénovée de 1885. Déco parfaite, couleurs pastel délicates et contemporaines, des gadgets et même un balcon ou un feu de cheminée pour les plus grandes. Accueil réservé.

Cinco (zoom A2, **19**) : *tourner à droite après la poste dans la rua da Biquinha, c'est tt au bout. ☎ 219-230-070. • carole@stayatcinco.com • stayatcinco.com • Résa indispensable (disponibilités sur le site). Double env 100 € ; 25 €/pers en plus (max 4 pers). Min 2 nuits (sauf dispo).* La sympathique propriétaire, britannique, loue 2 appartements bien aménagés : l'un au rez-de-jardin de sa maison en pierre, entourée d'un jardin-oasis ; l'autre, façon studio, dans un « cottage » surplombant le potager. Chacun dispose d'une cuisine équipée, d'un salon et d'une terrasse privée fleurie. En prime : une piscine couverte aux atours romains et une vue imprenable sur la campagne !

Quinta das Murtas (plan Serra de Sintra, B2, **20**) : *rua Eduardo Van Zeller, 4. ☎ 219-240-246. • info@quintadasmurtas.com • quintadasmurtas.com • Doubles 100-160 € selon confort et saison, petit déj inclus.* Perchée sur les hauteurs, cette grande bâtisse rose aux allures de manoir regroupe une vingtaine de chambres assez différentes. Certaines sont un peu petites, d'autres spacieuses, certaines rénovées, d'autres un peu plus dans leur jus. La plupart sont dans le manoir, mais d'autres se disséminent dans des pavillons plus ou moins gracieux semés en contrebas dans le parc – près d'un étang où coassent les grenouilles et de la piscinette. Il y a quelques triples et quadruples, dont certaines avec une kitchenette, mais aucune n'a l'AC. Au petit déj, 2 aras, volontiers causants et 2 cacatoès. Parking. Accueil courtois.

Où manger ?

De très bon marché à bon marché

Café Saudade (plan Serra de Sintra, A1, **30**) : *av. Dr Miguel Bombarda, 6. ☎ 212-428-804. • cafe@saudade.pt • Tlj 8h-18h. Sandwichs, paninis, scones 2,90-9,95 € ; brunch 16-20 €.* Occupant l'ancienne maison de la pâtissière préférée du roi Ferdinand II, ce café chaleureux et convivial multiplie les salles cosy, prolongées par une terrasse. On y goûte le thé des Açores, le seul produit en Europe (depuis 1883), ou le pain de Madère pour les sandwichs ou paninis. Il y a aussi des petits déj, un brunch et de bons cheese-cakes. Les patrons proposent quelques chambres charmantes dans la rue parallèle (voir « Où dormir ? »).

Villa 6 (zoom B2, **39**) : *rua Ferraria, 6. ☎ 219-244-353. • villa6.restaurante@gmail.com • Tlj sauf mer. Croquettes 1,50 €, plats env 9,50-12 €.* On vient pour la sympathique terrasse à l'ombre, nichée dans un petit renfoncement, entre 2 escaliers. Plats copieux, servis avec le sourire. Bon rapport qualité prix. Patron jovial, qui n'hésitera pas à vous faire goûter quelques boissons maison derrière son comptoir couvert de rondins de bois en fin de soirée.

Nau Palatina (plan Serra de Sintra, B2, **31**) : *calçada de São Pedro,*

18. ☎ 219-240-962. • naupalatina.pt • Mar-sam 17h-23h30. Congés : 1 mois en déc-janv. Exilée dans le quartier de São Pedro, cette adresse de poche assure côté cuisine. Sa devise ? « Redécouvrir la tradition des *petiscos* (tapas) *alentejanos* et naviguer sur les saveurs des 4 vents sans renier l'héritage arabe. » D'avril à octobre, le samedi, on dîne sur fond de fado, de musique traditionnelle ou même de reggae (live), après avoir bu un verre dans la cour ou côté rue. Accueil sympa.

Incomum *(plan Serra de Sintra, A1,* ***32****) : rua Dr Alfredo Costa, 18-22, ou rua Dr Miguel Bombarda, 15. ☎ 219-243-719 (resto) ou 354 (bar à vins). • santos.aromas.com • Tlj sauf sam midi 12h (16h30 sam)-minuit. Congés : 2 dernières sem de nov. Menu exécutif (lun-ven 12h-15h) 2,50 €. Petisco et verre de vin 8-16 €.* Formé à l'*Hôtel du Rhône* puis au *Lion d'Or* à Genève, le chef Luís Santos a réussi un pari difficile : ouvrir un restaurant de qualité à prix (très) abordables. D'un côté, des petites salles intérieures élégantes, un peu formelles, où l'on déguste une cuisine marquée par la rencontre des produits portugais et du grand savoir-faire européen. De l'autre, un bar à vins, avec tables sur rue, où l'on apprécie les tablettes de fromage et charcuterie, ou les formules avec *petisco* – façon foie gras chaud servi avec son verre de *late harvest*... Un excellent rapport qualité-prix. Les serveurs sont un peu durs à attraper, mais quelle connaissance des vins portugais !

D. Pipas *(plan Serra de Sintra, B1,* ***33****) : rua João de Deus, 62. ☎ 219-234-278. Tlj sauf lun 12h-15h, 19h-22h. Plats 10-15 €.* Planqué derrière la gare, ce resto familial se distingue par sa clientèle : enfin des Portugais qui y mangent, c'est bon signe ! La déco et la carte sont à l'avenant, 100 % classiques, avec bar, présentoir réfrigéré à desserts, bonne *balcalhau à Brás* à prix léger et grillades de poisson pour les plus en fonds. Essayez donc le *pez espada* à la banane, une recette de Madère ! Le service n'est pas forcément très souriant mais il est diligent.

De prix moyens à plus chic

Taberna Criativa *(plan Serra de Sintra, B1,* ***35****) : av. Héliodoro Salgado, 26. ☎ 210-186-147. • tabernacriativa.eatbu.com • Tlj sauf dim et lun midi 12h-15h, 19h-22h30. Réservez ! Plats 13-25 € ; menu dégustation 60 €.* En s'éloignant du centre touristique, on découvre cette perle, tenue à bout de bras par le chef Vitor Rocha. On le voit s'affairer avec ses aides derrière les vitres, ciselant une jolie cuisine créative, où la morue confite est sublimée aux graines de coriandre, et le carpaccio de porcelet aux carottes est délicatement relevé avec sa sauce épicée... Menu végétarien au besoin. Une vraie belle cuisine, aux accords réfléchis, magnifiée par une musique douce et un lumignon sur chaque table. Un bémol : des portions un peu légères. Ne vous installez pas contre le mur de bouteilles, vous risqueriez d'être dérangé par les serveurs qui viennent s'approvisionner.

Tascantiga *(zoom B2,* ***38****) : ☎ 219-243-242. • tascantiga.pt • tascantiga@gmail.com • Tlj sauf dim en hiver. Tapas 3,70-7,20 €, plats 10-12 €.* Jolie salle intérieure fraîche avec chaises en bois colorées. Terrasse entre 2 volées d'escaliers où l'on joue à cache-cache avec le soleil et les parasols. On coche sur le menu ses choix sous forme de tapas (2-3/pers). Saucisses, crevettes, œufs marinés... Portions savoureuses. Bon accueil.

A Raposa – Casa de Chá *(plan Serra de Sintra, A1,* ***36****) : rua Conde Ferreira, 29. ☎ 219-243-440. 934-802-896. • aragao_sergio@hotmail.com • Tlj sauf dim-lun 11h-minuit. Congés : janv. Plats 20-28 €. Apéritif maison offert sur présentation de ce guide.* Derrière la façade à verrière de cette demeure de caractère (datant de 1888) se cache un charmant salon de thé-restaurant aménagé avec goût, dans un décor coquet, soigné et fleuri. Le propriétaire est un jovial Brésilien marié à une charmante Espagnole. La carte est courte et la cuisine savoureuse et fraîche, navigant entre carpaccio de saumon à la mangue, risotto de calamars, joue de porc pochée au vin rouge, tarte aux légumes... Les desserts sont succulents et le choix de thés impressionnant. On est loin des pièges à touristes et, du vendredi au dimanche, on dîne en musique.

Tacho Real *(zoom B2,* ***37****) : rua da Ferraria, 4. ☎ 219-235-277. Tlj sauf mar soir et mer 12h-15h, 19h30-22h. Congés : 12 premiers jours de sept. Plats 10-32 €.* Dans la salle voûtée, les serveurs attendent au garde-à-vous, nœud pap' bien ajusté et serviette sur le bras. Au sol, des tapis d'Orient réchauffent les fraîches tomettes et donnent une atmosphère chaleureuse – et pas trop guindée – au lieu. Côté cuisine, de bons plats portugais, copieux, avec quelques envolées imaginatives. Un peu cher tout de même.

Où manger (et acheter) des pâtisseries locales ?

Les 2 spécialités de Sintra sont les *queijadas,* petits gâteaux à base de fromage blanc et de cannelle, et les *travesseiros,* à base de pâte feuilletée fourrée de crème d'amande. Ils sont vendus à des prix ultra-démocratiques *(env 0,90-1,40 €).*

Casa Piriquita *(zoom B1-2,* ***40****) : rua das Padarias, 1-3. ☎ 219-230-626. Tlj 9h30-19h (20h30 le w-e).* Fondée en 1862, la maison fabrique « à l'ancienne » *queijadas* et *travesseiros,* à déguster dans une salle rétro pastel. Une annexe *(Piriquita Dois)* a ouvert un peu plus haut, au n° 18, où l'on peut en plus commander un petit plat chaud bon marché le midi et le manger en terrasse. Accueil sympa.

Fábrica das Verdadeiras Queijadas da Sapa *(plan Serra de Sintra, A1,* ***41****) : av. Volta do Duche, 12. ☎ 219-230-493. Tlj sauf lun 9h30-18h.* Cette adresse historique (1756 !) a été reprise par une parente du dernier créateur d'authentiques *queijadas* à l'ancienne. 3 tables en terrasse invitent à boire un café tout en se régalant de ces petites douceurs.

Où boire un verre ?

Loja do Vinho *(zoom B1,* ***50****) : praça da República, 3. ☎ 219-244-410. Tlj 10h-22h.* Sur la place principale, ce bar à vins propose des dégustations de portos *(10-18 €)* et une trentaine de vins portugais au verre, pas trop chers. On les accompagne de fromages, charcuterie (saucisses), sandwichs ou même salades, sur les 3 tables-tonneaux en terrasse ou dans la petite cave aux murs tapissés de bouteilles.

Voir aussi **Incomum** *(plan Serra de Sintra, A1,* ***32****),* dans « Où manger ? ». Notre préféré pour la vraie connaissance du vin des serveurs.

Dona Maria *(zoom B2,* ***51****) : largo Ferreira de Castro, 3. ☎ 219-242-033. Tlj sauf lun 10h-19h.* En surplomb du centre historique, ce resto (où l'on ne vous conseille pas de manger) est idéal pour boire un verre au soleil déclinant. Son atout majeur : une terrasse-balcon en bois avec vue panoramique.

Legendary Cafe *(plan Serra de Sintra, A1,* ***52****) : rua Dr Alfredo Costa, 8. ☎ 219-243-825. Tlj 10h-2h.* Le samedi soir, DJ ou musiciens débarquent dans ce petit rade pas bien rangé aux serveurs assez apathiques, attirant notamment les résidents du proche *Moon Hill Hostel.* L'occasion de s'envoyer quelques bières.

À voir. À faire

Il existe des *combined tickets,* offrant une réduction de 5-10 % selon le nombre de sites visités (2-6). La *Lisboa Card* donne droit à - 10-15 % et inclut le train pour Sintra (et Cascais), mais celui-ci est très bon marché. Il n'est pas certain que la carte se révèle bien rentable au final. Les tarifs famille sont souvent plus intéressants.

Tous les palais proposent des visites guidées sur réservation ; pour le français, mieux vaut s'y prendre 2-3 jours à l'avance. Sachez en outre que concerts, reconstitutions, expositions et animations émaillent la belle saison *(mai-oct)* aux palais de Sintra, Pena et Montserrate et au castelo dos Mouros. Demandez le programme à l'office de tourisme.

Dans et à proximité du centre historique

👣👣👣 ***Palácio nacional de Sintra*** *(zoom B1)* **:** *largo Rainha D. Amélia. ☎ 219-237-300. • parquesdesintra.pt • Tlj sauf 1er janv et 25 déc 9h30-18h30 ; dernière entrée 30 mn avt. Entrée : 10 € ; réduc. Audioguide en français 3 € (avoir une pièce d'identité).*
De l'extérieur, on est toujours un peu surpris par les 2 gigantesques cheminées blanches (33 m !) qui coiffent les cuisines. Dernier château médiéval portugais conservé en l'état, le Palácio nacional de Sintra occupe l'emplacement d'un ancien fort arabe. Résidence royale durant 8 siècles, il a été habité principalement du XIVe au XVIe s, notamment par le roi Manuel Ier (1469-1521), à qui l'on doit l'essentiel de son apparence actuelle – mâtinée d'influences mauresques. Sa volonté ? Concurrencer le palais de l'Alhambra de Grenade. Sintra ayant lancé la mode des *azulejos* dans tout le Portugal, le Palais national en devint la plus brillante vitrine.
On passe d'abord dans la ***salle des Cygnes*** *(sala dos Cisnes),* où les plafonds à caissons sont ornés de cygnes, puis dans la ***salle des Pies*** *(sala das Pegas),* ornée de 136 pies bavardes réputées immortaliser les commères de la cour qui prétendirent à une supposée infidélité du roi...
Plus loin, la ***chambre de dom Sebastião*** révèle de beaux *azulejos* du XVIe s (à feuilles de vigne et épis de maïs) ; un globe céleste en métal de la même époque y est habituellement exposé. D'autres céramiques anciennes couvrent la ***salle des Sirènes*** (*sala das Sereias*) voisine. La ***salle Jules César*** abrite, elle, des meubles de style indo-portugais et une tapisserie flamande représentant l'empereur romain. Quant à la ***salle des Galions*** *(sala das Gales),* elle révèle un plafond peint de navires hollandais, portugais et ottomans des XVIIe et XVIIIe s. Son balcon offre un joli panorama sur la vieille ville.
À l'étage, la ***salle des Blasons*** *(sala dos Brasões),* accessible par une superbe porte de style manuélin, affirme la force de la royauté. Au plafond sont peints les blasons des 72 grandes familles de l'aristocratie portugaise du XVIe s, l'âge d'or des découvertes. Ils dominent des scènes de chasse en *azulejos.* Moins glamour, on découvre ensuite la pièce où fut enfermé de 1674 à 1683 le pauvre vieux Alfonse VI, dépossédé du trône par son frère et sa propre épouse ! Coup d'œil à une étonnante pagode chinoise en ivoire de 2,50 m de haut offerte à la reine Maria I (1777-1815) par le Sénat de Macao, puis à la ***Chapelle palatine,*** au plafond en bois sculpté typiquement mudéjar. On redescend vers les grandes cuisines, d'où s'élancent les 2 hautes cheminées coniques, puis on ressort par le ***patio central,*** avec sa fontaine manuéline et sa ***Grota dos Banhos*** tapissée d'*azulejos.* Pour se remettre : une petite pause dans les jardins en terrasses.

👣 **News Museum** *(zoom B2)* **:** *rua Visconde de Monserrate, 26. ☎ 210-126-600. • newsmuseum.pt • Mer-sam 10h-17h (lun, mar et dim sur rdv et visites de groupes ; dernière entrée à 16h). Entrée : 8 € ; réduc.* Inattendu et ambitieux musée du journalisme, créé par une boîte de communication lisboète ! Assurément moderne et interactif, il accumule images (notamment de propagande), sons et archives pour explorer les différentes facettes du métier de reporter et ses interactions avec le(s) pouvoir(s). Au final, tout cela est tout de même un peu générique, confus et « lusocentré ».

👣👣👣 👨‍👧 ***Palácio e quinta da Regaleira*** *(hors plan Serra de Sintra par A2)* **:** *☎ 219-106-650. • regaleira.pt • À env 700 m à l'ouest de l'office de tourisme par* *la rua Barbosa du Bocage. Tlj 9h30-20h (18h oct-mars) ; dernière entrée 1h avt. Entrée : 10 € ; 15 € avec 2h de visite guidée en français (sur rdv 2-3 j. avt). Audio-guide en français. Pas de parking sur place, mais on peut essayer de se garer, 100 m plus loin, devant l'*Hôtel Tivoli *ou même le long de son allée d'accès.*

Le style de ce palais hors norme hésite, pour tout vous dire, entre le néogothique et le néomanuélin. La demeure, ses annexes et le vaste parc épousant les déclivités du terrain sont nés au début du XXe s de l'imagination exaltée d'un (très) riche propriétaire, Carvalho Monteiro (1848-1920), associé à l'architecte italien Luigi Manini. Tout son (énorme) héritage, constitué au Brésil grâce au monopole du commerce du café et des pierres précieuses, suffit à peine pour transformer, entre 1904 et 1911, ce qui était déjà un beau domaine en une demeure capable d'accueillir les grands de l'époque. Mais si l'ensemble affirme une incontestable prestance, l'intérieur vous semblera dénudé : le mobilier et les collections de Monteiro ont été vendus. On y admire surtout la ***sala de Caça,*** à l'entrée, avec ses mosaïques au sol, son énorme cheminée et ses chapiteaux développant le thème de la chasse.

LA MONTRE LA PLUS COMPLIQUÉE DU MONDE

Esthète avéré, Carvalho Monteiro passa commande à la Maison Leroy, de Besançon, d'une montre unique, la Leroy 01, regroupant 24 complications en supplément des heures, minutes et secondes ! Il pouvait ainsi connaître la position des étoiles à Rio, Paris et Lisbonne, et disposait d'un baromètre, d'un altimètre et d'un hygromètre à cheveux pour mesurer le degré d'humidité ! La Leroy 01 a reçu le grand prix de l'Exposition universelle de Paris en 1900. En revanche, elle ne faisait pas le café !

Il fallait le microclimat de la région pour aménager le vaste et fantaisiste ***parc spirituel et romantique*** accroché à la colline. Le dédale de ses allées tortueuses et de ses passages discrets dessert une collection de monuments secondaires presque farfelus. Ici une serre-temple, là une grotte-château et, sur les hauteurs, l'étrange « puits initiatique », profond de 27 m, que l'on dévale par un escalier en colimaçon, façon tour inversée ! L'esprit s'y confronte à la notion même d'existence, s'enfonçant dans un souterrain à plusieurs branches – dont l'une débouche sur le paradis retrouvé du lac de la Cascade, que l'on traverse sur des pas japonais jetés sur l'eau... Les aspects ludiques et philosophiques se complètent ici harmonieusement. N'hésitez pas à emporter une torche pour naviguer dans les recoins les plus sombres des souterrains.

|●| ⛱ *Cafétéria* avec une merveilleuse terrasse.

Palácio de Seteais *(hors plan Serra de Sintra par A2) : rua Barbosa du Bocage, 8. Env 100 m après l'entrée haute de la quinta da Regaleira.* Ce fut la demeure, à la fin du XVIIIe s, du consul de Hollande. Sa façade claire est enchâssée d'un arc ajouté au XIXe s entre les 2 ailes du bâtiment. Il a été transformé en hôtel de luxe, mais on vous laissera avancer jusqu'au balcon, offrant une très belle vue sur la campagne et les jardins à la française en contrebas.

En dehors de la ville : le circuit de Pena

Les autres visites sont plus difficiles à pied. Les amateurs de rando pourront grimper jusqu'au castelo dos Mouros (45 mn) et enchaîner avec le palácio da Pena (10 mn de plus), mais si la balade est jolie, elle est aussi ardue. Alternative : monter par le bus n° 434 et redescendre à pied (30 mn). Ou tout faire en bus ! En voiture, c'est galère en haute saison : il est alors très difficile de se garer ; seule solution : venir 10-15 mn avant l'ouverture. Voir aussi « Se déplacer à Sintra » plus haut. **BON PLAN :** acheter ses billets avant sur Internet ou venir à partir de 16h. Beaucoup moins de monde !

Castelo dos Mouros (château des Maures ; plan Serra de Sintra, A2) **:** *à 3 km au sud, par la route du palácio da Pena. ☎ 219-237-300. • parquesdesintra.pt • Fin mars-fin oct, tlj 9h30-18h30 ; dernier billet 30 mn avt. Entrée : 8 € ; réduc. Le billet peut être acheté au kiosque sur la route, mais aussi dans le château (mieux si vous montez à pied). Profitez-en pour prendre celui du palácio da Pena !*
Au VIIIe s, le territoire du Portugal est conquis par les Maures. À Sintra, ils construisent (au Xe s) un château-nid d'aigle au sommet d'une colline dominant toute la région. Ils y demeurent jusqu'en 1147, année de sa reconquête par Afonso Ie. Les chrétiens investissent le *castelo* et le remanient en partie, avant de l'abandonner. Il faudra attendre 1839 pour voir débuter sa restauration. Qu'y découvre-t-on aujourd'hui ? Un ensemble d'édifices (église-musée, écuries, citerne souterraine) plus ou moins consolidés, enserrés dans un corset de murailles.
Courant tout au long de la crête, le ***chemin de ronde,*** entrecoupé d'une longue litanie d'escaliers, est splendide. Il relie le donjon à la Tour royale, la plus élevée, où dom Fernando II aimait venir peindre. La vue, à 360°, s'y étend de Lisbonne au cabo da Roca. En chemin, on passe au-dessus de la porte de la Trahison, ainsi nommée car elle permettait de quitter discrètement la forteresse... ou d'y pénétrer.
Agréable ***cafétéria*** dans l'enceinte du château.

Parque et palácio nacional da Pena (parc et palais de Pena ; plan Serra de Sintra, A3) **:** *à 4 km de Sintra. ☎ 219-237-300. • parquesdesintra.pt • Bus n° 434, à reprendre de préférence à l'entrée des Lacs (bas du parc), où la queue est moins longue, pour le retour. Si vous êtes monté en voiture, vous aurez un tt petit peu plus de chance de trouver une place sur le petit parking situé 200 m après l'entrée du palais (en contrebas). Fin mars-fin oct, parc ouv tlj 9h-19h, palais ouv tlj 9h30-18h30 ; derniers billets vendus respectivement 1h et 45 mn avt. Fin oct-fin mars, tlj 10h-18h dans les 2 cas ; dernier billet 1h avt. Entrée parc et palais : 14 €. Inclut l'entrée du chalet de la comtesse d'Edla (voir ensuite). Audioguide en français 3 €. Parc seul : 7,50 €. Bar et (mauvais) resto ouv 12h-16h.*
Aucun doute, c'est le plus fou ! Perché 350 m au-dessus de Sintra, au sommet d'une colline coiffant l'immense *parque da Pena* – tout en pentes et détours –, voici l'un des monuments les plus visités du Portugal. De l'entrée principale du parc, il faut bien 10-15 mn pour rejoindre à pied celle du palais, à moins de prendre l'un des minibus électriques qui y monte *(3 €)*. Sous vos yeux : de fausses murailles jaune canari, une tour néogothique rouge, un minipont-levis qui n'a jamais fonctionné, un donjon, des minarets et des dômes vaguement mauresques, qui disparaissent parfois à demi dans la brume...

Un peu d'histoire
Fils de Ferdinand de Saxe-Cobourg et Gotha et d'Antoinette de Kohary, dom Fernando II (1816-1885) est d'origine allemande, mais portugais par son mariage avec la reine Maria II (qui lui donna sept enfants). Il règne comme roi consort du Portugal de 1837 à 1853. Veuf, il épouse en 2des noces Elisa Hensler (1836-1929), une cantatrice suisse qu'il fait comtesse d'Edla. Connu au Portugal comme le « roi artiste », détaché des contingences politiques, Fernando II s'éloigne du pouvoir. C'est à Sintra qu'il réside avec sa 2de épouse, fuyant l'agitation du monde. En 1834, il acquiert les ruines d'un monastère du XVe s et y fait aménager, de 1842 à 1854, un « Palais nouveau » sous la direction du baron Ludwig von Eschwege. Plus géologue et géographe qu'architecte, ce dernier, à l'imagination débordante, conçoit un édifice éclectique, exubérant et romantique mêlant les styles mauresque, manuélin, baroque, gothique et Renaissance... Pena est considéré comme le 1er palais romantique d'Europe, 30 ans avant le château de Neuschwanstein voulu par Louis II de Bavière.

Visite du palais
La terrasse du palais, envahie par la foule compacte des visiteurs, hisse face aux regards une 1re fantaisie de taille : une porte gardée par un triton géant... Il faut souvent faire la queue pour pénétrer à l'intérieur, où l'on découvre d'abord un joli

LES ENVIRONS DE LISBONNE

cloître manuélin décoré d'*azulejos,* principal rescapé du monastère hiéronymite des origines. Si la salle à manger a elle aussi conservé les voûtes de l'ancien réfectoire, les autres pièces se révèlent pour la plupart assez petites – chambre de Carlos I (petit-fils de Fernando II) incluse.

Le roi-bâtisseur résidait, lui, à l'étage supérieur, dans une chambre aux murs et plafonds à motifs mudéjars. Boudoirs et cabinets s'enchaînent, reflétant le goût du XIXe s, jusqu'à la rigolote salle du téléphone (au bahut malachite !), le *Salon arabe* et la ***Salão Nobre,*** lieu des réceptions, décorée de vitraux centre-européens et de zouaves porteurs de torches. On redescend par la *sala dos Vedãos* (trophées) avant de ressortir par les cuisines, à la grande batterie de cuivres. Tout est resté en l'état depuis la chute de la monarchie et la fuite des souverains en Grande-Bretagne en 1910.

Le parc de Pena

Irrégulier et baroque, hérissé de rocailles, baigné par une ribambelle de pièces d'eau, cet immense parc accidenté et boisé de 200 ha épouse les formes du relief, s'étendant tel un grand poumon de verdure au pied du palácio da Pena. Il possède 5 entrées, dont 3 desservies par le bus n° 434 (notamment la principale et la très populaire entrée des Lacs, qui donne accès directement au vallon du même nom). On y trouve plus de 500 espèces de plantes européennes et exotiques, 2 superbes vallons noyés de fougères arborescentes, un jardin de camélias (en fleur en avril), une fontaine en forme de pavillon musulman, une bouverie (anciennes écuries), des serres, etc. Il n'y manque que les fées, les lutins et les nymphes pour en faire un jardin imaginaire et romantique. Dans sa partie haute trône la Cruz Alta (culminant à 527 m).

Chalet de la comtesse d'Edla *(hors plan Serra de Sintra par A3)* **:** *dans la partie ouest du parc de Pena, à 20-30 mn de marche du palais (mêmes horaires). • parquesdesintra.pt • Accès direct en voiture par l'entrée du chalet, sur la route du convento dos Capuchos, à 2 km de l'embranchement montant vers le palácio da Pena. Billet inclus dans le ticket d'entrée du parc et palais de Pena. Une navette électrique relie le palais au chalet, tlj 11h-19h, en traversant le parc, où elle marque plusieurs arrêts (payant).* Née à La Chauds-de-Fonds, dans le Jura suisse, Elisa Hensler passe une partie de sa jeunesse à Boston, où sa famille a émigré. De retour en Europe, la voici cantatrice à Milan. En tournée à Lisbonne en 1860, elle séduit le roi Ferdinand II, qui est veuf. Il la hisse au rang de comtesse d'Edla et l'épouse. La jeune femme est passionnée de botanique et son monarque de mari lui fait bâtir, en 1870, pour mieux profiter du parc de Pena, ce drôle de chalet aux huisseries soulignées de chêne-liège. Vu de l'extérieur, on jurerait la maison de Blanche-Neige... La comtesse aurait dessiné elle-même les plans en s'inspirant des chalets américains. L'intérieur, très largement restauré après un incendie, est quasiment vide ; on y retrouve dans 2 pièces des murs tapissés de panneaux de chêne-liège.

DANS LES ENVIRONS DE SINTRA

Parque e palácio de Monserrate : *à 4 km à l'ouest de Sintra, sur la N 375. ☎ 219-237-300. • parquesdesintra.pt • Bus n° 435 (1,10 €). Une navette électrique circule en outre dans le parc, entre l'entrée et le palais (2,50 € A/R), tlj 11h-19h (10h-17h en hiver). Fin mars-fin oct, parc ouv tlj 9h30-20h ; le reste de l'année, tlj 10h-18h ; dernière entrée 1h avt. Le palais ferme 1h plus tôt ; dernière entrée 45 mn avt en été et 30 mn en hiver. Billet : 8 € ; réduc. Audioguide (en anglais, en espagnol et en portugais seulement) 3 €.*

À l'origine, vers 1540, il y a là une chapelle consacrée à Notre-Dame de Monserrate et le domaine appartient à un hôpital. En 1789, un riche homme d'affaires anglais (d'origine française), Gérard de Visme, y fait édifier un 1er palais néogothique – qu'il loue en 1793-1794 à l'écrivain voyageur ***William Beckford*** (1760-1844), héritier d'une colossale fortune constituée grâce à des plantations de sucre jamaïcaines. En 1809, ***lord Byron*** découvre le domaine en ruines et tombe sous son charme romantique, contribuant à placer Sintra sur la carte du monde d'alors. Un demi-siècle plus tard, un autre Anglais débarque : ***Francis Cook*** (1817-1901), un millionnaire enrichi dans le commerce des textiles, propriétaire d'une des plus belles collections d'œuvres d'art du Royaume-Uni. C'est lui qui conçoit le jardin romantique et l'architecture de style moghol (Inde) du palais, en modifiant le plan initial.

Le palais

Le style est éclectique, mêlant aux grands élans orientaux des influences mauresques et gothiques... Le hall central, octogonal, donne le ton avec sa fontaine en marbre Renaissance et son incroyable couloir encadré d'une forêt de colonnes de porphyre surmontées d'éléments décoratifs à claire-voie. Les panneaux finement ciselés viennent d'Inde. Si la plupart des pièces sont vides, tout au bout, on accède au grand ***salon de musique,*** rond et très lumineux, surmonté d'une coupole en stuc aux motifs floraux dorés. L'acoustique y est excellente. À voir aussi : la bibliothèque aux rayonnages en noyer.

Le parc

Beckford et surtout Cook n'ont pas lésiné sur les arbres exotiques, les promontoires et les promenades. Ce parc à l'anglaise, irrégulier, terriblement décadent, voit se côtoyer cyprès funèbre et *Ginkgo biloba* chinois, figuier des îles Fidji, pin de Norfolk (le plus haut du jardin), cocotiers du Chili, cèdre de l'Atlas, bunya-bunya et kauri australiens, jardins du Japon et du Mexique, et aussi arbousiers, chênes-lièges, et même une belle roseraie restaurée par le prince Charles en 2011. Coup d'œil attendri sur la (fausse) chapelle en ruines envahie par un *Ficus macrophylla,* où un banc invite à s'oublier.

GAZON D'AVANT-GARDE

Le gazon qui pousse devant le palais de Monserrate est le 1er à avoir été planté au Portugal. Son origine remonte au XVIIIe s, dit-on. Il a exigé et exige encore un système d'arrosage sophistiqué.

Convento dos Capuchos : *à 7 km, entre Sintra et le cabo da Roca, par la route qui monte au palácio da Pena, puis à droite (fléché).* ☎ *219-237-300.* • *parquesdesintra.pt* • *Desservi par les bus* City Sightseeing *(chers), sinon il faut être motorisé. Fin mars-fin oct, tlj 9h30-20h ; fin oct-fin mars, tlj 10h-18h ; dernière entrée 1h avt. Entrée : 7 € ; réduc. Audioguide (en anglais, en espagnol ou en portugais seulement) 3 €.* Construit au XVIe s au cœur d'un chaos rocheux et de la forêt, dans un esprit d'harmonie avec la nature, cet incroyable monastère de poche a été habité jusque vers le milieu du XIXe s par 8 moines franciscains. L'entrée, masquée par des rochers, conduit dans un monde miniature : minichapelle, cellules lilliputiennes où l'on pénètre en se baissant à demi, miniréfectoire, cuisine (où l'on peut se tenir debout), latrines creusées dans le roc et autres micropièces semi-rupestres. Partout, le liège recouvre les portes, les fenêtres et les plafonds pour protéger le lieu de l'humidité. C'était là le seul luxe de ces religieux obligés de vivre courbés. En contrebas, un potager. Et au-dessus, une grotte consacrée à la méditation.

Santuário da Peninha : *à 6 km à l'ouest du convento dos Capuchos par la petite route d'Azóia.* Après une courte ascension à pied, vous bénéficierez d'un superbe point de vue sur la côte et toute la région depuis ce monastère abandonné. Sa chapelle (souvent ouverte) est entièrement tapissée d'*azulejos,* voûtes incluses. De là, on rejoint la côte en 3 km, près du cabo da Roca, en traversant une superbe forêt méditerranéenne (parc naturel de Sintra-Cascais).

Les plages : la côte de Sintra est soulignée de plusieurs plages blotties entre les falaises – praia da Adraga, praia Grande, praia das Maçãs, praia do Magoito... Voir plus haut « En suivant la route côtière vers Sintra ».

Randonnées pédestres

La région se prête bien à la randonnée, tant aux portes de Sintra que dans sa serra. Le site de l'*Instituto da Conservação da Natureza e das Florestas* (*● icnf.pt ●*), ou ICNF, propose des petits parcours pédestres dans cette zone classée parc naturel, qui s'étale entre l'embouchure de la rivière Falcao et Cascais. Eucalyptus, lauriers, arbousiers, chênes verts, fougères et genêts poussent en pagaille sur ces terrains volcaniques. On peut télécharger les PDF, bien faits mais en portugais seulement.

Les parcs et châteaux : 4 itinéraires de petite randonnée permettent de grimper depuis Sintra vers le castelo dos Mouros et le palácio da Pena. Le plus emprunté débute en haut de la vieille ville, rua Marechal Saldanha, avant de se hisser vers l'église Santa Maria et le départ du sentier (fléché), qui progresse joliment dans les sous-bois. Compter 45 mn de montée jusqu'au château maure depuis le centre historique. On peut ensuite poursuivre vers Pena, soit par un autre chemin, soit par la route (10-15 mn).
Une montée moins classique est possible via la ***villa Sassetti*** (de style Renaissance italienne) et ses jardins étagés sur la colline. Départ au tout début de la route montant au palácio da Pena, côté gauche. On contourne alors totalement le château maure par l'est.

MAFRA

(2640) 18 000 hab.

Le principal intérêt de cette petite ville est de posséder le palais-monastère le plus vaste de toute la péninsule Ibérique, posé en plein centre. Un écrivain prétendait qu'il fallait le visiter « à titre de pénitence ». Pas de grands jardins ombragés ici, ni aucun écrin de verdure, mais l'intérieur, gigantesque, révèle quelques très belles pièces.

Adresse utile

Posto de turismo de Mafra : *av. Movimento das Forças Armadas (juste au sud du palais). ☎ 261-817-170. ● cm-mafra.pt/turismo ● Tlj sauf 1er janv, dimanche de Pâques, 1er mai, jeudi de l'Ascension et Noël 10h-13h, 14h-18h.*

Où manger sur le pouce ? Où boire un verre ? Où manger une glace ?

Padaria e Pastelaria Polo Norte : *praça da República, 15. Sur la pl. face au palácio. ☎ 261-811-070. Tostas dès 2,50-3 €.* On peut déjeuner simplement de petits plats (affichés au tableau) dans la salle de cette boulangerie ou grignoter ses bonnes pâtisseries et viennoiseries. En prime : des crêpes, des gaufres et même des glaces maison.

Esplanada Real : *praça da República. Tlj 9h-22h (plus tard en été).*

Ce bar occupe un cube de verre juste en face de la *Padaria e Pastelaria Polo Norte*. Il n'y a que 4 tables pour les mauvais jours, mais l'immense terrasse ensoleillée compense largement ! Pratique pour boire un verre et grignoter un toast ou un burger.

À voir

Palácio nacional de Mafra : *☎ 261-817-550. • palaciomafra.pt • Tlj sauf mar et j. fériés 9h30-17h30 (17h pour la bibliothèque) ; dernière entrée à 16h45 avt. Fermé 1er janv, dimanche de Pâques, 1er mai, jeudi de l'Ascension et Noël. Entrée : 6 € ; réduc ; gratuit moins de 12 ans. Brochure en français : 1 €. Certains guides sont en costume d'époque !*

Bâti au XVIIIe s sur 3,8 ha, l'édifice possède 1 200 pièces et plus de 4 700 portes et fenêtres ! À l'origine, ce devait être un modeste couvent que le roi João V avait promis d'édifier si la Providence lui accordait un héritier. Il fut entendu. Mais la visite du palais de l'Escurial de son rival espagnol, le roi Philippe II, le mit au défi de faire mieux. Tout l'or venu du Brésil y passa entre 1717 et 1730. Quelque 50 000 ouvriers furent employés à la tâche, dont pléthore d'artisans et artistes portugais, italiens et français. L'ensemble, conçu par un architecte prussien dans un style baroque, en calcaires polychromes de la région, dégage pourtant au final une indéniable impression de lourdeur... Le palais fut surtout fréquenté par les rois à l'occasion des festivités religieuses ou pour la chasse.

Le monastère et le palais

Les quelque 300 moines (franciscains) occupaient le rez-de-chaussée. La visite commence là, par l'***hospice,*** avec sa série de chambres-couchettes et sa pharmacie. Remarquez, dans une pièce isolée, le lit à 4 hauts côtés réservé aux patients souffrant de fièvres et aux « moines fous » ! La partie arrière est, elle, encore occupée par une école d'infanterie.

À l'étage, les tours nord et sud, reliées par ***la plus longue galerie d'Europe*** (232 m !), monumentale, étaient dévolues respectivement aux ***appartements du roi et de la reine,*** qui fonctionnaient séparément – chacun avec ses propres cuisines et quartiers de domestiques. Les pièces, immenses, présentent plafonds peints à fresques, tapisseries flamandes et mobilier d'époque un peu épars. Au centre de l'aile ouest, la ***sala de Bênção*** ouvre sur la place et le balcon d'où les monarques saluaient la foule. Les appartements de la reine, un peu plus cosy, révèlent une sympathique salle de bains peinte d'une scène bucolique aux oiseaux, sur fond bleu.

De là, on pénètre dans l'aile sud, non moins colossale, jetant au passage un coup d'œil à l'ancêtre du flipper conservé dans la *salle de Jeux* et aux (affreux) chaises et fauteuils en bois de cerfs de la *salle de la Chasse*...

Au bout, tout au bout, on atteint

CRISE DE FOI

L'hospice du monastère occupant l'étage inférieur du palais national de Mafra témoigne d'un certain confort : les malades y avaient droit à des espaces privatifs séparés par des cloisons. Il n'était pas question pour autant qu'ils délaissent leurs devoirs. Le dimanche, leurs lits étaient tirés vers le centre de l'immense pièce pour qu'ils puissent suivre la messe !

LA RONDE DES CHAUVES-SOURIS

Les conservateurs de la bibliothèque du palais de Mafra ont trouvé une manière originale d'assurer la conservation des livres : des orifices ont été créés pour permettre aux chauves-souris d'y pénétrer la nuit et de bouloter les insectes ravageurs !

l'imposante ***bibliothèque*** baroque, clou de la visite. Longue de... 85 m, elle abrite 36 000 ouvrages (dont certains incunables), entreposés sur des rayonnages en bois du Brésil. C'est l'une des plus importantes du siècle des Lumières.

La basilique
Accessible depuis la place, la basilique *(fermée 13h-14h),* baroque elle aussi, détonne surtout par ses proportions. Sa coupole culmine à 66 m de haut ! Le roi João VI y fit installer 6 orgues, pièces maîtresses d'un festival international organisé à la fin mai.

Tapada naciónal de Mafra : *portão do Codeçal. ☎ 261-814-240. • tapadademafra.pt • Tlj 9h30-18h. Entrée : 5 € ; billet famille (2 adultes et 2 enfants de moins de 12 ans) 17 €. Activités payantes en sus.* Créée au temps du roi João V comme parc de loisirs pour le roi et sa cour, la Tapada naciónal de Mafra couvre 1 187 ha, totalement entourés de murailles sur 21 km. La forêt occupe presque tout l'espace et on peut y trouver, en liberté, daims, cerfs, sangliers et autres animaux. Nombreuses activités : balades pédestres, cyclistes (VTT) et équestres, atelier d'apiculture, tir à l'arc, balade nocturne, circuits en charrette et petit train, etc. On peut même y dormir (80 € la double).

ERICEIRA (2655) 10 260 hab.

• Plan *p. 197*

À 23 km au nord-ouest de Sintra et à 14 km de Mafra, ce port de pêche tisse son réseau de ruelles au sommet d'une falaise plongeant dans l'océan. En contrebas, les bateaux sont soigneusement garés côte à côte, sur le bitume qui borde la praia dos Pescadores, tandis que, dans le vieux centre – largement piéton –, Ericeira bichonne ses photogéniques maisons blanches soulignées de bleu, reflétant les lumières du ciel et de la mer. La ville a su maintenir les promoteurs à sa périphérie. Mais pas les visiteurs : le tourisme est devenu l'activité principale et un grand nombre de surfeurs fréquentent les spots du coin. Les vagues sont puissantes et franches, offrant de bons déroulés sur de belles longueurs.

Arriver – Quitter

Terminal de bus *(Centro Rodoviário Municipal ; hors plan par B1) : sur la route N 247, env 500 m au nord du centre, à la hauteur de la praia do Norte. Ttes les liaisons sont assurées par la compagnie Mafrense. • mafrense.pt •*

➢ ***Lisbonne (Campo Grande) via Mafra :*** par les n°s 200, 207 et 208 ; ttes les 10 mn à 1h (fréquences réduites le w-e). Trajet : 45 mn-1h20.

➢ ***Portela de Sintra Estação) :*** par le n° 202 ; env ttes les heures lun-ven 6h20-19h25. Ttes les 2h w-e et j. fériés 7h25-19h25. Trajet : 50 mn. Portela de Sintra est juste à l'est de Sintra (2 km).

Adresse utile

Office de tourisme *(plan B1) : rua Dr Eduardo Burnay, 46. ☎ 261-863-122. • cm-mafra.pt/turismo • Tlj 10h-18h (19h juin et sept, 20h juil-août).* Accueil francophone. Plan de la ville et des environs, horaires des bus, livret des spots de surf, horaires des marées, etc. L'étage abrite une exposition consacrée aux spots de surf du secteur, classé « *surf reserve* ».

Où dormir ?

Camping

⛺ ***Ericeira Camping*** *(hors plan par B1, **10**) : av. São Sebastião. ☎ 261-862-706. • ericeiracamping.com • À 1 km au nord de la ville. Réception fermée à Noël. Compter 16-24 € pour 2 avec tente et voiture ; bungalows 45-130 €.* Ce camping municipal est à 3 mn de la plage et des vagues (avec *surf shop* à l'entrée). La partie centrale sous les pins est réservée aux résidents ; les temporaires se retrouvent sur les flancs, dans des secteurs souvent découverts et pas toujours bien nettoyés... Privilégiez la zone de *campismo libre* (ombragée) proche du bâtiment sanitaire B8, au fond. Sanitaires corrects, sans plus. Les cabanons sont quasi aveugles... Les grands chalets récents sont bien mais donnent sur le parking et la route côtière... Pizzeria, minimarché, laverie, aire de jeux.

Auberges pour surfeurs

🏠 ***Blue Buddha Hostel*** *(hors plan par B1, **11**) : Urbanização Moinhos do Mar, Casa 1. 📱 911-111-071. • bluebuddhahostel@gmail.com • bluebuddhahostel.com • Dans une résidence, à la sortie nord de la ville (avt le camping) ; c'est la 1re villa en entrant (demandez au gardien). Doubles 55-93 € ; pas de petit déj.* L'accueil se fait à l'adresse ci-dessus, une villa moderne transformée en une petite AJ pimpante, gentiment design, où cohabitent dortoirs et chambres avec ou sans salle de bains. On y trouve cuisine équipée et confortable salon, et la résidence possède même tennis et piscine (payants). D'esprit identique, les boss possèdent plus près du centre le *Blue Buddha Lone Surfer Hostel (largo de São Sebastião, **10**)* et la *Blue Buddha Beach House (rua Florêncio Granate, **19**)*. Dans tous les cas : cours de surf et location de planches.

🏠 ***Sea U Soon Hostel*** *(hors plan par B2, **17**) : rua Comandante M. Freire, 6. ☎ 261-867-933. 📱 966-509-151. • seausoon@sea-u-soon.com • sea-u-soon.com • À la sortie sud d'Ericeira, par la rua Carrasqueira da Vila, face à l'accès à la praia do Sul ; c'est tt de suite à gauche. Doubles sans ou avec sdb 45-90 € selon saison.* La citation du Duke (Kahanamoku), 1er empereur du surf hawaïen, donne le ton : « En dehors de l'eau, je ne suis rien »... Cette AJ privée tout en blanc et turquoise, installée dans une sorte de petit ensemble résidentiel moderne, est à seulement 2 mn du sable et des vagues (de l'autre côté de la route). Hyper propre, elle abrite juste un grand dortoir ouvrant sur une terrasse ensoleillée face à la mer et 3 chambres – dont une avec sa propre salle de bains. Cuisine, salon, tout est impeccable.

De bon marché à prix moyens

Les adresses qui suivent sont avant tout fonctionnelles. Elles sont mal insonorisées et n'ont pas l'AC (exceptée la dernière).

🏠 ***Hospedaria Bernardo*** *(plan B1, **12**) : rua Prudêncio Franco da Trindade, 11. ☎ 261-862-378. • info@hospedariabernardo.com • hospedariabernardo.com • Doubles 45-50 € selon taille, confort (sans ou avec sdb) et saison ; pas de petit déj.* Cette pension date un peu, avec ses sols des années 1970 et son goût d'autrefois, mais elle affiche des tarifs bas et a même changé ses vieilles TV. Certaines chambres sont plus agréables que d'autres, avec coin cuisine, voire petit salon et grand balcon ; demandez à voir. La proprio parle un peu français.

🏠 ***Residencial Fortunato*** *(plan B2, **18**) : rua Dr Eduardo Burnay, 45. ☎ 261-862-829. • residencialfortunato.pt • Congés : janv. Doubles 36-87 € selon saison, petit déj (léger) inclus juin-sept. Parking 3 €. Sur présentation de ce guide, 5 % de réduc sur le prix de la chambre.* Le proprio parle très bien le français et son fils se débrouille aussi. Pas de folies, ici, juste des petites chambres simples mais propres, très abordables, avec l'essentiel. Les plus chères ont une terrasse avec vue sur mer.

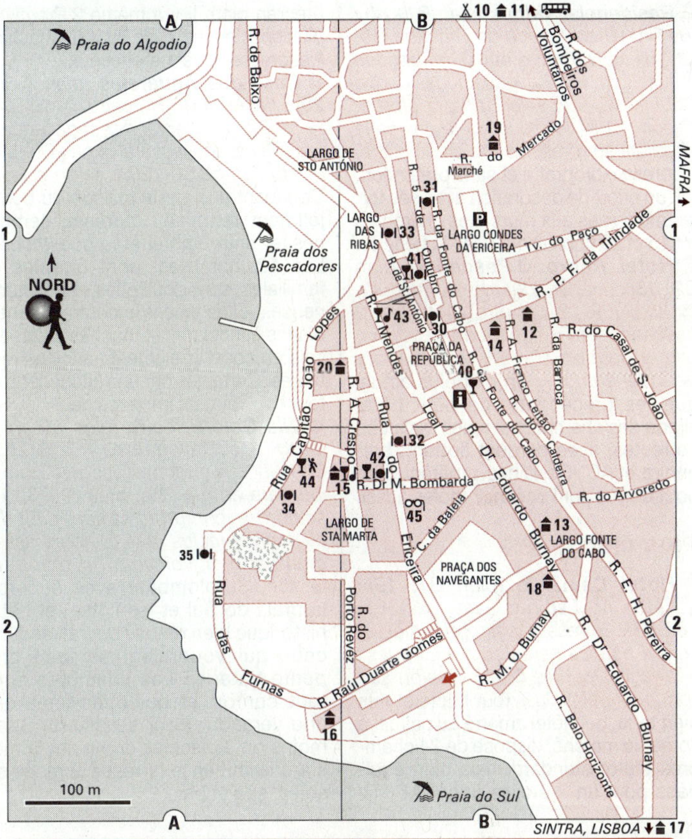

ERICEIRA

Adresse utile

- Office de tourisme (B1)

Où dormir ?

- **10** Ericeira Camping (hors plan par B1)
- **11** Blue Buddha Hostel (hors plan par B1)
- **12** Hospedaria Bernardo (B1)
- **13** Hotel Pedro O Pescador (B2)
- **14** Residencial Vinnus (B1)
- **16** Vila Galé Ericeira (A2)
- **17** Sea U Soon Hostel (hors plan par B2)
- **18** Residencial Fortunato (B2)
- **19** Hotel Camarão (B1)
- **20** Casa das Aguarelas (A-B1)

Où manger ?

- **30** Taberna O Lebre (B1)
- **31** Mar d'Areia (B1)
- **32** O Farol (B2)
- **33** Tasquinha do Joy (B1)
- **34** Canastra (A2)
- **35** Esplanada Furnas (A2)

Où manger un bon oursin ?

- **33** Casa da Fernanda (B1)

Où boire un verre ? Où écouter de la musique et danser ? Où combattre sa claustrophobie ?

- **15** Adega Bar (A-B2)
- **40** Sunset Bamboo Bar (B1)
- **41** Tik Tak (B1)
- **42** Tik Tapas (B2)
- **43** Tubo (B1)
- **44** Discoteca Ouriços (A2)

Residencial Vinnus *(plan B1, **14**) : rua Prudêncio Franco da Trindade, 19. ☎ 261-866-933. • info@vinnusguesthouse.com • vinnusguesthouse.com • Doubles 55-90 € selon taille, confort et saison. 10 % de réduc sur le prix de la chambre sur présentation de ce guide.* L'adresse, proprette et sans prétention, fait un effort de décoration avec ses toiles modernes aux murs. Les chambres nos 15 et 25 (triples) ont une kitchenette.

Hotel Pedro O Pescador *(plan B2, **13**) : rua Dr Eduardo Burnay, 22. ☎ 261-869-121. • info@hotelpedropescador.com • hotelpedropescador.com • Doubles 40-75 € selon saison, petit déj compris.* Un poil plus actuel que les précédents, ce petit hôtel aligne des chambres simples mais très correctes, avec parquet flottant, baignoire et AC. Certaines profitent d'un bout de vue sur l'océan. 2 triples aussi.

Plus chic

Hotel Camarão *(plan B1, **19**) : travessa do Espírito Santo. ☎ 261-862-665. • reservas@hotelcamarao.com • hotelcamarao.com • Congés : déc-janv. Doubles 65-95 € selon saison, petit déj inclus.* Tout blanc et très bien tenu, cet hôtel amarré au calme, à l'orée du marché, dispose de 24 chambres plutôt standard mais bien équipées pour un 2-étoiles (frigo, AC, TV à écran plat). Il y a même 2 *Premium*, plus spacieuses, avec TV XXL, machine *Nespresso* et sèche-cheveux.

Casa das Aguarelas *(plan A-B1, **20**) : travessa do Honrado, 1. ☎ 910-273-502. • reservas@casadasaguarelas.pt • casadasaguarelas.pt • Doubles et studios 58,50-120 € selon saison.* Occupant une vieille maison du bourg joliment rénovée, l'adresse semble hésiter entre l'hôtel et la *guesthouse*. Les 12 chambres, dont 5 triples et familiales, sont douillettes et très lumineuses. Elles jouent le contraste entre blancs étincelants et touches colorées, sols en coco et éléments anciens restaurés. Certaines ont une kitchenette et tout est vraiment impeccable.

Vila Galé Ericeira *(plan A2, **16**) : largo dos Navegantes, 1. ☎ 261-869-900. • ericeira@vilagale.com • vilagale.com • Doubles 90-320 € selon vue, confort et saison, petit déj et parking inclus (pas toujours assez grand en été). Voir aussi les offres sur le site.* Surplombant avec superbe la praia do Sul et les flots, cet hôtel historique bien rénové devrait séduire ceux qui voudraient se faire une petite gâterie ! Les chambres sont tout confort et quelques-unes ont une véranda. Pour se divertir : pas moins de 3 piscines dominant la mer sur une immense terrasse écrasée de soleil, spa et bar.

LES ENVIRONS DE LISBONNE

Où manger ?

Très bon marché

Taberna O Lebre *(plan B1, **30**) : rua da Misericórdia, 3. ☎ 261-863-546. Tlj sauf dim 11h-minuit (2h en été).* L'iconique « Lièvre » est très apprécié pour ses bons *pregos* (sandwichs au steak) pas chers du tout. Au menu, il y a aussi 2 salades, une soupe à la morue *(2 € !)* et des burgers, tout aussi abordables. Accueil souriant.

De bon marché à prix moyens

Mar d'Areia *(plan B1, **31**) : rua da Fonte do Cabo, 49. ☎ 261-862-222. Tlj sauf lun 12h-15h et 19h30-22h. Plats 9-20 €.* Par l'odeur des grillades alléché, on monte quelques marches pour choisir poissons et crustacés. Puis on s'attable dans la salle blanc et bleu, ornée de bois, de vieilles photos du port et d'objets marins. Un lieu fréquenté par des habitués, savoureux et sans chichis, en un mot : *tradicional !*

O Farol *(plan B2, **32**) : rua do Ericeira, 14. ☎ 261-862-355. Le midi seulement, sauf lun. Repas complet 10-12 €.* Difficile de faire plus frais et plus simple : du poisson grillé sous vos yeux, sur un brasero posé dans la rue, servi avec une (grosse) salade de crudités. Les locaux viennent en nombre le week-end, alors il faudra sans doute jouer un peu des coudes. À l'intérieur : une collection de coupes au-dessus du bar.

Tasquinha do Joy (plan B1, **33**) : *largo das Ribas, 34. 935-919-232. Tlj 12h-minuit (10h lun-mar). Pregos et plats 2,40-18 € ; le midi en sem, plat du jour 6 €, menus 8-12 €.* Ancrée au-dessus de la plage des pêcheurs, sur une placette très populaire au coucher du soleil, cette petite cantine propose une cuisine sans chichis, ultra-copieuse. On vous met au défi de finir votre morue ou votre *cataplana* ! Ceux qui n'auront pas réussi à dénicher une table en terrasse (elles sont très demandées !) auront droit à l'inévitable téléviseur à l'intérieur. Bon accueil.

De prix moyens à plus chic

Canastra (plan A2, **34**) : *rua Capitão João Lopes, 8 A. ☎ 261-865-367. • info@restaurantecanastra.com • Sur la corniche au-dessus du port. Tlj sauf mer en basse saison. Compter 18-25 €. CB étrangères refusées.* Les quelques tables extérieures de ce petit resto tombent du ciel... pour les chanceux qui y prennent un bain de soleil couchant, accompagné d'un verre et de quelques crevettes. On prolonge avec plaisir par de bons poissons grillés (au poids) et des palourdes. Accueil excellent, mais attention quand même à la note !

Esplanada Furnas (plan A2, **35**) : *rua das Furnas, 2. ☎ 261-864-870. • caetanorodrigues@sapo.pt • Tlj 12h-16h, 19h-22h30. Compter min 20 €.* Ce restaurant moderne, construit directement sur les rochers, dresse ses grandes baies vitrées contre les assauts de la mer. Il se la joue un peu, mais il reste un grand classique du secteur. On choisit son poisson à l'entrée et il est directement pesé sous vos yeux, ce qui évite les mauvaises surprises ultérieures... La belle carte des vins liste même 2 margaux 1970 !

Où manger un bon oursin ?

Casa da Fernanda (plan B1, **33**) : *largo das Ribas, 29 A. ☎ 261-866-504. Tlj sauf mar 8h-20h.* Chez Fernanda, le sourire de la patronne est de rigueur. On vient y picorer quelques *ouriços*, ces « oursins » (emblème local) sans épines un peu caramélisés, à base d'œuf. Les tartes aux noix de pécan ne sont pas mal non plus et la terrasse sur la placette est parfaite, avec la grande bleue à l'œil et un bon jus d'orange frais en main.

Où boire un verre ? Où écouter de la musique et danser ? Où combattre sa claustrophobie ?

Plusieurs *pastelerias* et cafés populaires propulsent leurs terrasses sur la praça da República *(plan B1)*.

Sunset Bamboo Bar (plan B1, **40**) : *travessa do Jogo da Bola, 3. ☎ 261-864-827. Tlj (sauf mer sept-mai) 10h-23h (2h w-e). Happy hour 19h-20h en hte saison. Congés : nov.* Mobilier de bambou sur la terrasse, pulsations surf-reggae à l'intérieur, tout ça incite à se rafraîchir en buvant une bière ou un bon jus naturel. Musique live les jeudis d'août.

Tik Tak (plan B1, **41**) : *rua 5 de Outubro, 7. ☎ 261-863-246. • tiktak@sapo.pt • Tlj 19h-23h30 (le w-e 11h30-15h30, 19h-23h30).* Ce resto assez animé et coloré, avec salle plus intime à l'étage, joue à fond la carte touristique. On peut très bien s'y contenter de tapas et de boissons. Même punition au **Tik Tapas** *(plan B2, **42** ; rua do Ericeira, 15 ; tlj sauf lun)*, tenu par le frère du précédent, où l'on choisit entre *tapas da tera* et *tapas do mar.*

Tubo (plan B1, **43**) : *travessa da Esperança, 5. ☎ 261-863-168. Tlj sauf dim 18h-2h.* Le *tubo*, c'est la vague tubulaire, le Graal du surfeur... Résultat : c'est ici le QG des jeunes tatoués aux cheveux blonds frisés, qui viennent s'engourdir de cocktails et de musique (live le mercredi). Le samedi (soirée DJ), ça déborde dans la ruelle, où l'on danse. Ambiance cool et *happy* de rigueur.

Discoteca Ouriços *(plan A2,* ***44****) : rua Capitão João Lopes, 9. ☎ 261-862-138. Ouv ven-sam 23h-6h.* Cette discothèque quinquagénaire (à l'enseigne de l'oursin) est connue dans tout le pays. Pas bien grande, presque plus bar, elle a vite fait de se transformer en boîte... de sardines l'été venu. Musique tendance commerciale avec quelques flash-backs 80's.

Et n'oubliez pas l'***Adega Bar 1987.***

À faire à Ericeira et dans les environs

Plages : dans le village, plusieurs anses sableuses se creusent au pied des falaises. Du nord au sud : *praia do Norte, praia dos Pescadores* (port) et *praia do Sul.* La 1re et la dernière sont très populaires auprès des surfeurs.

– ***Surf :*** en 2011, Ericeira s'est vue décerner le titre convoité de *world surfing reserve* (la seule en Europe). Il n'y en a qu'une douzaine au monde, désignées ainsi pour la qualité et la variété de leurs spots. À Ericeira, on en répertorie 7 sur 4 km de côtes (demandez le petit guide édité par l'office de tourisme). Parmi les plus célèbres, citons Coxos, une droite longue réputée pour ses *tubos,* et Ribeira d'Ilhas, accessible à tous les niveaux, où ont été organisées de nombreuses compétitions. Plusieurs AJ et une douzaine de clubs et écoles se spécialisent dans cette activité.

AU SUD DU TAGE : LA PÉNINSULE DE SETÚBAL

• Carte *p. 202-203*

Zone de transition entre le monde urbain et les espaces sauvages de l'Alentejo, la péninsule de Setúbal est délimitée au nord par le Tage et au sud par le vaste estuaire protégé du río Sado. Sa façade océanique s'étire en une longue bande de sable, où de belles vagues déroulent leurs crêtes d'écume, attirant la foule chaque week-end. Le cabo Espichel, drapé dans ses falaises et ses bruines, qui servit de décor au cinéaste chilien Raoul Ruiz pour l'adaptation de *L'Île au trésor,* la termine au sud.
Puis voilà la jolie serra da Arrábida. Étonnamment préservée, cette petite chaîne de montagnes, classée parc naturel, livre au regard vignobles, attachantes bourgades rurales et points de vue plongeant sur l'océan depuis la route en corniche qui s'agrippe à son flanc méridional. On adore ! À son pied s'amarre la petite ville balnéaire de Sesimbra et, de l'autre, le port de pêche de Setúbal, porte d'entrée de la réserve naturelle de l'estuaire du Sado. Bref, le secteur ne manque pas d'intérêt !

CACILHAS (2800) 6 000 hab.

Pour quitter ou aborder Lisbonne à la manière des marins de jadis, embarquez donc pour Cacilhas ! Certes, le ferry local n'a pas le panache des caravelles d'antan, mais il vous fera néanmoins traverser la mer – de Paille – et le

Tage pour découvrir de son bord un vaste panorama sur la capitale. Grimpez au Cristo Rei, pour mieux voir encore, avant de s'offrir un déjeuner de poisson ou une remontée dans le temps à bord d'un vieux 3-mâts de l'époque de la route des Indes.

Arriver – Quitter

En bateau

➢ ***Liaison entre Cais do Sodré (Lisbonne) et Cacilhas :*** *☎ 808-20-30-50. • transtejo.pt •* Tlj 5h20-1h20, ttes les 5-30 mn en sem, ttes les 15-40 mn le w-e. Durée : 10 mn. Billet : 1,30 € l'aller.

En bus

Transportes Sul do Tejo *(TST) :* *☎ 707-508-509. • tsuldotejo.pt • À la sortie du débarcadère, à gauche.*

➢ ***Costa da Caparica :*** bus nos 124 (tlj lun-ven 6h05-0h40, le w-e 5h30-0h35, dernier retour 2h20) ou 135 (ttes les 5-40 mn lun-ven 7h-20h30, le w-e 7h30-21h35 ; dernier retour à 1h30). Trajet : 30 mn.

➢ ***Fonte da Telha*** *(plage au sud de Costa de Caparica) :* bus nos 127 (ttes les heures lun-ven 6h25-22h25, dernier retour 0h35. Ttes les 40 mn à 2h le w-e 6h35-23h10).

En voiture

– ***Mieux vaut éviter d'y aller en voiture en saison*** en raison des embouteillages et de la difficulté à se garer. Pour les récalcitrants : traverser le ponte 25 de Abril et suivre le fléchage « Almada centro-Cacilhas ». Grand parking payant à côté du 3-mâts, juste avant le terminal des bus.

Où manger ?

|●| ***Ponto Final*** *(carte Péninsule de Setúbal, **30**) : cais do Ginjal, 72. ☎ 212-760-743. À la sortie du ferry, tourner tt de suite à droite, et suivre sur env 1 km (10-15 mn) le quai qui borde d'un côté le Tage, de l'autre des entrepôts désaffectés, en direction du ponte 25 de Abril. Tlj sauf mar 12h-23h. Plats 11,50-20 €.* Cette adresse un peu secrète, presque poétique, se niche au pied de la colline de Cacilhas, contre le Tage et face à Lisbonne, dans l'un des rares bâtiments réhabilités du secteur. Dès le printemps, quelques tables s'étalent dehors, sur le quai. On y sert une bonne cuisine traditionnelle, naturellement tournée vers la mer même si, d'octobre à avril, ressurgit la *feijoada a transmontana* (un ragoût aux haricots). Juste à côté, le resto ***Atira-te ao Rio*** ne manque pas de qualités non plus, dans un style et à des tarifs assez similaires.

À voir. À faire

Fragata Dom Fernando II e Glória : *dock n° 2, au port. C'est à 100 m de la sortie du ferry, juste passé la gare routière. Tlj 10h (12h lun)-17h (18h mai-sept). Billet : 4 € ; réduc ; gratuit moins de 3 ans.*

Ce joli 3-mâts, orgueil du patrimoine maritime national, fut le dernier bateau portugais à faire la route des Indes. Construit à Daman (Inde) en 1843, il a parcouru l'équivalent de 5 fois le tour de la terre, de Lisbonne à Goa en passant par l'Angola et le Mozambique. Long de 83,40 m, il pouvait transporter jusqu'à 379 membres d'équipage et passagers. Presque détruit par un incendie en 1963, il a été reconstruit pour l'Expo de 1998.

Sur le 1er pont inférieur, on remarque le nombre important de canons : il y en avait 44 ! Tout a été méticuleusement reconstitué comme à l'époque : quartiers du commandant,

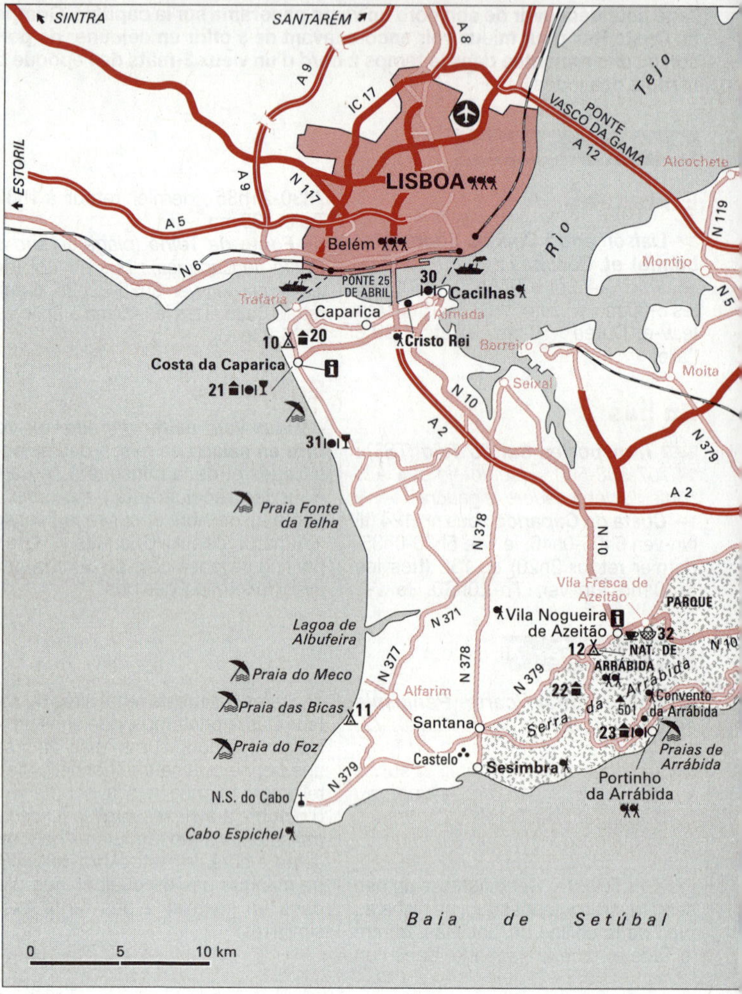

Où dormir ?

- **10** Camping Orbitur
- **11** Campimeco
- **12** Club de campismo de Barreiro
- **20** Caparica Sun Centre
- **21** Lost Caparica Surf House et Wave Spot Surfhouse
- **22** YMCA Camp Alambre
- **23** Casa da Adoa Guest House

mannequin de cire représentant un marin aux fers, fourneaux et, au 2d pont inférieur, infirmerie, mess et cabines des officiers, dortoirs exigus de l'équipage. Le bétail (moutons), embarqué pour passer à la casserole, n'avait pas de poste fixe...
– À côté de la frégate, on peut voir le ***submarino Barracuda,*** mis à la retraite en 2013 après 42 ans de bons et loyaux services.

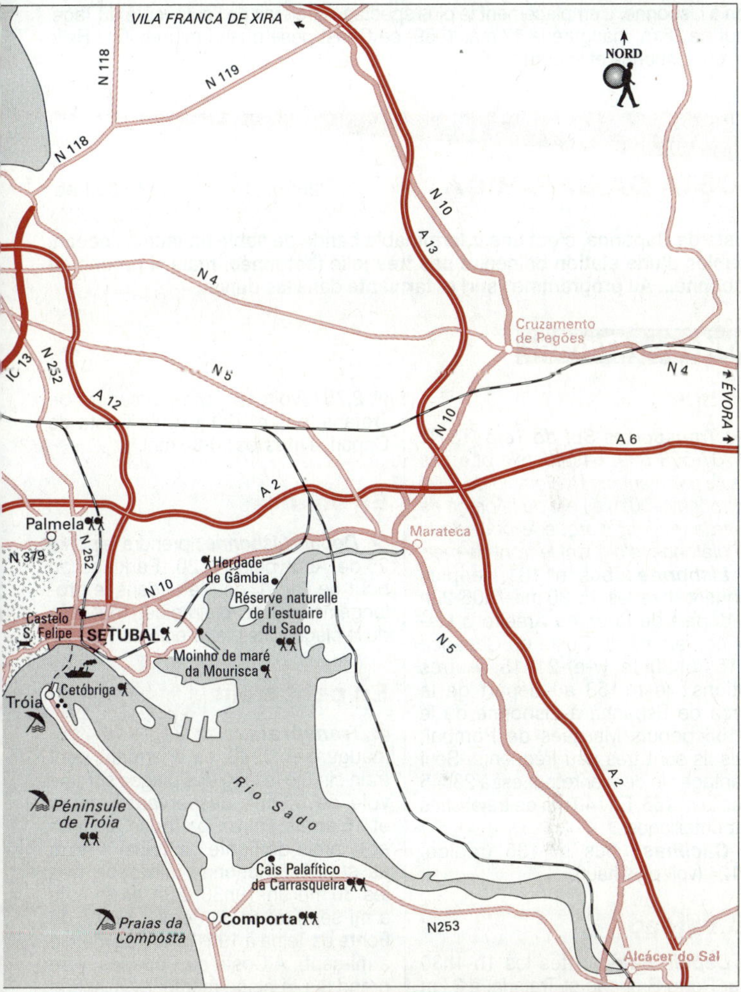

LA PÉNINSULE DE SETÚBAL

Où manger ? Où faire provision de bons produits ?

21 Ahoy Coffee & Bar
23 Restaurante Farol
30 Ponto Final
31 Bar-restaurant Princesa
32 Pedaços de Azeitão

Cristo Rei : *accès possible en voiture ou, du ferry, bus nº 101 ttes les 30 mn 7h40 (8h le w-e)-20h30, retours 6h30 (8h25 le w-e)-20h55. Ascenseur tlj 9h30-18h (18h45 1er-15 juil et 1er-20 sept, 19h30 de mi-juil à août). Tarif : 5 € ; gratuit moins de 7 ans.* Pourquoi ce Christ ? En revenant de Rio, en 1934, le cardinal Cerejeira avait été tellement impressionné par le Christ Rédempteur qu'il eut l'idée d'avoir le sien à Lisbonne. L'emplacement le plus spectaculaire était de l'autre côté du Tage. Haut de 28 m, inauguré le 17 mai 1959, ce Christ pèse quand même 40 t ! Belle vue sur Lisbonne et le pont.

COSTA DA CAPARICA

(2825) 13 400 hab.

Costa da Caparica, c'est une interminable bande de sable fin face à l'océan, doublée d'une station balnéaire pas très jolie (bétonnée) mais si proche de Lisbonne... Au programme : surf et farniente dans les dunes.

Arriver – Quitter

En bus

Transportes Sul do Tejo *(TST) : ☎ 707-508-509. • tsuldotejo.pt • Les bus se prennent rua Dr Horacio da Silva Louro, env 100 m à l'est de la praça da Liberdade – qui marque le bout de la rue piétonne rejoignant le front de mer.*

➢ ***Lisbonne :*** bus nº 161, le plus fréquent, ttes les 15-30 mn 7h05-22h au départ de la praça Areeiro à Lisbonne, retours de Costa da Caparica 6h15 (6h20 le w-e)-21h15. Autres options : le nº 153 au départ de la praça de Espanha à Lisbonne ou le nº 155 depuis Marquês de Pombal, mais ils sont très peu fréquents. Seul avantage : le dernier retour est à 23h45 avec le nº 153. Env 40 mn de trajet sans embouteillages.

➢ ***Cacilhas :*** bus nºs 135 (rapide) et 124 (voir plus haut).

En bateau

➢ ***Depuis Belém :*** ttes les 1h-1h30 pour Porto Brandão et Trafaria, à 3 km au nord de Costa da Caparica. De Belém : lun-ven 7h-22h, sam 7h30-21h30, dim 8h30-21h30. De Trafaria : lun-ven 6h40-21h30, sam 7h10-21h, dim 8h10-21h. Tarif : 1,20 €/passager et 2,75 €/voiture. Du débarcadère de Trafaria, bus nº 129 jusqu'à Costa da Caparica (ttes les 20-30 mn).

En voiture

➢ ***Depuis Lisbonne :*** prendre le ponte 25 de Abril puis l'IC20. Parkings au bout de l'av. 1º de Maio (dans le prolongement de la voie rapide), tout près de la plage ; vite pleins en été.

En petit train

■ ***Transpraia :*** *☎ 212-900-706.* Inauguré en 1960, ce charmant petit train circule le long des plages sur une voie de 60 cm, desservant 4 gares et 15 arrêts entre Costa da Caparica et la praia de Fonte da Telha, à 9 km au sud. Il fonctionne juin-sept, ttes les 30 mn 9h-19h30 (20h de mi-juin à mi-sept), avec un dernier retour de Fonte da Telha à 19h (19h30 de mi-juin à mi-sept). À Costa da Caparica, il se prend sur la plage même, av. General Humberto Delgado, à la hauteur du camping *Costa Nova* (1 km au sud du centre). Compter 5 € A/R jusqu'à la 9e station (zone 1), 8 € A/R au-delà (zone 2).

Adresse utile

ℹ ***Posto de Turismo da Costa da Caparica :*** *sur la plage. ☎ 212-900-071. Lun-sam 9h30-13h, 14h-17h30.* ***Accueil fermé temporairement en 2021, se renseigner par tél.*** Plans de la ville et du *concelho,* horaires des marées *(tabela de marés),* des bus et des bateaux, etc. Accueil français efficace et charmant.

LES ENVIRONS DE LISBONNE

Où dormir ?

Camping

⛺ ***Camping Orbitur*** *(carte Péninsule de Setúbal,* ***10****)* **:** *av. Alfonso de Albuquerque, Santo António da Caparica. ☎ 212-901-366. • infocaparica@orbitur.pt • orbitur.pt • En arrivant à Costa da Caparica par la voie rapide, prendre à droite au feu. Bus nos 129 pour Belém ou 161 pour la praça de Areeiro (Lisbonne). Selon saison, 17,50-44 € pour 2 avec tente et voiture ; bungalows, caravanes et mobile homes 2-5 pers 35-166 € selon taille et période.* Si le cadre est plutôt urbain, ce grand camping est installé dans une pinède, à 1 km au nord du centre-ville ; la plage est à 500 m. Sur place : resto et épicerie *(mai-oct),* terrain de jeux, laverie... Accueil sympa, souvent en français. Pour manger dans le coin, misez sur le ***Sonho Repetido*** *(av. do Oceano, 21 A),* simple et convivial, parfait pour un poisson grillé ou du poulpe dans la plus pure tradition portugaise.

Auberges de jeunesse

Caparica Sun Centre *(carte Péninsule de Setúbal,* ***20****)* **:** *rua Bernardo Santareno, 3, Santo António da Caparica. ☎ 212-918-250. • reservas@caparicasuncentre.com • caparicasuncentre.com • En venant du centre, tourner à droite au 1er rond-point après le camping Orbitur, puis 1re à gauche. Mêmes bus que pour le camping. Congés : déc-janv. Dortoirs 4-8 lits 16-18,50 €/pers selon période, doubles sans ou avec sdb 40-48 €, petit déj compris. Pas besoin de carte des AJ. Parking gratuit. Sur présentation de ce guide, un petit-déjeuner offert.* À 10 mn à pied de la plage, cette grande AJ institutionnelle ne manque de rien : piscine, tennis (payant), vastes espaces communs, cuisine, chambres claires et dortoirs bien propres (mais sans lumière ni prise individuelle). Il y a des familiales avec un grand lit et un lit superposé. Formule hébergement et cours de bodyboard ou surf.

Lost Caparica Surf House *(carte Péninsule de Setúbal,* ***21****)* **:** *rua Dr Barros de Castro, 17. 📱 917-552-202 ou 918-912-717. • lostcaparica@gmail.com • lostcaparica.com • Résa vivement conseillée. Dortoirs 4-6 lits 35 €/pers, doubles 65 €, apparts 4 pers 160 €, petit déj inclus.* Envie de vous lancer sur les vagues ? Situé dans un quartier résidentiel central, à 300 m de la plage, le *Lost Caparica* est parfait pour débuter le surf dans une ambiance conviviale et internationale. Il existe divers forfaits avec hébergement et cours à des tarifs abordables. Sur place : 2 dortoirs, 4 chambres doubles, 1 appart, un bar avec terrasse bois pour le barbecue, une cuisine, un salon pour l'hiver et des planches en location.

Wave Spot Surfhouse *(carte Péninsule de Setúbal,* ***21****)* **:** *rua Mestre Manuel, 7 A. 📱 926-005-319 ou 919-928-073. • wavespotsurfhouse@hotmail.com • Dortoir 20-25 €/pers selon saison ; doubles 45-60 €.* En plein centre, dans une rue parallèle à la rua dos Pescadores (piétonne), cette petite AJ joue elle aussi la carte « surf à gogo », dans une ambiance discrète et chaleureuse. On y trouve 2 petites chambres, dont une ouvrant sur une grande terrasse à l'étage, une quadruple et un dortoir de 8 lits, partageant 2 salles de bains (une à chaque étage). L'ensemble est bien blanc, bien équipé, bien tenu. En prime : une cuisine ouvrant sur le coin salon, un barbecue, une douche pour se rincer au retour de la plage, des locations de vélos et de planches... et l'excellent accueil de Luís.

Où manger ? Où boire un verre ?

Votre budget coince ? Pour un en-cas pas fin mais vraiment pas cher, il y a ***A Merendeira,*** sur la rua dos Pescadores (la rue piétonne centrale). C'est une sorte de *McDo* à la portugaise, avec sandwich au chorizo et boisson à 3,20 €. Le pain est cuit sur place et la large terrasse a son charme.

Ahoy Coffee & Bar *(carte Péninsule de Setúbal,* ***21****) : av. General Humberto Delgado, 27 B. 933-881-058. À 3 pas de la plage, derrière le grand parking situé au bout de l'av. 1ro de Mayo. Tlj sauf mer 12h-19h (17h dim). Petits plats 4-6 €.* On reste dans l'esprit surfeurs avec ce café cool au mobilier hétéroclite, où l'on dévore à belles dents salades bien fraîches, sandwichs, bruschette et autres *tostas* à prix ultra-démocratiques. Les jus de fruits frais sont servis dans des bocaux de confiture et le gingembre s'y invite souvent ! Seul le sourire du boss n'est pas donné : 1 million d'euros. C'est indiqué au mur.

Bar-restaurant Princesa *(carte Péninsule de Setúbal,* ***31****) : praia da Princesa, à env 5 km au sud de Costa da Caparica. 934-647-138. • sol@praiaprincesa.com • Tlj sauf lun.* Un caillebottis s'élance à l'assaut du sable. À l'horizon : une terrasse toute blanche, dressée face à l'océan et adossée aux dunes. Si chacune des 19 plages de la côte de Caparica dispose d'au moins un resto, on aime bien celui-ci, avec ses airs de bout du monde. Le service est un peu lent, les plats un peu chers, mais quel bonheur de s'oublier ici...

À faire

La côte forme une immense ***plage,*** étendue face au centre-ville et sur des kilomètres en direction du sud. Il y a très officiellement 19 plages, mais il s'agit en fait de la même, large et toujours adossée aux dunes, qui s'étire jusqu'à Fonte de Telha et même au-delà. Tout ce secteur est desservi par un sympathique petit train côtier (voir « Arriver – Quitter ») à la belle saison.
On vous conseille de vous éloigner un peu pour trouver des coins où la foule estivale est plus clairsemée, de préférence entre les plages 10 et 18 – également accessibles par la route N 377-2 puis par une piste partant sur la droite. C'est dans ce secteur que vous trouverez le sympathique *Bar-restaurant Princesa* (voir « Où manger ? »). Mais en vérité, chaque plage-station possède soit une buvette, soit un bar-resto (et parfois les 2). Les plus actifs pourront pratiquer surf, bodyboard, windsurf et kitesurf – *beach breaks* consistants, assez courts mais puissants et rapides, sur fond sableux.

SESIMBRA

(2970) 18 200 hab.

• Plan *p. 207*

À 37 km au sud de Lisbonne, Sesimbra s'agrippe à la barre de falaises soulignant la côte sud de la péninsule de Setúbal, à l'ombre d'un *castelo* arabe juché sur une montagnette. La ville, au vieux centre attachant, nonobstant la corolle d'affreux édifices balnéaires poussée au large, semble glisser imperceptiblement vers la mer et la plage étroite qui l'encadre – agréable au printemps mais très fréquentée en été. Station à ses heures, Sesimbra est aussi un spot de plongée renommé et un port de pêche actif, qui fournit en produits de la mer les tables des nombreuses tavernes.

Arriver – Quitter

Gare routière *(plan B1)* **:** *av. da Liberdade. Liaisons assurées par la compagnie* ***TST*** *(Transportes Sul do Tejo ; 211-126-354 ou 707-508-509 ; • tsuldotejo.pt •).*

➢ **Lisbonne** *(praça da Espanha)* **:** bus

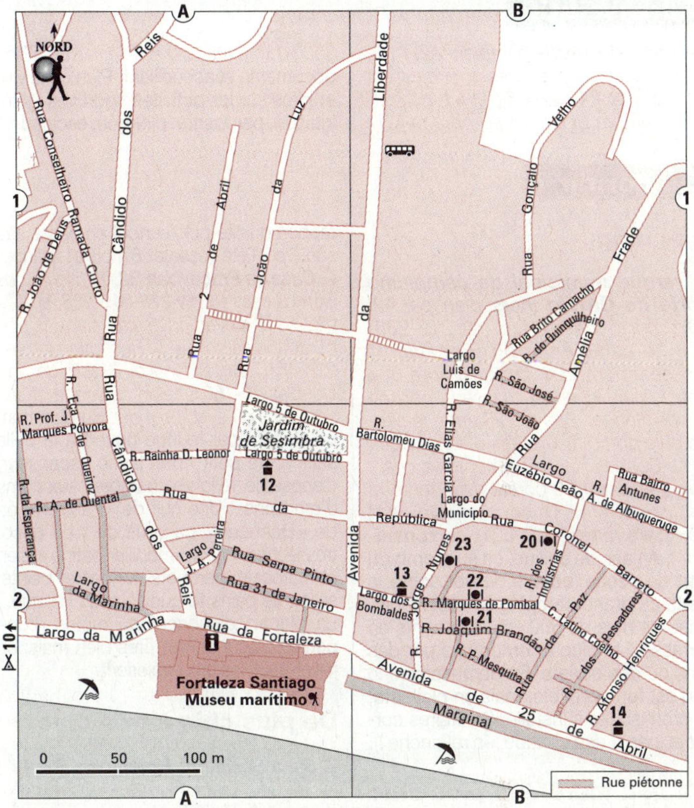

SESIMBRA

■ **Adresse utile**

- Office de tourisme (A2)

Où dormir ?

- **10** Parque municipal de campisme Forte do Cavalo (hors plan par A2)
- **12** Cerca da Vitória 2 (A2)
- **13** Casa da Praça (B2)
- **14** Sana Sesimbra Hotel (B2)

Où manger ?

- **20** Taberna Isaías (B2)
- **21** Casa Mateus (B2)
- **22** Marisqueira O Rodinhas (B2)
- **23** Restaurante Virgilinda (B2)

nº 207, ttes les 30 mn à 2h30, lun-ven 6h10-18h30 de Sesimbra, 7h45-20h de Lisbonne. 5 bus seulement w-e et j. fériés 7h40-18h30 de Sesimbra, 9h15-20h de Lisbonne.

➢ ***Cacilhas :*** bus nº 203, ttes les 30 mn à... 3h45, 5h50 (6h le w-e)-20h30 de Sesimbra, 6h45 (7h15 le w-e)-22h30 ; dernier retour 0h30 (22h45 le w-e, dernier retour 0h40) de Cacilhas.

➢ ***Setúbal :*** bus nº 230, ttes les 1-2h lun-ven 6h20-19h de Sesimbra, 7h20-21h de Setúbal. 5 bus/j. seulement w-e et j. fériés.

Adresse utile

Office de tourisme (plan A2) : rua Fortaleza, dans la forteresse, sur le front de mer. ☎ 212-288-540. • turismo@cm-sesimbra.pt • visitsesimbra.pt • Tlj 9h30-18h (plus tard en hte saison). Bien documenté et accueillant. Plan de la ville et infos sur les activités sportives : surf, kitesurf, parapente, plongée, escalade...

Où dormir ?

Camping

Parque municipal de campismo Forte do Cavalo (hors plan par A2, **10**) : porto de Abrigo. ☎ 212-288-508. • campismo.fortedocavalo@cm-sesimbra.pt • cm-sesimbra.pt • Env 1,5 km à l'ouest, passé le port de pêche (fléché). Bus n° 228 entre le centre et le port (8/j. lun-ven, 6 sam, aucun dim). Congés : janv. Vraiment pas cher : compter env 14 € pour 2 avec tente et voiture en été ! **Ouvert uniquement aux caravanes en 2021, se renseigner.** À flanc de colline, en surplomb du port de pêche (odeurs de poisson à la clé !), ce grand camping municipal dispose de plus de 500 emplacements en terrasses, la plupart ombragés par des pins ou des oliviers. En demi-saison, le lieu est fort agréable, mais en plein été, la promiscuité s'installe. Sanitaires corrects (pas d'eau chaude, en revanche !).

De bon marché à plus chic

Cerca da Vitória 2 (plan A2, **12**) : largo 5 de Outubro, 10, et rua Cândido dos Reis, 55. ☎ 212-233-040. • reservas@cercadavitoria.pt • cercadavitoria.pt • Studios 34-74 € selon saison ; apparts 4 pers 57-162 €. Min 3 nuits en été, 2 nuits hors saison. Donnant sur l'une des principales places du centre, ce petit immeuble abrite 17 appartements récemment refaits, du studio au T2. Agréables, tous ont une cuisine complète, l'AC, une TV à écran plat, une machine à laver, et sont meublés façon *Ikea*. La mer est à 3 mn. Un excellent rapport qualité-prix, surtout en basse saison. Pour l'été, réservez 6 mois à l'avance !

Casa da Praça (plan B2, **13**) : largo dos Bombaldes, 18. ☎ 218-015-238. 📱 967-022-595. • eventos@salamaleques.pt • casadapraca.com • ♿ Réception fermée 22h-8h. Congés : Noël et 1re sem de janv. Doubles 70-150 € selon catégorie et saison, sans ou avec petit déj. Surplombant un élégant bar lounge ouvert à la belle saison, ce petit hôtel (avec ascenseur) dispose de 16 jolies chambres aux noms d'émotions... Une nuit de « Passion » ou de « Bonheur », ça vous dit ? La déco, très léchée, intègre mobilier patiné indien et marocain, parquets poncés et peints, salles de bains turquoise avec vasque... La plupart disposent au moins d'une petite vue sur la mer. Très bien mais, en juillet-août, les prix explosent.

De plus chic à très chic

Sana Sesimbra Hotel (plan B2, **14**) : av. 25 de Abril, 11. ☎ 212-289-000. • sanasesimbra@sanahotels.com • sesimbra.sanahotels.com • Doubles 90-319 € selon saison, petit déj inclus. Parking 12 €. Parmi les blocs de béton en front de mer, celui-ci (finalement pas si vilain avec sa proue évoquant un paquebot) offre l'avantage d'être en plein centre-ville, face à l'océan, avec la plage à ses pieds. On profite même de la vue depuis l'ascenseur vitré ! Les couloirs, tapissés de moquette, baignent dans des lumières tamisées et les chambres sont douillettes, avec des salles de bains assez grandes (baignoire). Sauna, piscine et jacuzzi sur le toit. Accueil pro.

Où manger ?

Bon marché

Taberna Isaías (plan B2, **20**) : rua Coronel Barreto, 2. 📱 914-574-373. Tlj sauf dim 10h-minuit. Compter 7-15 €. Cachée dans le dédale des ruelles du vieux Sesimbra, cette taverne fleure bon le Portugal éternel avec son barbecue à l'entrée où grille le poisson frais, vidé sous vos yeux par le patron. On fait son choix à l'ardoise, puis on s'installe dans l'une ou l'autre des 2 salles fraîches, décorées d'assiettes – où s'empilent les convives. Allez, un peu de patience...

Prix moyens

Casa Mateus (plan B2, **21**) : *largo Anselmo Braamcamp, 4. 963-650-939. • reservas@casamateus.pt • Tlj sauf lun 12h-15h, 19h-23h. Compter 15-25 €.* Nichée sur une placette lilliputienne, dans un vieil immeuble à la façade recouverte d'*azulejos*, la maison, tenue par une équipe père-fils, s'est taillé une réputation pour sa cuisine portugaise doucement revisitée. Que diriez-vous d'un carpaccio de mérou à la mangue ou d'un poulpe rôti aux pommes de terre ? On aime la terrasse et la salle à la sobriété mesurée.

Marisqueira O Rodinhas (plan B2, **22**) : *rua Marquês de Pombal, 25-27. ☎ 212-231-557. • info@marisqueirarodinhas.pt • Tlj 12h30-22h30. Congés : mer et oct. Repas 15-18 € ; plateaux de fruits de mer à partir de 30 €. CB refusées.* Quelques tables sous véranda dans la ruelle, une salle modeste mais animée, des serveurs aimables et efficaces, et surtout de bons plats de la mer : poisson, coquillages, *caracóis (escargots), choco frito* (seiche frite)... La note est peut-être un peu salée, mais la fraîcheur est là.

Restaurante Virgilinda (plan B2, **23**) : *rua Jorge Nunes, 11-13. ☎ 212-231-410. • virgilinda@gmail.com • Tlj sauf mer. Congés : 20 déc-20 janv. Plats 8-18 €.* Cette *tasca* sans prétention débite des plats simples mais plutôt copieux, avec un goût naturellement prononcé pour le poisson et les fruits de mer. Mieux vaut ne pas être trop pressé.

À voir. À faire

Museu marítimo (plan A2) : *rua da Fortaleza, 2. Dans le fort, au centre du front de mer. ☎ 938-427-479. En été, tlj sauf lun 15h30-19h, 20h30-23h ; en hiver, tlj sauf lun 10h-13h, 14h30-17h30. Entrée : 3 € ; réduc.* Installé dans le fort de Santiago (1642), qui divise la plage de Sesimbra en 2 parts égales, ce musée se penche sur le lien local à la mer, notamment à travers la navigation, la pêche et le parc marin Luiz Saldanha, réputé pour la plongée. Après, allez boire un coup sur la superbe terrasse de la *Tap House*. Son slogan : « Bières artisanales et océan » !

Plongée : les amateurs font de Sesimbra l'une des capitales de la plongée au Portugal. Pas moins de 6 opérateurs proposent leurs services pour profiter de la grande variété de spots du secteur, particulièrement nombreux entre la station et le cap Espichel (profondeurs 12-40 m). Au programme : tombants, plongées dérivantes, grottes, épaves, gorgones, éponges, poulpes, nudibranches, etc. La visibilité est meilleure en hiver, mais les eaux descendent alors à 12-16 °C !

Manifestations

– **Carnavals :** *sam-mer après le Mardi gras.* L'occasion d'un célèbre défilé costumé sur un rythme de samba. Mais aussi en été *(verão)*, en juillet et en août.
– **Foire et fête du Senhor Jesus das Chagas :** *le 4 mai (j. férié à Sesimbra).* La statue du saint patron de la ville visite les rues jusqu'au sommet du bourg. Guirlandes, musique et sardines grillées.
– **Pèlerinage de Nossa Senhora do Cabo Espichel :** *le dernier dim de sept.* L'événement remonte au XIIe s.

DANS LES ENVIRONS DE SESIMBRA

Cabo Espichel : *à 13 km à l'ouest. Bus nº 201 : 1/j. seulement jusqu'au cap, ce qui ne laisse pas le temps de se balader avt de le reprendre dans le sens retour, mais 7/j. jusqu'à Azóia (4/j. le w-e), puis env 2,5 km à pied ; dernier retour d'Azóia à 19h en sem, 15h30 sam, 18h25 dim.* Depuis le Moyen Âge, les pèlerins ont eu cette langue de terre aride en à-pic au-dessus de l'océan sur leur carnet de route. La Vierge y serait apparue vers l'an 1200. À la 1re chapelle a succédé, au XVIIIe s, une cité de pèlerinage livrée et abandonnée aujourd'hui aux fantômes du vent : une longue place bordée par 2 rangées de maisons et, au fond, l'église monumentale *(ouv à priori avr-oct tlj 10h-18h),* au chœur encadré de doubles colonnes salomoniques (torsadées). Le lieu a servi de décor au cinéaste chilien Raoul Ruiz pour l'adaptation de *L'Île au trésor.* Passez derrière le sanctuaire pour profiter du panorama vertigineux sur les falaises.

Prolongeant vers le sud l'immense cordon sableux de Costa da Caparica, plusieurs ***plages*** s'étirent face à l'océan. Certaines réservées aux naturistes (c'est indiqué sur place). Du nord au sud : *praia de Lagoa de Albufeira, praia de Alfarim, praia do Meco* (ou *Moinho do Baixo*), *praia das Bicas,* étroite et déjà plus sauvage, puis *praia do Foz,* la toute dernière, battue par la houle. On accède à ces 3 dernières depuis la bourgade de Aldeia do Meco. De la praia do Foz, une piste permet de rejoindre Azóia, sur la route du cabo Espichel.

Campimeco *(carte Péninsule de Setúbal, **11**) : praia das Bicas. ☎ 212-683-374. • campimeco@campigir.com • campigir.com • Compter env 11-17 € pour 2 avec tente et voiture ; tipis 18-25 € ; bungalows 40-116 € selon taille et saison.* Le 1er coup d'œil sur cette vraie ville de toiles et de bungalows peut refroidir, mais la bonne surprise est au fond : un vaste terrain réservé aux tentes et camping-cars (sans électricité), sous une haute pinède, face à la mer. Bon, pour les sanitaires, il faut remonter un peu... Piscine, tennis et minigolf (tous payants).

Randonnée

➢ Un parcours de grande randonnée relie Sesimbra à Costa da Caparica (Capuchos) : la ***rota do Cabo*** (GR 4). Étendu sur 52 km, il suit les anciens chemins (peu ombragés) empruntés par les pèlerins en marche vers le sanctuaire du cabo Espichel, mais l'essentiel se passe dans les terres. Le camping de *Lagoa de Albufeira,* situé presque à mi-chemin, permet de faire étape. Ceux qui veulent n'emprunter qu'une partie de ce circuit et revenir en bus peuvent le faire entre le château de Sesimbra et Azóia (2,5 km du cabo Espichel sur la route qui y mène), soit une vingtaine de kilomètres, ou de Costa da Caparica à Fonte da Telha, sur environ 8 km (plutôt mal balisés).

PARQUE NATURAL DA SERRA DA ARRÁBIDA

À tout juste 25 km à vol d'oiseau de Lisbonne, le vieux massif calcaire d'Arrábida, culminant à 500 m, dessine une heureuse parenthèse de nature, alternant versants abrupts couverts par la végétation dense du maquis, vignobles, vergers et, côté sud, corniches rocheuses surplombant l'océan. Un vrai ravissement, protégé par un parc naturel de 108 km². Le week-end, les Lisboètes viennent y siroter un petit verre de *moscatel* (muscat) doux et doré avec un fromage d'Azeitão – les 2 spécialités incontournables de la région.

La route reliant Sesimbra à Setúbal (N 379 puis N 10) effleure la serra da Arrábida. Mais il faut prendre les chemins de traverse pour en explorer le cœur et rejoindre, par la N 379-1 (Estrada de Escarpa) ou la N 10-4, le croquignolet petit port de Portinho da Arrábida, recroquevillé entre l'écharpe des falaises.

Arriver – Quitter

➢ *Vila Nogueira de Azeitão* est reliée par bus à ***Sesimbra*** (nº 230), ***Setúbal*** (nºs 767 et 768 via ***Palmela***) et ***Lisbonne*** (nºs 754 et 755), mais, pour découvrir la corniche sud, la voiture s'impose. *☎ 707-508-509. • tsuldotejo.pt •*

Adresse utile

🛈 ***Office de tourisme d'Azeitão :*** *praça da República, 47, **Vila Nogueira de Azeitão.** ☎ 212-180-729. • mun-setubal.pt • Lun-sam 9h30-12h30, 13h30-17h ; dim 9h-13h.*

Où dormir ?

Camping

⛺ ***Club de campismo de Barreiro*** *(carte Péninsule de Setúbal, **12**) : rua Miguel Bombarda, 16 ; à 3,5 km de **Vila Nogueira de Azeitão** (fléché depuis la sortie du bourg en direction de Setúbal). ☎ 212-070-585. 📱 963-802-337. • ccampismobarreiro@gmail.com • clubecampismobarreiro.pt • Compter env 15 € pour 2 avec tente et voiture.* Marre des campings balnéaires noirs de monde ? Vous trouverez ici une enclave de verdure mêlant pins et eucalyptus (ça sent bon !) dans un vallon veillé par les contreforts de la serra da Arrábida. Les emplacements se répandent au gré de terrasses. Les installations ne sont pas toutes jeunes mais restent propres. Bar-resto *(9h-minuit en été)* !

Prix moyens

🏠 ***YMCA Camp Alambre*** *(carte Péninsule de Setúbal, **22**) : route N 379-1, env 500 m au nord du hameau de Casais da Serra (entre Villa Nogueira de Azeitão et Portinho). ☎ 212-183-103. 📱 936-297-899. • alambre@ymcasetubal.org • ymcasetubal.org • Compter env 44-100 € pour 2 selon saison, petit déj inclus.* Posés en léger retrait de la route (guère passante), les 8 bungalows en bois, regroupés en une sorte de minivillage, offrent l'une des rares options de logement au cœur même de la serra. Chacun dispose de sa propre salle de bains et d'une kitchenette (avec micro-ondes). Sols carrelés et confort un peu rustique (lits superposés), mais très correct.

De prix moyens à beaucoup plus chic

🏠 ***Casa da Adoa Guest House*** *(carte Péninsule de Setúbal, **23**) : casa 3, **Portinho da Arrábida.** ☎ 212-180-689. 📱 934-306-061. • casadaadoa@casadaadoa.com • casadaadoa.com • Face au petit parking du port. Doubles 60-150 € selon taille et saison.* Parmi la douzaine de maisons accolées de Portinho, celle-ci abritait jadis une armurerie. Miguel en a fait un petit havre de paix, avec sa superbe trompette des anges (aux fleurs en forme de cloche) aux avant-postes, sa courette fleurie où est servi le petit déj (en sus) et ses 8 chambres cosy. Toutes différentes, elles marient confort actuel (AC, frigo), mobilier ancien ou plus récent, peintures et têtes de lit fleurant bon les temps jadis. 3 ont une vue sur la mer et 2 sont en fait des appartements avec cuisine (loués en été seulement).

Où manger ? Où faire provision de bons produits ?

Pedaços de Azeitão *(carte Péninsule de Setúbal,* ***32****) : praça da República, 33-34, à* ***Vila Nogueira de Azeitão.*** *☎ 212-180-084. Tlj 8h-20h (23h en saison).* La maison est spécialisée dans les *pasteles de Azeitão,* des roulés à la cannelle, à déguster avec un jus d'orange frais ou un petit verre de muscat local, en terrasse sur la place, ou dans la petite salle moderne. On peut aussi faire provision de fromages d'Azeitão. Prenez un numéro et commandez au comptoir.

Restaurante Farol *(carte Péninsule de Setúbal,* ***23****) : estrada do Portinho da Arrábida, à* ***Portinho da Arrábida.*** *☎ 212-181-177. • restaurantefarolarrabida@gmail.com • Tlj sauf lun. Env 20-25 €.* Des 3 restos de Portinho, c'est le plus éloigné du parking et celui qui est le moins susceptible de vous décevoir. Oh, rien de révolutionnaire : du poisson frais, grillé, servi dans un cadre simple mais sublimé par la vue imprenable sur la crique et l'océan (ça a son prix !). Bon accueil en français.

À voir. À faire

Visite des caves de moscatel José Maria da Fonseca-Adega : *rua José Augusto Coelho, 11-13, à* ***Vila Nogueira de Azeitão*** *(à 50 m de la grande praça da República). ☎ 212-198-940. Tlj sauf j. fériés 10h-19h (17h30 nov-mai). Visite guidée 7-9 € avec dégustation de 2-6 vins. Audioguide « complémentaire » en français : 2 € (mais la visite guidée reste obligatoire).* La maison, fondée en 1834, vous donnera l'occasion de voir les caves où vieillissent des muscats centenaires. Pour les amateurs du genre, la rota do Vinho se poursuit vers l'est.

Portinho da Arrábida : *à 14 km à l'ouest de Setúbal, par un embranchement sur la N 379-1. Attention, accès final interdit aux camping-cars et caravanes (trop étroit !) tte l'année et aux voitures le w-e et en été ; il faut se garer plus haut sur la route.* C'est par un goulet tortueux s'infiltrant entre la montagne et la mer, là où veille un fortin du XVIIe s bâti pour tenir à distance les pirates maures, que l'on accède à la crique de Portinho. Pas vraiment un port, plutôt un quai, face auquel se serrent 3 restos de fruits de mer et une poignée de bicoques accolées. Quel charme ! Un chemin mène en 10 mn à une longue plage, à laquelle on peut aussi accéder par un embranchement partant de la N 379-1. La vieille *fortaleza de Santa Maria* abrite un petit ***Museo oceanográfico*** *(mar-ven 10h-16h, sam 15h-18h).*

Convento da Arrábida : *sur la N 379-1, un peu à l'est de l'embranchement descendant vers Portinho, par une route en corniche offrant de superbes panoramas. ☎ 212-197-620. 📱 932-216-552. • arrabida@foriente.pt • Visite mer et sam-dim vers 10h et 15h sur résa. Entrée : 5 € ; réduc ; gratuit moins de 6 ans.* Géré par une fondation, ce vieux monastère franciscain, fondé en 1542, s'isole dans la montagne et le maquis, loin de toute distraction humaine, avec l'océan pour seul contrepoint. Si vous n'avez pas réservé votre visite, vous pourrez l'apercevoir du virage suivant la grille d'accès.

En continuant sur la N 379-1 en direction de Setúbal, on passe la ***praia Galápos,*** pas très grande et aménagée, puis la ***praia Figueirinha,*** large, longue et convexe (bus n° 722 depuis Setúbal). Suit le ***fort Santiago de Outão*** (XVIIe s), aménagé en sémaphore.

Palmela : *à 7,5 km au nord de Setúbal par la N 252. Accessible en bus depuis la gare routière Oriente ; trajet : 45 mn.* Perchée sur sa haute colline (230 m), cette gentille petite ville offre un panorama imprenable sur les terres et la mer depuis son *miradouro.* Mieux encore : franchissez les murailles du *castelo* qui le domine. Fondé

après la conquête arabe, il abrita le dernier siège de l'ordre de Santiago au XVe s, avant d'être renforcé de remparts à la Vauban à la fin du XVIIe s. On y trouve à la fois une *pousada* installée dans l'ancien monastère (voir « Où dormir ? »), l'*église de Santiago,* dans un style fin gothique (XVe s), conservant des *azulejos* des XVIIe-XVIIIe s, les ruines de *Santa Maria do Castelo* (détruite par le séisme de 1755) et un *musée municipal* *(tlj sauf lun 10h-12h30, 14h-17h – 18h en été ; GRATUIT).* Le lundi, on peut tout de même pénétrer dans l'enceinte et monter au donjon.
Les amateurs de rando pourront explorer la serra au gré du ***sentier des Moulins*** *(Rota moinhos),* qui dessine une boucle de 13 km. C'est le seul chemin raisonnablement bien balisé du parc naturel. Points de vue panoramiques garantis.

SETÚBAL

(2900) 100 000 hab.

• Plan *p. 214-215*

À 50 km au sud-est de Lisbonne, Setúbal (« Stoubal ») s'amarre à l'orée de l'immense estuaire du Sado, fermé par la longue péninsule sableuse de Tróia. Cette cité industrielle et commerçante, doublée d'un important port de pêche, ne dégage pas un charme spontané mais n'en est pas pour autant dépourvue. On apprécie le petit quartier piéton commerçant, ses musées et, à l'ouest, le vieux forte de São Felipe, offrant une vue panoramique. Les amateurs de promenades bucoliques et d'oiseaux seront enchantés par l'estuaire.

Arriver – Quitter

En bus

Gare routière *(plan C-D1) : av. 5 de Outubro, 52. ☎ 707-508-509. • tsuldotejo.pt •*

➢ ***Lisbonne :*** exprès nos 561 (pour la praça de Espanha) ou 562 (estação do Oriente) principalement, ttes les 15-30 mn lun-ven 6h15-19h45, w-e 7h-19h45. Durée du trajet : 40 mn. Les 2 passent par la gare ferroviaire.

➢ ***Sesimbra :*** bus no 230, ttes les 1h-2h lun-ven 7h-20h. 4 bus seulement le w-e.

➢ ***Palmela :*** liaisons fréquentes avec les nos 413, 604, 605 (lun-ven seulement), 767 et 768 (ces 2 derniers desservant ***Vila Nogueira de Azeitão***).

En train

Gare ferroviaire *(hors plan par D1) : praça do Brasil. ☎ 707-127-127 ou 211-066-363. • fertagus.pt •*

➢ ***Lisbonne*** *(gares de Sete Ríos, Entrecampos et Roma-Areeiro) :* ttes les 30-60 mn lun-ven 5h45-0h15. Ttes les heures le w-e 6h-23h. Trajet : env 1h. La compagnie *CP* assure aussi des liaisons mais avec changement à Pinhal Novo, pas bien pratique... En revanche, elle propose un *Bilhete Praia Linha do Sado* à 12 € valable pour 1 semaine (voyages illimités).

En bateau

➢ ***Tróia :*** de l'autre côté de la baie de Setúbal, tout au bout de la longue péninsule de Tróia. *☎ 265-235-101. • atlanticferries.pt •* La compagnie assure des liaisons par ***catamaran*** entre le *Cais 3* de Setúbal *(plan C-D3)* et la marina de Tróia : ttes les 45-60 mn, 6h30-minuit (6h50-0h30 de Tróia). Tarif : 7,75 € (gratuit Troai-Setúbal). Également des ***ferries*** depuis le *Doca do Comércio* de Setúbal *(plan D3),* qui arrivent sur la côte orientale de la péninsule *(Cais Sul),* à env 5 km au sud de la station de Tróia : juin-sept, ttes les 30-80 mn 7h30-22h (8h-22h40 depuis Tróia). Traversée : env 25 mn. Compter 17,20 € pour la voiture et un chauffeur, 3,80-4,90 € pour les passagers suivants.

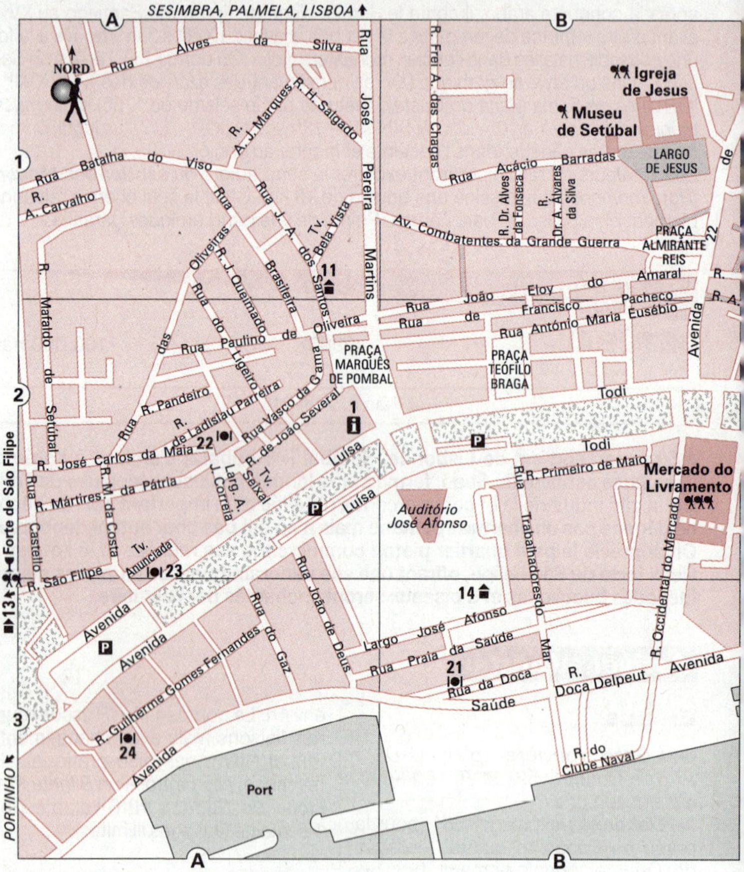

- **Adresses utiles**
  - 1, 2 et 3 Offices de tourisme municipaux (A2, D3, C1)
  - 5 Bureau de la réserve naturelle de l'estuaire du Sado (C3)
- **Où dormir ?**
  - 10 Day Off Hostel (D2)
  - 12 Hotel Bocage (C2)
  - 13 Casal das Oliveiras (hors plan par A3)

Adresse et infos utiles

Office de tourisme municipal *(plan A2,* ***1****) : Casa da Baía, av. Luisa Todi, 468. ☎ 265-545-010. • visitsetubal.com.pt/fr • Tlj 9h-20h (minuit en été).* Excellent accueil et bon niveau d'information ; expos sur les dauphins sur place. Succursales au quai d'embarquement des catamarans pour Setubal *(plan D3,* ***2*** *; tlj 10h-13h, 14h-18h)*, au forte São Filipe *(hors plan par A3 ; tlj sauf lun 10h-12h, 13h-18h)* et, en plein centre, sur la praça Bocage *(plan C1,* ***3*** *; lun-ven 9h-19h ; sam 10h-13h, 15h-19h).*

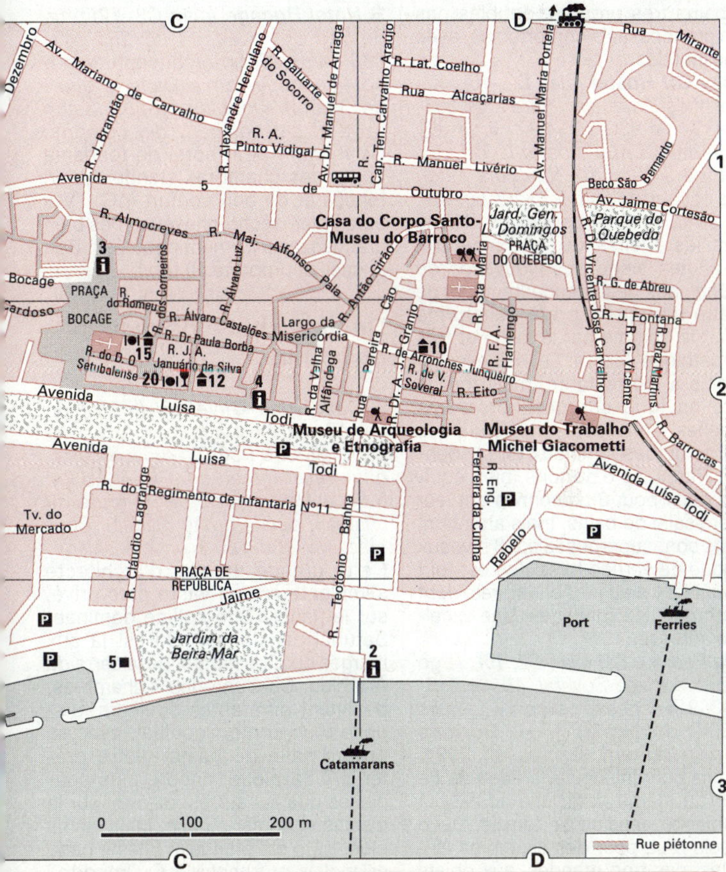

SETÚBAL

14 Pousada da juventude Casa do Largo (B3)	**20** Taberna do Largo (C2)
15 De Pedra e Sal (C2)	**21** O Alface (B3)
Où manger ? Où boire un verre ?	**22** O Pescador (A2)
	23 Riberinha do Sado (A2)
15 De Pedra e Sal (C2)	**24** Forno da Lotta (A3)

Où dormir ?

De bon marché à plus chic

Pousada da Juventude Casa do Largo *(plan B3,* ***14****)* **:** *largo José Alfonso, 24-25.* ☎ *265-421-080.* • *casa.largo@mun-setubal.pt* • *pousadasjuventude.pt* • *Dortoirs 4-6 pers 14-17 €, 12 pers 13-16 € et doubles 32-44 € avec ou sans toilettes. Petit déj inclus.* Entre le port et le vieux centre-ville, cet établissement rutilant, moderne et convivial compte près de 70 chambres. Très fonctionnel, casiers dans les dortoirs, salles de bains très propres, doubles pas bien grandes mais confortables, avec bons matelas.

Day Off Hostel *(plan D2, **10**) : rua Arronches Junqueiro, 80-84. ☎ 265-106-394. 📱 936-955-887. • geral@hosteldayoff.pt • hosteldayoff.pt • Dortoirs 3-6 lits 15-25 €/pers selon taille et saison ; doubles sans ou avec sdb 30-80 €.* Quel bel édifice ! Niché dans les ruelles du vieux centre, cet ancien siège des *Nouvelles de Setúbal,* aux beaux encadrements de fenêtre baroques, a été transformé en AJ de charme par la jeune et très sympathique Teresa. Le vieil escalier de bois a été restauré, mais tout le reste navigue sur des notes très actuelles, entre couleurs pétulantes et gros bulbes lumineux en suspension. Parmi les 5 dortoirs (bien équipés), ceux pour 3 personnes ont leur propre salle de bains, mais attention, les lits sont superposés sur 3 niveaux – risque de vertige lorsqu'on est tout en haut ! Il y a aussi 3 chambres, dont 2 partagent les sanitaires. Une excellente adresse.

De Pedra e Sal *(plan C2, **15**) : largo do Dr Francisco Soveral, 10. ☎ 265-418-353. • depedraesal.com • Dortoirs 20-25 €, doubles 35-100 €.* ***Dortoirs temporairement fermés en 2021.*** Sur une cour intérieure, au-dessus de resto du même nom, une adresse à l'ambiance pension de famille. Déco de bois brut, pour des chambres élégantes, pas trop grandes, aux objets vintage, avec parquet et couleurs douces. Plein de charme. Cuisine à dispo, salons de lecture. Toutes les chambres ont des noms de mollusques ou de poissons, de quoi donner l'envie de tomber dans leurs filets !

Hotel Bocage *(plan C2, **12**) : rua de São Cristovão, 14. ☎ 265-543-080. • geral@hoteisbocage.com • hoteisbocage.com • Dans le quartier piéton. Doubles 55-90 € selon taille et saison, petit déj compris.* Ce fringant petit hôtel de tourisme abrite des chambres standard bien tenues et de bon confort (AC, TV à écran plat, sèche-cheveux), pas bien grandes mais joliment décorées. Bon accueil et propreté au top !

De plus chic à beaucoup plus chic

Casal das Oliveiras *(hors plan par A3, **13**) : estrada do Castelo de São Felipe. 📱 966-087-656. • casal.oliveiras1@gmail.com • À 2,5 km à l'ouest du centre, par la route du château, puis à droite (fléché). Doubles env 100-120 € en hte saison.* Cette grande maison d'architecte s'implante sur un vaste parc privé, sur le flanc d'une colline dominant Setúbal par l'ouest. On est là aux marges du parc naturel de la serra da Arrábida. Chacune des 5 chambres, déclinant différentes couleurs, dispose d'un confort douillet, avec sa propre salle de bains. Notre préférée ? La bleue, encore plus spacieuse que les autres, ouvrant sur la piscine et la mer au loin. Mais le vrai plus, ici, c'est Manuela. Elle ne parle ni anglais ni français ? Qu'importe ! Elle vous parlera avec les mains, avec le cœur, avec toute la bonne volonté du monde... avant de vous entraîner sur la terrasse, profiter de la vue à 180°.

Où manger ? Où boire un verre ?

Port de pêche, Setúbal croule sous le poisson et, en saison, le *choco frito* (seiche frite) est à l'honneur. Autres classiques locaux : les huîtres et les sardines grillées. La concurrence est rude et, dès que l'on s'éloigne du front de mer, les prix se font (très) raisonnables. Pour un simple en-cas, faites halte au superbe mercado do Livramento *(plan B2).*

De bon marché à prix moyens

Forno da Lotta *(plan A3, **24**) : rua Guilherme Gomes Fernandes, 31.*

LES ENVIRONS DE LISBONNE

☎ *265-232-233. Tlj sauf jeu et dim soir 12h-15h et 19h-23h30. Menus midi en sem 10-14,50 €, pizzas 8-14 €, plat env 13,50 €.* C'est ici qu'on vient se rassasier à bon prix à Setúbal ! Grande salle joliment décorée, couverte du sol au plafond. Y a même un vélo suspendu ! Et surtout un four recouvert en céramique rouge. Petite terrasse aux beaux jours. Cuisine copieuse (nos voisins de table n'ont pas fini leur assiette) servie avec le sourire. Pizzas donc, mais aussi spécialités de porc et autres classiques portugais. Très bon rapport qualité prix. Excellent accueil.

De Pedra e Sal (plan C2, **15**) : *largo do Dr Francisco Soveral, 10. ☎ 265-418-353. Tlj 12h30-15h, 19h30-23h. Plats 15-20 €. Menu à midi en sem.* Un de nos restos coup de cœur. Petite terrasse protégée, avec à l'intérieur, belle salle noire, où le bois brut s'allie à un entrelacs de cordes, avec grand comptoir, pour goûter la spécialité de la maison : la pièce de viande servie sur son bloc de sel. Un régal ! D'autres plats tout aussi soignés, comme la *bacalhau* généreuse. Carte courte qui satisfera aussi les végétariens. Service souriant.

Taberna do Largo (plan C2, **20**) : *largo Dr Francisco Soveral, 25. ☎ 265-526-113. • gaiveu@gmail.com • Tlj sauf dim. Petiscos 3,50-8,50 €, tablas 6-12 €, plats 10-20 €. Congés : fin déc-début janv. Apéritif offert sur présentation de ce guide.* De la grande avenue Luisa Todi, un passage voûté (Arco da Ribeira) mène à la placette ombragée par un platane séculaire. À la « taverne du large », on picore parmi un catalogue de tapas locales au goût souvent iodé, mais pas seulement (chèvre-miel-noix, cuisses de grenouille, *cachacinhos* de porc à l'orange...). Il y a aussi des *pregos* (sandwichs), quelques petits plats, des tonneaux derrière le bar, une table de baby-foot au mur et une bande son un peu rétro pour faire écho au décor. Avec les prix contenus, on se dit qu'on est bien ici.

O Alface (plan B3, **21**) : *travessa dos Galeões, 7. 960-438-241. Face au port de pêche. Fermé le soir hors saison. Menu complet 12,50-15 € ; repas 10-15 €.* Cette bonne cantine, occupant une vaste salle vitrée, sert une cuisine simple et roborative à base de poisson frais : le monde qui l'envahit chaque midi témoigne de son bon rapport qualité-prix ! Du coup, l'attente peut être longue.

O Pescador (plan A2, **22**) : *travessa Alvaro Anes, 8. ☎ 265-533-369. Tlj sauf mar et lun soir. Plats env 7-12,50 €.* Le boss a passé 5 ans à Toulouse et 9 ans à Genève : autant dire qu'il parle français. Revenu au pays par nostalgie, il y grille poissons et viandes du midi au soir dans sa ruelle anonyme aux parasols alignés. Coup d'œil dans le bac réfrigéré, poignée de gros sel, et déjà ça rissole. Les enfants jouent, crient. Des chats passent, dardant un œil intéressé vers votre assiette. Et hop, les sardines grillées atterrissent devant vous.

Ribeirinha do Sado (plan A2, **23**) : *av. Luisa Todi, 586. ☎ 265-238-465. Tlj sauf dim soir et lun 12h-15h (15h30 le w-e), 19h-22h. Plats 6-12 €.* Si la carte est classique (poisson grillé !), le resto joue la modernité avec son cube de verre sur le trottoir et son mur de bouteilles (belle carte des vins). Le cadre est agréable, les prix raisonnables et le service (multilingue) attentionné. BBQ extra. Petite réserve pour les desserts, moins réussis.

À voir

Mercado do Livramento (plan B2) : *av. Luisa Todi. Tlj sauf lun 7h-14h. Fermé 1er janv, 25 avr, 1er mai, 15 sept et 25 déc.* Les Setubalenses en sont tellement fiers qu'ils l'appellent « le meilleur marché du monde » ! Et c'est vrai qu'il est beau ! Sous la halle, occupant tout un pâté de maisons, s'empilent fruits et légumes du coin, fromages d'Azeitão, poissons sur lits de glace, viande sur les flancs et une frise de troquets où les marchandes jouent des coudes à l'heure du coup de mou. On y a vu des mérous géants et des *pez espada* dépassant le mètre... Ne ratez pas, au fond, le superbe ensemble d'*azulejos* du XVIIe s représentant des scènes de la vie locale.

Igreja de Jesus *(plan B1)* : *praça Miguel Bombarda. Tlj sauf dim-lun et j. fériés 10h-18h (dim 15h-19h, 18h en hiver). GRATUIT.* Construite à la fin du XVe s par l'architecte du monastère dos Jerónimos lisboète, l'église du Convento de Jésus est considérée comme la 1re manifestation de l'art manuélin – aisément reconnaissable à ses motifs de cordages entrelacés. Les beaux *azulejos* du XVIIe s méritent aussi le coup d'œil.

Museu de Setúbal *(plan B1)* : *praça Miguel Bombarda ; à côté de l'église de Jésus. Mar-sam 10h-18h, dim 14h-18h ; dernière entrée 30 mn avt fermeture. Entrée : env 2 €, audioguide (en anglais, en espagnol ou en portugais) inclus ; réduc.* Ce petit musée occupe le cloître du monastère de Jésus et présente, entre autres, éléments lapidaires, peintures, objets d'art sacré et beau coffre indo-portugais du XVIIe s. On peut aussi y voir une cloche de 1496 offerte par Manuel II, « roi du Portugal et d'Algarve, des 2 versants de la Méditerranée et de Guinée ».

Casa do Corpo Santo – Museu do Barroco *(plan D1)* : *rua do Corpo Santo, 7. ☎ 265-236-066. Mar-ven 9h-12h30, 14h-17h30 ; sam 14h-18h. Entrée : 1,50 €.* On aurait tort de passer à côté. Si la collection d'instruments de navigation présentée au rez-de-chaussée ne mérite pas que l'on s'y attarde, l'édifice en lui-même est superbe. Il abritait le siège de l'influente confrérie du Corpo Santo, à laquelle appartenaient armateurs, marins et pêcheurs. Passé la cour, on se hisse à l'étage, aux 2 salles baroquissimes tapissées d'*azulejos* du XVIIIe s représentant d'élégantes scènes de genre. La chapelle croule sous les ors et les chérubins, alternant avec 33 bustes de saints. Voilà ce qu'on appelle profusion.

Museu de Arqueologia e Etnografia *(plan D2)* : *av. Luisa Todi, 162. ☎ 265-239-365. Tlj sauf dim-lun et j. fériés 9h-12h30, 14h-17h30 ; fermé sam en août. GRATUIT.* Ce musée franchement daté réunit des objets témoignant de l'histoire et des coutumes locales. On y voit de nombreuses maquettes (de bateaux notamment) réalisées par des artisans de Setúbal.

Museu do Trabalho Michel Giacometti *(plan D2)* : *praça Defensores da República. ☎ 265-537-880. ♿ De juin à mi-sept, mar-ven 9h30-18h, sam 15h-19h ; le reste de l'année, mar-ven 9h-18h, le w-e 14h-18h. Entrée : 1,50 € ; réduc, gratuit moins de 12 ans.* Installé dans une ancienne conserverie de poisson, ce musée du Travail a vu le jour grâce aux efforts de l'ethnologue corse Michel Giacometti qui, au lendemain de la révolution, a écumé les campagnes pour sauver tous les outils du passé qui moisissaient au fond des granges. La visite commence par la reconstitution d'une vieille épicerie lisboète. Agriculture et tissage du lin sont évoqués, mais l'essentiel présente les différentes étapes de la préparation du poisson dans l'ancienne conserverie (notamment la fabrication des boîtes de conserve). Un petit musée simple mais sympathique, comme l'accueil.

Forte de São Filipe *(hors plan par A3)* : *à env 2 km à l'ouest (fléché). Tlj sf lun 10h-20h (22h juil-août, minuit ven-sam). GRATUIT.* Récemment restauré, le fort – une fois n'est pas coutume – a vu fermer l'hôtel qui l'occupait et ouvrir le site au public. Bâti en 1582 sur une colline dominant la ville et l'estuaire du Sado, il présente 6 branches irrégulières, dont 4 tournées vers la mer – d'où se révèle un superbe panorama à 180°. Pour mieux en profiter, il y a une jolie cafétéria, avec bar intérieur aux multiples micro-salles ! N'oubliez pas, quand même, de jeter un coup d'œil à la chapelle, couverte d'*azulejos*.

Manifestation

– ***Feira de Santiago :*** *dernière sem de juil-1re sem d'août à Manteigadas, à 2 km de Setúbal.* Grand-messe de l'industrie, de la gastronomie et du folklore.

DANS LES ENVIRONS DE SETÚBAL

👓👓 ***La réserve naturelle de l'estuaire du Sado :*** *bureau à Setúbal (plan C3, 5), praça da República (contre le jardim da Beira Mar). ☎ 265-541-140. Lun-ven 9h-12h30, 14h-17h30.* Face à Setúbal, les envasements de l'estuaire du Sado, délimités à l'ouest par le long doigt sablonneux de la péninsule de Tróia, forment un monde à part, souligné côté terres, au début de l'été, par le vert iridescent de vastes rizières. Étrange espace où cohabitent les cultures et la mer, dans un univers aquatique fréquenté par une multitude d'oiseaux résidents et migrateurs (quelque 250 espèces ont été répertoriées).

De Setúbal, la route de Praias do Sado, qui traverse la zone industrielle, mène en 9 km au ***moinho de maré da Mourisca*** *(☎ 265-783-090 ; mars-sept, tlj sauf lun 9h30-19h30, sam-dim 8h30-20h30 – oct mar-ven 10h-18h (19h30 sam-dim), nov-fév mar-dim 10h-17h ; GRATUIT).* Le contraste est flagrant : quittant les voies ferrées, on rejoint ce vieux moulin à marée retapé, ancré contre les anciens marais salants. C'est le dernier des 4 que comptait jadis l'estuaire. Alignant pas moins de 8 pierres à moudre le grain, il resta en activité jusque dans les années 1950. 2 courts parcours ont été aménagés à proximité (dont un avec affût). Les ornithologues amateurs y viendront de préférence entre septembre et mars pour voir avocettes, bécasseaux, pluviers, canards et autres flamants roses. En été restent surtout hérons, aigrettes et échasses.

Les passionnés s'intéresseront aussi aux étendues sauvages du domaine privé d'Herdade de Gâmbia *(visite sur rdv au ☎ 265-938-050 ; • herdadegambia.com • ; bureau ouv lun et ven 9h-17h, mar et jeu 9h-17h15, mer 9h-16h ; entrée : 1 €),* qui allie activités viticoles et visites nature. On peut s'y promener librement et accéder à 3 affûts. Accès depuis la N 10 juste après la sortie est de Pontes, puis 4 km (fléché à droite).

VERS L'ALENTEJO

Au sud du vaste estuaire du Sado débute la région de l'Alentejo : un pays bucolique et attachant, au littoral frangé de plages sauvages léchées par des rouleaux à faire pâlir d'envie tous les surfeurs.

COMPORTA

(7580) 1 270 hab.

• Carte *p. 221*

Lisbonne n'est qu'à 1h30 de route mais à des années-lumière. Au sud-ouest du vaste estuaire du rio Sado (sorte de petite mer intérieure dont l'entrée est commandée par Setubal), la bourgade de Comporta est amarrée entre terre et mer. Elle séduit d'emblée par son calme olympien, ses cieux zébrés par le vol des cigognes, ses rizières au vert tonique, ses marais salants peuplés

d'oiseaux, ses forêts de pins et de chênes-lièges, ses odeurs d'été et ses plages de rêve aux relents de mers du Sud – fraîcheur de l'eau exceptée. Rappelant quelque chose de la Camargue, cette région restée sauvage et peu peuplée (10 hab./km²) attire, depuis les années 2010, les urbains en quête de paradis retrouvés. Le flux est encore timide et concerne surtout l'intelligentsia et la sphère bobo lisboète, dans les pas desquelles marchent déjà les *beautiful people* et les stars internationales. Quelques villas luxueuses ont été bâties, ainsi que des boutiques de déco et de fringues tendance ont fait leur apparition. Oui, en juillet-août, Comporta est un peu m'as-tu-vu, mais le bling-bling est resté à ses portes et la beauté demeure reine. Seul souci : l'hébergement est ici très limité – et donc cher.

Adresses utiles dans les environs

ℹ *Posto de Turismo :* *largo Luís de Camões, à* ***Alcácer do sal.*** *☎ 911-794-685. • cm-alcacerdosal.pt • posto.turismo@m-alcacerdosal.pt • Tlj sauf dim et j. fériés 9h-17h.*

ℹ *Posto de Turismo :* *av. 18 decembro, sur la place centrale de* ***Carvalhal.*** *📱 919-992-681. • cm-grandola.pt • De mi-juin à mi-sept, tlj 9h30-13h30, 14h30-17h30.*

Où dormir ?

Comporta, comme toute sa région d'ailleurs, compte peu d'options d'hébergement.

🏠 *Comporta Village Hotel-Apartamento* *(carte Estuaire du Sado et région de Comporta,* ***10****) :* *rua do Secador. ☎ 265-490-640 et 📱 091-225-25-21. • comportavillage@gmail.com • ♿ Doubles 55-150 € ; apparts 90-200 €. Petit déj en supplément 10 €/pers (prévenir).* Le seul vrai hôtel de Comporta est un gros édifice moderne pas vraiment gracieux qui contraste avec l'authenticité du village. Récent, parfaitement tenu, il abrite 28 chambres classiques avec clim (et parfois balcon) et autant d'apparts avec kitchenette (plaques de cuisson). 4 de ces derniers ont une terrasse gravillonnée encadrée de haies. En prime : une piscine extérieure ouverte toute l'année.

Où dormir dans les environs ?

Vous trouverez dans cette rubrique des adresses situées dans un rayon de 30 km (vers le sud).

Camping

⛺ *Camping Praia da Galé* *(carte Estuaire du Sado et région de Comporta,* ***11****) :* *à Fontaínhas do Mar, par la N-261 vers* ***Melides*** *; embranchement à 22,5 km au sud de Comporta, puis 4 km (panneau « Campismo »). ☎ 269-979-100. • geral gale@hotmail.com • campinggale.com • Selon saison, env 16-24 € pour 2 avec tente et voiture ; cabanes 32-55 €, bungalows 45-120 €.* Loin de tout, ce très vaste camping s'étend au-dessus de la plus belle plage sauvage du Portugal. Un rêve éveillé ! Les tentes ont (notamment) droit à leur propre coin de pinède, où elles peuvent s'installer librement – ce qui serait parfait si le terrain était un peu plus plat... On y fait la sieste bercé par l'odeur de résine chaude et les langueurs distantes du ressac. La plage est à 5 mn en contrebas... rude remontée ! Resto sur place. Supérette, livraison de pain, laverie, piscine et ping-pong (payants).

Bon marché

🏠 *Alojamento local Toca do Grilo* *(carte Estuaire du Sado et région de Comporta,* ***12****) :* *av. 18 Dezembro,*

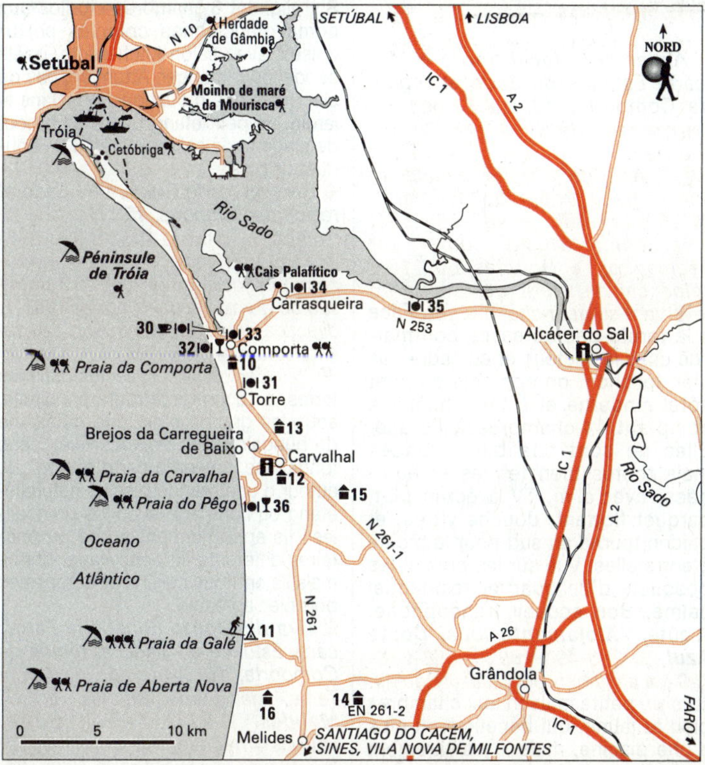

L'ESTUAIRE DU SADO ET LA RÉGION DE COMPORTA

Où dormir ?

- **10** Comporta Village Hotel-Apartamento
- **11** Camping Praia da Galé et Dreamsea Surf Camp
- **12** Alojamento local Toca do Grilo
- **13** Alojamento local Verde e Mar et Alojamento local Costa Azul
- **14** Nômade – Auberge rurale
- **15** Cocoon
- **16** Uva do Monte

Où manger ?
Où boire un verre ?

- **30** Pasteleria Eucalyptus
- **31** Dona Bia
- **32** Comporta Café
- **33** Museu do Arroz
- **34** Retiro do Pescador
- **35** A Escola
- **36** Restaurante Sal

*19 A, à **Carvalhal,** à 10 km au sud de Comporta. ☎ 265-490-040. 📱 968-059-943. • vitornevespereiraunip@gmail.com • Doubles 30-60 € selon saison.* C'est le moins cher de toute la région (une denrée rare) ! À côté d'un bar, en plein cœur de Carvalhal, le plus gros bourg du secteur (avec supérette), la maison dispose de quelques chambres simples et propres, avec salle de bains privée, clim et frigo. Préférez celles de l'étage, les 2 du rez-de-chaussée étant assez sombres.

Prix moyens

Alojamento local Verde e Mar *(carte Estuaire du Sado et région de Comporta,* ***13****) : à* ***Brejos da Carragueira de Cima,*** *à 6,5 km au sud de Comporta par la N 261 (en léger retrait de la route, à gauche ; entrée par l'arrière du bâtiment). ☎ 265-497-485. 967-765-553. • verdeemar1@gmail.com • verdeemar.com • Doubles 60-115 € selon saison, petit déj inclus en réservant sur leur site internet.* Face à la rareté des adresses bon marché dans le secteur, et au cadre pas bien folichon, on apprécie ce petit hôtel moderne et à taille humaine comptant 14 chambres à l'étage. Elles ne sont pas bien grandes mais toutes bien tenues et équipées, avec clim, TV à écran plat, parquet flottant, douche vitrée, et balcon tourné au sud pour la moitié d'entre elles. Vue sur les prés et les bosquets d'un quartier résidentiel calme. Bon accueil francophone. À côté, l'***Alojamento local Costa Azul*** *(☎ 265-490-160 ; 968-038-729 ; • alojamentocostaazul@gmail.com •),* petite maison aux chambres bleu et jaune, qui bénéficie en plus d'une piscine, mais il y a rarement quelqu'un sur place hors saison.

De plus chic à très chic

Nômade – Auberge rurale *(carte Estuaire du Sado et région de Comporta,* ***14****) : Cerca do Barranco, Valinho da Estrada, à* ***Melides.*** *☎ 269-979-060. 924-174-548. • contact@nomadeauberge.com • nomadeauberge.com • À env 24 km au sud de Comporta sur la N 261, prendre à gauche vers Grândola au niveau du resto Tia Rosa, puis à droite un chemin de terre à 900 m ; c'est à 3 km, en traversant une forêt de chênes-lièges. Doubles 90-135 € selon saison, (gros) petit déj inclus.* Cette auberge rurale dans l'arrière-pays est tenue par un Allemand et une Suissesse (francophone). Elle occupe un long bâtiment bas de style traditionnel – mais bâti en paille selon des normes écologiques. S'y alignent 6 chambres-studios aux noms d'anciennes colonies portugaises, avec salon-kitchenette, poêle et coin pour manger. Attention, pas de clim mais des moustiquaires. Dans le jardin, un petit étang bordé d'un bout de plagette de sablette près d'un bouquet de pins.

Cocoon *(carte Estuaire du Sado et région de Comporta,* ***15****) : Herdade da Comporta, parcela 105. 929-308-371. • info@cocoonlodges.com • cocoonlodges.com • À env 12 km au sud de Comporta par la route N 261-1, direction Grândola (fléché sur la gauche « Turismo rural »). Suites et bungalows 90-220 € selon saison.* Isolés dans les terres, à 15 mn de la route principale, sous les grands pins, une quinzaine de bungalows en bois (certifié), sans fondations, jouent la carte écologique autour d'une grande piscine naturelle-étang où l'on nage avec les grenouilles ! Ils appartiennent à des propriétaires différents (la déco varie, donc), mais ils ont tous cuisine et terrasse en bois bien agréable.

Uva do Monte *(Blueberry Farm ; carte Estuaire du Sado et région de Comporta,* ***16****) : Herdade da Costa Terra, lugar das Fontaínhas, RIC 67,* ***Melides.*** *☎ 211-303-586. • reservations@thecollective.pt • Prendre la route de la praia Aberta Nova, fléchée à 23 km au sud de Comporta (puis 2,7 km). Nov-déc : jeu-dim seulement. Congés : janv-fév. Doubles 75-350 € selon taille et saison ; gratuit moins de 8 ans.* Uva do Monte, c'est la vie à la campagne, revue et fantasmée par la bonne société lisboète. Au milieu des champs, à 2 km de la plage presque déserte d'Aberta Nova et pas loin de celle de Galé, les 2 bâtisses en pierre restaurées abritent des chambres mariant meubles de grand-mère et confort contemporain (belles douches pluie vitrées). Certaines ne sont pas bien grandes, surtout pour les prix astronomiques demandés en été ! Cuisine commune, salon et piscine aménagée dans un abreuvoir complètent le catalogue, sans oublier VTT en prêt, cours de yoga, massages, chevauchées et cours de surf. Accueil à la fois cool et pro.

Où dormir et faire du surf dans les environs ?

Dreamsea Surf Camp *(carte Estuaire du Sado et région de Comporta,* ***11****) : à 26,5 km au sud de Comporta, dans l'enceinte du camping* Praia da Galé *(voir ci-avant). ☎ (34) 689-165-083 (réservations) ou ☎ (34) 662-580-012 (standard général). • portugal@dreamseasurfcamp.com • dreamseasurfcamp.com • Transfert depuis Grândola : 5 € ; depuis Lisbonne : 35 €. Compter 600-950 €/sem pour 2, logement, repas et matériel de surf compris, selon confort et saison.* On trouve des *Dreamsea Surf Camps* dans 4 pays. Leur créneau : le *glamping* – ce concept de camping chic né en Amérique du Nord dans les années 2000. On s'installe ainsi dans de grandes tentes montées sur des plateformes, sous les pins, sur les hauteurs de la sublime praia da Galé – chacune avec lit et mobilier de style marocain. Il y a aussi des tentes plus basiques, 2 fois moins chères. Les sanitaires sont partagés avec le camping, et un espace commun facilite les rencontres. Resto « farm to table », soit du producteur au consommateur. On vient ici de toute l'Europe pour apprendre à surfer entre jeunes, loin de tout... mais pas si loin des bars. En été, les *parties* avec DJ s'éternisent sur la praia do Galé ! Nombreuses activités : *movie night,* barbecue, rampe de skate, sortie à Lisbonne, etc.

Où manger ? Où boire un verre ?

Bon marché

Pasteleria Eucalyptus *(carte Estuaire du Sado et région de Comporta,* ***30****) : rua do Cómercio,1. 966-641-845. Dans le centre. Tlj sauf mar 8h-minuit.* Sa terrasse, bercée par le soleil matinal, est ombragée au zénith par le ramage d'un grand eucalyptus odorant. Une banquette avec coussins et quelques tables à l'intérieur invitent à prendre un café, un jus d'orange frais, une pâtisserie, voire un sandwich ou une *tosta* au déjeuner. L'accueil est gentil.

De prix moyens à plus chic

Dona Bia *(carte Estuaire du Sado et région de Comporta,* ***31****) : à 2,5 km au sud de Comporta, à l'orée du hameau de* ***Torre****. ☎ 265-497-557. Tlj 12h-16h, 19h30-22h30. Fermé lun soir et mar. Résa conseillée en saison. Compter 20-30 €.* Posé en bord de route, en vis-à-vis des rizières, ce discret prétendant au titre de meilleur resto de la région se fait le chantre des produits de la mer frais et d'une cuisine *alentejana* copieuse, exsudant le délicat parfum de la coriandre. Au menu : *arrozes* (aux couteaux, au brocoli...) et poisson grillé (cernier, mérou, sardines en été...), à accompagner d'un rosé ou d'un blanc bien frais de la *Herdade de Comporta,* bien sûr. Les poissons sont généralement à partager. Mignon : les pochettes-poissons en tissu pour ranger les couverts. Préférer la véranda, plus fraîche.

Comporta Café *(carte Estuaire du Sado et région de Comporta,* ***32****) : sur la plage de Comporta. ☎ 265-497-652. • geral@comportacafe.com • Tlj 12h30-18h30, 19h30-22h30. Résa conselllée en saison. Plats 10-25 €.* La vue se paie, mais comment résister ? Posé face à l'océan sur la terrasse en teck, dans un canapé-lit à l'indonésienne bercé par le froufrou de grandes voiles de lin, on sirote une sangria blanche dans laquelle infuse un bâton de cannelle et on croque dans un burger de *bacalhau.* Chic et choc comme la clientèle. Les enfants jouent. Une petite faim ? La *Key lime pie* est bonne. Pour le reste, c'est plus variable.

Museu do Arroz *(carte Estuaire du Sado et région de Comporta,* ***33****) : à la sortie ouest de Comporta, à côté du musée. ☎ 265-497-555. • museudoarroz@sapo.pt • Tlj sauf lun*

12h30-16h, 19h30-23h. Résa conseillée en saison. Plats 20-50 €. Pas de vue sur l'océan ici, mais une salle haute de plafond aménagée dans un ancien hangar, avec quelques tables sur une mezzanine-îlot au centre. On patiente au lounge, à l'ambiance de club so british, avant de se glisser sous une table bien mise, dans un cadre néobaroque aux lumières tamisées. Au menu : une carte corpulente gravitant logiquement autour du riz – *arroz de lingueirão* (aux couteaux), *de bacalhau* (à la morue), *de choco* (à la seiche), *de langosta*, etc. C'est copieux, c'est bon, mais sans doute pas aussi bon que ça n'est cher...

Où manger ? Où boire un verre dans les environs ?

De bon marché à prix moyens

Retiro do Pescador *(carte Estuaire du Sado et région de Comporta, **34**) : av. dos Pescadores, à **Carrasqueira,** à 5 km au nord-est de Comporta. ☎ 265-497-172. Tlj sauf lun, jusqu'à 22h30. Plats 7-15 €.* Les habitués viennent y boire un canon au comptoir ou filent vers la salle du fond, dans son jus, pour un festin de *mariscos* à prix sages. Palourdes *(ameijoas)*, crevettes, *arroz de marisco*, tout l'estuaire du Sado se retrouve à table, jusqu'aux anguilles (notamment frites). Les portions sont généreuses et l'accueil jovial.

De prix moyens à plus chic

A Escola *(carte Estuaire du Sado et région de Comporta, **35**) : sur la N 253, à mi-distance (15 km) de Comporta et d'Alcácer do Sal. ☎ 265-612-816. 965-283-351. • rest.aescola@iol.pt • Tlj sauf lun à partir de 12h et 19h30. Résa conseillée. Compter env 15-20 €.* Ce resto bien mis s'est installé en pleine campagne, dans une ancienne école rurale jouxtant... un élevage de dromadaires ! On y déguste une bonne cuisine de la région, naturellement très tournée vers la mer, avec un bon choix de *petiscos* à partager. Ne ratez pas non plus le pâté de lapin en croûte ! Service attentif.

Restaurante Sal *(carte Estuaire du Sado et région de Comporta, **36**) : praia do Pêgo, à **Carvalhal.** ☎ 265-490-129. • geral@restaurantesal.pt • En saison, mer-sam midi-23h, dim 12h-17h. Le reste de l'année : ouv surtout le w-e. Plats 15-20 €. Poissons et fruits de mer au poids, ça peut vite monter.* Un très beau resto de plage ! Situation exceptionnelle sur la magnifique praia do Pêgo, qu'il domine du haut de sa dune, avec sa grande terrasse protégée aux avant-postes. Chic et choc, tendance toc au plus fort de la saison, le lieu attire du beau monde – qui vient s'y montrer tout en dégustant un poisson grillé ou en avalant une sangria blanche.

À voir. À faire

Museu do Arroz (musée du Riz) : *à la sortie ouest de Comporta, en direction de Tróia. ☎ 265-499-950. • museudoarroz@herdadedecomporta.pt • Tlj sauf lun, 10h-13h, 14h30-19h30. Entrée : 3,50 € avec audioguide (2 € sans) ; gratuit moins de 11 ans.* Installé dans un hangar à côté du resto du même nom (voir « Où manger ? Où boire un verre ? »), ce musée évoque l'histoire de la région et de son activité phare : la culture du riz, introduit au XVIIIe s et exploité à l'échelle industrielle depuis les années 1920. Les propriétaires possèdent aussi les immenses chais modernes voisins de la Herdade de Comporta (voir plus loin).

Adega da Herdade de Comporta : *à la sortie ouest de Comporta, en direction de Tróia. ☎ 265-499-950. • herdadedacomporta.pt • Tlj 10h-19h sauf j. fériés.*

LES ENVIRONS DE LISBONNE

Dégustation 4 € pour 2 vins, 8 € pour 4 vins. La mer, la vigne et le riz, peut-on imaginer une si belle rencontre ? Un domaine viticole bâti au milieu des rizières (même maison que le *Museu do Arroz*), où l'on peut participer à une dégustation des vins produits ici. Les 35 ha de vignes se trouvent, eux, à 16 km au sud (vers Pinheiro da Cruz).

La plage de Comporta : *à 1 km à l'ouest du village.* Large, interminable, blanche comme il se doit, voilà une vraie plage de rêve, sauvage si ce n'est 2 bars-restos plantés dans le sable fin (*Comporta Café* et *Ilha do Arroz*) et une brochette de parasols aux chapeaux de palmes.

Les rizières : *tt autour de Comporta.* Le matin ou le soir, prenez la piste qui part de Comporta vers Cambado (à 1,3 km au nord de Comporta) et Possanco (à 2,2 km au nord). Bientôt, vous atteindrez de vastes rizières écumées, en saison, par des dizaines de cigognes en ordre dispersé. Chaussez les jumelles et vous verrez aussi de nombreuses échasses aux longues pattes rouges, des hérons gris, des chevaliers gambettes, des spatules blanches...

Cais Palafítico da Carrasqueira : *fléché depuis la N 253, à env 3 km à l'est de Comporta sur la route d'Alcácer do Sal ; le village de Carrasqueira est à 1,8 km de l'embranchement et le quai 600 m plus loin. Accessible aussi par les pistes via Cambado et Possanco. GRATUIT.* Cet ensemble est unique en Europe. Ce sont des pontons et des passerelles en bois formant une forêt de pieux enfoncés dans la vase de l'estuaire du Sado. Pour y parvenir, il faut longer un chemin de terre bordé de rizières. Malmenés par le temps et le vent, ils dodelinent au gré du ressac, avec leurs barques et petits bateaux de pêche, leurs cahutes colorées et leurs filets empilés ou en train de sécher. On adore !

– ***Équitation, VTT et kayaks :*** *avec **Cavalos na Areia,** à la sortie de **Torre,** à 3 km au sud de Comporta par la N-261. ☎ 935-075-353. • cavalosnaareia.com • Sortie à cheval (1h30) 60-90 € selon saison. Loc de VTT env 25 €/j. Kayak double : env 40 €/j.* Vous rêvez d'une chevauchée fantastique sur une plage déserte ? Vous voilà exaucé(e). La maison loue aussi des VTT et des kayaks pour se balader sur le Vala Real, le canal qui permet d'irriguer les rizières.

DANS LES ENVIRONS DE COMPORTA

En allant vers le nord

La péninsule de Tróia : étiré sur 15 km au nord de Comporta, ce long cordon littoral ferme l'estuaire du Sado par l'ouest, pointant son doigt jusqu'aux abords du port de Setúbal – auquel il est relié par catamarans et ferries (voir « Arriver – Quitter » à Setúbal, dans le chapitre « Lisbonne et ses environs »). Si ses 2 tiers sud, formant une réserve naturelle, sont déserts, le tiers nord est occupé par une station balnéaire très bétonnée (Tróia) et cadenassée, avec grands ensembles, marina, casino, golf et centre de conférences ! On ne s'y gare pas n'importe où et il y a bien une piste cyclable mais pas de location de vélos...
Si vous venez en ferry depuis Setúbal, vous pourrez rejoindre à pied en moins de 10 mn la belle *plage de sable fin de Tróia,* avec bar-resto et... vue sur la cimenterie de la berge opposée.
Le secteur conserve les ruines de **Cetóbriga,** un important port romain des Ier-IVe s, où l'on voit principalement les vestiges d'une vingtaine de bassins de salaison – la principale exportation locale à l'époque. L'accès au site, contrôlé par le *Tróia Resort,* n'est possible que de mars à octobre *(à 3,5 km au sud de Tróia, puis 2,7 km de piste ; tlj sauf lun 10h-13h, 14h30-18h ; entrée : 5,50 €).* N'imaginez pas vous garer dans la région et y aller à pied hors saison : c'est impossible.

Pour profiter du caractère sauvage du sud de la péninsule, on vous conseille de vous garer le long de la route et de rejoindre à pied la côte ouest, soulignée par une interminable plage de sable fin déserte (à 500-600 m maximum). C'est notamment possible environ 8 km au nord de Comporta (piste sablonneuse).

Observation des dauphins : *avec* ***SadoArrábida,*** *kiosque à la marina de Tróia. ☎ 265-490-406. 915-560-342. ● sadoarrabida.pt ● Sorties (2h30) de fin mai à mi-oct env, selon météo, le mat et l'ap-m. Compter env 30-35 €/adulte ; 15 € 4-12 ans (1 enfant gratuit pour 2 adultes payants).* Une colonie de grands dauphins (26 au dernier compte) a élu domicile dans l'estuaire du Sado. On peut les observer aisément dans la mesure où ils se déplacent pour se nourrir en fonction des marées. Le bateau part alternativement de Tróia et de Setúbal. En été, on peut même se baigner !

En allant vers le sud

Les plages de Carvalhal et Pêgo : *près de Carvalhal (fléchées), à 9 km au sud de Comporta par la N 261.* Prolongeant vers le sud le cordon sableux qui épouse tout le littoral de Tróia et de Comporta, ces 2 plages, proches, offrent le même environnement : large tapis de sable, dunettes et *beach bars* isolés (dont le fameux *Restaurante Sal,* voir « Où manger ? Où boire un verre dans les environs ? »). Pour ne rien défigurer, on se gare au large, avant de traverser l'arène sur de longues passerelles en bois. À la praia do Carvalhal, devant les baraquements des pêcheurs, tourbillonnent de nombreuses girouettes improvisées.

RECORD DE CIGOGNES ?

Le hameau de Torre, à 2,5 km au sud de Comporta, pourrait bien concourir au titre de lieu abritant la plus grande densité de cigognes par habitant au Portugal : on a compté 12 nids actifs pour à peine 20 résidents !

Praia da Galé : *à 26 km au sud de Comporta par la N 261 en direction de Melides (bifurquer à 22,5 km au niveau du panneau « Campismo »).* Quelle splendeur ! Cette plage sauvage, battue par la houle, s'adosse à de hautes falaises tendres, sculptées par l'érosion en cheminées de fées rappelant par moments l'Ouest américain. On y accède en traversant le *Camping Praia da Galé (accès payant en août : 5,50 €),* où l'on peut s'installer (voir plus haut « Où dormir dans les environs ? ») – on y trouve aussi le *Dreamsea Surf Camp* (voir « Où dormir et faire du surf dans les environs ? »).

Praia de Aberta Nova : *fléché depuis la N 261, 23 km au sud de Comporta (puis 4,8 km).* Encore une plage immense, splendide et vierge – si l'on excepte le tout petit *Bar dos Tigres* posté en vigie *(tlj en été ; sam seulement hors saison).*

HOMMES, CULTURE, ENVIRONNEMENT

ARCHITECTURE

Les amoureux des vieilles pierres n'en finiront pas de partir sur les traces du passé, de musée en monument célèbre, mais aussi de ruelle oubliée en place ensoleillée, se laissant porter par l'inspiration du moment autant que par les indications lues ici ou là. Des fouilles du théâtre romain abritées par un semblant de hangar à l'Alfama au monument des Découvertes portant le souvenir de l'époque Salazar mélangé à celui des rêves des navigateurs à Belém, vous n'avez pas fini de (re)découvrir Lisbonne.

Remontons le temps. De la ***période romaine et wisigothique,*** il reste peu de traces, notamment du fait du tremblement de terre de 1755. On retrouve de-ci de-là, surtout dans les musées, des pièces rappelant ces époques.

Du VIIIe au XVe s, ce sont les ***périodes maure et médiévale.*** *Al Usbuna* (Lisbonne) adopte un charme tout africain. Des fenêtres et de discrets volets, derrière lesquels on se protège du soleil, apparaissent à l'avant des demeures. Les maisons sont simples, blanchies à la chaux, avec de petites fenêtres et des toits couverts de tuiles en terre cuite. Plus tard, les mosquées cèdent du terrain, les cathédrales fleurissent. C'est le temps de la Reconquête.

Dès le XVIe s, sous le règne de Manuel Ier, le ***style manuélin*** apparaît, assez extravagant, avec beaucoup de motifs floraux, mais aussi maritimes. De cette époque datent la tour de Belém, le monastère des Hiéronymites, etc. Le style manuélin se caractérise par la présence de nombreux motifs sculptés représentant les cordages torsadés des navires : c'est l'époque des grandes découvertes.

L'heure du ***baroque*** correspond au XVIIIe s. Les églises monumentales se construisent, comme São Roque, qui cache derrière une austère façade un intérieur d'une richesse folle. La Belle Époque en quelque sorte pour Lisbonne, qui attire de nombreux architectes du monde entier. On passe d'un style simple, l'*estilo chão,* avec de grandes façades horizontales, où l'acier est largement utilisé, notamment dans le travail des balcons, à un style plus foisonnant. À cela s'ajoutent les devantures d'***azulejos.*** L'âge baroque est atteint. Quelques exemples : l'igreja da Graça ou le palácio das Necessidades (l'actuel ministère des Affaires étrangères). L'autre grand exemple du genre est Mafra, à l'ouest de la ville. C'est ici que l'on retrouve le Portugal conquérant, riche de l'or et des bijoux du Brésil.

Le tremblement de terre de 1755 va bouleverser doublement la vie et la ville. C'est le marquis de Pombal, ministre de dom José I, qui gouverne alors le pays : il fait raser le centre ancien et lance l'idée d'une ville moderne digne du rationalisme de l'époque des Lumières. 3 architectes sont mis sur le projet. Manuel da Maia, Carlos Mardel et Eugénio dos Santos établissent un plan précis, au cordeau, pour le centre-ville, sur un nombre de rues limité au tracé strict. C'est le ***style pombalien*** qui émerge, sans fioriture aucune, sauf peut-être l'utilisation

LA PUNITION DIVINE

Le tremblement de terre de 1755 à Lisbonne eut lieu le jour de la Toussaint. Contrairement à l'enseignement de la Bible, de nombreux catholiques considérèrent Dieu comme méchant et vengeur. En ces terres très chrétiennes, certains Portugais perdirent la foi. Puis on inventa la sismologie.

du stuc pour l'ornementation. Les maisons dépassent rarement 4 étages, les jointures sont en brique ou en pierre, le tout organisé, dans un souci de salubrité publique, autour d'une cour avec des sanitaires. Ce soin apporté à l'unification architecturale par Pombal s'estompe rapidement à sa mort. Le charme baroque et rococo reprend vite le dessus. Marbre et façades rose bonbon refont surface.
Le XIXe s est un ***temps troublé*** dans l'histoire de l'architecture lisboète, sans style dominant. C'est le temps du ***revival,*** les bâtiments reprennent des allures manuélines (la gare du Rossio, l'*elevador* de Santa Justa). Quelques édifices retrouvent des aspects maures. Des quartiers industriels voient le jour (Graça). C'est aussi à cette époque qu'apparaissent les *calçadas portuguesas,* les fameux trottoirs pavés qui font le charme de vos promenades (mais qui peuvent aussi vous épuiser !). Quant à l'époque de la dictature de Salazar, elle a suscité à Lisbonne un style dit pudiquement « ***salazariste*** » (que d'autres qualifieront simplement de fasciste) avec des bâtiments massifs, comme la Bibliothèque nationale. C'est surtout un style très classique, reprenant des touches folkloriques de l'histoire du pays, où celle-ci s'étale sous forme de frises. Le nationalisme exacerbé de cette période est marqué par des statues monumentales. Mais c'est aussi sous l'action de Duarte Pacheco que verront le jour les ponts (le pont du 25-Avril ou ancien pont Salazar, par exemple), les autoroutes, ou encore le métro et les bases de la Fondation Calouste-Gulbenkian.
La fin du XXe s et le début du XXIe s verront triompher le ***design,*** domaine dans lequel Lisbonne n'est pas en reste. Le centre culturel de Belém, aux lignes épurées, abrite un parfait exemple de collection d'art moderne et contemporain comme on rêve d'en rencontrer partout en Europe, mais les tentatives pour créer dans Lisbonne même de vrais « quartiers du design » (autour de Santos, notamment) et même un vrai musée restent pour l'heure à l'état de projet.
La reconstruction du Chiado en 1988 par Álvaro Siza Vieira (l'un des grands architectes portugais contemporains) fut un succès, le quartier étant aujourd'hui l'un des plus visités de la ville. Siza est aussi l'auteur du pavillon du Portugal au parc des Nations. Au Portugal, l'architecture est résolument tournée vers l'avenir, comme vous le remarquerez très vite, des hôtels avec vue sur le Tage aux restos tendance en passant par les boutiques donnant de nouvelles couleurs à la vie au quotidien.

Street art

Élue meilleure ville de street art au monde par le journal anglais *The Guardian,* Lisbonne inspire de nombreux artistes, dont voici quelques-unes des représentations les plus emblématiques.
– ***Rua das Murtas :*** commencée en 2012, une longue frise de 1 km habille le mur de l'hôpital psychiatrique. Une des plus longues d'Europe !
– ***Crono Project : avenida Fontes Pereira de Melo,*** on admire les œuvres des jumeaux OsGemeos ou de Sam3. À la ***gare Santa Apolonia,*** d'autres œuvres comme celle du Portugais Vhils (également visible en France, notamment à Paris). Sur le ***mur Amoreiras, avenida Conseilheiro Fernando de Sousa*** et sur le ***parking du Mercado do Chao do Loureiro*** (œuvres de Ram, Mar et Nomen entre autres).
– ***Avenida Fontes Pereira de Melo,*** puis vers l'***avenida da Liberdade*** et l'***avenida Dom Afonso Henriques,*** œuvres de PixelPancho ou Zé Carvalho.
Pour en découvrir plus encore : ● *fatcap.com/city/lisbon.html* ●

BOISSONS : LISBONNE... À BOIRE !

Les vins portugais sont injustement méconnus alors que leur qualité est plus qu'honorable. Le pays, 8e producteur mondial en 2018, est à la tête d'une trentaine de régions bénéficiant d'une appellation d'origine. Près de 200 cépages différents sont cultivés, donnant des vins très typés, au taux d'alcool généralement plus élevé que les vins français – soleil oblige. Un très bon moyen d'apprendre à les connaître est de se rendre à une dégustation de ***Vinhos de Portugal*** (voir la rubrique « À voir. À faire » dans « Baixa et Rossio » à Lisbonne). Les exploitations sont souvent petites et produisent des vins très différents d'une région à l'autre.

– Le plus étonnant et de loin le plus connu des vins portugais hors des frontières est le ***vinho verde*** (« vin vert »), produit dans le Nord (Minho et Douro). Très léger, pétillant et blanc (le meilleur), rosé (tout à fait correct) ou rouge foncé (pas terrible), il doit son nom au fait qu'il doit être bu au printemps suivant la récolte. Dans la même région, on trouve aussi le ***vinho maduro*** (mûr), sec mais non pétillant.

– La région du ***Dão*** (centre-nord) donne un vin rouge assez léger et très fruité. Le cépage principal est le *touriga naciónal* (utilisé aussi pour la production de porto).

– La toute petite région du ***Douro,*** au nord, donne des vins parmi les plus aromatiques de tout le Portugal. C'est également là qu'est fabriqué le fameux vin de Porto (et du mousseux à Lamego).

– L'***Alentejo*** possède quantité de jeunes vignes d'une dizaine de cépages, les plus connus étant le *redondo,* le *borba,* le *monsaraz* et le *reguengos,* travaillés selon des méthodes modernes. Ses vins, typés, à la robe rouge-violet, développent des arômes fruités et sont fortement alcoolisés. L'un des meilleurs blancs : le *vidigueira.*

– La région du ***Bairrada*** produit des vins « de table » riches, parfumés et assez corsés, qui passent très bien avec des plats de cochon ou de cabri.

– En ***Estremadura*** (autour de Lisbonne, 1re productrice), on préférera nettement les blancs, à savourer au compte-gouttes le long des innombrables routes des vins qui sillonnent la région.

Autres dérivés alcoolisés

– ***Le moscatel :*** ce vin blanc, doré et doux, est produit dans la serra da Arrábida, au sud de Lisbonne. Il se consomme plutôt en apéritif, ou au dessert, surtout lorsqu'il atteint 20 ou 30 ans d'âge.

– ***L'amêndoa amarga ou amarguinha :*** une liqueur d'amande amère, très douce, typique de l'Algarve.

– ***La ginja :*** cet alcool à base de griottes se trouve dans presque tous les cafés ou *ginjinhas* à Lisbonne. Certaines de ces échoppes, minuscules, ne servent pratiquement que cela, voire de l'*eduardinho* (un autre apéro auquel se mêle un peu d'absinthe).

– ***La liqueur Beirão :*** cette liqueur nationale à base d'herbes, au goût légèrement anisé, est plutôt bue en apéritif.

– ***Le Brandy Mel :*** ce doux mélange de brandy et de miel, légèrement sirupeux, s'avère un bon digestif.

L'IMPORTANT, C'EST (D'AVOIR) LA CERISE !

La ginja est typiquement lisboète. Au moment de l'apéritif, cette boisson à base de griottes coule à flots dans les typiques ginjinhas de la ville. Parfois, on la déguste dans une petite tasse... en chocolat.

Les *cervejas* (bières) nationales

– ***Sagres :*** numéro 1 des marques, contrôlée par Heineken. La *Sagres* peut être blonde, rousse ou stout *(Bohemia),* avec un goût rappelant la *Guinness* pour cette dernière.

– ***Super Bock :*** existe en *lager,* en stout ou au citron et aussi désormais en « éditions saisonnières ». C'est la bière portugaise la plus exportée.

– ***Cristal :*** une blonde légère. La moins chère et pas forcément la meilleure...

– ***Imperial :*** une blonde pas spécifiquement remarquable qu'on trouve souvent à la pression.

Le porto

Le vin de Porto provient de la vallée du Haut-Douro, située dans le nord du Portugal, à une centaine de kilomètres à l'est de la ville qui lui a donné son nom. Si les vignobles régionaux s'étendent sur environ 240 000 ha (avec une vingtaine de cépages cultivés, rouges et blancs), seuls 26 000 ha sont autorisés à produire du porto.

La naissance du doux breuvage commence dans l'euphorie des vendanges. Le jus extrait des raisins passe par la fermentation, qui est rapidement arrêtée par l'adjonction de 1/5 d'eau-de-vie au volume global (mutage). Le taux d'alcool se situe alors entre 19 et 22°. Viennent le décuvage et le transfert du porto, dûment accompagné de son certificat d'authenticité, à Vila Nova de Gaia, où se trouve la zone des chais, extension exceptionnelle de la région d'appellation contrôlée. C'est là que, paisiblement, solennellement, certains vins pourront atteindre la véritable perfection.

Il existe 2 grandes familles de porto : le *blend* et la famille des « récoltes uniques », issues d'une vendange d'une année.

– Le ***blend*** est réalisé à partir de vins d'assemblage vieillis en fût, donc non millésimés. Une douzaine de cépages entrent dans ces compositions savantes, parmi lesquels le *tinta roriz,* le *tinta barroca,* le *tinta cão...* Le porto jeune, plus doux et plus rouge, est appelé ***red,*** quand le ***ruby*** ou le ***tawny*** sont respectivement plus vieux et, au fur et à mesure, un peu plus roux ou bruns ; il y a aussi le ***white*** issu de raisins blancs, un peu plus vieux que les précédents, que l'on choisira *extra-dry, dry* ou *sweet* selon les goûts. C'est le seul qui doit impérativement être bu (très) frais.

– Parmi les « récoltes uniques », on trouve les ***reserva,*** qui sont des *tawnies* vieillis au moins 7 ans en fût (mais qui n'évoluent plus une fois mis en bouteilles) ; les ***décimaux,*** qui sont des *tawnies* de 10, 20, 30, voire 40 ans, qui ont gagné au contact du chêne leurs lettres de noblesse ; les ***vintages*** (3 % de la production), considérés comme les rois du porto (et donc les plus chers !), réservés aux millésimes exceptionnels, sont élevés 2 ans en fût, puis se bonifient au moins aussi longtemps en bouteille avant d'être mis sur le marché ; et enfin les ***late bottled vintages*** – *LBV* pour les connaisseurs –, vieillis de 4 à 6 ans en foudre, mais moins puissants et à la capacité de garde plus réduite.

Il faut savoir aussi que la commercialisation du porto n'est légale qu'en bouteille et que la vente de vrac ne peut prétendre à l'appellation car souvent tirée de fonds de cuves plus ou moins arrangés.

APÉRO OU PAS ?

Le vin de Porto, développé depuis le XVIIe s, connaît son essor avec l'alliance anglaise dès 1703. La consommation s'accroît en France avec la Première Guerre mondiale : les Français se sont vite épris de ce nouveau vin apporté par les soldats britanniques. Curieusement, au Portugal, on le boit à la fin des repas, et en Angleterre, avec le fromage. En revanche, il devient un apéritif très courant dans les bistrots de la IIIe République.

Le café

Il se boit tout au long de la journée, décliné sous toutes ses formes, avec ou sans lait.

– ***Uma bica,*** café très serré, équivalent de l'*espresso* italien, est issu du dialecte lisboète. À Porto, on peut donc quelquefois faire semblant de ne pas comprendre ce mot, rivalité oblige... Il faudra alors demander ***um cimbalinho.*** On peut le demander *com cheirinho* (« avec un petit parfum ») pour un zeste d'eau-de-vie.

– La ***carioca*** est un café un peu plus léger.

– Vous préférez un allongé ? Demandez un ***abatanado*** (ou *uma bica cheia*).

– Le ***pingado*** est un café noisette, avec juste une touche de lait.
– Le ***garoto*** est un crème que l'on demande *claro* ou *escuro* (clair ou foncé, soit avec plus ou moins de café), selon le goût.
– Le ***galão*** est un café au lait servi dans un grand verre, là aussi plus ou moins clair.

Le thé

Les amateurs apporteront leur réserve : on en boit très peu au Portugal. Et si on en boit, il n'est pas terrible...

CALÇADA PORTUGUESA

Vous constaterez vite que les trottoirs portugais et les places sont fréquemment constitués de mosaïques faites de mini-pavés noirs, blancs et gris. Cette tradition portugaise remonte au XVIIIe s, voire avant, et s'est généralisée à partir du XIXe s. Tout le travail est réalisé à la main (à l'origine par des forçats, désormais par des ouvriers spécialisés), de la casse méticuleuse des petits cubes calibrés jusqu'à leur mise en place. La *calçada portuguesa* permet une richesse créatrice exceptionnelle, par la simple variation des formes des blocs et par leurs combinaisons. Attention, on trébuche fréquemment sur leur surface irrégulière (mesdames, bannissez les chaussures à talons). Et dans les rues en pente, on glisse carrément sur les pavés lustrés par les passages !

CINÉMA

Bizarrement, le cinéma portugais est plus connu à l'étranger que dans son propre pays ! Le plus fameux des cinéastes portugais reste sans doute ***Manoel de Oliveira,*** né en 1908. Pour ses 100 ans, le doyen des cinéastes reçoit une Palme d'or à Cannes, couronnant toute son œuvre. En 2010, il présentait au même festival *L'Étrange Affaire Angelica*. Il meurt en avril 2015, à 106 ans.
L'autre « star » du cinéma portugais est ***João César Monteiro,*** souvent primé dans les festivals internationaux, et décédé en 2003. Une partie de son film baroque *Les Noces de Dieu* a été tournée dans le palácio Fronteira, propriété de dom Fernando de Mascarenhas, 12e marquis de Fronteira.
Oliveira et Monteiro sont des représentants du *cinema novo,* qui vit le jour après la chute de Salazar et la révolution des Œillets (1974). C'est un cinéma original, avec des thèmes récurrents : Dieu, l'amour, la foi, la mort.
Aujourd'hui, une nouvelle génération prend le relais. Quelques noms : ***Pedro Costa*** avec son terrifiant *Ossos* sur Lisbonne, présent également en compétition officielle au Festival de Cannes en 2006 avec *En avant jeunesse !,* où l'on assiste à l'immersion de son héros, Ventura, dans les quartiers capverdiens de Lisbonne, ***Joaquim Sapinho, Manuela Viegas*** ou encore ***Teresa Villaverde.***
Un des gros succès de ces dernières années est l'*Adam et Ève* de ***Joaquim Leitão,*** avec la délicieuse actrice portugaise ***Maria de Medeiros,*** qui a, depuis, tourné son 1er film, *Capitaines d'avril,* relatant un épisode marquant de l'histoire du pays, la révolution des Œillets, avec Joaquim Leitão, mais comme acteur cette fois ! En 2016, le sulfureux réalisateur ***João Pedro Rodrigues,*** déjà remarqué pour *O fantasma* (2000) et *Mourir comme un homme* (2009), sort le déroutant *Ornithologue,* des œuvres remarquées et primées dans les festivals internationaux, qui font de lui l'un des initiateurs d'une nouvelle vague portugaise avec ***Miguel Gomes*** *(Tabou, Les Mille et Une Nuits)* ou de jeunes cinéastes comme ***João Nicolau*** *(John From)* et ***João Salaviza*** *(Montanha).*

Lisbonne vue par des réalisateurs étrangers

Lisbonne a attiré quelques cinéastes étrangers (mais étonnamment, assez peu), comme le réalisateur suisse ***Alain Tanner.*** Il y a tourné *Dans la ville blanche (1983)* avec Bruno Ganz dans le rôle d'un mécanicien de marine qui quitte son bateau et traîne dans Lisbonne où il tombe amoureux d'une jolie serveuse, tandis que sa femme l'attend en Allemagne... Avec *Requiem (1998),* Alain Tanner balade son personnage dans les rues de Lisbonne sous un soleil de plomb entre rêve et réalité, passé et présent, selon une adaptation du roman éponyme de Tabucchi (disponible en coll. « Folio », nº 4383, Gallimard).

N'oublions pas non plus *Lisbonne Story,* de ***Wim Wenders,*** sorti en 1994, où un ingénieur parcourt la capitale pour trouver de la musique correspondant aux images du film muet tourné par un ami, mystérieusement introuvable.

À signaler aussi, le cinéaste américain ***Eugène Green,*** né à New York en 1947, émigré en France dans les années 1960 et naturalisé français. En 2009, il tourne *La Religieuse portugaise* à Lisbonne et en portugais. Le film raconte l'histoire de Julie de Hauranne, une comédienne française venue à Lisbonne pour tourner une adaptation des *Lettres portugaises* de Gabriel de Guilleragues. En 2010 est sorti le film *Les Mystères de Lisbonne* de ***Raúl Ruiz*** (1941-2011), cinéaste d'origine chilienne, installé en France depuis 1973. Pour lui, le Portugal est le pays selon son cœur, qu'il a fréquenté pendant 30 ans. « Le Portugal, c'est comme le Chili mais en mieux. » Le film est une superbe adaptation d'un roman populaire de l'écrivain portugais Camilo Castelo Branco. Une grande fresque historique et sentimentale qui se passe au XIXe s.

En 2013 est sortie en France *La Cage dorée,* un superbe film de ***Ruben Alves,*** jeune acteur et réalisateur franco-portugais. Pour la 1re fois, un fils d'émigré portugais (sa mère était concierge à Paris) réalise un film sur cette communauté portugaise méconnue et silencieuse. Ruben Alves a fait un très beau film sensible, brillant, intelligent et heureux, à travers lequel il rend un hommage vibrant à sa famille et, à travers elle, à la communauté portugaise de France.

En 2017, la sortie de 2 beaux films sur la violence de la crise économique portugaise. ***Pedro Pinho*** réalise *L'Usine de rien,* une brillante comédie musicale et syndicale, une réflexion sensible sur le monde du travail entre documentaire et fiction, plusieurs fois primée depuis sa présentation à Cannes. Dans l'excellent film *Saint-Georges,* signé de ***Marco Martins,*** on suit l'histoire d'un boxeur fauché de Lisbonne, qui met ses muscles au service d'une société de recouvrement.

CUISINE

Si simple soit-il, un bon repas porte ici la trace de tous ces voyages, de tous ces territoires qui appartinrent un jour au Portugal, depuis la cannelle, indispensable pour les pâtisseries, jusqu'à l'incontournable poudre de curry... Les tomates et pommes de terre du Nouveau Monde sont de toutes les fêtes, comme l'ail et l'oignon. Les Maures ont planté des citronniers, des orangers amers, et appris aux Portugais à mélanger les fruits au poisson et à la viande. Ce sont aussi les inventeurs de la ***cataplana,*** un plat du Sud délicieux, qui emprunte son nom à une sorte de tajine typique en cuivre composé d'un plat incurvé et d'un couvercle symétrique. Il permet de cuire lentement à l'étouffée avec des épices, donnant ainsi un goût divin aux fruits de mer, poissons, viandes et légumes qui y mitonnent. Quelques *petiscos* – version portugaise des tapas – pour s'ouvrir l'appétit, du style beignets de morue *(pastel de bacalhau),* ou une petite salade de poulpe, petits pains avec beurre en barquette et fromage blanc : une mise en bouche payante, à tous points de vue.

Gardez de la place pour la soupe. Commencez vos découvertes culinaires par l'*açorda de mariscos,* résultat étonnant obtenu en plongeant du pain perdu dans l'eau de cuisson des crevettes. Ou par un bouillon vert des familles, à base de chou, une soupe à laquelle vous avez aussi peu de chances d'échapper qu'à la morue.

Séchée ou salée, la morue *(bacalhau)* est une invention typique de ces Portugais qui ont, dit-on, le rêve pour vivre et la morue pour survivre. Leur imagination pour la préparer semble sans limites (voir plus loin). Les Portugais adorent, sinon, les poissons, qu'ils mangent simplement grillés, en ragoût ou en bouillabaisse *(caldeirada)*.

Le porc reste leur viande préférée. Le plat le plus célèbre – *carne de porco à alentejana* – vient, comme son nom l'indique, de l'Alentejo : marinés dans une sauce à base de poivron rouge, d'ail et d'huile d'olive, les morceaux de porc sont cuits à l'étouffée avec des palourdes et de la coriandre. Sublime apport de la mer aux viandes blanches qui remonte au Moyen Âge ! Dans le cochon tout est bon, ici comme partout. On se régalera donc de saucisses, à commencer par les *chouriços* (qu'on vous proposera en entrée, en omelette baveuse autant que délicieuse : *ovos mexidos com chouriço de porco preto*). Il y a aussi et toujours le poulet *(frango)* cuit à la braise, que l'on mange souvent dans les *churrascarias*, restos populaires que les Portugais adorent. Bon, avec les frites, une fois, ça va, 2 fois, pas la peine de vous faire un dessin. Prenez plutôt le *cozido*, sorte de pot-au-feu que l'on mange à la fraîche à Lisbonne. Comme pour tous les ragoûts, on met ce qu'on trouve. Des plats nourrissants et riches en goût, en tout cas. Avec un verre de vin et du pain savoureux, c'est le bonheur assuré.

Quant aux herbes, sachez reconnaître la fameuse triade aromatique que vous trouverez dans toutes vos soupes et vos ragoûts : persil, menthe et coriandre.

Et les fromages ? Le meilleur de tous est peut-être le *queijo da serra*, fabriqué avec le lait des brebis élevées sur les pentes de la serra da Estrela. Onctueux à souhait. Sauf si vous préférez les *serpa* demi-secs, le *beja* ou l'*azeitão* crémeux. Bon, tout dépend de la saison. Vous aurez peut-être du mal à goûter un fromage frais, que les Portugais mangent saupoudré de cannelle. Idéal pour finir un repas, avec un peu de marmelade de coings. Peut-être succomberez-vous plutôt devant le choix du rayon pâtisseries ? En général, les gâteaux semblent souvent avoir usé et abusé du jaune d'œuf et du sucre (beaucoup de sucre !), avec parfums de cannelle, de citron, d'orange, d'amande. On vous en parle plus loin...

Quelques conseils pratiques

Lisbonne est riche en gargotes et petits restos populaires, mais également en grands restos traditionnels et en tables très tendance orientées vers la « cuisine fusion », les produits bio ou locaux. Si les prix des 1ers restent abordables, ceux des 2d grimpent très vite. Surtout la nuit, quand l'ambiance devient festive. Offrez-vous plutôt une bonne table le midi, là où les menus du jour sont à prix imbattables (souvent couverts, vin et café compris). En alternant avec de petits restos familiaux et en mangeant parfois sur le pouce en terrasse, dans une cour de musée ou face au Tage, vous devriez facilement équilibrer votre budget.

– ***N'ayez pas peur de jouer les demi-portions !*** Bon nombre de restos proposent sur leur carte en portugais (mais pas toujours sur les cartes en langue étrangère) 2 tailles de plats : ***meia-dose*** (demi-portion, généralement suffisant pour une personne) et ***dose*** (portion entière, que l'on peut prendre pour 2). ***Si vous ne précisez pas, on peut vous servir une dose.*** Là, il faut avoir un énorme appétit ! Le prix d'une demi-portion est moins élevé bien sûr, mais parfois proportionnellement plus cher.

– Certains restos proposent sur leur carte en portugais (mais pas toujours sur les cartes en langue étrangère) 2 tailles de plats : ***meia-dose*** (demi-portion, suffisante pour une personne) et ***dose*** (portion que l'on peut prendre pour 2). Si vous ne précisez pas, on vous sert automatiquement une *dose*. Bien si vous avez un très gros appétit !

– Le ***prato do dia*** (plat du jour) est servi rapidement car il est déjà préparé, et coûte moins cher que ceux sur la carte.

– Certaines cartes de restaurant portent la mention ***refeição completa,*** ou encore ***ementa turística,*** ce qui correspond à une sorte de menu comprenant, pour un prix fixe : une soupe, un plat, une boisson et parfois un dessert ou un café. Intéressant. On trouve même des *pratos economicos* servis au comptoir ! Pas cher et bon rapport qualité-prix.

– Les 3 repas sont ***o pequeno almoço*** (le petit déjeuner), ***o almoço*** (le déjeuner), entre 12h et 15h, et ***o jantar*** (le dîner), entre 19h et 23h (plus tôt en dehors de Lisbonne).

Petiscos et hors-d'œuvre

Pour vous ouvrir l'appétit et vous faire patienter, le serveur apportera d'autorité à votre table olives, fromage de chèvre, pâté peut-être et corbeille de pain. Vous n'êtes pas intéressé ? Faites-le savoir, il remballera le tout ! Si vous les gardez, sachez qu'ils ne sont pas offerts. La pratique est très répandue ; seules certaines cantines de quartier y échappent.

Mieux vaut choisir soi-même parmi la vaste gamme des *petiscos* – les tapas portugaises. Ceux-ci comprennent charcuterie, petites salades de légumes, *croquetes de carne, pasteles de balcalhau* et autres beignets, fromages, petites assiettes de fruits de mer, sans oublier les escargots *(caracóis),* servis entiers avec tête, antennes, intestins... glurps ! Autres incontournables parmi les hors-d'œuvre : la salade de poulpe, une bonne ***sopa*** de légumes ou de poisson, servie tiède, ou encore des légumes grillés avec un filet d'huile d'olive...

Côté mer

La morue *(bacalhau)* ou cabillaud séché (c'est le même poisson) est incontestablement l'emblème de la cuisine portugaise. Ses pêches miraculeuses nourrirent les Portugais pendant des siècles. Et pourtant, la morue est pêchée bien loin du pays, dans les mers froides, en Islande aujourd'hui, autrefois à Terre-Neuve. La raison ? Les réserves canadiennes étant épuisées, c'est l'Islande qui a pris le relais. Les pêcheurs islandais livrent la morue au Portugal par avion-cargo ou par camion. Le voilà, celui que vous attendiez tous : séché ou salé, le ***bacalhau*** (la morue) est indissociable de la cuisine portugaise. Ne dit-on pas des enfants du pays qu'ils ont « le rêve pour vivre et la morue pour survivre » ? On dit aussi qu'il y a 365 manières de la préparer, pour varier chaque jour les plaisirs ! Il y en a peut-être encore davantage, même si, dans la pratique, ce sont toujours un peu les mêmes plats qui reviennent : *bacalhau cozido* (bouillie), *assado* (rôtie), *assado na brasa* (au barbecue), *com nata* (à la crème), *à Brás* (délicieuse « morue parmentière », à base d'oignons, de pommes de terre finement coupées, d'œufs brouillés, d'olives noires, de persil), *a gomes de sá* (morue, pommes de terre, oignons, huile, ail, olives noires, lait, œufs durs, le tout cuit au four).

En fait, la morue n'est que la partie émergée de l'iceberg : les Portugais raffolent des fruits de mer et poissons – qu'ils mangent le plus souvent simplement grillés *(grelhados),* en ragoût ou en ***caldeirada,*** sorte de bouillabaisse aux 1 001 déclinaisons régionales. Parmi les espèces les plus fréquentes figurent *cherne* (mérou, mais attention, derrière ce nom se cache de plus en plus souvent la vorace perche du Nil), *peixe espada* (poisson-épée, à ne pas confondre avec l'espadon), *espadarte* (espadon), *pescada* (merlu), *linguado* (sole), *raia* (raie), *enguias d'Aveiro* (anguilles), *polvo* (poulpe)... sans oublier les *sardinhas,* les *lulas* (calamars) et autres *chocos* (seiches) – à Setúbal, ils sont justes frits et servis avec des frites.

Les préparations à base de riz, rappelant les *arroces* et paellas espagnols (en fait d'inspiration arabe), sont fort généreuses. Le classique ***arroz de mariscos,*** aux fruits de mer, est délicieux quand il est bien cuisiné. Dans l'Alentejo, du côté de l'estuaire du Sado, on le prépare avec des couteaux *(lingueirãos).* En Algarve, c'est plutôt avec de la lotte *(arroz de tamboril).* Ou, en version plus économique, avec uniquement des *camaraões* (crevettes). Ne confondez pas l'*arroz de mariscos* avec l'***açorda de mariscos,*** une sorte de panade préparée avec de l'ail, de l'huile, des œufs, de la coriandre, des crevettes, des palourdes, des clovisses et des épices.

Parmi les fruits de mer, les palourdes *(amêijoas)* sont particulièrement appréciées, notamment *à Bulhão Pato,* relevées d'huile, d'ail, de coriandre, de sel, de poivre et de citron à la fin.

Côté terre

Et pourquoi ne pas commencer vos découvertes culinaires par un ***caldo verde,*** un potage de pommes de terre et de choux galiciens émincés, agrémenté de rondelles de saucisse plus ou moins épicée ? Bien qu'originaire du Nord ce potage est devenu national, et vous avez aussi peu de chances d'y échapper qu'à la morue !

Le porc est la viande préférée des Portugais, que ce soit sous la forme de *lombo* (filet), de *costeletas* (côtes), de *febras* (tranches) ou du savoureux *leitão* ou cochon de lait. Le plat le plus célèbre vient de l'Alentejo : l'emblématique ***carne de porco alentejana,*** une recette de filet de porc cuit à l'étouffée avec coriandre, saindoux, baies de poivron rouge, ail, huile d'olive et... palourdes ! Dans le cochon tout est bon. On se régalera aussi de saucisses, éventuellement fumées (à commencer par les ***chouriços***), mais aussi des fameuses ***tripas à moda do Porto*** (tripes de veau à la mode de Porto), avec de l'oreille et de la tête de porc. Puisqu'on est à Porto, restons-y avec la ***Francesinha,*** la « petite Française », sorte de croque-madame baignant dans la sauce. C'est d'ailleurs cette dernière qui fera toute la différence entre un pur moment de délectation culinaire ou... un *Titanic* version toast ! Côté viandes rouges, le ***bife à portuguesa*** tient le haut du pavé (sic !), car il s'agit d'un steak servi sur un lit de frites et nappé de tranches de bacon. Attention, les cuissons sont souvent trop à point pour nous autres... Précisez !

Un autre classique à ne pas dédaigner : le ***frango piri piri,*** du poulet grillé enduit d'une sauce à base d'huile d'olive et de piments. Il y a aussi le ***frango no churrasco*** (poulet cuit à la braise), coupé en 2, que l'on mange souvent dans les *churrascarias,* ces restaurants populaires que les Portugais adorent, ou que l'on peut emporter. Mais commandez plutôt un ***cozido à portuguesa,*** sorte de pot-au-feu pour les longues soirées d'hiver. On peut aussi le manger froid en gaspacho comme à Lisbonne. Comme pour tous les ragoûts, on y met ce qu'on a. Dans le Nord, le ***cabrito*** bondit souvent directement du gril vers votre assiette : délicieux. Avec un verre de *vinho verde,* qui a gardé le goût de la pierre et de la terre qui l'a vu naître, et du pain savoureux type ***broa de milo*** (à base de maïs que l'on trouve essentiellement dans le Minho), c'est le bonheur assuré. Quant aux herbes, sachez reconnaître la fameuse triade aromatique que vous trouverez partout : persil, menthe et coriandre.

Quelques autres spécialités

– ***Bifana :*** un sandwich pas cher dans lequel on peut tout glisser, ou presque (et surtout du cochon mariné) !
– ***Sopa da Pedra :*** cette « soupe de pierre », attachée au centre du pays, réunit haricots, oreille de porc, chorizo, lard, pommes de terre, oignons, carottes, ail, laurier, coriandre et... une pierre bien lavée ! Avec l'ébullition de l'eau, elle s'agite et écrase les ingrédients pour les transformer en soupe.
– ***Canja :*** consommé de poulet avec riz et abats.
– ***Gaspacho à alentejana :*** soupe froide composée d'ail, d'huile, de vinaigre, de tomates, de pain dur, d'origan, de poivron vert, de concombre, le tout non mouliné.
– ***Açorda alentejana*** (ou *sopa alentejana* – plus liquide) ***:*** pain dur, œufs, huile, ail, coriandre hachée, sel, eau.
– ***Chanfana :*** un ami portugais malicieux tint à nous donner la recette de ce ragoût : « Prenez la plus vieille bique et le plus mauvais des vins... » S'il est traditionnellement préparé à base de chèvre ou de mouton adulte, n'en croyez pas un mot : cette spécialité du centre du pays est délicieuse et gagne encore à être réchauffée.

– ***Feijoada de chocos*** **:** haricots rouges cuisinés avec des calamars. Il faut goûter, au moins une fois.
– ***Feijoada à Trasmontana*** **:** haricots blancs cuisinés avec des morceaux de porc (différentes parties de l'animal), plusieurs sortes de saucisses et épices. Très consistant !
– ***Farinheras, alheiras*** **:** la recette de ces saucisses préparées traditionnellement à base de volaille provient des anciennes communautés marranes (voir la rubrique « Religions et croyances » plus loin), forcées de contourner leur tabou du porc le plus discrètement possible. On les appelle d'ailleurs *maranhos* dans la région de Tomar.
– ***Frango na Púcara*** *(Estremadura)* **:** petit poulet mijoté avec jambon, tomates, échalotes, beurre, moutarde, ail, porto, eau-de-vie, vin blanc, épices... dans un pot en céramique.

Des fromages

– ***Queijo da Serra*** (ou simplement *Serra*) **:** c'est peut-être le meilleur de tous, fabriqué avec le lait des brebis élevées sur les pentes de la serra da Estrela. Onctueux à souhait, on le trouve un peu partout. On trouve plusieurs variétés DOP en Alentejo : celui de ***Serpa,*** coagulé avec une infusion de pétales secs de chardons, à pâte semi-molle ou bien au goût fruité après affinage ; celui de ***Nisa,*** frais ou mûr, idéal avec un verre de rouge et des olives ; et celui de ***Castelo Branco,*** plus piquant mais tout aussi savoureux.
– Il existe de nombreux autres fromages de chèvre, de brebis et de vache, certains dans lesquels on plonge voluptueusement sa cuillère (*amanteigado,* littéralement « comme du beurre »), d'autres, à pâte affinée *(curado),* d'autres encore plus durs. Le *solaio,* du côté de Porto, est à la fois dur à l'extérieur et fondant à l'intérieur – parfait pour les indécis ! Vous aurez peut-être du mal à goûter un fromage frais que les Portugais mangent saupoudré de cannelle.

Et des gâteaux

Dans la matinée et, plus encore, dans l'après-midi, tout le monde converge vers les ***pastelarias,*** où s'alignent, dans les vitrines, des gâteaux très riches en jaunes d'œufs et en sucre, aux doux parfums de cannelle, de citron, d'orange, d'amande...
– ***Toucinho do céu*** **:** sucre, amandes, jaunes d'œufs en plus grande quantité que les blancs, farine, beurre, confiture de *gila* (courge du Mexique)... *Toucinho* veut dire « poitrine » (de porc), car, à l'origine, ces pâtisseries étaient préparées à base de graisse de porc.
– ***Papos de anjo*** *(« estomac » ou « jabot d'ange »)* ***de Trás-os-Montes*** **:** confiture de fruits, œufs et jaunes supplémentaires, sucre, cannelle.
– ***Barriga de freira*** *(« ventre de nonne »)* **:** sucre, beurre et toujours beaucoup de jaunes d'œufs.
– ***Queijo de figo*** **:** des couches de figues sèches, amandes effilées, cannelle et chocolat.
– ***Pudim francês ou pudim flan*** **:** très proche de notre flan.

RIEN NE SE PERD !

Pourquoi trouve-t-on tellement de pâtisseries à base de jaunes d'œufs ? Parce que les nonnes des couvents, à qui l'on doit la création de ces petites merveilles, utilisaient beaucoup de blancs d'œufs pour amidonner leurs cornettes. Du coup, il fallait bien utiliser les jaunes d'une façon ou d'une autre... Mais les temps ont changé : les nonnes ne portent plus la cornette, aussi a-t-il fallu trouver une autre utilité au blanc d'œuf. C'est ainsi que la meringue a fait son retour en force dans les pâtisseries !

– ***Leite-creme :*** mêmes ingrédients que pour le flan, mais préparation plus crémeuse.
– ***Arroz doce :*** sorte de riz au lait.
– ***Pastel*** (*pastéis* au pluriel) ***de nata :*** flan crémeux dans une pâte feuilletée, délicieux lorsqu'il est servi tiède et saupoudré de cannelle et de sucre glace. Incontournable ! On le décline désormais dans une grande variété de goûts et parfums, moins authentiques.
– Citons encore les ***queijadas de Sintra*** (petits gâteaux au fromage), les ***ovos moles de Aveiro,*** les ***ouriços*** (oursins) d'Ericeira, les profiteroles à la caroube ***(alfarroba)*** en Algarve, les prunes d'Elvas ***(ameixas)*** en eau-de-vie de l'Alentejo, les ***rebuçados de ovos*** (œufs caramélisés) de Portalegre, etc. Et, bien sûr, les ***confitures typiques*** vendues dans les pâtisseries : figues, amandes, châtaignes, *doce de abóbora* (courge), *gila...*

CURIEUX, NON ?

– ***1re question qu'on pose à un enfant :*** « *Es de quem ?* », ce qui veut dire littéralement « Tu es de qui ? » et qui signifie... « Quel club de foot soutiens-tu ? » et non pas « Qui sont tes parents ? » Tous les Portugais dès 5 ans ont un club de foot fétiche.
– ***On fait la queue à l'arrêt de bus.*** Plutôt que d'attendre en « tas » à la française, les Portugais se mettent les uns derrière les autres à l'arrêt du bus pour être sûrs que le 1er arrivé monte bien le 1er dans le bus.
– Les amoureux s'offrent un bouquet de basilic à la Saint-Antoine.
– ***On prend un billet*** *(senha)* pour faire la queue partout : dans les magasins, l'administration, etc. La gestion de la file d'attente est partout. On ne laisse rien entre les mains de la civilité naturelle. Si bien que les habitués viennent chercher leur billet et repartent pour revenir 20 mn plus tard.
– On mange de la ***soupe*** à tous les repas.
– En France, le ***fromage*** se mange après le plat de résistance et avant le dessert. Au Portugal, il se mange au début du repas, en entrée.
– On fait de la ***confiture de citrouille*** au Portugal.
– Les enfants sont les bienvenus dans les restos.
– Les fêtes de la Saint-Antoine à Lisbonne donnent lieu à 1 mois de fêtes populaires.
– « ***Com licença*** » : on demande la permission avant de fermer une porte, passer devant quelqu'un, entrer chez les gens. On pourrait le traduire en français par « avec votre permission ». On l'utilise pour demander le passage dans un tramway bondé, sur un trottoir très étroit, pour interrompre une discussion, avant de poser un plat sur la table dans un resto !
– On ne s'offre pas de fleurs.
– Les Portugais s'invitent très peu chez eux.
– Les Portugais pratiquent rarement l'apéro.
– Le ***bitoque,*** plat national, est un steak servi avec un œuf, des frites et du riz. À tester une fois !
– Il y a beaucoup de manières de demander un café : *pingado, meia de leite, cheio, curto, normal, bica escaldada, galao, carioca...* (voir la rubrique « Boissons » plus haut pour les explications).
– ***On coupe la morue*** à la scie circulaire à la poissonnerie. Ça peut surprendre !

ÉCONOMIE

Sortant de l'immobilisme salazariste pour embrasser la *docta* libérale européenne, le Portugal a fait un bond en avant spectaculaire après son ***adhésion à l'Union européenne en 1986.*** Les années 1990, en particulier, ont été marquées par une

modernisation rapide du pays sur fond de croissance soutenue – dopée par les investisseurs étrangers, attirés par une main-d'œuvre bon marché.
Parmi les secteurs les plus porteurs, citons l'***industrie textile,*** l'***automobile,*** avec notamment la fabrication de composants pour les voitures, les ***matériaux de construction,*** les ***machines-outils,*** la ***pétrochimie,*** l'***industrie du papier,*** le ***liège*** et les ***vins,*** naturellement.

À l'heure des crises

Aux débuts des années 2000, rattrapage bien entamé, le moteur portugais commence à connaître des ratés. Entre 2002 et 2004, le gouvernement de José Manuel Durão Barroso lance un 1er programme drastique d'économies budgétaires. Mais ce n'est rien, encore... À compter de 2009, le Portugal sombre dans la ***crise,*** la croissance passant cette année-là en zone négative. C'est au 1er ministre de centre droit, Pedro Passos Coelho, qu'échoit la redoutable tâche de redresser l'économie du pays.
En 2011, l'Union européenne et le Fonds monétaire international viennent au secours du pays, au bord de la banqueroute. Ils lui accordent un ***prêt de 78 milliards d'euros*** sur 3 ans. Le plan de sauvetage impose, en contrepartie, un retour sous la barre des 3 % de déficit public d'ici à 2015. La potion est amère pour les Portugais. En l'espace de quelques mois, les impôts sur le revenu et le patrimoine sont fortement augmentés, les prestations sociales réduites, tout comme les salaires. Le SMIC est gelé à 505 € mensuels. Au total, quelque 70 000 postes dans la fonction publique sont supprimés au cours des 4 années suivantes, tandis que les fonctionnaires voient leur semaine de travail s'allonger de 35 à 40h hebdomadaires. 4 jours fériés sont même supprimés ! L'âge de la retraite à taux plein est repoussé à 66 ans. Les conséquences ne se font pas attendre : le climat social se détériore à coups de grèves générales, la pauvreté augmente et la consommation intérieure chute. La croissance est plombée par l'austérité. ***La récession dure 3 ans,*** de 2011 à 2013, ce qui induit des recettes fiscales en baisse... et empêche la réduction du déficit ! ***Le chômage explose*** : autour de 9 % en 2009, il atteint plus de 17 % en 2013, au plus fort de la crise. Beaucoup de Portugais s'expatrient en Europe, au Brésil, en Angola...
Petit à petit, néanmoins, les réformes portent leurs fruits. Les ***privatisations*** sont conduites efficacement, rapportant presque 2 fois plus que prévu (9 milliards d'euros). Ironie de l'histoire, le principal investisseur se trouve être une ancienne colonie : l'Angola !

UNE LOTERIE CONTRE LA FRAUDE FISCALE

Pour jouer, il faut obligatoirement inscrire ses coordonnées sur une facture établie par un commerçant. Cette loterie hebdomadaire incite ainsi les Portugais à réclamer une facture. Malin !

En 2014, l'économie portugaise sort de la récession et le taux de chômage décline. L'année suivante, le Portugal rembourse ses dettes au FMI et à l'UE. Fin 2016, la croissance a retrouvé un modeste allant : elle s'établit à 1,4 %. L'année suivante, elle culmine à 3,5 % (!), avant de s'effriter à nouveau. Le marché du travail, lui, s'améliore nettement : le chômage redescend sous la barre des 10 % de la population active (9,8 %). En 2019, il passe sous les 8 %, puis baisse à 6,5%.
La relance de l'économie par réinjection de pouvoir d'achat, avec augmentation des retraites et des salaires les plus bas (SMIC à 665 € sur 14 mois), couplée à une diminution des impôts, semble porter ses fruits. Le tourisme, plus dynamique que jamais (16 % du PIB !), et la relance de la consommation locale, viennent en soutien. Tout cela en dégageant même, en 2019, un léger excédent budgétaire (+0,1 %) et en réussissant, parallèlement, à réduire la dette, encore élevée

(passée de 131,4 % du PIB en 2013 à 116,8 % fin 2019). Bruxelles regarde avec surprise ces méthodes loin de l'austérité habituellement prônée !
Las, la pandémie de Covid-19 frappe durement le Portugal. L'année 2020 se termine sur une ***récession historique de 7,6 %***, précipitée tant par la chute de la demande interne que par l'effondrement du tourisme. Comme dans la majeure partie des pays européens, des dispositifs de chômage partiel et des réductions et reports de charges pour les entreprises ont été adoptés, parallèlement à des lignes de crédit garanties par l'État. ***Pas d'aide économique massive*** comme en France, cependant, ce qui s'est traduit par un nombre important de faillites. Pour vous donner une idée, environ ***15 % des adresses de ce guide avaient fermé leurs portes*** à l'été 2021 par rapport à l'avant-Covid, alors même que d'autres difficultés à venir restent probables. Le 1er trimestre 2021 a d'ailleurs été pire que celui de 2020, comptablement parlant (chute du PIB de 5,4 %).
Dans ce contexte, en juin 2021, le Portugal a été le 1er pays de l'Union européenne à bénéficier du vaste plan de relance de 750 milliards financé conjointement par tous les pays membres au nom de la Commission, destiné à soutenir les économies les plus abîmées par la crise. Le Portugal doit ainsi recevoir une enveloppe de 16 milliards, dont 2 milliards de prêts remboursables.

ENFANTS, ESPACES VERTS ET JEUX DIVERS

Les enfants s'en donnent à cœur joie dans cette ville qui offre de nombreuses attractions. Au resto ou ailleurs, ils sont toujours bien accueillis.
Attention, Lisbonne est une ville où les rues montent et descendent, des rues pavées de surcroît, qui peuvent vite essouffler les petits. Merci toutefois à la ville aux 7 collines d'avoir essaimé à ses 4 coins de nombreux jardins (zoologique, botanique, tropical, etc.) ! Et les moyens de transport offrent des possibilités pour économiser l'énergie de vos bouts de chou. Profitez-en, d'autant plus que les transports publics, en dessous de 5 ans, sont gratuits. Dans le centre-ville, on se dégourdit les jambes dans le ***parc Eduardo VII*** *(plan d'ensemble détachable et plan centre détachable, F-G-H3-4-5)*, qui offre son lac, ses étendues herbeuses et ses aires de jeux très bien aménagées pour enfants. On compte d'autres parcs ou jardins, comme le ***jardim do Torel*** *(plan centre détachable, I-J7, **382**)*. Dans le ***square de la place do Príncipe Real*** *(plan centre détachable, H7-8, **373**)*, les enfants pourront jouer tandis que les plus grands siroteront un verre au café *Esplanada*.
On prend les ***tramways*** (le n° 28 en particulier ; voir « Comment se déplacer ? Le tram *(eléctrico)* » dans le chapitre « Infos pratiques sur place »), qui traversent la ville de part en part, avec l'impression de remonter le temps : les enfants adorent. On peut aussi entrer au ***musée de la Marionnette*** *(museu da Marioneta ; plan centre détachable, G9, **378**)* et profiter du joli spectacle qui plaira aux tout-petits, mais pas seulement. On repart à l'assaut de la ville en grimpant dans l'***elevador de Santa Justa*** *(plan centre détachable, J8-9, **367**)*, construit par un élève de Gustave Eiffel. Un autre moyen de transport surprenant, quand il fonctionne ! Une pause méritée avant de monter au ***castelo de São Jorge*** *(plan centre détachable, K8 ; accessible en tram ou en bus)*. La vue y est magnifique. Enfin, pour continuer sur la lancée des moyens de transport amusants, on prend l'un des 3 funiculaires (voir la rubrique « Comment se déplacer ? » dans le chapitre « Infos pratiques sur place »).
Attention, voici l'un de nos gros coups de cœur pour retomber en enfance. Direction le ***parc des Nations*** *(plan Parque das Nações)*, tout au nord de la ville, avec son ***Océanorium,*** un des plus beaux aquariums du monde, et le ***pavilhão do Conhecimento – Ciência Viva*** *(pavillon de la Connaissance)*, où vous ferez des expériences scientifiques amusantes en famille (billet familial possible). Là, il faut prendre la ***télécabine.*** On survole le Tage... un grand moment. Le parc est aussi

l'endroit rêvé pour faire du vélo (location sur place) ou du roller. Profitez-en, les vastes espaces plus ou moins verts sont inexistants au centre de la ville ! Après, vous pouvez terminer la journée en allant admirer le coucher du soleil au ***miradouro*** le plus proche de votre hôtel, tel que celui de ***Santa Catarina*** *(plan centre détachable, H9,* ***372****)* avec son jardin alentour et sa vue sur le Tage.

À l'ouest de la ville, direction Belém et sa tour. À ne pas manquer, surtout un dimanche matin : cyclistes, marcheurs, joueurs de foot l'animent, les terrasses et les jardins sont le rendez-vous des familles lisboètes. Le ***mosteiro dos Jerónimos*** *(plan détachable Belém,* ***391****)* intéressera certainement les ados. Le ***museu da Marinha*** *(plan détachable Belém,* ***393****)* fascine les moussaillons avec ses reconstitutions, ses maquettes et ses exemplaires d'origine, et, à 2 pas de là, le ***musée des Carrosses*** *(museu dos Coches ; plan détachable Belém)* émerveille toujours autant petits et grands. Inévitable : une pause goûter dans l'une des *pastelarias* voisines pour goûter les succulents *pastéis de nata,* de petits flans crémeux saupoudrés de cannelle. Un peu plus loin encore, le ***Jardim zoológico*** *(plan d'ensemble détachable, C-D1,* ***387****),* avec dauphins et autres bébêtes, l'aventure originale du ***musée des Enfants*** et la collection du ***musée de la Musique.*** Pour un grand bol d'air, rendez-vous au ***parque do Alto da Serafina.***

En dehors de la ville, repos des guerriers sur les plages, avec chemin côtier pour les promeneurs, entre Oeiras, Estoril ou Cascais. Attention, si vous continuez par la route de la côte en direction de Sintra, les courants peuvent parfois être violents. Et puis on traversera une forêt dense avant de voir apparaître l'incroyable ***palácio nacional da Pena*** avec ses tours, ses couleurs, son pont-levis et son architecture folle qui séduira toute la famille (plus que son prix d'entrée, exagéré !). Certains apprécieront le ***palácio nacional de Sintra*** et partiront en pensée sur les traces des chevaliers des mers lointaines. Après, ne pas manquer la ***quinta da Regaleira,*** dont le jardin avec ses cavernes, ses passages secrets, ses escaliers dans tous les sens feront passer aux enfants une journée mémorable. Les romantiques préféreront peut-être le ***parque da Pena*** avec ses fontaines et ses espaces verts auxquels il ne manque que l'apparition de quelques fées pour que le conte soit complet.

ENVIRONNEMENT

À Lisbonne et son district, on assiste à une difficile conciliation entre la densité de population la plus élevée du pays et la protection environnementale. La conscience écologique s'éveillant doucement, quelques améliorations se font sentir dans le traitement des déchets et des eaux usées, ou bien l'habitat (le repeuplement du centre-ville voit une nouvelle population revenir, plus jeune, plus concernée par le sujet, plus riche aussi). Mais de gros efforts sont encore nécessaires... et pas vraiment au programme ! À Lisbonne et en banlieue, la pollution de l'air atteint des niveaux préoccupants (l'avenida da Liberdade est l'une des artères européennes les plus polluées ; avis à ceux qui rêvent d'y loger !). La qualité de l'eau laisse également à désirer : mercure dans l'estuaire du Tage et problèmes aggravés par la sécheresse pour le barrage de Castelo de Bode, qui alimente la région en eau potable.

Dans un contexte d'aménagement du territoire déficient et malgré le nombre de rues interdites désormais à la circulation, la voiture conserve sa place de reine incontestée en dehors du centre ancien et apporte son lot d'effets néfastes avec la construction de nouvelles voies rapides, l'élargissement des axes existants, les embouteillages chroniques, les accidents, etc. Sans compter le développement du trafic aérien volant à très basse altitude au-dessus de la ville. De leur côté, les zones naturelles protégées sont grignotées par les constructions illégales, les activités industrielles et les incendies. Malgré tout, il fait encore bon vivre dans la capitale portugaise ! Sa taille modeste limite les inconvénients liés à la circulation

et on se dit que les vents de l'Atlantique balaient la pollution. Et à une douzaine de kilomètres du Rossio, c'est déjà la campagne, sans compter la proximité de plages immenses qui satisferont tous les goûts.
Il y a plusieurs zones naturelles protégées dans la région de Lisbonne : les parcs naturels de Sintra-Cascais et d'Arrábida, le paysage protégé de la falaise fossilisée de la costa da Caparica, les réserves naturelles des estuaires du Tage et du Sado. Infos sur l'état de protection de la nature :

■ ***Instituto da conservação da natureza :*** *av. da República, 16. ☎ 213-507-900. • icnf.pt • Lun-ven 9h30-16h30.* Vend des guides de randonnées pédestres, des livrets sur les parcs naturels et les zones protégées, des livres sur la faune, la flore, l'architecture traditionnelle.

■ ***Quercus – Associação nacional de conservação da natureza :*** *centro associativo do Calhau, parque florestal de Monsanto. ☎ 217-788-474. • quercus.pt •*

■ ***Liga para a protecção da natureza :*** *estrada do Calhariz de Benfica, 187. ☎ 217-780-097. • lpn.pt •*

FADO

4 lettres langoureuses, qui s'attardent, pour suggérer une mélodie proprement portugaise. Le fado, c'est LA musique du Portugal. Autant qu'un chant, c'est un cri, une ambiance, un « état d'esprit », selon la célèbre *fadista* Amália Rodrigues. « Ni gai ni triste », d'après Pessoa lui-même, il incarne la mélancolie et la force de la destinée contre la volonté humaine. Pour le poète Luís de Camões, la saudade est « un bonheur hors du monde » ; pour d'autres auteurs, elle représente une sorte de nostalgie de l'avenir, un sentiment de vide dans l'instant présent. L'origine incertaine et tourmentée du fado se rattache au mot latin *fatum,* qui, justement, signifie « destin ».

SAUDADE

La saudade (prononcer « saoudad ») imprègne l'âme des Portugais. On dit que durant la colonisation de l'Afrique, les colons exprimaient ainsi leur mal du pays. Saudade, *une tristesse empreinte de nostalgie, dont Fernando Pessoa disait qu'elle était « la poésie du fado ».*

La saudade célèbre la mélancolie née des différents revers de fortune qu'a connus le Portugal dans son histoire : marins perdus en mer, ceux-là mêmes que les grands noms des découvreurs ont fait oublier ; disparition tragique du jeune roi Sébastien à la bataille de Ksar-el-Kébir (1578) qui se solde par la perte de l'indépendance du royaume au profit du voisin espagnol ; perte du Brésil en 1822, date à laquelle le fado apparaît véritablement. Rapporté du Brésil par la Cour en exil, ce chant, qui était aussi dansé, s'est enraciné et transformé dans le quartier de la Mouraria de Lisbonne, l'ancien quartier des Maures, où il a gagné une influence arabo-andalouse. Riche de rencontres multiples, le Portugal a ainsi créé un chant emprunté et mûri.

La Severa maudite mais géniale

Née en 1820, dans le quartier de Madragoa à Lisbonne, ***Maria Severa Onofriana*** passe son enfance à l'ombre de sa mère, qui tient une *tasca* où l'on chante le fado. La maman est déjà bien connue dans le quartier... pour sa barbe. Tous les jours, elle se rase comme un homme. Maria Severa vit dans une maison au n° 2 de la *rua do Capelão* (surnommée la « rue sale ») de la Mouraria, quartier populaire et malfamé de la capitale. Un aristocrate lisboète, Francisco de Paula, tombe fou amoureux de Maria Severa. L'union de l'aristo et de la prolo fait scandale. Le couple s'installe dans un palais de Campo Grande. Lassée du luxe et de la vie oisive, la *fadista* des bas-fonds quitte son gentilhomme bohème et retourne à sa

vie dissolue, mélange d'alcool, de fado et de misère. Elle meurt à l'âge de 26 ans (1846) d'une indigestion, dit-on, suite à un repas de pigeons farcis... Une autre version dit qu'elle serait morte de la tuberculose.
Le ***mythe de l'ange noir du fado*** est bel et bien né. Cette « dame aux camélias » version portugaise plonge dans le deuil toute une génération de fadistes et d'artistes. En hommage à Maria Severa, ceux-ci portent le châle noir à franges sur les épaules. Un phénomène social se produit : le fado issu des bas-fonds séduit à présent les beaux quartiers. Bourgeois et aristocrates s'entichent de ces mélopées mélancoliques et de cette histoire d'amour impossible.
Pendant longtemps a perduré l'idée que le fado ne pouvait être chanté que par le peuple. Puis, après avoir habité les rues, le fado se professionnalise et conquiert la scène.

Le fado à texte

Dans le même temps se singularise le ***fado de Coimbra,*** repris par le milieu intellectuel de la vieille université. Plus littéraire, il est chanté dans la rue par des interprètes masculins vêtus de capes noires, et il donne lieu parfois à des joutes musicales. L'*estado novo* de Salazar aura tôt fait de récupérer le fado érigé en art national. Il est chargé de chanter les valeurs morales de la grandeur portugaise. Le cinéma assure son triomphe et celui d'interprètes prestigieux. Trop choyé par la dictature, il connaît un réel discrédit après la révolution de 1974 et est même interdit, cantonné aux maisons de folklore réservées aux touristes.

Le fado enfin reconnu

Aujourd'hui, le fado retrouve grâce auprès d'un public tant portugais qu'étranger, surtout depuis son inscription au Patrimoine immatériel de l'humanité par l'Unesco. Débarrassé d'une gangue idéologique qui ne lui a jamais vraiment correspondu, il se contente de véhiculer les mélodies errantes de l'âme lusitanienne, sur les poèmes de ***Fernando Pessoa, David Mourão-Ferreira*** ou ***Florbela Espanca*** – et de tant d'autres, connus ou méconnus, quand la nuit rassemble, au fond d'une ruelle de l'Alfama, voisins et habitués, debout, le verre à la main et la larme (d'émotion) à l'œil.

Gloire des *fadistas*

Après ***Amália Rodrigues*** (1920-1999), chanteuse mythique qui a longtemps incarné l'image même du fado sur scène comme au cinéma, ***Carlos do Carmo*** a renoué avec une certaine tendance plus engagée. ***José Afonso*** (1929-1987) avait lui aussi, en bon chansonnier polémiste, usé des méandres du fado comme détours à l'oppression politique. ***Maria da Fé, José Mário Branco,*** ou ***Fernando Machado Soares*** pour celui de Coimbra, sont aussi des noms connus. La relève est assurée avec, côté hommes, ***Camané.*** Le monde entier connaît aussi la voix de ***Teresa Salgueiro,*** du groupe Madredeus, sans que ce soit tout à fait du fado. On a découvert aussi ***Mísia,*** élevée au rang de chevalier de l'ordre des Arts et des Lettres en 2004 par le ministre de la Culture français. La touche de spontanéité et de fraîcheur de ***Cristina Branco*** lui permet de lier tradition et modernité, en donnant au fado une image moins tragique, plus « ensoleillée ». Elle est connue sur la scène internationale, tout comme ***Mariza,*** nouvelle ambassadrice du fado, collectionnant les récompenses et les salles combles. ***Mafalda Arnauth*** tire elle aussi les origines de son chant dans le fado, alors que ***Kátia Guerreiro*** et ***Ana Moura*** jouent volontiers dans un registre plus traditionnel.
– Dans la rubrique « Où sortir ?... » de l'Alfama, mais aussi dans la rubrique « Où écouter du fado ? » du Bairro Alto, quelques adresses pour apprécier cette si belle musique. N'oubliez pas non plus le musée du Fado (se reporter à la rubrique « À voir. À faire » dans l'Alfama).

FUTEBOL

2e religion du pays, le foot alimente la moitié des conversations entre mâles portugais. Et son omniprésence sur les écrans de télé de la moindre gargote hypnotise un public de passionnés. La vedette historique du pays s'appelle ***Eusébio.*** Disparu en 2014, le Ballon d'or 1965 était très apprécié des Portugais et soutenait les bonnes causes humanitaires. Sa popularité était telle que 3 jours de deuil national furent décrétés à son décès. Depuis, d'autres stars du ballon rond affichent fièrement les couleurs de l'équipe nationale comme ***Ricardo Carvalho*** ou ***Cristiano Ronaldo,*** sans oublier l'entraîneur ***José Mourinho,*** sacré meilleur entraîneur du monde à 4 reprises.

2 PASSIONS PORTUGAISES

Football et religion. Pas étonnant qu'une douzaine d'équipes de prêtres (padres) aient des résultats fort honorables. Ils jouent plutôt au futsal (foot en salle)... mais pas en soutane !

Les *sócios* ou supporters-actionnaires se comptent par dizaines de milliers. Leurs cotisations enrichissent surtout les 3 principaux clubs : à Lisbonne, Benfica (qui joue au légendaire Estádio da Luz), avec ses 36 titres de champion, et le Sporting Clube de Portugal, et à Porto, le FC local (vainqueur de la Ligue des champions en 1987 et 2004 et champion du Portugal à 27 reprises).

En 2004, la grande fierté des Portugais a été d'accueillir le Championnat d'Europe des Nations suivi par 1 milliard de téléspectateurs. Pour cette occasion, 5 stades ont été entièrement rénovés à Lisbonne, Porto et Guimarães, et 5 autres ont été construits à Aveiro, Braga, Coimbra, Faro et Leiria. Coût total : 800 millions d'euros ! Un effort titanesque pour un pays de 11 millions d'habitants, mais une part de la dépense a été financée par le Fonds de développement de l'Union européenne. Néanmoins, l'argent investi en valait la chandelle : liesse populaire, succès commercial et sportif pour les Portugais arrivés en finale face aux Grecs. Une belle fête ! Dernier exploit en date : lors de l'***Euro 2016,*** le Portugal remporte son 1er titre international (enfin !) face aux Français ! Ronaldo, pourtant blessé lors de la 1re mi-temps, est porté en triomphe. L'équipe entière est adulée par tout un pays, fier d'atteindre le Saint-Graal et de prouver au reste de l'Europe qu'elle est une grande nation du *futebol.* Hélas, le pays n'a pas renouvelé l'exploit lors de l'Euro 2020.

Comment assister à un match de ces 2 équipes ?

■ ***Benfica*** *(hors plan d'ensemble détachable par C1) : av. General Norton Matos. Billetterie : ☎ 707-200-100. • slbenfica.pt • Ⓜ Alto dos Moinhos ou Colégio Militar/Luz.*

■ ***Sporting Clube*** *(hors plan d'ensemble détachable par H1) : rens sur les événements sportifs : ☎ 707-20-44-44. • sporting.pt •*

HISTOIRE

La ***légende d'Ulysse*** tombant amoureux de la rade de Lisbonne nous enchante tous. Heureux qui comme lui a pu faire en son temps de si beaux voyages... Il est plus probable que la fondation de la ville soit due, en fait, aux ***Phéniciens.*** Ils nommèrent ce site exceptionnel à l'embouchure du Tage *Alis Ubo,* la « jolie rade ». Grecs et Carthaginois trouvèrent également l'endroit sympathique pour commercer. Quant aux ***Romains,*** ils le voulurent pour eux seuls. Ils renommèrent l'ancien port phénicien *Olisippo Felicitas Julia.* Trop chic !

Les ***Wisigoths*** profitèrent un temps de la décadence de Rome pour s'y installer – la ville s'appelle alors *Ulixbuna* –, avant de céder la place aux Arabes, qui se l'approprient. Nouveau nom : *Al Usbuna.* Puis il y eut la reconquête du territoire et de la capitale par les chrétiens, bien moins ardue qu'en Espagne. Au XIVe s, enrichie de ses conquêtes successives et de ses apports culturels, la cité du Tage vit au rythme de 3 cultures : chrétienne, maure et juive.

La reine du Tage, clé des mers lointaines

Aux XVe et XVIe s, c'est l'***âge d'or.*** Lisbonne est bien plus que la capitale du Portugal : c'est un grand centre du commerce mondial. Après la découverte, en 1498, de la route maritime des Indes par ***Vasco de Gama*** et du Brésil, en 1500, par ***Cabral,*** les trésors de l'Orient et d'Amérique affluent sur les quais de Lisbonne. Les caravelles débordent de soieries et de porcelaines de Chine, d'ivoires d'Afrique, d'épices d'Inde et des Moluques, de sucre du Brésil. Au marché de Lisbonne, 1 g de poivre vaut 1 g d'or. Jusqu'à 3 000 navires mouillent en même temps dans la « mer de Paille ». Les marins reviennent avec des esclaves de couleur. Et même des animaux étranges comme ce rhinocéros, le 1er à débarquer en Europe, que le roi Manuel Ier exhibe dans ses promenades (non, pas en laisse !). Dans les cours d'Europe, on murmure le nom de cette capitale avec curiosité et envie. « Je suis au ciel car nous approchons de la fameuse Lisbonne », écrit Cervantès en 1616. L'Espagne rêve d'annexer cette capitale qui rapporte tant. « Si j'étais roi de Lisbonne, je serais en peu de temps le roi du monde », estime Charles Quint. Flatteur !

Un tsunami sur le Tage en 1755

Pendant 50 ans, au Siècle des lumières, « l'or du Brésil inonde le Portugal. Entre 6 et 8 tonnes chaque année de 1718 à 1731, entre 11 et 16 tonnes de 1735 à 1756 » (D. Couto, *Histoire de Lisbonne,* Fayard). Le roi du Portugal attend chaque livraison d'or et de diamants du Brésil pour entamer la construction d'un ***nouveau palais,*** comme celui de ***Mafra*** par exemple, réplique grandiose de l'Escurial du roi d'Espagne. Mais cet élan euphorique s'arrête soudain. Le 1er novembre 1755, un violent ***séisme,*** suivi d'un terrible ***raz-de-marée,*** anéantit une grande partie de Lisbonne. Sur les 235 000 habitants que comptait alors la ville, 60 000 perdirent la vie. Les quartiers médiévaux sont dévastés et livrés aux flammes, sauf l'Alfama sur sa colline, qui tient le choc.

La reconstruction de la ville basse est dirigée par l'énergique ***marquis de Pombal.*** Des immeubles, certes un peu sévères, remplacent bientôt les rues médiévales disparues de la Baixa et du Chiado. Quand les troupes de ***Napoléon*** envahissent Lisbonne en 1807, elles y trouvent des maisons toujours en ruine depuis 1755. Elles ne tombent que sur peu de biens à piller (à l'exception des tonnes d'argenterie du monastère Saint-Vincent dans l'Alfama) et repartent vite à l'assaut de quelques monastères du Nord.

RIO DE JANEIRO, CAPITALE DU PORTUGAL

En raison de l'invasion des troupes de Napoléon au Portugal, la famille royale s'établit à Rio de Janeiro en 1808. Rio fut la seule capitale située à l'extérieur d'un royaume. Les plages et l'ambiance durent plaire au roi puisqu'il ne rentra à Lisbonne qu'en 1821 (donc 6 ans après la chute de Napoléon !).

Lisbonne napoléonienne puis anglaise

En février 1808, le Portugal est officiellement rattaché par le général ***Junot*** à l'Empire napoléonien. Le nouvel envahisseur obtient le titre de duc d'Abrantès et noue une liaison avec la jeune épouse du comte da Ega, Juliana Sofia de Oyenhausen. Il repartira avec elle à Paris. Les pillages des troupes françaises poussent la junte portugaise à appeler au secours les Anglais, qui envoient un corps expéditionnaire commandé par Wellesley. Le 30 août 1808, un accord provisoire est trouvé à Setais, près de Sintra, entre Anglais, Portugais et Français. En juillet 1810, Masséna tente de reprendre Lisbonne, mais il est définitivement arrêté par l'artillerie luso-anglaise à Santarem.

Les troupes napoléoniennes se retirent de Lisbonne. Un clou en chasse un autre : Napoléon vaincu, c'est l'Angleterre qui étend sa mainmise sur le Portugal et Lisbonne après 1815. Les historiens considèrent qu'autour des années 1820 Lisbonne est la capitale d'un Portugal devenu protectorat britannique. Le XIXe s est le théâtre de divers mouvements : une alternance de révoltes, révolutions (révolution libérale de 1820, révolution *setembrista* de 1836) et de luttes civiles tandis que les rois se succèdent sur le trône : Maria II^{da}, dom Miguel l'usurpateur, Pedro V^{to} (1853), Luis I^{ro} (1861), Carlos I^{ro} (1889).

LA CARAVELLE, UN BATEAU MAL FICHU

Cette coquille de noix était lourde et trapue. Son tonnage faible ne pouvait contenir que peu de marchandises. Petite (à peine 20 m de longueur), elle ne transportait qu'une vingtaine de marins. Haute sur l'eau, elle était instable et sensible aux tempêtes. Et pourtant, elle permit les plus grandes découvertes : l'alliance des voiles latines et des voiles carrées lui permettait de s'adapter à tous les types de vent.

Lisbonne au XXe siècle

Le début du XXe s est une période sanglante et confuse avec l'***assassinat,*** près de la grande poste, du ***roi Carlos I^{ro}*** (Charles Ier) et du prince héritier, en 1908. En 1910, on proclame une république plutôt bancale, tandis qu'en 1915 les « interventionnistes » lisboètes mènent grand tapage : ils veulent l'intervention du Portugal aux côtés des Alliés. Les intellectuels (dont Pessoa et ses amis de la revue futuriste *Orpheu*) raillent ces bons bourgeois prêts – dans un grand élan altruiste – à mener à l'abattoir les classes mobilisables. Pour la suite, la République portugaise, affaiblie par ses dissensions, va bientôt être atteinte d'une grave maladie importée d'Italie et qui contaminera l'Europe entière.

LA DERNIÈRE REINE FRANÇAISE

Amélie, la petite-fille de Louis-Philippe, devint reine du Portugal quand son mari Charles Ier monta sur le trône en 1889. Elle fut libérée de son mari volage en 1908 grâce à un attentat. Avec la proclamation de la République, en 1910, elle fut condamnée à l'exil. Elle mourut en France en 1951.

À partir de 1928, l'intégriste ***Salazar,*** prof d'économie politique de son état, peu enclin à la rigolade, applique au pays une sorte de fascisme chrétien et isolationniste ! 11 ans après, de l'autre côté de la frontière, un général à pompon donne dans la même médecine. Toute la péninsule Ibérique se ferme alors, pour 35 ans, sur la rumination de son siècle d'or.

Pendant 47 ans, Lisbonne n'a guère l'occasion de loucher hors des œillères salazaristes, et la ville s'encroûte dans une caricature de capitale d'empire. Mais les interminables ***guerres***

UNE VIE BIEN CACHÉE

Salazar jouait le côté célibataire ascétique, n'écoutant que les conseils de la vieille gouvernante avec qui il vivait. En 1951, patatras ! Il tomba dingue d'une journaliste et romancière française, Christine Garnier, venue l'interviewer. La discrétion sera telle qu'on apprendra cette liaison bien après le décès du dictateur.

coloniales que mène le pays contre les volontés d'indépendance de l'Angola, du Mozambique, de la Guinée-Bissau (notamment), coûtent cher. Si cher que, au début des années 1970, l'économie intérieure s'effondre... Épuisé et traumatisé, le peuple – ceux qui ont vécu les combats, ceux qui n'en veulent plus – fraternise avec la troupe qui renverse enfin, le ***25 avril 1974,*** une dictature à bout de souffle. Après les œillères de la discorde, les œillets de la concorde ! Sur la praça Dom Pedro IV, à Lisbonne, un fleuriste a en effet offert des brassées d'œillets aux soldats.

Lisbonne après 1974

La ***révolution des Œillets*** est l'occasion d'une explosion de joie populaire. Écœuré par ce qu'il a dû endurer et faire dans les colonies, le Lisboète moyen n'aspire plus qu'à reconstruire dans la dignité une vie commune et communautaire ! À Lisbonne, on compte alors 3 meetings, 1 manifestation et 10 occupations d'usine par jour. Chaque quartier est autogéré. Les murs se couvrent de fresques naïves, aux slogans généreux et utopistes. Les membres du Conseil de la révolution discutent passionnément dans les bistrots avec les gens du coin. Les grands partis de la gauche orthodoxe ratissent le reste du pays à coups de slogans populaires, tandis que les cadres et l'industrie, alléchés par l'éventuelle entrée du Portugal dans la CEE, reprennent discrètement les rênes de l'économie de marché.
En novembre 1975, c'est la fin de l'utopie révolutionnaire. Durant la décennie suivante, le pays connaît une série de combinaisons politiques de ***gouvernements hybrides,*** où le parti socialiste s'allie tantôt avec la droite (le CDS), tantôt avec le centre (le parti social-démocrate). Le ***général Eanes,*** difficile à classer politiquement mais très attentif au maintien des conquêtes d'avril, est élu par ***2 fois président de la République.*** L'érosion politique naturelle du pouvoir provoque, en octobre 1985, la baisse de popularité de ***Mário Soares.*** Malgré tout, il se présente à l'élection présidentielle qui suit et, contredisant les pronostics, est élu. Puis réélu dans un fauteuil en 1991, même s'il est alors obligé de composer avec un 1er ministre social-démocrate qui domine l'Assemblée : ***Aníbal Cavaco Silva.*** Le 14 janvier 1996, Mário Soares, non rééligible, quitte la présidence de la République après 50 ans de combats politiques. ***Jorge Sampaio,*** membre du parti socialiste et ancien maire de Lisbonne, lui succède.

Cap sur l'Europe

Entré dans l'Union européenne en 1986 – pas décisif –, le Portugal cherche immédiatement à s'intégrer. Le fleuron de cette campagne de promotion, c'est l'***Exposition universelle de Lisbonne de 1998,*** organisée pour commémorer le 500e anniversaire du 1er voyage de Vasco de Gama aux Indes. Le thème choisi, « Les océans, un patrimoine pour le futur », résume parfaitement la place de la mer dans l'identité nationale.
En 1999-2000, les socialistes d'***António Guterres*** gouvernent tour à tour avec le soutien du Parti populaire (de droite), ou de la CDU (d'obédience communiste). Mais après la déroute des municipales en 2001, la droite s'impose. ***José Manuel Durão Barroso,*** président en exercice du PSD, devient 1er ministre. Son gouvernement doit affronter une remontée du chômage et mettre en place un budget de rigueur, une politique guère populaire mais nécessaire, notamment pour répondre aux exigences de Bruxelles. Il sera nommé 1 an plus tard à la tête de la présidence de la Commission européenne (jusqu'en 2014).
Un an après la parenthèse heureuse de la Coupe d'Europe de football, organisée au Portugal en 2004, les socialistes reviennent au pouvoir grâce à ***José Socrates,*** élu triomphalement. Cela n'empêche pas un social-démocrate,

Aníbal Cavaco Silva, d'être porté au pouvoir suprême en 2006 et réélu au 1er tour en 2011 (avec gouvernement de la même couleur, enfin !).
Sociologiquement parlant, le Portugal évolue. Après des débats houleux, les Portugais ont voté par référendum en faveur de la ***dépénalisation de l'avortement*** (à 59,25 %), en 2007. Trois ans plus tard, le ***mariage homosexuel*** a été adopté – ce qui n'a pas empêché le pape Benoît XVI d'attirer foule lors de sa venue ! Le ***traité de Lisbonne***, qui établit de nouvelles règles régissant l'étendue et les modalités de l'action future de l'Union, a aussi été ratifié, sans heurt, en 2008 (par 208 voix contre 21 !).

Crises et croissance : les montagnes russes

En 2009, c'est la crise. Le taux de chômage s'envole et la récession se fait sentir. La tonalité est donnée pour plusieurs années. Fin 2011, la faillite n'est pas loin et le pays doit recourir aux prêts d'urgence européens (à hauteur de 78 milliards).
En 2012 et 2013, le chômage continue sa progression, atteignant 17 %. Les impôts également. Le pouvoir d'achat baisse de façon alarmante. Déjà, certains Portugais s'exilent vers les anciennes colonies, notamment en Angola (dans le pétrole) et au Brésil. Le secteur public est traumatisé par d'importantes restructurations. Grèves et manifestations se succèdent... Mais le déficit refuse obstinément de diminuer et le Portugal reste scruté à la loupe par les instances financières et par ses voisins européens. L'année 2014 est marquée par une légère amélioration et, en 2015, le Portugal commence à rembourser ses dettes.
Depuis 2016, la présidence est aux mains du social-démocrate ***Marcelo Rebelo de Sousa,*** élu à 2 reprises dès le 1er tour ! Cofondateur de l'hebdomadaire *Expresso,* cet analyste politique bénéficie d'une large notoriété. Sa présidence s'est néanmoins déroulée dès le départ sous un régime de cohabitation, avec une majorité de gauche menée par le 1er ministre ***António Costa*** – renforcé par sa large victoire aux législatives de 2019. Sur le plan international, le socialiste et ancien 1er ministre António Guterres a été nommé secrétaire général de l'ONU en 2016.
Après 2016, le pays a connu ***4 années de forte expansion économique,*** avec recul du chômage et des déficits publics – du jamais-vu depuis l'avènement de la démocratie en 1974. C'est surtout la méthode qui a surpris, à Bruxelles comme ailleurs : plutôt que de diminuer les dépenses publiques, réformer le travail et diminuer les protections sociales, le gouvernement de gauche a augmenté le salaire minimum, revu à la hausse les retraites et renforcé les droits des travailleurs. Avec succès : ***le chômage est descendu à 6,5 %*** et les secteurs délaissés comme le textile ont connu une embellie. Nouvel eldorado pour les entreprises européennes, le Portugal a vu ***la consommation décoller, l'immobilier flamber*** et le ***tourisme exploser.*** Toutes les planètes se sont alors alignées, avec, parallèlement, la victoire de l'équipe nationale de football à l'Euro 2016, puis du chanteur Salvador Sobral au concours de l'Eurovision en 2017 ! Peut-on pour autant parler d'un modèle portugais ? À voir ! La pandémie de ***Coronavirus*** (Covid-19), pas trop destructrice en 2019, l'a été bien davantage en 2020 et continue de frapper durement le pays en 2021 – mais moins que l'Espagne voisine.

MÉDIAS

Votre TV en français : TV5MONDE, la 1re chaîne culturelle francophone mondiale

Avec ses 11 chaînes et ses 14 langues de sous-titrage, TV5MONDE s'adresse à 370 millions de foyers dans 198 pays par câble, satellite et sur IPTV et est présent dans plus de 3 millions de chambres d'hôtels. Vous y retrouverez de l'information, du cinéma, du divertissement, du sport, des documentaires... Préparez votre séjour grâce à son site voyage • *voyage.tv5monde.com* • et, sur place, restez connecté avec les applications et le site • *tv5monde.com* • Demandez à votre hôtel le canal de diffusion de TV5MONDE et contactez • *tv5monde.com/contact* • pour toutes remarques.

Radio

On trouve quelques radios françaises « expatriées » comme RFM Portugal *(• rfm.sapo.pt •)*. Pas mal de musique également sur Mega Hits *(• megahits.sapo.pt •)*. Il existe naturellement une radio dédiée au fado, Radio Amalia (amalia.fm), pour les amoureux de cette musique mélancolique. Les autres iront sur les ondes publiques Antena 1, 2 et 3. TSF est une radio généraliste très prisée également. Pas mal de ces radios sont disponibles sur • *radioonline.com.pt* •

Presse

On lit beaucoup la presse au Portugal. Une large part fait ses choux gras de l'actualité sportive, avec notamment *A Bola (• abola.pt •)*, journal in-con-tournable pour les fans de sport. Les autres journaux font la part belle à l'actualité nationale, avec des quotidiens comme *Diário de Notícias (• dn.pt •)*, le journal le plus lu, *Correio da Manhã (• cmjornal.xl.pt •)*, *Jornal de Notícias (• jn.pt •)* et *Público (• publico.pt •)*, le journal de l'intelligentsia portugaise. Côté hebdos, on trouve l'*Expresso (• expresso.pt •)*, magazine généraliste.

Télévision

Il existe 2 chaînes publiques : RTP 1 *(• rtp.pt/play/direto/rtp1 •)* et RTP 2 *(• rtp.pt/rtp2 •)*. Mais ce sont les 2 chaînes privées SIC (Sociedade independente de comunicação ; • *sic.sapo.pt/* •) et TVI (Televisão independente ; • *tviplayer.iol.pt/direto/TVI* •) qui mènent sur le front des audiences. SIC fait exploser l'audimat avec les *telenovelas* brésiliennes très olé-olé. TVI est la petite chaîne qui monte. Bon à savoir, tous les films et séries sont diffusés en v.o. et sous-titrés en portugais : de quoi suivre et même apprendre quelques rudiments de langage. Nous devrions en prendre de la graine !

PERSONNAGES

– ***Afonso de Albuquerque*** *(1453-1515)* **:** il repose dans un tombeau de l'église Nossa Senhora da Graça à Lisbonne. Cet illustre navigateur portugais, surnommé « le Lion des mers d'Asie », est né à Alhandra (près de Vila Franca de Xira, Ribatejo). Il s'empara de Goa (Inde) en 1510 et y fonda l'un des plus solides comptoirs portugais, cœur et centre politique et stratégique de l'Empire portugais des Indes et d'Asie. Devenu vice-roi des Indes, Albuquerque est mort à Goa ; son corps fut rapatrié à Lisbonne.

– ***Ricardo Espírito Santo*** *(1900-1954)* **:** il commença avec un petit bureau de change et devint un riche banquier, mais il est surtout connu comme collectionneur et mécène de la 1re moitié du XXe s. Grand protecteur du patrimoine lisboète, Ricardo racheta un palais de l'Alfama pour y héberger la Fondation Espírito-Santo, autour de l'actuel musée des Arts décoratifs (lire « À voir. À faire » dans le quartier de l'Alfama). Après la révolution des Œillets (1974), le groupe se réfugia au Brésil pendant quelque temps, pour éviter d'être nationalisé. Avec la libéralisation, les capitaux sont revenus à Lisbonne. La banque *Espírito Santo* finance notamment la fondation qui héberge le superbe museu do Oriente à Lisbonne.

– ***Calouste Gulbenkian** (1869-1955)* **:** voir aussi plus haut à Lisbonne « Au nord de l'avenida da Liberdade, autour du musée Gulbenkian et Campo Grande ». Destin étonnant que celui de cet homme d'affaires arménien, né près d'Istanbul et mort à Lisbonne. L'arménien est sa langue maternelle, mais il parle aussi le turc, le perse (sa mère est arménienne de Perse), le français et l'anglais. Il n'a jamais parlé le portugais. Il termine sa formation d'ingénieur et de sciences appliquées au King's College de Londres en 1887. À 20 ans, il effectue un voyage « initiatique et technique » en Transcaucasie (1890), de la mer Noire à Bakou, où il découvre les immenses possibilités pétrolières du Moyen-Orient. En 1889, il publie un récit de voyage écrit en français et édité par Hachette (l'éditeur du *Routard* !) : *La Transcaucasie et la péninsule d'Apchéron, souvenirs de voyage.* Son destin est déjà fixé : c'est le pétrole qui guidera ses pas. Il crée en 1912 la *Turkish Petroleum Company* dans laquelle il associe la Royal Dutch-Shell, la Banque de Turquie et la Deutsche Bank. Citoyen britannique (depuis 1902), il est aussi conseiller commercial à Paris pour l'Empire ottoman et la Perse. Dès la Première Guerre mondiale, il touche 5 % sur les revenus pétroliers de sa société. Ses revenus pétroliers dans les années 1930-1950 lui rapportaient en livres sterling l'équivalent annuel de 200 millions d'euros d'aujourd'hui ! Faites le calcul mensuel ! Après 1919 et l'éclatement de l'Empire ottoman, la TPC devient l'*Irak Petroleum Co.* Sa fortune augmente vite.

Amateur d'art, collectionneur exigeant, Gulbenkian consacra une partie de ses fabuleux revenus à l'achat des plus belles œuvres artistiques du monde. « Mes collections sont mes enfants », disait-il. De 1927 à 1940, il vit en France, entre son hôtel particulier de l'avenue d'Iéna et son manoir des Enclos à Deauville. Séduit par la stabilité du régime salazariste, Gulbenkian vient s'installer à Lisbonne en 1942 (en pleine guerre), où il restera jusqu'à sa mort en 1955. Il eut la bonne idée de léguer la plus grande partie de sa fortune et toutes ses collections à l'État portugais.

MONSIEUR 5 %

Derrière sa réputation de mécène discret et amateur d'art éclairé, Calouste Gulbenkian était d'abord un aventurier et un fin stratège financier ayant flairé que les champs pétrolifères du Caucase pourraient rapporter gros. C'est ainsi qu'il sut négocier les concessions pétrolières qu'il détenait contre une rente de 5 % des bénéfices annuels, à l'origine de son immense fortune.

– ***Henri le Navigateur** (1394-1460)* **:** le 3e fils du roi João Ier est considéré comme l'initiateur des découvertes portugaises. Après la prise de Ceuta en 1415, il devient maître du puissant ordre du Christ qui financera depuis Lisbonne ou Lagos (en Algarve) les navigations portugaises le long de la côte africaine. Les caravelles – petits navires alliant voiles latines et carrées apparus vers 1440 – atteindront la Sierra Leone en 1460. Entre-temps, Madère a été découverte en 1417, les Açores de 1427 à 1452, l'archipel du Cap-Vert en 1456. La fameuse « école de Sagres », à laquelle on associe souvent son nom, n'a en fait jamais existé. Il est cependant vrai qu'il avait fait construire une petite maison au cap Sagres, où il passa quelques mois lors des dernières années de sa vie et où il trouva la mort.

– ***António Lobo Antunes** (né en 1942)* **:** écrivain et psychiatre, très marqué par son expérience de soldat et de médecin en Angola pendant la guerre de décolonisation. Il a obtenu le prix Camões en 2007. Ses romans poignants – *Le Retour des caravelles, La Splendeur du Portugal* – saisissent l'âme du Portugal. La tristesse d'un monde qui s'effondre (l'Empire portugais) dans le fracas des armes n'est que prétexte à dire aussi le plaisir de survivre, tant bien que mal, à cette amertume historique.

– ***Maria de Medeiros** (née en 1965)* **:** actrice de théâtre avant tout, née à Lisbonne et révélée au cinéma dans *Pulp Fiction* (1994), de Quentin Tarantino, où elle jouait la petite amie de Bruce Willis, pleine de candeur. On l'a également vue dans *Moi, César, 10 ans et demi, 1,39 m* de Richard Berry. Elle a réalisé son 1er long-métrage, *Capitaines d'avril* (sur la révolution des Œillets), en 1999.

– ***Fernando Pessoa** (1888-1935)* **:** écrivain né à Lisbonne, il passa une partie de son enfance à Durban (Afrique du Sud), où son beau-père était diplomate. Revenu au Portugal, il n'en bougea plus jusqu'à sa mort, à l'âge de 47 ans. Employé de bureau, revuiste, traducteur, il se consacra à la poésie, explorant des voies littéraires nouvelles, de l'érotisme à l'ésotérisme, dans un style mêlant mélancolie, lyrisme et nationalisme mystique. Célèbre marcheur, routard avant l'heure, il connaissait sa ville mieux que quiconque. Son fantôme hante encore aujourd'hui les cafés littéraires *Martinho da Arcada* dans la Baixa et *A Brasileira* dans le Chiado. Pessoa, dont le nom signifie « une personne », est l'auteur du fameux *Livre de l'intranquillité* (éd. Bourgois). On retrouve sa statue en bronze à Lisbonne, rua Garrett, sur la terrasse du café *A Brasileira.* Sa maison, la *casa Fernando Pessoa,* abrite un centre d'études de son œuvre et se visite.

– ***Maria João Pires** (née en 1944)* **:** pianiste de renom et spécialiste de Mozart, née à Lisbonne, célébrée sur la scène internationale, porte-parole pacifiste des « antiguerre » en Irak en 2003.

– ***Amália Rodrigues** (1920-1999)* **:** la plus fameuse des chanteuses de fado portugais. Elle est la « Maria Callas lusitanienne ». Née dans une famille modeste mais dotée d'une prestance et d'une allure de princesse, Amália fut malmenée après la révolution des Œillets par des sectaires qui la traitèrent de fasciste. Or, elle ne faisait rien d'autre que du grand art et des tournées dans le monde entier : le fado fut toute sa vie. Cette *fadista* émouvante sur la scène comme au cinéma méritait d'être enterrée au Panthéon national. Sa maison, rua de São Bento, près du Parlement, à Lisbonne, est devenue un musée intéressant à visiter.

– ***Saint Antoine** (1195-1231)* **:** connu aussi sous le nom de saint Antoine de Padoue, il est le saint patron de la cathédrale de Lisbonne (la Sé). Né à Lisbonne, il entre en religion sous le nom de Frei António. En 1222, il rencontre saint François à Assise, puis il combat l'hérésie albigeoise dans le sud de la France. Théologien, il enseigne à Montpellier, Toulouse, Le Puy et Limoges, puis retourne à Padoue, où il meurt à l'âge de 36 ans. L'année suivante, il est canonisé par le pape Grégoire IX. Il demeure le saint des causes désespérées. Un comble : ce n'est pas lui le saint patron de Lisbonne, mais saint Vincent !

– ***Mário Soares** (1924-2017)* **:** fils de professeur, lui-même diplômé d'histoire, de philo et de droit, ancien prof à la Sorbonne, à Vincennes ou à Rennes, Soares est surtout le père du socialisme portugais, inlassable opposant à Salazar, cible de la PIDE (police politique), qui lui valut 12 arrestations, 3 années de prison et une déportation en 1968 à São Tomé. En 1970 il s'exile en France, qu'il quittera après la Révolution des Œillets. 1er ministre en 1983, puis président en 1986, il mettra fin aux colonies portugaises et organisera le rapatriement des Portugais. Profondément humaniste et européen, sa personnalité dépassait tous les clivages politiques.

– ***António de Spinola** (1910-1996)* **:** son monocle, son allure noble et grave, et sa circonspection ont contribué à donner une image mesurée, digne et sobre à la révolution des Œillets. Avant d'être un homme politique portugais, il fut gouverneur de la Guinée (1968-1973). Il se rendit célèbre en dirigeant le coup d'État militaire du 30 avril 1974, qui renversa la dictature de Salazar. Devenu président du Portugal, Spinola s'opposa aux forces de gauche, ce qui entraîna sa démission et son exil. Revenu au Portugal en 1976, il fut promu maréchal en 1981.

– ***Joana Vasconcelos** (née en 1971 à Paris)* **:** voici la jeune artiste peintre-vidéaste-sculpteuse qui monte, qui monte... Elle s'amuse à « déconstruire » des œuvres du quotidien, à les exposer à des échelles variables, minuscules ou surdimensionnées dans des couleurs très pop. Certaines de ses œuvres sont exposées au musée Berardo (voir le quartier de Belém). Plus d'infos sur son site : ● *joanavasconcelos.com* ●

– Sans oublier les autres personnalités célèbres que vous retrouverez plus haut dans les rubriques « Cinéma », « Fado », « *Futebol* », ou encore « Livres de route » dans le chapitre « Lisbonne utile ».

– ***Marcelo Rebelo de Sousa*** *(né en 1948)* **:** « Marcelo », comme le surnomment affectueusement les Portugais, est le fils du ministre et gouverneur général du Mozambique, Baltasar Rebelo de Sousa. Cofondateur de l'hebdomadaire *Expresso,* il a travaillé comme analyste politique pour des chaînes d'infos ; une carrière qui a largement contribué à sa notoriété publique et à sa popularité. Il est élu Président de la République, dès le premier tour, en 2016 puis en 2021.

POPULATION

Fin 2020, le Portugal comptait quelque 10,3 millions d'habitants, archipel des Açores et Madère compris. L'essentiel de la population est concentré le long de la façade atlantique, autour de Lisbonne principalement. Suivant une évolution propre au vieux continent, le pays enregistre une augmentation du nombre de personnes âgées, pour une baisse parallèle du nombre de jeunes et du taux de natalité (1,2 enfant par femme, l'un des plus bas d'Europe !). Selon l'Institut portugais des statistiques, le pays pourrait perdre d'ici à 2060 près de 20 % de sa population et passer à 8,6 millions d'habitants. Seule l'immigration parvient pour l'heure à limiter ce déclin dans les zones urbaines.

Longtemps voué à l'émigration, vers les colonies, en Afrique, vers le Nouveau Monde et vers la France, le pays fait aujourd'hui appel à une population immigrée contrôlée par l'État pour juguler le manque de main-d'œuvre. Mais l'afflux reste limité. La majorité des immigrés provient d'Europe de l'Est (d'Ukraine notamment), des anciennes colonies d'Afrique et du Brésil. Et, dans le même temps, le pays voit ses ressortissants chercher du travail ailleurs, pour un salaire supérieur, comme par le passé. Pour les inciter à revenir, l'État leur propose, depuis 2019, une réduction d'impôts de 50 %, pendant une durée de 5 ans.

Notons enfin un phénomène récent avec l'arrivée de nombreux résidents étrangers (dont beaucoup de Français) attirés par la défiscalisation de leurs revenus. Par ailleurs, avec l'explosion spectaculaire du tourisme ces dernières années, de très nombreux appartements du centre de Lisbonne sont transformés en Airbnb et le prix de l'immobilier a quasi quintuplé en 3 ans ! Les Lisboètes, dont le revenu moyen est d'environ 800 € par mois, se voient poussés vers les banlieues et la ville se vide de ses habitants. Les chiffres parlent d'eux-mêmes : Lisbonne comptait 800 000 habitants en 1980, ils seraient 578 000 aujourd'hui !

RELIGIONS ET CROYANCES

Selon une citation célèbre, « Être portugais, c'est être catholique mais pas forcément pratiquant ». Il est vrai que la ferveur religieuse du Portugal n'a rien à jalouser aux pays européens profondément catholiques comme la Pologne, l'Italie ou encore l'Irlande. Inutile d'évoquer Fátima, le Lourdes portugais,

UN ÉCONOMISTE INTÉGRISTE

La politique de Salazar était animée par des préjugés chrétiens. L'endettement était pour lui assimilé au péché ! Donc la rigueur et l'autarcie s'imposaient. Cette stagnation a développé un chômage terrible qui a amené 2 générations de Portugais à fuir leur pays.

et les pèlerinages toujours très suivis de Bom Jésus (Braga), du monastère d'Alcobaça ou encore de Batalha. Tous les dimanches, de nombreux fidèles se pressent dans les églises. Mais depuis quelques années, ces dernières sont moins fréquentées. Si environ 85 % de la population est catholique, on remarque toutefois la montée des sectes religieuses telles que les Témoins de Jéhovah. Au grand dam des prêtres, d'autres sectes en provenance directe du Brésil font leur apparition progressivement, qui voient l'Europe et le progrès social et économique comme les grands pourfendeurs de la religion catholique aujourd'hui au Portugal. À moins que ce ne fût la séparation de l'État et de l'Église, au sortir de la dictature salazariste en 1976, qui marqua l'ouverture progressive du pays à d'autres cieux. Quant à la religion musulmane, on estime qu'elle regroupe entre 40 000 et 60 000 fidèles.

Juifs et marranes

Protégées sous la 1re dynastie portugaise (1139-1383), les communautés juives virent leur sort rattrapé par celui des juifs d'Espagne expulsés en 1492 par la très catholique Isabelle de Castille et son époux, le roi Ferdinand.

Plus de 100 000 individus furent contraints au départ, dont 60 000 environ choisirent l'exil au Portugal. En échange de la rondelette somme de 100 000 ducatines, le roi Jean II leur promit bateaux et protection pour 8 mois. Un an plus tard, les enfants juifs de 2 à 10 ans étaient enlevés à leurs parents et déportés sur l'archipel de São Tomé, où peu d'entre eux survécurent.

Le roi Manuel Ier, désireux de s'allier les bonnes grâces espagnoles, n'hésita pas non plus à ordonner la conversion forcée de tous les juifs portugais au catholicisme, en 1496. Ces convertis sont appelés « nouveaux chrétiens », toujours avec suspicion ; ceux qui judaïsaient en secret « crypto-juifs » ou « marranes ». Les plus chanceux purent s'exiler à Amsterdam (comme les ascendants du philosophe Baruch Spinoza), en France (les ancêtres de Pierre Mendès France et la famille Pereire...) – notamment à Bordeaux (Michel de Montaigne avait un aïeul juif portugais) – ou au Brésil. Quant aux autres nouveaux chrétiens, mal acceptés par la population, ils furent persécutés et victimes d'un immense massacre à Lisbonne en 1506 : plus de 4 000 victimes. En 1536, le pape autorisa la mise en place d'une inquisition portugaise, et les juifs disparurent définitivement de la place publique, confinés dans la clandestinité pour de longs siècles.

Pendant la Seconde Guerre mondiale, de nombreux juifs européens persécutés par le nazisme furent sauvés de la déportation grâce à l'accueil du Portugal et à l'action de certains diplomates, dont Aristides de Sousa Mendez, consul à Bordeaux. Quoique surveillés par la police politique de Salazar, ils vécurent à Lisbonne (presque normalement) ou aux alentours de la capitale, sans être livrés

LA LOI DU RETOUR

En 1536, de nombreux juifs furent contraints à l'exil, chassés par l'Inquisition. Pour réparer cette injustice, en 2013, le gouvernement offre à leurs descendants la possibilité d'obtenir automatiquement la nationalité portugaise.

UN « JUSTE » INJUSTEMENT MÉCONNU

En 1940, Aristides de Sousa Mendes accorda 30 000 visas portugais aux réfugiés qui décidèrent d'échapper aux nazis malgré une circulaire de Salazar l'interdisant formellement. Le dictateur portugais ne lui pardonnera jamais. L'aristocrate catholique mourra dans la misère en 1954, refusant toute aide de l'État d'Israël.

aux autorités allemandes. Salazar ne tint pas compte des pressions du Reich. Une partie de ces réfugiés embarqueront plus tard pour l'Argentine ou le Brésil.
On compte aujourd'hui quelque 3 000 juifs au Portugal. Le renouveau de la tradition et des cultes est frappant, notamment avec l'inauguration, dans les années 1990, de la synagogue de Belmonte et la venue de rabbins d'Israël pour porter la bonne parole.
Pour plus d'infos :
- ***La Foi du souvenir, labyrinthes marranes,*** de Nathan Wachtel (Seuil, coll. « La Librairie du XXIe siècle », 2001).
- ***Marrane !,*** d'Eduardo Manet (Hugo & Cie, 2007). Un roman où le jeune Eduardo découvre qu'il n'est ni juif ni catholique, mais tout simplement marrane. Une quête des origines.
- ***Histoire des juifs portugais,*** de Carsten Wilke (Chandeigne, 2007).

SAVOIR-VIVRE ET COUTUMES

Repas

Les heures des repas sont légèrement plus tardives que les nôtres : le déjeuner a lieu vers 14h et le dîner vers 20h.

Fumer

La législation sur le tabac interdit de fumer dans les lieux publics depuis le 1er janvier 2007, et depuis 2015, les restaurants n'ont plus d'espaces fumeurs.

Courtoisie et art de la parlote

Tout le monde vous le dira, ***les Portugais sont rarement à l'heure pour les rendez-vous.*** Mais cela est contrebalancé par leur gentillesse et leur disponibilité. Si vous ne connaissez pas la personne à laquelle vous vous adressez, faites précéder le nom de votre interlocuteur d'un « *Senhor* » pour un homme ou d'un « *Senhora* » pour une femme. Avec l'habitude, on vous tapera facilement sur l'épaule et on vous appellera par votre prénom ! Puis on vous fera la conversation, car ici plus qu'ailleurs on aime papoter, quitte à s'arrêter tous les 3 mètres dans la rue pour vous expliquer le pourquoi du comment droit dans les yeux.
Un petit conseil en passant : les Portugais apprécient rarement nos efforts surhumains pour s'adresser à eux en espagnol. Pour des raisons historiques évidentes, les 2 langues n'ont pas toujours fait bon ménage et c'est une façon malhabile de reconnaître la supériorité de la langue de Cervantès dans la péninsule Ibérique. L'effort s'avère d'ailleurs souvent inutile, puisque, primo, on comprend généralement mal la réponse, secundo, il n'est pas rare que l'interlocuteur maîtrise le français.

Noms de famille

Comment distinguer le nom d'usage parmi les nombreux noms que déclinent les Portugais lorsqu'on leur demande leur nom complet ?
Le nom est souvent composé de 2 prénoms et de 2 noms (le dernier nom de la mère suivi du dernier nom du père) : le nom d'usage est alors généralement formé du 1er prénom et du dernier des noms. Cette règle est cependant très souple et vous pourrez rencontrer quelqu'un ayant 4 ou 5 noms de famille et se faisant appeler par son 2e prénom ou par ses 2 prénoms. Sachez toutefois que le prénom vient normalement avant le nom (y compris dans la plupart des classements alphabétiques) et qu'il est toujours plus aisé de joindre quelqu'un si l'on connaît son nom complet.

SITES INSCRITS AU PATRIMOINE MONDIAL DE L'UNESCO

Organisation des Nations Unies pour l'éducation, la science et la culture · En coopération avec le Centre du patrimoine mondial

Pour figurer sur la liste du Patrimoine mondial, les sites doivent avoir une valeur universelle exceptionnelle et satisfaire à au moins un des 10 critères de sélection. La protection, la gestion, l'authenticité et l'intégrité des biens sont également des considérations importantes. Le patrimoine est l'héritage du passé dont nous profitons aujourd'hui et que nous transmettons aux générations à venir. Nos patrimoines culturel et naturel sont 2 sources irremplaçables de vie et d'inspiration. Ces sites appartiennent à tous les peuples du monde, sans tenir compte du territoire sur lequel ils sont situés. Pour plus d'informations : • whc.unesco.org •

Pour ce guide, les sites inscrits au Patrimoine mondial de l'Unesco sont :

– *le monastère des Hiéronymites et la tour de Belém à Lisbonne* (1983) ;
– *le paysage culturel de Sintra* (1995) ;
– *le palais de Mafra* (2019) ;
– *le sanctuaire du Bon Jésus à Braga* (2019).

les ROUTARDS sur la FRANCE 2022-2023

(dates de parution sur • **routard.com** •)

Découpage de la FRANCE par le ROUTARD

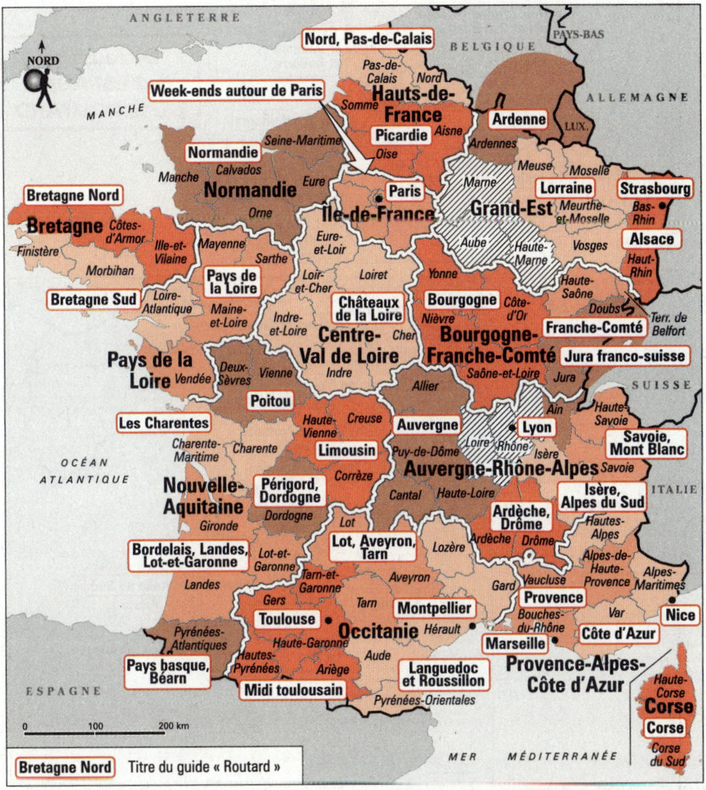

Autres guides sur la France

- Nos meilleurs campings en France
- Nos meilleures chambres d'hôtes en France

Autres guides sur Paris

- Paris
- Paris balades
- Restos et bistrots de Paris
- Le Routard des amoureux à Paris
- Week-ends autour de Paris

Le Routard à vélo

- EuroVelo6
- La Bourgogne du Sud à vélo
- La Flow Vélo
- La Loire à Vélo
- La Vélo Francette
- La Vélodyssée (Roscoff-Hendaye)
- Le Canal des 2 mers à vélo
- Paris Île-de-France à vélo
- ViaRhôna
- Les plus belles escapades à Vélo en France

les ROUTARDS sur l'ÉTRANGER 2022-2023

(dates de parution sur • **routard.com** •)

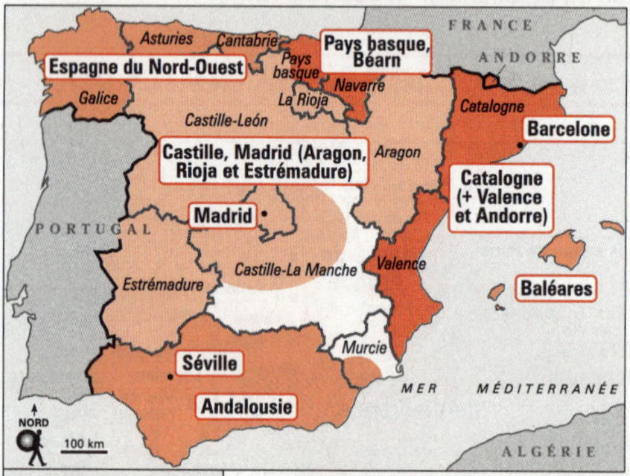

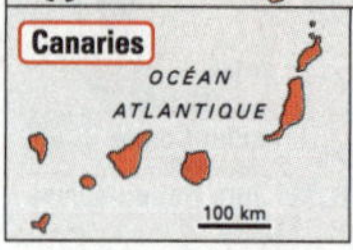

Découpage de l'ESPAGNE par le ROUTARD

Découpage de l'ITALIE par le ROUTARD

Autres pays européens

- Allemagne
- Angleterre, Pays de Galles
- Autriche
- Belgique
- Bulgarie
- Crète
- Croatie
- Danemark, Suède
- Écosse
- Finlande
- Grèce continentale
- Hongrie
- Îles grecques et Athènes
- Irlande
- Islande
- Madère
- Malte
- Norvège
- Pays baltes : Tallinn, Riga, Vilnius
- Pologne
- Portugal
- République tchèque, Slovaquie
- Roumanie
- Suisse

Villes européennes

- Amsterdam
- Berlin
- Bruxelles
- Budapest
- Copenhague
- Dublin
- Lisbonne
- Londres
- Moscou
- Naples
- Porto
- Prague
- Saint-Pétersbourg
- Stockholm
- Vienne

les ROUTARDS sur l'ÉTRANGER 2022-2023

(dates de parution sur • **routard.com** •)

Découpage des ÉTATS-UNIS par le ROUTARD

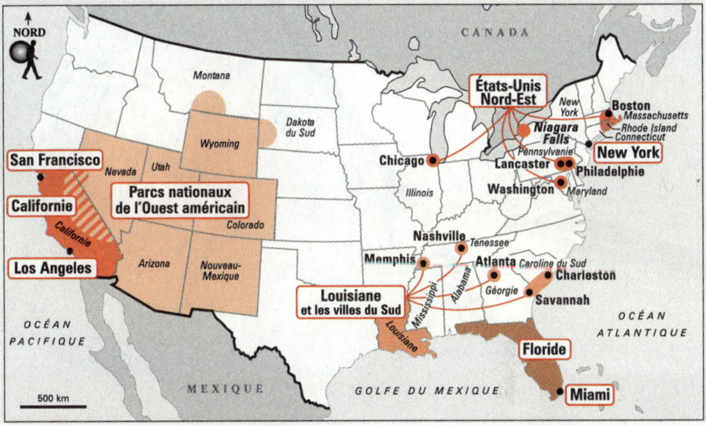

Autres pays d'Amérique

- Argentine
- Brésil
- Canada Ouest
- Chili et île de Pâques
- Colombie
- Costa Rica
- Équateur et les îles Galápagos
- Guatemala, Belize
- Mexique
- Montréal
- Pérou, Bolivie
- Québec et Ontario

Asie et Océanie

- Australie côtes est et nord + Red Centre
- Bali, Lombok
- Bangkok
- Birmanie (Myanmar)
- Cambodge, Laos
- Chine
- Hong Kong, Macao, Canton
- Inde du Nord
- Inde du Sud
- Israël et Palestine
- Istanbul
- Jordanie
- Malaisie, Singapour
- Népal
- Shanghai
- Sri Lanka (Ceylan)
- Thaïlande
- Tokyo, Kyoto et environs
- Turquie
- Vietnam

Afrique

- Afrique du Sud
- Égypte
- Kenya, Tanzanie et Zanzibar
- Maroc
- Marrakech
- Sénégal
- Tunisie

Îles Caraïbes et océan Indien

- Cuba
- Guadeloupe, Saint-Martin, Saint-Barth
- Île Maurice, Rodrigues
- Madagascar
- Martinique
- République dominicaine (Saint-Domingue)
- Réunion

Guides de conversation

- Allemand
- Anglais
- Arabe du Maghreb
- Arabe du Proche-Orient
- Chinois
- Croate
- Espagnol
- Grec
- Italien
- Japonais
- Portugais
- Russe
- G'palémo (conversation par l'image)

Livres-photos/Livres-cadeaux

- 50 voyages à faire dans sa vie
- 52 escapades nature en France (**nouveauté**)
- 52 week-ends coups de cœur en Europe (city trips)
- 52 week-ends coups de cœur en France
- 120 coins secrets en Europe
- 1 200 coups de cœur en France
- 1 200 coups de cœur dans le monde
- Cahier de vacances du Routard
- La France de Stéphane Bern
- Nos plus belles balades et randos en France (**nouveauté**)
- Road Trips Monde
- Road Trips en France
- Sacré : 100 lieux d'inspiration divine (**nouveauté**)
- Voyages
- Voyages : États-Unis
- Voyages : France
- Voyages : Italie

Nous tenons à remercier tout particulièrement Loup-Maëlle Besançon, Thierry Bessou, François Chauvin, Grégory Dalex, Fabrice Doumergue, Cédric Fischer, Carole Fouque, Nicolas George, Michelle Georget, David Giason, Claude Hervé-Bazin, Emmanuel Juste, Dimitri Lefèvre, Fabrice de Lestang, Romain Meynier, Éric Milet, Pierre Mitrano, Jean-Sébastien Petitdemange, Thomas Rivallain et Jean Tiffon pour leur collaboration régulière.

Guillem Aurenche
Jean-Jacques Bordier-Chêne
Gérard Bouchu
Camille Campet
Philippe Coupy
Agnès Debiage
Jérôme Denoix
Tovi et Ahmet Diler
Clélie Dudon
Agustina Ernesta
Alain Fisch
Hermine Frachon
Adrien et Clément Gloaguen
Simon Hafi
Chloé Iacono
Thelem Jolliot-Curie
Maeva Libessart
Marine Lucas
Lise Machu
Louis Nagot
Martine Partrat
Odile Paugam et Didier Jehanno
Orianne Pouchard
Alexia Poulain
Marva Prevost
Alexia Rambaud
Prakit Saiporn
Lara Tantawi
Sarah Toson
Emma Vadillo Quesada

Direction : Sidonie Chollet
Direction éditoriale : Élise Ernest
Édition : Matthieu Devaux, Olga Krokhina, Gia-Quy Tran, Julie Dupré, Pauline Janssens, Amélie Ramond, Margaux Lefebvre, Lucie Léna, Joséphine Bonneau et Laura Martinaud
Ont également collaboré : Muriel Lucas, Aurélie Gaillot et Moca Poposka
Cartographie : Frédéric Clémençon et Aurélie Huot
Contrôle de gestion : Jérôme Boulingre et Yannis Villeneuve
Secrétariat : Julia Lorrain
Fabrication : Nathalie Lautout et Liza Sacco
Relations presse : COM'PROD, Fred Papet. ☎ 01-70-69-04-69.
● *info@comprod.fr* ●, Martine Levens (Belgique) et Maureen Browne (Suisse)
Marketing : Clotilde Tougeron et Elise Sylvestre
Couverture : le-bureau-des-affaires-graphiques.com
Silhouette du Routard : Clément Gloaguen (d'après Solé)
Maquette intérieure : le-bureau-des-affaires-graphiques.com, Thibault Reumaux et npeg.fr
Contact Partenariats : Jérôme Denoix ● *jeromedenoix@gmail.com* ●
Contact Partenariats et régie publicitaire : Florence Brunel-Jars
● *fbrunel@hachette-livre.fr* ●

INDEX GÉNÉRAL

LISBONNE

INDEX GÉNÉRAL

INDEX GÉNÉRAL

INDEX GÉNÉRAL

LES ENVIRONS DE LISBONNE

LISTE DES CARTES ET PLANS

UNE PANDÉMIE INOUÏE !

Depuis toujours, ***Le Routard* se plaît à dénicher hôteliers et restaurateurs** qui accueillent nos lecteurs avec sourire et professionnalisme. Malgré toute notre vigilance, certains d'entre eux auront malheureusement fermé quand ce livre sortira. De même, les horaires et modalités d'accueil de certains sites et musées auront été momentanément modifiés. Cette terrible **pandémie de Coronavirus** a, on le sait, des conséquences importantes pour tous les professionnels du tourisme. **Nous sommes de tout cœur avec eux !**

« OSONS LE PAS DE CÔTÉ »

Le surtourisme ? Tous concernés. Et pourtant, à l'écart des grands flux touristiques, il existe plein de pépites méconnues, souvent oubliées des circuits trop encombrés. Ici un site ignoré ; là un quartier secret ; plus loin un village caché au charme discret, avec un troquet d'une autre époque. Il existe une infinité de lieux peinards que l'on a envie de mettre en avant avec ce pictogramme. Un vagabondage enfin calme favorisé aussi par les **visites aux heures creuses.** Vive le *slow trip* !

#osonslepasdecote

IMPORTANT : DERNIÈRE MINUTE

Entre deux parutions du *Routard,* des événements fortuits (conditions sanitaires, catastrophes naturelles, mais aussi formalités, taux de change, conditions d'accès aux sites, fermetures inopinées, etc.) peuvent modifier vos projets de voyage. Pour éviter les déconvenues, nous vous recommandons de consulter la rubrique « Guide » par pays de notre site • ***routard.com*** • et plus particulièrement les dernières ***Actus voyageurs.***

Remarque importante aux hôteliers et restaurateurs

Les enquêteurs du *Routard* travaillent dans le plus strict anonymat. Aucune réduction, aucun avantage quelconque, aucune rétribution n'est jamais demandé en contre-partie. Face aux aigrefins, la loi autorise les hôteliers et restaurateurs à porter plainte.

Avis aux lecteurs

Le Routard, ce n'est pas comme le bon vin, il vieillit mal. On ne veut pas pousser à la consommation, mais évitez de partir avec une édition ancienne. Les modifications sont souvent importantes.
Les réductions accordées à nos lecteurs ne sont jamais demandées par nos rédacteurs afin de préserver leur indépendance. Les hôteliers et restaurateurs sont sollicités par une société de mailing, totalement indépendante de la rédaction, qui reste donc libre de ses choix. De même pour les autocollants et plaques émaillées.

Avec routard.com, choisissez, organisez, réservez et partagez vos voyages !

✓ Rejoignez la plus grande communauté francophone de voyageurs : **plusieurs millions d'internautes.**

✓ Échangez avec les routarnautes : forums, photos, avis d'hôtels.

✓ Retrouvez aussi toutes les informations actualisées pour choisir et préparer vos voyages : près de 300 guides destinations, une centaine de dossiers pratiques et un magazine en ligne pour découvrir tous les secrets de votre destination.

✓ Enfin, comparez les offres pour organiser et réserver votre voyage au meilleur prix.

Les **Routards** *parlent aux* **Routards**

Faites-nous part de vos expériences, de vos découvertes, de vos tuyaux et de vos coups de cœur. Aidez-nous à remettre l'ouvrage à jour. Indiquez-nous les renseignements périmés. Faites profiter les autres de vos adresses nouvelles, combines géniales... On adresse un exemplaire gratuit de la prochaine édition à ceux qui nous envoient les meilleurs courriers, pour la qualité et la pertinence des informations.
Quelques conseils cependant :
– Envoyez-nous votre courrier le plus tôt possible afin que l'on puisse insérer vos tuyaux sur la prochaine édition.
– N'oubliez pas de préciser l'ouvrage que vous désirez recevoir, ainsi que votre adresse postale.
– Vérifiez que vos remarques concernent l'édition en cours et notez les pages du guide concernées par vos observations.
– Quand vous indiquez des hôtels ou des restaurants, pensez à signaler leur adresse précise et, pour les grandes villes, les moyens de transport pour y aller.
Si vous le pouvez, joignez la carte de visite de l'hôtel ou du resto décrit.
En tout état de cause, merci pour vos nombreux mails.

122, rue du Moulin-des-Prés, 75013 Paris

● *guide@routard.com* ● *routard.com* ●

Routard Assurance *2022*

Enrichie au fil des années par les retours des lecteurs, *Routard Assurance* reste l'assurance voyage référence des globe-trotters. Tout y est inclus, même la **Covid** : frais médicaux, assistance rapatriement, bagages, responsabilité civile... Avant votre départ, appelez *AVI* pour un conseil personnalisé. Besoin d'une **attestation Covid,** d'un avis médical, d'une prise en charge dans un hôpital ? Téléchargez l'appli mobile *AVI International* pour garder le contact avec *AVI Assistance* et disposer d'un vaste réseau médical à travers le monde. *AVI Assistance* est disponible 24h/24 pour une réponse en temps réel. De simples frais de santé en voyage ? Envoyez les factures à *AVI* dès votre retour, ils vous remboursent sous une semaine. *Le Colisée Gardens, 10 avenue de l'Arche, CS 70126, 92419 Courbevoie Cedex.* ☎ *01-44-63-51-00.* ● *avi-international.com* ● Ⓜ *La Défense.*

Édité par Hachette Livre (58, rue Jean-Bleuzen, CS 70007, 92178 Vanves Cedex, France)
Photocomposé par Jouve (1, rue du Docteur Sauvé, 53100 Mayenne, France)
Imprimé par Lego SPA Plant (via Galileo Galilei, 11 38015 Lavis, Italie)
Achevé d'imprimer : janvier 2022
Collection n° 13 - Édition n° 01
14/3108/9
I.S.B.N. 978-2-01-717200-0
Dépôt légal : janvier 2022

PAPIER À BASE DE FIBRES CERTIFIÉES